사회복지사 1급 합격은 메인에듀

2026 사회복지사 1급 기본 핵심 이론서

3교시 사회복지정책과제도

사회복지 법제와 실천

이상혁 편저

최신 법령 최신 정책 출제 기준 반영

독학으로 합격이 가능한 필수교재

합격에 필요한 핵심이론 완벽정리

단원별 실전 기출문제 수록

동영상 강의 mainedu.co.kr

머리말

21세기로 접어들면서 사회보장의 중요성은 더욱 커지고 있다.

최근 한국 사회에서 사회복지라는 화두는 가장 중요한 프레임으로 거론되고 있다고 해도 과언이 아니다.

이처럼 사회복지가 급부상하는 이유는 국민들의 인간다운 생활을 할 권리에 대한 사회복지정책과 서비스에 대한 열망에서 비롯되었다고 할 수 있다.

지난날의 한국 사회를 보면 경제성장을 주도로 한 소득성장과 비례해 근로자의 삶도 함께 성장했다고 볼 수 없다. 현재 한국 사회에서는 다양한 사회적 위험들이 공존하고 있다. 한국의 경제 수준은 날로 발전하고 있지만 소득 수준의 양극화는 오히려 심화되고 있다. 구체적으로 정규직과 비정규직 문제, 근로 빈곤층의 증가 등 노동시장의 구조적 문제, 양성평등을 기반으로 한 여성들의 사회진출과 맞벌이 부부의 증가로 인한 노인, 아동에 대한 사회적 케어 욕구 또한 늘어나고 있는 추세이다.

이와 같은 사회구조의 변화와 다양한 사회문제 발생이 사회복지정책과 서비스에 대한 욕구로 분출되고 이슈화되고 있다.

이러한 상황에 발맞추어 사회의 많은 자원이 사회복지 분야에 투입되고 있으며, 그 자원을 바탕으로 다양한 정책과 프로그램들이 개발, 시행되고 있다.

사회복지사는 1970년대 사회복지사업 종사자로 시작하여 1983년 5월 사회복지사업법이 개정되면서 사회사업가 또는 사회사업종사자라는 명칭이 사회복지사업의 전문지식과 기술을 가진 사회복지사로 규정되어 사회복지사 자격증이 교부되기 시작하였다.

그리고 2003년부터 시작된 사회복지사 1급 자격 시험은 사회복지사로서 갖추어야 할 전문적인 지식과 기술을 국가시험을 통해 검증하고 이러한 자격을 갖춘 사람을 사회복지사로 인정하기 위함이었다.

이 책은 사회복지사의 전문지식을 향상시키는 데 필요한 학습효과를 증대하고, 방대한 양의 내용을 좀 더 효과적으로 공부할 수 있도록 구성하였다. 뿐만 아니라 이론적 요소에서 이해를 쉽게 하고 집중력 향상을 높임으로써 효율적인 학습 효과를 얻을 수 있도록 하였다.

그리고 이론의 각 내용마다 사회복지사로서 알아야 할 가장 기본적인 사항들과 사회복지사 1급 국가고시 출제 경향이 높은 내용을 중심으로 핵심적인 내용을 요약하였다. 또한 방대한 양의 사회복지사 이론을 조금 더 효율적으로 공부할 수 있도록 많은 전공서적과 수험서적에 기반, 각 이론의 핵심내용을 정리함으로써 실전에 대비하였다.

모쪼록 이 책이 사회복지사 1급 준비 수험생들에게 길잡이 지침서가 되길 바란다.

편저자 이상혁

1. 시험일정 : 매년 1회 시행

○ 시험일정은 한국산업인력공단 홈페이지(www.Q-Net.or.kr/site/welfare/) 참조

2. 응시자격

1. 「고등교육법」에 따른 대학원에서 사회복지학 또는 사회사업학을 전공하고 석사학위 또는 박사학위를 취득한 자
   ※ 시험 시행연도 2월 말일까지 학위를 취득한 자 포함
   ※ 다만, 대학에서 사회복지학 또는 사회사업학을 전공하지 아니하고 동 석사학위를 취득한 자는 보건복지부령이 정하는 사회복지학 전공 교과목과 사회복지 관련 교과목 중 사회복지현장실습을 포함한(2004. 07. 31 이후 입학생부터 해당) 필수과목 6과목 이상(대학에서 이수한 교과목을 포함하되, 대학원에서 4과목 이상을 이수하여야 한다), 선택과목 2과목 이상을 각각 이수하여야 한다.

2. 「고등교육법」에 따른 대학에서 보건복지부령이 정하는 사회복지학 전공 교과목과 사회복지 관련 교과목을 이수하고 학사학위를 취득한 자
   ※ 시행연도 2월 말일까지 학사학위를 취득한 자 포함

3. 법령에서 「고등교육법」에 따른 대학을 졸업한 자와 동등 이상의 학력이 있다고 인정하는 자로서 보건복지부령으로 정하는 사회복지학 전공 교과목과 사회복지 관련 교과목을 이수한 자
   ※ 시행연도 2월 말일까지 동등 학력 취득자 포함

4. 외국의 대학 또는 대학원(단, 보건복지부장관이 인정한 대학 또는 대학원)에서 사회복지학 또는 사회사업학을 전공하고 학사학위 이상을 취득한 자로서 "제1호" 및 "제2호"의 자격과 동등하다고 보건복지부장관이 인정하는 자

5. 다음에 해당하는 자로서 **사회복지사 2급 자격증을 취득한 자 중에서, <u>그 자격증을 취득한 날부터 시험일까지의 기간 동안 1년(2,080시간) 이상</u> 사회복지사업의 실무경험**이 있는 자
   1) 「고등교육법」에 의한 전문대학에서 보건복지부령이 정하는 사회복지학 전공교과목과 사회복지관련 교과목을 이수하고 졸업한 자
   2) 법령에서 「고등교육법」에 따른 전문대학을 졸업한 자와 동등 이상의 학력이 있다고 인정하는 자로서 보건복지부령이 정하는 사회복지학 전공교과목과 사회복지관련 교과목을 이수한 자
   3) 종전의 「사회복지사업법」(법률 제14923호로 개정되기 전의 것을 말한다)에 따라 사회복지사 3급 자격증을 취득한 이후 3년 이상 사회복지사업의 실무경험이 있는 자

6. **결격사유**
   1) **다음 각 호의 어느 하나에 해당하는 자는 사회복지사가 될 수 없다.**
      (사회복지사업법 제11조의2)
      1. 피성년후견인 또는 피한정후견인
      2. 금고 이상의 형을 선고받고 그 집행이 끝나지 아니하였거나 그 집행을 받지 아니하기로 확정되지 아니한 사람
      3. 법원의 판결에 따라 자격이 상실되거나 정지된 사람
      4. 마약 · 대마 또는 향정신성의약품의 중독자
      5. 「정신건강증진 및 정신질환자 복지서비스 지원에 관한 법률」 제3조제1호에 따른 정신질환자. 다만, 전문의가 사회복지사로서 적합하다고 인정하는 사람은 그러하지 아니하다.
   2) **사회복지사의 자격취소 등** (사회복지사업법 제11조의3)
      ① 보건복지부장관은 사회복지사가 다음 각 호의 어느 하나에 해당하는 경우 그 자격을 취소하거나 1년의 범위에서 정지시킬 수 있다. 다만, 제1호부터 제3호까지에 해당하면 그 자격을 취소하여야 한다.
      1. 거짓이나 그 밖의 부정한 방법으로 자격을 취득한 경우
      2. 제11조의2 각 호의 어느 하나에 해당하게 된 경우
      3. 자격증을 대여 · 양도 또는 위조 · 변조한 경우
      4. 사회복지사의 업무수행 중 그 자격과 관련하여 고의나 중대한 과실로 다른 사람에게 손해를 입힌 경우
      5. 자격정지 처분을 3회 이상 받았거나, 정지 기간 종료 후 3년 이내에 다시 자격정지 처분에 해당하는 행위를 한 경우
      6. 자격정지 처분 기간에 자격증을 사용하여 자격 관련 업무를 수행한 경우

② 보건복지부장관은 제1항제4호에 해당하여 사회복지사의 자격을 취소하거나 정지시키려는 경우에는 제46조에 따른 한국사회복지사협회의 장 등 관계 전문가의 의견을 들을 수 있다.

③ 제1항에 따라 자격이 취소된 사람은 취소된 날부터 15일 내에 자격증을 보건복지부장관에게 반납하여야 한다.

④ 보건복지부장관은 제1항에 따라 자격이 취소된 사람에게는 그 취소된 날부터 2년 이내에 자격증을 재교부하지 못한다.

3. 시험과목 배점 및 합격자 결정기준

1) 시험과목

구분	시험과목(3과목)	시험영역(8영역)	문항수	배점	시험방법
1	사회복지기초 (50문항)	인간행동과 사회환경	25	1점/1문제 (총 50점)	객관식 5지택일형
		사회복지조사론	25		
2	사회복지실천 (75문항)	사회복지실천론	25	1점/1문제 (총 75점)	
		사회복지실천기술론	25		
		지역사회복지론	25		
3	사회복지정책과 제도 (75문항)	사회복지정책론	25	1점/1문제 (총 75점)	
		사회복지행정론	25		
		사회복지법제론	25		

※ 시험관련 법령 등을 적용하여 정답을 구하여야 하는 문제는 당해연도 시험시행일 현재 시행중인 법령을 기준으로 출제함

2) 합격자 결정 방법(「사회복지사업법」 시행령 제3조제5항)

- 시험의 합격결정에 있어서는 매 과목 4할 이상, 전 과목 총점의 6할 이상을 득점한 자를 합격예정자로 결정
- 사회복지사 1급 국가시험 합격예정자는 한국사회복지사협회에서 응시자격 서류심사를 실시하며, 응시자격 서류를 정해진 기한 내에 제출하지 않거나 심사결과 부적격자인 경우에는 최종불합격 처리함
- 최종합격자 발표 후라도 제출된 서류 등의 기재사항이 사실과 다르거나 응시자격 부적격 사유가 발견될 때에는 합격을 취소함

4. 원서접수 안내

1) **접수방법** : 인터넷 접수만 가능

❍ 큐넷 사회복지사1급 홈페이지(www.Q-Net.or.kr/site/welfare/)에서 접수

❍ 원서접수 시 **최근 6개월 이내에 촬영**한 여권용 사진(3.5㎝×4.5㎝)을 파일(JPG·JPEG 파일, 사이즈: 150 × 200 이상, 300DPI 권장, 200KB 이하)로 등록 (기존 큐넷 회원의 경우 마이페이지에서 사진 수정 등록)

※ 인터넷 활용 불가능자의 내방 접수(공단지부 · 지사)를 위해 원서접수 도우미 지원 가능하나, 코로나-19 감염 예방을 위하여 방문 자제 요망

※ 단체접수는 불가함

❍ 시험 장소는 수험자가 원서접수 시 직접 선택

❍ 원서접수 마감시각(**접수마감일 18:00**)까지 수수료를 결제하고 수험표를 출력하여야 접수 완료

❍ **응시자격 서류심사는 필기시험 실시 후 합격예정자를 대상**으로 하기 때문에 원서접수 시에는 응시자격 서류를 제출하지 않음

- 한국사회복지사협회에서 원서접수 전 응시자격 해당여부 사전안내(02-786-0845) 실시(사전안내 희망자에 한함)

2) 시험 시행지역: 전국 12개 지역

❍ 서울, 강원, 부산, 경남, 울산, 대구, 인천, 경기, 광주, 전북, 제주, 대전

3) 응시수수료 : 25,000원

❍ 납부방법: 전자결제(신용카드, 계좌이체, 가상계좌) 중 택1

※ 결제수수료는 공단에서 부담

4) 수험표 교부

❍ 수험표는 인터넷 원서접수가 정상적으로 처리되면 출력 가능하고, 수험자는 시험당일 수험표를 지참하여야 함

❍ 수험표 분실 시 시험당일까지 인터넷으로 재출력 가능

❍ 수험표에는 시험일시, 입실시간, 시험장 위치(교통편), 수험자 유의사항 등이 기재되어 있음

※「SMART Q-Finder」도입으로 시험전일 18:00부터 시험실을 확인할 수 있도록 서비스 제공

❍ 원서접수 완료(결제완료) 후 접수내용 변경방법 : 원서접수 기간 내에 접수취소 후 재접수하여야 하며, 원서접수 마감 이후에는 내용변경 및 재접수 불가

5. 수험자(일반수험자/장애인수험자)는 매년 사회복지사1급 국가시험 시행계획 공고를 통하여 매 과목 시험시간표와 입실시간을 반드시 확인하시어 차질이 없도록 하여 주시기 바랍니다.

6. 사회복지사1급 국가시험 중 시험관련 법령 등을 적용하여 정답을 구하여야 하는 문제는 시험 시행일 현재 시행 중인 법령을 기준으로 출제함

출제경향

사회복지법제와 실천은 사회복지사 시험 8과목 중 수험생들의 당락에 많은 영향을 미치는 과목이다.

점차 출제 영역이 넓어지면서 개별법령의 내용을 묻는 문제와 함께 각 법에 규정된 급여의 종류에 대해 묻는 문제가 다수 출제되고 있어 공부해야 할 영역도 넓어지고 있다.

사회복지법제와 실천의 출제경향을 크게 총론과 각론으로 나누어 살펴보면 다음과 같다.

1. 총론에서는 법의 기본개념을 묻는 문제가 매년 출제되고 출제 비중 또한 점차 높아지고 있다. 따라서 법의 기본이념을 잘 정리하고 법의 용어, 사회복지법의 체계, 타 영역법과의 관계, 법의 역사 등을 정리할 필요가 있다.

2. 각론에서는 공공부조 영역에서 국민기초생활보장법의 전반적인 내용과 급여의 종류 등이 출제되고 있으며, 그 외 의료급여법, 기초연금법 등도 놓치지 말아야 할 부분이다. 그리고 사회보험 영역에서는 5대 사회보험에서 고르게 문제가 출제되고 있다.

특히 국민연금은 매년 출제되는 영역으로 전반적인 내용을 숙지하고 있어야 한다.

또한 국민건강보험, 산업재해보상보험, 고용보험, 노인장기요양보험 등 각 보험의 특성 및 제도, 급여의 종류, 보상 등에 관한 내용을 잘 이해하고 있어야 한다.

사회복지서비스법은 노인복지법, 장애인복지법, 아동복지법 등 사회현황과 밀접한 사회복지서비스법들이 자주 출제되고 있으므로 각 법과 관련해서 공통적으로 수급자, 수급권자, 권리구제, 급여의 종류, 수급요건 등을 비교할 수 있도록 학습하는 것이 바람직하다.

따라서 각 제도의 내용과 특징, 타 제도와 비교, 역사적 인과관계 등을 고려하여 정리하고, 최근 새롭게 제정되거나 개정된 조항들을 지속적으로 확인하며 공부한다면, 사회복지법제와 실천에서 고득점을 받을 수 있을 것이다.

I. 법의 기초이론_ 13

Chapter 01 법의 기초이론 15
Chapter 02 성문법과 불문법 21
Chapter 03 법의 적용과 해석 26
Chapter 04 법의 효력과 분류 31

II. 총론_ 41

Chapter 01 사회복지법 43
Chapter 02 사회복지법의 역사적 형성과 특성 46
Chapter 03 사회복지법의 체계 61
Chapter 04 사회복지의 권리성 64
Chapter 05 사회복지 주체와 법률관계 69
Chapter 06 사회복지사 등의 법적 지위와 권한 72
Chapter 07 우리나라 사회복지입법 변천사 및 입법과정론 76
Chapter 08 국제법과 사회복지 80

III. 각론_ 87

Chapter 01 사회보장기본법 89
Chapter 02 공공부조 98
Chapter 03 사회보험법 124

IV. 사회복지사업법_ 183

Chapter 01 사회복지사업법 185
Chapter 02 사회복지법인 192

V. 사회복지서비스법_ 201

Chapter 01 아동복지법 203
Chapter 02 노인복지법 218
Chapter 03 장애인복지법 233

Chapter 04 장애인연금법 ········· 251
Chapter 05 한부모가족지원법 ········· 255
Chapter 06 영유아보육법 ········· 265
Chapter 07 다문화가족지원법 ········· 276
Chapter 08 입양특례법 ········· 283
Chapter 09 정신건강복지법 ········· 290
Chapter 10 사회복지공동모금회법 ········· 297
Chapter 11 장애인·노인·임산부 등의 편의증진 보장에 관한 법 ········· 304
Chapter 12 성매매방지 및 피해자보호 등에 관한 법률 ········· 308
Chapter 13 성폭력범죄의 처벌 등에 관한 특례법 ········· 314
Chapter 14 가정폭력방지 및 피해자보호 등에 관한 법률 ········· 318
Chapter 15 일제하 일본군위안부 피해자에 대한 보호·지원 및 기념사업 등에 관한 법률 ········· 323
Chapter 16 농어촌주민의 보건복지 증진을 위한 특별법 ········· 327
Chapter 17 식품 등 기부 활성화에 관한 법률 ········· 332
Chapter 18 장애활동 지원에 관한 법률 ········· 335
Chapter 19 발달장애인 권리보장 및 지원에 관한 법률 ········· 344

VI. 사회복지관련법_ 351

Chapter 01 건강가정기본법 ········· 353
Chapter 02 자원봉사활동 기본법 ········· 362
Chapter 03 저출산·고령사회 기본법 ········· 367
Chapter 04 재해구호법 ········· 372
Chapter 05 의사상자 등 예우 및 지원에 관한 법률 ········· 380
Chapter 06 장애인고용촉진 및 직업재활법 ········· 385

VII. 판례_ 395

Chapter 01 판례법 ········· 397
Chapter 02 사회복지 판례 사례 ········· 399

Ⅰ. 법의 기초이론

Chapter 01 법의 기초이론
Chapter 02 법의 연원
Chapter 03 법의 적용과 해석
Chapter 04 법의 효력과 분류

Chapter 01 법의 기초이론

제1절 법(法)의 목적(目的)

1. 법의 목적에 대한 정의

법의 목적은 법의 이념인 정의와 형평을 실현하고 확보하는 데 있다.

2. 법의 목적에 대한 이론

① 플라톤(Platon)·아리스토텔레스(Aristoteles)
법의 목적은 정의를 원칙으로 하는 도덕생활의 실현이다.

② 루소(Rousseau)의 견해
개인의 자유와 평등을 확보하고 발달시키는 것이 법의 목적이다.

③ 칸트(Kant)의 견해
도덕적인 개인인격의 확보를 위하여 봉사하는 것이 법의 목적이다.

④ 피히테(Fichte)의 견해
법은 민족의 유지·발달을 목적으로 한다.

⑤ 벤덤(J. Bentham)의 견해
법은 최대다수의 최대행복을 얻게 하는 것을 목적으로 한다.

⑥ 예에링(Jhering)의 견해
법은 사회이익을 확보하는 것을 목적으로 한다.

⑦ 이항녕의 견해
법은 직분을 지키는 것을 목적으로 한다.

3. 법의 개념

법이란 무엇이다라고 한마디로 정의를 내리기란 대단히 어려운 것이다. 그러나 보편적으로 말하여 법이란 "사회생활의 질서를 유지하고, 여러 사람들간의 배분 및 협력의 관계를 규율하기 위하여 발달한 규범의 체계로서, 그 효력을 확보하기 위하여 조직적인 강제의 뒷받침을 받는 것"이라고 할 수 있다.

1) 법은 규범이다

법은 사람이 행동함에 있어서 "마땅히 좇아야 할 질서" 곧 규범인 것이다. 그러나 법이 규범이라 할지라도 반드시 모두가 따르는 것이 아니고 간혹 이를 어기는 사람도 있기에 자연법칙과는 구별된다. 따라서 법은 규범이기는 하지만 '꼭 따라 줄 것이 요청'되는 당위의 법칙이다.

2) 법은 사회규범이다

사회규범이란 인간의 사회생활에 관한 규범이라는 의미이다. 사람은 반드시 집단생활을 영위하기 마련인 바 이를 가능케 하기 위해서는 사회질서가 있어야 한다. 또 사회질서를 유지하기 위해서는 일정한 규범, 즉 법을 필요로 한다. 따라서 법은 사회규범이다. 사회규범에는 법 이외에 도덕, 종교, 관습 등이 있다.

3) 법은 행위규범이다

법은 사람의 마음속에 있는 의사를 규율하는 것이 아니라, 내부의사를 행동으로 표현한 행위를 규율하는 것이다. 따라서 법은 행위규범이다.

"법은 최소한도의 도덕이다"라는 말이 있다. 이는 도덕이나 종교가 사람의 마음속에 있는 의사를 규율하는 데 비해, 법은 그 의사가 바깥으로 나타났을 때 비로소 규율하기 때문이다.

즉 행위규범이란 사람에게 어떠한 행위를 명하거나 금지하는 것에 관한 판단의 근거가 되는 준칙이다.

4) 법은 강제규범이다

법은 각 개인의 의사가 어떻든 상관없이 반드시 이에 복종하여야 할 것이 요구되는 강제성 있는 규범이다.

법은 그 준수가 강제성을 띠었다는 점에서 종교나 도덕과 같은 사회규범과는 달리 구별된다.

법학자 예링(Rudolf von Jhering,1818-1892)은 "강제가 없는 법은 타지 않는 불꽃과 같다"고 할 정도로 법의 강제적 속성을 강조하였다.

5) 법은 재판규범이다.

재판규범이라 함은 재판할 때 판결의 기준을 제시해 주는 규범이다.

6) 법은 조직규범이다.

법은 국가기관의 조직과 그 조직의 권한과 역할을 부여하는 사항을 규정하는 규범이 된다.

2. 법과 도덕 · 종교 · 관습과의 관계

1) 법과 도덕

① 유사성

도덕도 법처럼 특수한 규범의식을 수반하는 사회규범이며, 사람의 행위에 대하여 다소 구속력을 가진다.

② 차이점

㉠ 도덕은 자율성을 본질로 하는 내면성을, 법은 타율성을 본질로 하는 외면성을 지니고 있다. 즉 도덕은 개개인의 마음속에 있는 의사를 규율하는 것을 목적으로 하지만 법은 마음 속에 있는 의사가 아니라 바깥에 나타난 행위를 규율하는 것을 목적으로 한다.

㉡ 도덕은 비강제성을 띠고 있지만 법은 강제성을 띠고 있다. 즉 도덕은 개개인의 인격완성을 목적으로 하는 강제성 없는 개인적 규범이지만 법은 사회생활에 있어서의 질서의 유지 · 발달을 도모하는 것을 목적으로 하는 단체적 규범으로서 강제성을 띤다.

③ 도덕의 중요성

㉠ 법이 아무리 강제성을 띤 사회규범이라 할지라도 완전성을 기대하기 어렵다. 오히려 개개인의 양심이 명하는 자율적인 도덕률에 호소함으로써 보다 완전성을 기대할 수 있다.

㉡ 법의 완전성을 기하려면 도덕과 융합되어야 한다. 따라서 오늘날에 와서는 '신의성실의 원칙'이라든지 '공서양속'과 같은 도덕적인 규범개념이 법규범 중에 도입되어 법률로서 그 효력을 갖게 되었다.

3. 법과 종교

① 유사점

종교도 법처럼 특수한 규범의식을 수반하는 일종의 사회규범이다.

② 차이점

㉠ 종교는 사람의 심신의 안정 달성을 목적으로 한 신앙성인 데 비하여 법은 사회질서의 유지·발달을 도모하는 강제성에 그 목적이 있다.

㉡ 종교가 편면성을 띠고 있다면 법은 양면성을 띠고 있다. 즉 종교는 신에 대한 봉사의무만을 내용으로 하지만 법은 의무를 다함으로써 권리를 가질 수 있다는 점에서 양면성을 지니고 있다.

㉢ 종교는 마음속 의사를 규율하는 내면성이지만 법은 바깥의 행위를 규율하는 외면성이다.

4. 법과 관습

1) 관습의 분화과정

① 관습은 외형적 존재로서 법이라는 형태를 취하여 외면화·타율화·공권화되어 왔다.

② 관습은 한편으로 내면적 존재로서 도덕 및 종교의 형태를 취하여 내면화·자율화·개인화되어 왔다.

2) 법과 관습의 차이점

① 관습은 비조직적 사회인 세간의 규범이지만, 법은 가장 공고한 조직적 사회인 국가의 규범이다.

② 관습을 위반할 때에는 사회로부터 비난을 받는 데 그치지만, 법은 국가 권력에 의한 조직적 강제가 예정된다.

3) 법과 관습과의 관계

① 법의 연원의 하나에 속하는 관습법은 관습이 법규범으로 된 것이다.

② 관습법으로 인정되지 않는 '사실로서의 관습'도 일정한 요건 아래서는 일반 법률행위를 지배한다.

제3절 사회복지법의 체계

1. 사회복지법은 사회문제를 해결하기 위해 사회복지제도와 함께 형성되고 발전되었다.
2. 사회복지제도가 법률관계로 존재할 때 사회복지에 관한 권리 · 의무 관계가 형성될 수 있다.

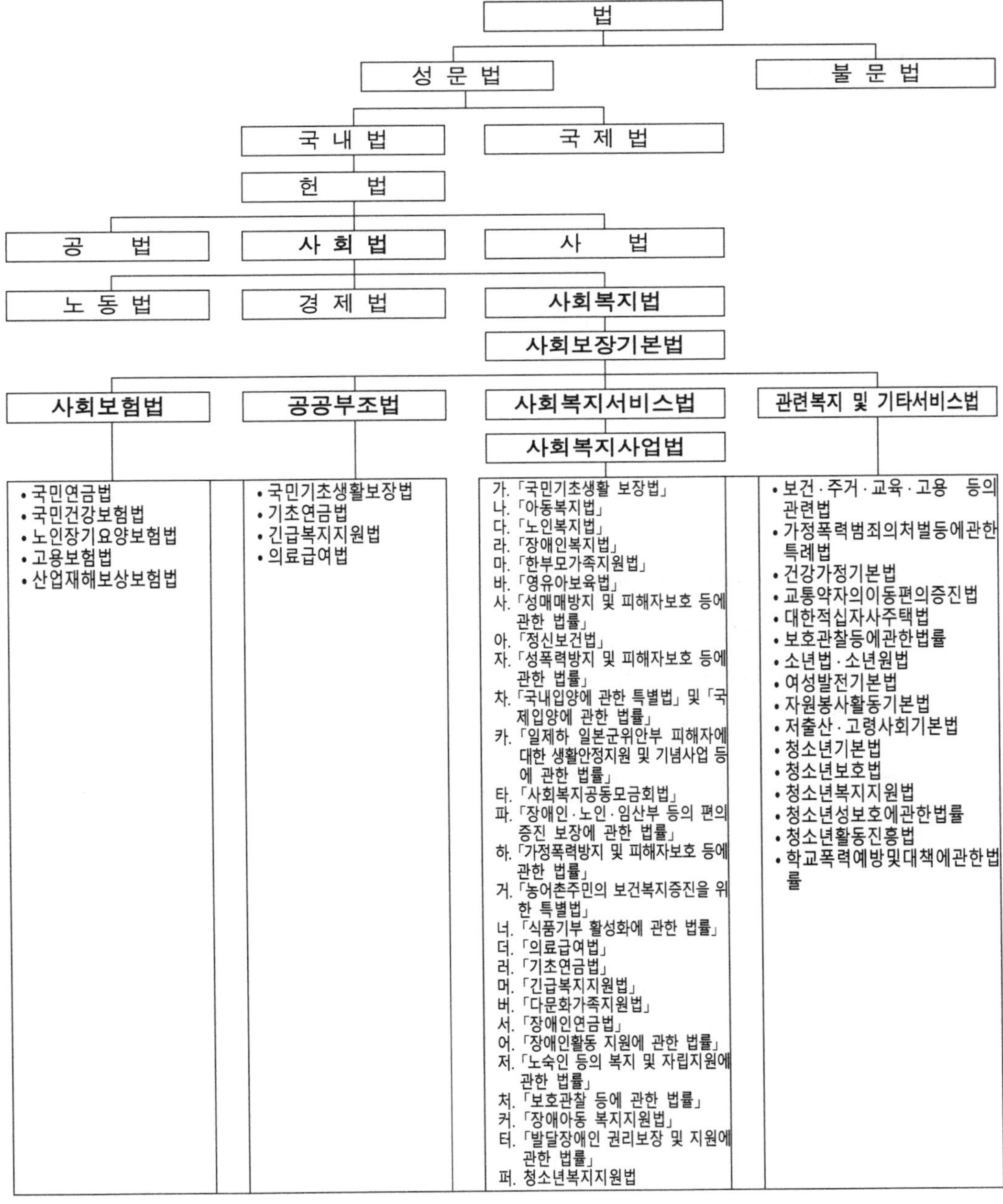

01 "악법도 법이다"라는 말이 내포하는 것은?

① 법의 안정성
② 법의 목적성
③ 법의 강제성
④ 법의 타당성
⑤ 법의 공정성

해설 실정법이 타당하지 않더라도 적용되어야 한다는 법의 안정성의 표현이다 정답 ①

02 법의 적용에 있어서 가장 먼저 해야 할 일은?

① 법규정을 찾아내는 일
② 법규정의 해석
③ 타당한 결론을 내리는 일
④ 구체적 사실의 확정
⑤ 구체적 사실의 추정

해설 법은 구체저인 사실의 확정을 가지고 적용한다. 정답 ④

Chapter 02 성문법과 불문법

제1절 법원

1. 법원의 뜻

무엇이 법인가를 정하는 경우 그 근거를 법의 연원, 즉 법원(source of law)이라고 한다.

① 법의 타당 근거로서의 신의 의사 · 이성 · 국가 등을 뜻하고, 국민주권주의 하에서는 국민의 의사가 법원이 된다.

② 일반적으로 법원이라 할 때에는 법의 존재형식이란 뜻으로 이해되고 있다. 이 의미에서의 법원은 그 표현형식에 따라 성문법 · 불문법으로 크게 나누어 볼 수 있지만, 보통은 성립형식에 따라 법률 · 명령 · 관습법 · 판례법 등으로 나뉘어진다.

제2절 성문법

1. 성문법

1) 성문법의 뜻

성문법은 문자로 표현되고 문서의 형식을 갖추어 제정 · 공포된 법규범을 말한다. 한편 성문법은 입법작용에 의하여 성문화되어 제정된다는 점에서 제정법이라고도 한다.

2) 성문법의 종류

① 성문헌법

국가의 조직 및 통치기구에 관한 국가 기본법, 즉 헌법이 그 나라의 다른 성문법과 구별되는 특수한 성문법의 형식을 취하고 있는 것을 말한다.

② 법률

일반적으로 법률이라 하면 국회 입법기관의 의결을 거쳐 국가원수가 서명 · 공포함으로써 성립되는 국법의 하나인 법을 일컫는다.

③ 명령

법률 다음 가는 성문법으로 국회의 의결을 거치지 않고 행정부가 제정 · 공포한 법령을 말한다.

(예) 대통령령〈위임명령 · 집행명령 · 긴급재정명령 · 총리령 · 부령

④ 자치법규

일반적으로 자치법규는 지방자치단체가 법령의 범위 안에서 제정하는 자치에 관한 규정, 즉 조례와 규칙만을 뜻한다.

⑤ 조약 · 국제법규

㉠ 조약은 국가에 대한 국제법상의 권리 · 의무를 정할 것을 목적으로 하는 두 나라 이상 사이에 행하여지는 문서적 합의이다.

㉡ 국제법규는 확립된 국제관습법규를 뜻한다.

㉢ 헌법에 의하여 체결 · 공포된 조약과 일반적으로 승인된 국제법규는 국내법과 같은 효력을 가진다.

조약을 넓은 뜻으로 말할 때는 협약 · 협정 · 규약 · 헌장 · 규정 · 결정서 · 의정서 · 선언 · 약정 · 교환공문 등도 모두 포함된다.

⑥ 법원이 되는 성문법

이 밖에 국회규칙 · 대법원규칙 등도 있다.

3) 법의 순위

① 헌법 → 법률(또는 조약 · 국제법규) → 명령(또는 국회규칙 · 대법원규칙) → 자치법규(조례 → 규칙)와 같은 순으로 효력을 갖는다.

② 하위의 법은 상위의 법에 저촉해서는 안 된다.

③ 하위의 법으로써 상위의 법을 개정 또는 폐지시킬 수 없다.

제3절 불문법

1. 불문법의 뜻

특별히 성문화되지는 않았으나 법으로서의 성격이 인정되어 있는 법, 즉 문자로 표현되고 권력자에 의하여 일정한 절차에 따라서 제정된 법 이외의 모든 법을 불문법 또는 비제정법이라 한다.

2. 불문법의 종류

불문법에는 관습법, 판례법이 가장 중요하며 조리까지 여기에 포함시키는 경우도 있다.

① 관습법
사회의 관행에 의하여 발생된 사회 생활의 규범이 불문의 원형대로 사회력 또는 국가력에 의하여 법적 규범으로서 승인되어 강행되는 것을 관습법이라 한다.

㉠ 성문법이 발달하기 전에는 대개 모든 법이 관습법으로 존재하였다.

㉡ 관습이라고 모두가 법적 효력이 있는 것이 아니고, 관습 중에서 법적확신이 수반된 것만이 법으로서의 관습, 즉 관습법이 된다. 아직 법적 확신이 수반되지 않는 관습은 사실로서의 관습일 따름이다.

㉢ 우리 나라에서는 관습법이 단지 보충적 효력으로만 인정되고 있다.
민법 제1조에 "민사에 관하여 법률에 규정이 없으면 관습법에 의하고 관습법이 없으면 조리에 의한다"고 규정되어 있는 것만 보아도 우리 민법에서 법원의 순위가 '성문법 → 관습법 → 조리'로 확정되어 있음을 알 수 있다.

② 판례법
판례를 법원으로 인정하는 경우에 판례의 형태로 존재하는 법을 판례법이라 한다. 영국이나 미국에서는 이 판례가 가장 중요한 법원이며 판례법의 나라라고 불리워지고 있지만, 성문법을 중심으로 하는 우리나라에 있어서는 판례가 법원이 될 수 있는가라는 것부터 논쟁의 대상이 되고 있다.
우리 나라에서는 제도상으로는 판례가 구속력이 보장되어 있지 않지만 실제로는 구속력이 강하게 작용하고 있다고 할 수 있다. 또 판례가 거듭 쌓이면 관습법으로서 법원의 지위를 차지하게 되는 것이다.

③ 조리
사물의 본질적 법칙, 즉 도리를 조리라고 하며, 사회통념 · 선량한 풍속 기타 사회질

서 · 신의성실의 원칙 등의 이름으로 표현되는 일도 있다. 민법 제1조에 의하면 "민사에 관하여 … 관습법이 없으면 조리에 의한다"라고 규정함으로써 조리는 법에 흠결이 있을 때, 즉 관습법 등이 없을 때 재판의 기준이 되며, 성문법을 해석할 때 그 기준이 됨을 명시하고 있다. 따라서 조리도 일종의 법원이라고 보는 것이 타당하다.

01 다음 중 성문법에 해당하지 않는 것은?

① 명령 ② 조례
③ 조리 ④ 자치법규
⑤ 국제조약

해설 성문법 - 헌법, 법률, 명령, 규칙, 자치법규, 국제조약 및 국제법규
불문법 - 관습법, 판례법, 조리

정답 ③

02 '법률'에 대한 설명 중 틀린 것은?

① 국회의 의결절차를 거쳐 제정된다.
② 헌법을 집행하는 집행법으로서의 역할을 한다.
③ 명령과 자치법규에 비해 우선 효력이 있다.
④ 법률에 대한 사법심사는 불가능하다.
⑤ 위원입법과 정부입법에 의해 제정된다.

해설 법률에 대한 사법심사로는 '위헌법률심판'과 '헌법소원'이 있다.

정답 ④

Chapter 03

법의 적용과 해석

제1절 법의 적용

1. 법의 적용

① 법의 적용

법규를 개별적인 사회현상, 즉 사회생활 중 발생된 어떤 구체적인 사실에 맞추어 법규의 내용을 구체적으로 실현하는 작용을 말한다.

② 법의 적용 순서

㉠ 법적 가치판단을 받는 사회현상을 정확하게 확정짓는 것은 사실확정의 문제이다.

㉡ 그 판단의 기준이 될 법의 의미 내용을 명확하게 확정하는 법해석의 문제를 기초로 이루어진다.

〈예〉 "A가 B를 죽였다"라는 사회현상이 있을 때, 정말 A가 B를 죽인 사실이 있는지의 여부를 정확하게 확정짓고〈사실확정〉, 죽인 사실이 드러나면 살인죄로 형법 제250조 "사람을 살해한 자는 사형 · 무기 또는 5년 이상의 징역에 처한다"가 적용된다. 그러나 이 형법 제250조로는 추상적인 법조문이다. 즉 사형으로 처할 것인가 아니면 5년 징역으로 처할 것인가가 문제가 된다. 따라서 법을 적용하기에 앞서 범인의 연령 · 정신상태 · 범죄의 동기 · 정상 등을 참작하여 '징역 7년'이란 구체적이고도 합법적 판결을 내려야 하는 것이다. 이상과 같은 행위를 법의 적용이라고 한다.

제2절 법의 해석

1. 법의 해석

법의 해석이란 법을 구체적으로 적용하기 위하여 그 법규의 뜻을 체계적으로 이해하고, 법의 목적에 따라서 규범의 의미를 명확히 하는 이론적 · 기술적 조작을 말한다.

1) 법해석이 필요한 이유

법의 해석이 필요한 것은 불문법보다 성문법이다.

① 성문법은 인간이 제정한 법인만큼 완전무결하다고는 볼 수 없기 때문이다(성문법의 불완전성).

② 성문법은 대부분 추상적 · 일반적으로 규정되어 있으며, 구체적인 현상에 대해 일일이 적합하게 규정되어 있지 않기 때문이다(성문법의 추상성).

2. 법해석의 방법

1) 유권해석

광의의 의미로는 국가기관이 행하는 법의 해석(입법해석 · 사법해석 · 행정해석)을 총칭하나, 보통은 협의의 의미로 입법해석만을 가리킨다.

① 입법해석

입법기관(법을 제정한 기관)이 행하는 법의 해석이다. 같은 법 속에서 해석을 제시하는 경우도 있고 또 이미 존재하는 법에서 의의가 있을 때 이를 해결하기 위하여 새로운 법을 제정하는 경우도 있다.

② 행정해석

행정관청에 의하여 내려지는 해석이다. 이것은 행정관청의 독자적인 해석이기 때문에 일응 유효하지만 최종적인 구속력은 없다.

③ 사법해석

법원 특히 대법원이 판결을 통하여 행하는 해석으로, 일명 판결해석이라고도 한다. 이것은 최종적인 구속력을 갖는다.

2) 학리해석

학문의 이론에 입각하여 행하여지는 법의 해석을 학리해석이라고 하는데, 이는 다시 문리해석과 논리해석으로 크게 나눌 수 있다. 학리해석은 유권해석에 대응하는 말이므로 무권해석이라고도 한다.

① 문리해석

법문의 자구나 문장에 나타난 뜻에 중점을 두고 법규의 의미를 확정하는 해석방법이다. 따라서 이를 '문자해석'이라고도 한다.

㉠ 문리해석은 목적해석의 절차적 방법으로서만 중요하다.

㉡ 문리해석은 법문 중에 있는 특이한 용어에 대해서 주의해야 한다.

② 논리해석

한 법문과 다른 법문과의 관계, 입법의 목적, 사회생활의 구체적 합리성과 필요성 등을 통하여 체계적으로 법을 고찰한다든가 사회생활면을 관찰하는 등의 논리적 방법을 사용해서 그 법문의 참된 뜻을 찾으려는 것을 논리해석이라 한다.

㉠ 논리해석은 지나치게 형식논리에 편중하는 나머지 실제로는 사회에 적합하지 않는 모순이 생길 수도 있다.

㉡ 논리해석은 법문을 떠나서 마음대로 논리적 전개를 할 수 없다.
논리해석의 결과가 문리해석의 결과와 서로 일치하지 않을 경우에는 보다 타당한 법해석을 위하여 법문의 자구에 나타난 의미를 때로는 확장해석, 축소해석, 유추해석해 볼 필요가 있으며 또한 법문과 반대로 고려해 볼 필요가 있다.

3) 확장해석

법규의 명제나 용어를 그 말의 일반적인 뜻 이상으로 넓혀서 이해하는 법해석의 한 방법이다.

4) 축소해석

법규의 문장 · 문구가 너무 광범하여 이를 보다 좁고 엄격하게 해석하는 방법으로 '제한해석'이라고도 한다. 축소해석은 원래 독립된 해석방법이 아니라 논리해석의 결과로 파생되는 데 불과한 것이다.

5) 유추해석

어떤 사항에 적용할 법규가 없을 경우 그와 비슷한 사항에 적용되는 법규를 그 사항에 적용하는 해석 방법이다.

6) 반대해석

법문에 명시되어 있지 않은 사항(그 법문과 관계가 있을 듯한 사항)에 대하여 그 법문과 반대로 이해하려는 해석방법이다. 따라서 유추해석과 대립되는 방법이라 할 수 있다.

〈예〉 어느 공원 입구에 '차마(車馬)통행금지'라는 표지가 붙어 있다면, 이를 문자 그대로 해석(문리해석)해 보면 "자동차나 마차 따위는 이 공원에 들어가지 못한다"라고 이해되고, 확장해석을 한다면 "손수레도 들어가면 안 된다"로 이해된다. 그러나 공원이라는 환경으로 보아 "유모차만은 들어가도 좋다"라고 이해하여 유모차를 차마에서 제외해 볼 경우 축소해석이 된다. 한편, 공원에 붙인 표지의 취지를 보아 "소를 몰고 들어가서도 안 된다"라고 이해해 볼 수 있는데 이것이 유추해석이다. '차마통행금지'라 하더라도 이와 관계가 깊은 "운전사나 마부만은, 즉 사람만은 통행이 금지되지 않는다"라고 반대로 이해하는 것이 반대해석이다.

01 헌법의 개정절차를 바르게 설명한 것은?

① 의회에 의한 개정
② 국민투표에 의한 개정
③ 헌법개정의회만의 개정
④ 의회(국회)의결과 국민투표에 의한 개정
⑤ 헌법재판소에 의한 개정

해설 헌법개정의 절차는 국회에서의 재적의원 2/3 이상의 찬성과 국민투표에서의 국회의원선거권자 과반수의 투표와 투표자 과반수의 찬성을 얻으면 헌법개정이 확정된다. 정답 ④

02 법치주의에 위반되는 것은?

① 권력분립주의
② 의회제도
③ 행정소송제도
④ 위임입법
⑤ 탄핵제도

해설 입법권은 의회(국회)에서만 제정할 수 있다. 정답 ④

Chapter 04 법의 효력과 분류

제1절 법의 분류(分類)

1. 법의 분류표

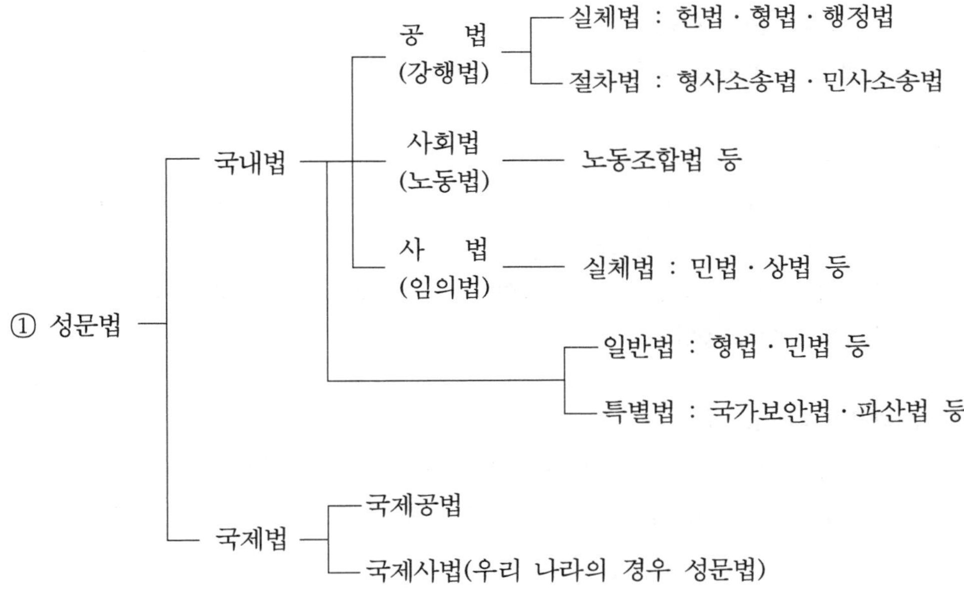

② 불문법 — 관습법 · 판례법 · 조리

1) 국내법과 국제법 :

① 국내법

㉠ 한 국가의 내부에서 시행되는 법.

㉡ 헌법을 토대로 하여 법률 · 명령 · 규칙 등 하나의 법체계를 이룸.

② 국제법

㉠ 국가와 국가간의 관계를 규정한 법.

㉡ 보통 관습법과 조약으로써 이루어짐.

2) 공법과 사법

① 공법 … 사람의 생활관계 중 국민으로서의 생활 관계를 규율하는 법.
〈예〉 헌법 · 행정법 · 형법 · 민사〈형사〉 소송법 등

② 사법 … 사람의 생활관계 중 인간으로서의 생활관계를 규율하는 법. 〈예〉 민법 · 상법 등

③ 사회법 … 공법과 사법의 중간 형태의 법. 〈예〉 노동법 · 경제법

3) 일반법과 특별법

① 일반법(보통법) … 사람이나 지역 또는 사물 · 행위에 제한 없이 일반적으로 적용되는 법. 〈예〉 형법 · 민법

② 특별법 … 특정한 사람 · 지역 · 사물 · 행위에 국한해서 적용되는 법 〈예〉 군형법

4) 실체법과 절차법

① 실체법 … 권리 · 의무의 발생 · 변경 · 소멸 및 내용, 또 그 권리 · 의무의 귀속 등 실체적 사항을 규정하는 법 〈예〉 민법 · 형법

② 절차법 … 권리 · 의무를 적용 · 실현하는 방법 및 절차에 관하여 규정한 법 〈예〉 민사소송법 · 형사소송법

5) 강행법과 임의법 :

① 강행법 … 당사자의 의사 여하에 불구하고 강제적으로 적용되는 법 〈주로 공법〉

② 임의법 : 당사자의 의사에 따라 적용되는 법〈주로 사법 (私法)이 이에 해당〉

2. 법의 유용성

법은 언제나 실현될 수 있는 상태에 있는 것이 아니라 법이 규범으로서 타당할 때, 즉 법의 타당성이 있을 때와 법이 현실로 준수되어 실현될 때, 즉 법의 실효성이 있을 때 비로소 그 법을 효력이 있다고 인정한다. 따라서 법의 효력이란 법이 그 규범의 뜻과 내용대로 실현될 수 있는 상태에 있는 것을 말한다.

한편 법은 그 효력이 무한히 미치는 것은 아니다. 때에 따라, 곳에 따라, 사람에 따라 그 한계가 있는 것이다.

3. 시간적 효력

1) 법의 유효기간

① 유효기간 : 법은 시행되는 날로부터 폐지되는 날까지 그 효력이 있는데, 이 기간을 유효기간 또는 시행기간이라고 한다.

② 주지기간 : 법(성문법)은 이를 공포·시행함으로써 효력을 발생하여 구속력을 갖게 된다. 보통 법은 공포와 시행 사이에 일정한 기간을 두는데 이 기간을 주지기간 또는 유예기간이라고 한다.

③ 법의 공포와 효력 : 법률은 특별한 규정이 없는 한 공포한 날로부터 20일을 경과함으로써 효력을 발생한다. 그리고 국무총리령·부령도 특별한 규정이 없는 한 역시 동일하다.

4. 법률불소급의 원칙

새로 제정된 법률은 그 이전에 발생한 사실에 소급하여 적용하지 않는 것이 원칙이다. 이를 법률불소급의 원칙이라고 한다.

형사에 관하여는 법률의 소급효는 엄격하게 금지되어 있다. 이 밖에도 기득권을 존중하는 의미에서나 법적 안정성의 입장에서 일반적으로 이 원칙이 인정되고 있다. 그러나 이것은 반드시 절대적인 것은 아니다. 신법이 관계자에게 유리한 경우 또는 기득권을 어느 정도 침해해서라도 신법을 소급시킬 도덕적 내지 정책적 필요가 있는 경우에는 예외로 소급효가 인정된다.

5. 경과법

① 구법 개폐의 원칙

어느 사항에 관하여 신법이 새로 시행될 때에는 해당 사항에 관하여 이미 존재한 구법은 당연히 그 효력이 상실되는 것이 원칙이다. 이를 구법개폐의 원칙이라고 하는데 "신법은 구법을 개폐한다"라는 의미이다.

② 경과법

구법을 폐하고 신법을 시행하는 경우 구법 시대에 발생하여 신법 시대에까지 계속하는 사항에 대하여는 구법을 적용하여야 옳은지 신법을 적용해야 옳은지가 문제시된다. 따라서 이와 같은 문제를 기술적으로 해결하기 위하여 마련된 법규가 바로 경과법 또는 경과규정인 것이다. 경과법은 부칙에 규정되어 있는 것이 보통이다.

제2절 사람에 관한 효력

1. 속인주의

① 속인주의 : 국민을 기준으로 하여 법을 적용하는 주의, 즉 한 나라의 국민은 자기 나라에 있거나 외국에 가 있거나를 불문하고 다 같이 그 국민이 소속한 나라의 법에 의하여 규율된다는 의미이다.

② 속인주의의 예외 : 일정한 신분을 가진 사람에게만 그 효력이 있고, 일반인에 대해서는 그 효력이 미치지 않는 특별법이 있다. 즉 「헌법」 제 66조는 대통령에게만, 「교육공무원법」은 교육공무원에게만, 「군형법」은 군인에게만 적용되는 것이 바로 그 예이다.

2. 속지주의

① 속지주의 : 영역을 기준으로 법을 적용하는 주의, 즉 한나라의 영역 안에 있어서는 자기 나라 사람이거나 외국 사람이거나를 불문하고 다 같이 그 나라의 법에 의하여 규율된다는 것이다.

② 속지주의의 예외

㉠ 헌법상의 제한 : 헌법상의 권리 · 의무에 관하여는 자기 나라의 국민에게만 적용되며 국내에 있는 외국인에게는 적용되지 않는다.

㉡ 국제공법상의 제한 : 치외법권을 가진 자나 영사재판권에 복종하는 자는 그들이 재류하는 나라의 법의 지배를 받지 않는다.

3. 장소에 관한 효력

① 한 나라의 법은 원칙적으로 그 나라의 영역, 즉 영토, 영해, 영공의 전반에 걸쳐 행하여진다.

② 전영역적 효력의 예외

㉠ 사회적 · 경제적 사정 기타의 이유로 인하여 장소에 관한 특별법, 예컨대 도시계획법 · 농촌진흥법은 일부 해당 지역에만 시행된다.

㉡ 한 나라의 법이 그 영역 밖에까지 미치는 경우가 있다. 예컨대 치외법권을 가진 자나 영사재판권을 행하는 지역에는 자기 나라 법이 적용되며, 공해는 물론 타국의 영

해 안에 있어서도(조약에 따라) 자기 나라의 군함 · 선박 · 항공기 등에는 자기 나라의 법이 적용된다.

제3절 시민법과 사회법

사회복지법은 산업화, 자본주의의 발달과 정치 · 경제 · 사회체제의 변동에 따라 생겨난 사회문제를 해결하기 위해 사회복지제도와 함께 형성되고 발전되었다. 사회복지제도가 법률관계로 존재할 때 국가와 국민 사이에 사회복지에 관한 권리 · 의무 관계가 형성될 수 있으며 국가의 정책이나 제도는 법적인 근거가 있어야 공식적인 제도로 존재할 수 있다.

1. 자본주의의 발달과 사회복지법의 출현

1) 사회복지법은 최근에 전개 · 발전된 법으로 그 자체의 법리와 체계, 특징 및 내용을 지니고 있다. 사회복지법은 사회법으로서 시민법의 한계에 대한 비판적 관점에서 출현한 법으로 독립된 법영역을 확보해 나가고 있다.
2) 자본주의경제는 근대국가의 경제적 약자와 강자, 노사대립의 갈등 등의 문제를 발생시켰다.
3) 자본주의가 발전함에 따라 기존의 법체계인 시민법으로 해결될 수 없는 새로운 문제현상에 대응하기 위한 시민법원리의 수정은 노동법 발전부터 경제법, 사회보장법, 사회복지법의 순서로 각각 발전이 이루어졌다.
4) 자본주의의 발전으로 인하여 여러 가지의 사회구조의 변화와 새로운 문제의 발생으로 사회복지법이 해결해야 할 영역이 확대되었다. 정상적인 사회생활이 어려운 사회적약자를 보호하기 위하여 최저생활을 유지함으로 인간다운 생활을 할 수 있도록 국가의 책임을 강제하는 방향으로 사회복지법이 발전하고 있다.

2. 시민법과 사회법의 형성

1) 시민법

(1) 시민법의 배경

시민법은 1789년 프랑스 시민혁명(부르즈아혁명)에 따라 탄생한 근대의 시민사회를 기초로 하여 만들어진 법이다.

※ 봉건제(신분제) → 자본주의 사회출현 ⇒ 시민법

① 1688년 영국 명예혁명 ② 1776년 미국 독립혁명 ③ 1789년 프랑스 대혁명

(2) 시민법의 원리

① 소유권 절대보장의 원칙(사유재산권 존중의 원칙)

각 개인의 사유재산권에 대한 절대의 지배를 인정하고 국가나 다른 개인은 침해할 수 없다는 원칙.

② 계약자유의 원칙(사적자치의 원칙)

사법상의 법률관계에서 개인의 자유로운 의사에 따라 발생하는 것을 개인의사 자치의 원칙과 법률행위 자유의 원칙이라 한다.

③ 과실책임의 원칙(자기과실에 대한 책임의 원칙)

개인이 타인에게 준 손해에 대해서 그 행위가 고의 또는 과실에 기인하는 경우에만 손해배상책임을 진다.

2) 사회법

(1) 사회법 발생배경

자본주의의 한계로 인하여 노동자 등 경제적 · 사회적 약자의 생존권 보장이 필요하면서 자유주의적 체제에 대한 반성과 개인의 생존보장에 대한 필요성이 대두되었다.

(2) 사회법의 원리

① 소유권행사의 제한(=소유권 행사의 사회성,공공성)

② 계약자유의 원칙의 수정(=계약자유의 공정성)

③ 무과실 책임주의

3. 사회복지법의 이념으로서 생존권

기본권 : 국민이 향유하는 기본적 권리로서 헌법에 의해 보장된 권리를 말한다.(제한 헌법§37②)

1) 인권과 사회복지

인권이란 사람이 사람답게 살기 위해 필요한 것으로서 당연히 인정된 기본적 권리이다.

2) 시민권과 사회복지

시민권이란 한 국가의 법에 규정되어진 의무와 권리에 상응하는 개인과 국가 간의 관계이다.

시민권은 개인과 그 개인이 소속한 도시의 역사적 관계로부터 발생하며, 책임을 수반하는 자유로운 신분을 의미한다.

■ 마샬의 시민권 개념

① 공민권(자유권) → ② 참정권(정치권-투표) → ③ 사회권(복지권)

3) 헌법의 사회적 기본권의 성격

생존권적 기본권이란 국민이 인간다운 생활을 하기 위하여 국가 등에 대하여 일정한 급여를 요구할 수 있는 적극적인 권리를 말한다. 생존권적 기본권이 법규에 의하여 구체적으로 실현되어지는 형태의 권리가 사회보장 수급권이다. 헌법상 생존권과 사회복지법상 수급권과는 내적으로 상호연결되어 있다.

(1) 헌법전문
(2) 행복추구권(제10조)
(3) 재산권행사의 한계로서 공공복리의 적합성 제시(제23조 제2항)
(4) 범죄피해자의 구조청구권(제30조)
(5) 교육권(제31조)
(6) 근로권(제32조)
(7) 노동3권(제33조)
(8) 사회복지권의 구체적 규정(제34조)
(9) 환경권(제35조)
(10) 혼인・가족・모성・보건 보호(제36조)
(11) 사회복지 실현을 위한 경제 질서(제119조)

→ 생존권적 기본권의 법적성격

프로그램 규정적 권리 - 헌법외에 구체적 법률이 만들어져야 권리가 발생
법적권리 : 추상적권리 - 추상적인 법적의무 - 국기법
구체적권리 - 국가상대로 소송제기 가능 - 사회보험

4) 사회보장기본법 및 개별 법률에서의 개인의 수급권

사회보장수급권이란 생존권적 기본권이 법률이나 행정입법의 수준에서 구체적으로 규정되어진 것으로 개개의 국민이 법규에 근거하여 갖는 사회보장과 관련한 급여 및 서비스 등을 청구할 수 있는 권리를 말한다.

① 사회보장수급권과 수급권자

사회보장수급권 : 모든 국민은 사회보장에 관한 관계법령이 정하는 바에 의하여 사회보장의 급여를 받을 권리이며, 국내에 거주하는 외국인도 상호주의원칙에 의하여 관계법령이 정하는 바에 따라 사회보장수급권을 가진다.

수급권자 : 사회보장수급을 받는 사람

② 사회보장 급여수준 결정의 원칙 : 최저생계비와 최저임금을 참작하여 사회보장급여의 수준을 결정하려는 것은 열등처우의 원칙에 영향을 받은 것으로 볼 수 있다.

③ 사회보장급여의 신청(당사자 신청주의) : 본인, 친족, 기타 관계인, 공무원-직권신청(동의요)

사회보장수급권의 보호

④ 사회보장수급권의 보호(=일신전속권)

담보 · 양도 · 압류 제한, 급여변경 제한, 조세 등의 부과를 제한 한다. 이는 국민의 인간다운 생활을 보장하기 위한 최소한의 보호장치이기 때문이다.

4. 사회복지법의 실천 이념과 법적 규정

1) 사회복지법의 실천 이념

생존권의 이념은 사회복지법의 체계와 관련시켜 파악할 수 있음.

최상의 규범인 헌법을 위시하여 각종 개별 사회복지법, 시행령, 시행규칙, 명령 등에서 생존권의 이념이 구체화하게 된다.

(1) 인간다운 생활

헌법 제34조에서 말하는 인간다운 생활은 그 수준이 어떠한가? 이러한 문제에 대한 질문은 매우 어렵고 결론을 내리기 쉽지 않다.

한 국가의 가치관, 정치, 경제적 상황, 재정적 여건 등이 얽혀 있는 문제로 대략은 최저생계비를 통해 이를 계량적으로 계측하고 법과 정책의 실천에 기본적인 근거로 삼고 있다.

(2) 사회복지의 증진

사회복지는 결국 보호를 필요로 하는 대상자들이 인간다운 생활을 영위하는 데 요청되는 것인 동시에 그것 자체가 목표이다. 각각 법이 해결하려는 문제와 욕구의 차이가 있지만, 법의 실천을 통해 획득하려는 점은 적용대상자의 사회복지 증지에 있다는 사실이다. 이러한 점에서 사회복지증진은 사회복지법의 실천 이념이자 목표이다.

(3) 자활 · 자립

개인이 국가로부터 사회복지 급여를 받아서 생활하는 의존적 삶보다 스스로 자신의 삶을 꾸려나가는 일이 바람직하다는 사실은 모든 사람과 국가가 인정하는 바이다.

특히 사회복지법 중에서 공공부조법이나 사회복지서비스법 분야에서는 자활과 자립을 더욱 중요시 한다. 또한 재활개념역시 궁극적으로 자활과 자립의 목적과 연결되어 있음을 알 수 있으므로, 사회복지법의 실천 이념으로서 자활과 자립은 매우 중요한 위치를 차지하고 있다.

(4) 소득 재분배

소득 재분재라는 실천목표 혹은 이념은 사회 전체맥락에서 보는 법의 실천 이념 혹은 목표이다. 장기적인 보장에 속하는 연금보험의 설계와 운용은 말할 것도 없고 국민건강보험법에서도 이러한 소득 재분재 목표를 중요한 정책 목표와 이념으로 표방하고 있다.

(5) 사회통합

사회보험원리에서 알 수 있듯이 사회적 위험의 분산과 공동대처는 사회통합, 사회연대원리에 입각해 있다.

2) 법적 규정

(1) 헌법

헌법은 국가와 국민 간의 권리 · 의무에 관한 기본법이다.

이 헌법에서 생존권의 이념은 복지조치 내지 급여 수급이 국민의 권리이자 동시에 국가의 의무로 나타나 있다.

(2) 사회복지법

개별 사회복지법은 헌법에 규정된 생존권의 이념을 구체적으로 실현하는 기능을 가지고 있다. 내담자의 욕구를 충족시키거나 사회생활 문제를 해결하는 것이 사회복지라면, 개별 사회복지법은 특정한 기본 욕구나 각각의 사회생활 문제에 각 대응한다.

01 법의 위계를 바르게 연결한 것은?

① 헌법 - 법률 - 시행규칙 - 조례 - 시행령
② 법률 - 헌법 - 대통령령 - 부령
③ 헌법 - 명령 - 법률
④ 법률 - 헌법 - 부령 - 대통령령
⑤ 헌법 - 법률 - 명령 - 시행규칙

해설 법의 위계는 헌법 - 법률 - 명령(시행령 - 시행규칙)의 순으로 이루어진다. 정답 ⑤

02 헌법 제 34 조 규정의 일부이다. ㄱ ~ ㄷ에 들어갈 내용으로 옳은 것은?

○ 국가는 (ㄱ) · (ㄴ) 의 증진에 노력할 의무를 진다 .
○ 신체장애자 및 질병 · 노령 기타의 사유로 생활능력이 없는 국민은 (ㄷ) 이 정하는 바에 의하여 국가의 보호를 받는다.

① ㄱ: 사회보장 , ㄴ: 사회복지 , ㄷ: 법률
② ㄱ: 사회보장 , ㄴ: 공공부조 , ㄷ: 법률
③ ㄱ: 사회복지 , ㄴ: 공공부조 , ㄷ: 헌법
④ ㄱ: 사회복지 , ㄴ: 사회복지서비스 , ㄷ: 헌법
⑤ ㄱ: 공공부조 , ㄴ: 사회복지서비스 , ㄷ: 법률

해설 국가는 (사회보장) · (사회복지) 의 증진에 노력할 의무를 진다.
신체장애자 및 질병 · 노령 기타의 사유로 생활능력이 없는 국민은 (법률) 이 정하는 바에 의하여 국가의 보호를 받는다. 정답 ①

03 사회복지법의 성문법 중 가장 우위의 효력을 가진 법원은?

① 헌법
② 사회보험법
③ 근로기준법
④ 사회복지사업법
⑤ 사회교육법

해설 성문법 중 최고위 법은 헌법이다. 정답 ①

II. 총론

Chapter 01 사회복지법
Chapter 02 사회복지법의 역사적 형성과 특성
Chapter 03 사회복지법의 체계
Chapter 04 사회복지의 권리성
Chapter 05 사회복지 주체와 법률관계
Chapter 06 사회복지사 등의 법적 지위와 권한
Chapter 07 우리나라 사회복지입법 변천사 및 입법과정론
Chapter 08 국제법과 사회복지

Chapter 01

사회복지법

제1절 사회복지법

1. 사회복지법

사회복지와 법규를 합한 합성어로 사회복지에 관계되는 법규이다. 사회복지의 목적을 달성하기 위한 사회복지의 주체, 급여, 행정체계, 재원조달, 권리구제 등에 관한 법의 총칭이다.

2. 용어정리

1) 사회복지(사회보장기본법 제3조)

사회보장이란 출산, 양육, 실업, 노령, 장애, 질병, 빈곤 및 사망 등의 사회적 위험으로부터 모든 국민을 보호하고 국민 삶의 질을 향상시키는 데 필요한 소득·서비스를 보장하는 사회보험, 공공부조, 사회서비스를 말한다.

2) 규범으로서의 법

법은 사회규범, 강제규범, 문화규범, 당위규범, 행위규범이며, 재판규범이다.

① 형식적 의미의 사회복지법
외적 형식을 갖춘 제반 법규(사회복지사업법, 사회보장기본법 등)

② 실질적 의미의 사회복지법
법적 존재의 형식과 명칭에 관계없이 법규범의 내용, 목적, 기능에 따라 사회복지법의 개념을 규정

3) 사회보험법

(1) 국민에게 발생하는 사회적 위험을 보험방식에 의하여 대처함으로써 국민건강과 소득을 보장하는 제도(국민연금법, 국민건강보험법, 고용보험법, 산업재해보상보험법, 노인장기요양

보험법)

(2) 공공부조

국가 및 지방자치단체의 책임 아래 생활유지 능력이 없거나 생활이 어려운 국민의 최저생활을 보장하고 자립을 지원하는 제도(국민기초생활보장법, 의료급여법, 긴급복지지원법 등)

(3) 사회복지서비스법(사회복지사업법에 의한 제도)

국가 · 지방자치단체 및 민간부문의 도움을 필요로 하는 모든 국민에게 상담 · 재활 · 직업소개 및 지도 · 사회복지시설이용 등을 제공하여 정상적인 사회생활이 가능하도록 지원하는 제도

(4) 사회복지서비스 관련 법률

국민기초생활보장법, 아동복지법, 노인복지법, 장애인복지법, 한부모가족지원법, 영유아보육법, 성매매방지 및 피해자보호 등에 관한 법률, 정신건강증진 및 정신질환자 복지서비스 지원에 관한 법률, 성폭력방지 및 피해자보호 등에 관한 법률, 입양특례법, 일제하 일본군 위안부 피해자에 대한 생활안정지원 및 기념사업 등에 관한 법률, 사회복지공동모금회법, 장애인 · 노인 · 임산부 등의 편의증진 보장에 관한 법률, 가정폭력방지 및 피해자보호 등에 관한 법률, 농어촌주민의 보건복지증진을 위한 특별법, 식품등 기부 활성화에 관한 법률, 의료급여법, 기초연금법, 긴급복지지원법, 다문화가족지원법, 장애인연금법, 장애인활동 지원에 관한 법률, 노숙인 등의 복지 및 자립지원에 관한 법률, 보호관찰 등에 관한 법률, 장애아동 복지지원법, 발달장애인 권리보장 및 지원에 관한 법률, 청소년복지 지원법
그 밖에 대통령령으로 정하는 법률(27개)

(5) 관련 복지제도

보건 · 주거 · 교육 · 고용 등의 분야에서 인간다운 생활이 보장될 수 있도록 지원하는 각종 복지제도

(6) 사회복지 관련 법률

실질적 의미의 사회복지법에 속함(청소년기본법, 최저임금법, 건강가정기본법, 자원봉사활동기본법 등)

01 사회복지법의 내용으로 적절하지 않은 것은?

① 헌법에 규정된 사회적 기본권을 법률화한 것이다.
② 공법영역에 속한다.
③ 사회복지법에 의해 제공되는 급여는 반사적 이익이다.
④ 국가의 사회보장, 사회복지 증진 의무를 규정한 법률이다.
⑤ 모든 국민의 인간다운 생활을 할 권리를 보장하는 법률이다.

해설 사회복지법에 의해 제공되는 급여는 법적 권리이다. 정답 ③

02 사회복지법의 목적을 가장 올바르게 표현한 것은?

① 개인을 사회적 위협으로부터 보호하기 위한 것이다.
② 개인과 사회의 관계를 다루기 위한 것이다.
③ 정치적 기본권을 보장하기 위한 것이다.
④ 사회환경을 구조적으로 개선하기 위한 것이다.
⑤ 문화적 기본권을 보장하기 위한 것이다.

해설 사회복지법은 공법체계이며, 사회적 기본권을 보장하기 위한 것이다. 정답 ①

Chapter 02 사회복지법의 역사적 형성과 특성

제1절 외국의 역사

1. 영국

구빈법(1601, 공공부조 효시 : 구빈에 관한 최초의 국가책임 → 정주법 → 작업장법(직업보도 프로그램 효시) → 길버트법(원외구조 실질적 효시) → 스핀햄랜드법(가족수당 효시) → 공장법(최초의 아동노동복지법) → 개정된(신)구빈법(1834, 열등처우의 원칙 최초로 명문화) → 사회개량운동 → 자선조직협회(1869, 영국 런던, 1877, 미국 뉴욕버팔로 C.W 효시) → 인보관(1884, 영국 토인비홀, 1886, 미국 근린길드, 1889, 헐하우스 G.W 효시) → 빈민법보고서 → 비버리지 보고서 → 파울러보고서

1) 엘리자베스구빈법(1601)(= 구구빈법)

① 노동력 있는 빈민 → 작업장 수용
② 노동력 없는 빈민 → 구빈원 수용
③ 요보호아동 → 도제, 입양, 가정위탁
④ 구빈세 징수
⑤ 교구별 행정 : 구빈감독관 파견
⑥ 기존 구빈에 관한 법을 집대성
⑦ 빈민구제에 대한 가족의 1차 책임 강조
⑧ 대내적 · 대외적 구빈
⑨ 세계 최초의 공적 복지법률(공공부조 효시)

2) 정주법(1662)

① 이동제한에 관한 법
② 거주지 제한
③ 귀족의 압력(구빈세 징수)과 노동자본가의 압력(안정적 값싼 노동력 확보)으로 제정

3) 작업장법(1722)

① 강제노동에 관한 법

② 중상주의정책 영향 / 아담스미스의 국부론

③ 내치블(=내치블 법)(1723) The Knatchbull's Act : 빈민에 대한 새로운 구제조치로 규정됨. 하지만 이 법 역시 구호의 억제와 빈민을 통제하는 데 목적을 둠

④ 생산품의 질 저하로 문제발생

⑤ 직업보도프로그램의 효시

4) 길버트법(1782)

① 실질적 원외구제(이전까지는 원내구제 위주)

작업장(X) → 취업알선 → 근대적 고용정책

구빈원(X) → 거택구호 → 인도주의

② 현금급여 실시

③ 교구연합 → 행정단위 확대

*개정구빈법 : 구빈연합구 → 행정단위 더 크게 확대

④ 구빈유급사무원 채용

⑤ 임의성이 강했지만 인도주의적 처우에 따라 구빈세 부담이 가중 → 일부의 불만

5) 스핀햄랜드법(1795)(=버크셔주 빵법)

① 임금의 부족분 보충 : 구빈세

② 구빈세 → 세금부담 증가

③ 가족수와 빵값을 기준으로 보충 : 빵값 / 가족수

예) 4人 가족 빵값 200만 원(기준선)

100만 원 : 소득일 때(임금)

100만 원 : 보충(국가)

④ 저임금 합리화와 구빈세 부담 증가

6) 공장법(1833)(=아동노동복지법)

① 9세 이하 아동의 고용(노동) 금지

② 아동의 야간노동 금지

③ 4人의 공장 감독관 파견 → 감독

④ 교육 환경 개선 등

7) 개정구빈법(1834)(=신구빈법)

↳ 부르조아계급의 의회 장악으로 스핀햄랜드법의 임금보조제도 폐지 - 구빈세 부담 절감

① 왕립위원회 보고서

- 임금보조제도 철폐
- 작업장 구호대체
- 병자, 노인, 허약자, 아동동반과부 → 원외구조 허용
- 구빈연합구 통합 : 몇 개의 교구를 묶음
- 구호수준은 지역사회의 가장 낮은 임금보다 적게 : 열등처우원칙
- 중앙통제위원회 설립

② 중요 3원칙

㉠ 작업장제도의 재설립(원내구제의 원칙) = 작업장테스트(활용) 원칙

㉡ 열등처우의 원칙 : 최하위 자활노동자 임금보다 복지수준이 낮아야 한다.

㉢ 전국적 통일의 원칙(=균일처우의 원칙) : 구빈행정을 전국적으로 통일
전국 행정 통일 / 구빈연합구 결성 / 중앙통제위원회
※ 개정구빈법은 작업장의 열등처우를 전국적으로 통일

8) 사회개량운동(1837)

① 챠티스트운동(1837)

㉠ 노동자 계급의 선거권 획득운동

㉡ 정치적 목적에서 경제적 조건 개선으로 이동

㉢ 선거권 : 도시노동자(1867), 농촌의 가장(1884)에게 부여

② 오웬의 공동체운동

㉠ 작업환경 개선, 기숙사, 교육시설 제공 등 근로조건 개선, 아동노동 금지

㉡ 국가의 복지개입 등 확산

9) 자선조직협회 = C.O.S(1869)

C.W 효시 / C.O 기반

우애방문원이 가정을 방문, 서비스 조정 → "중복구제 방지"

개별방문 → "사회조사의 선구적 역할"

* 가치있는 빈민 : 원조(등록)
* 가치없는 빈민 : 국가구제(열악)

① 상·중류층 부인 → 무료 → 부르조아 지위 정당화
② 빈곤의 문제 → 개인에게 원인이 있는 것으로 파악
∴ 빈민개조 빈민의 도덕적 개혁 강조
③ 서비스 조정으로 중복구제 방지
④ 자유주의적 빈곤관
→ 빈곤의 문제로 개인책임 강조
→ 공공정책 반대
사회진화론(스펜서)의 영향
↳ 적자생존

10) 인보관(1884) – G.W 효시 / C.O 기반

① 지식층 중산층이 빈민과 함께 거주(Residence)
② 빈곤의 문제 : 사회에서 찾음
* 사회개혁(Reform) 강조
③ 서비스 자체를 제공
④ 빈민실태조사(Research) 부스 : 런던, 전수조사
라운트리 : 요크시, 전수조사
→ 사회문제를 발견
자유주의(인권) 강조, 급진주의, 기독교사회주의의 영향을 받음

11) 빈민법 보고서(1909)

① 1905년 왕립위원회(18명) 발족 : 구빈법 및 실업에 대한 조사 실시
1909년 정부에 보고 → 개혁의 필요성 강조

② 다수파(14명) : 구빈법은 존속하되 그 개선점의 시정 주장
소수파(4명) : 주택, 교육, 보건, 사회보험 등의 예방적 대책을 주장하여 구빈법의 폐지를 제안(Webb 부부는 이 보고서를 "예방의 준거틀"이라고 표현)

③ 왕립위원회가 제안한 내용(다수파의 내용 일부 채택)

▸구빈을 위한 행정확대	▸인도주의적 공공부조 실시
▸혼합시설(구빈원) 폐지 → 개별시설로 대치	▸노령연금제도 실시

④ 관련법령
㉠ 1905 실업노동자법

㉡ 1908 무갹출(=무기여) 노령연금법

㉢ 1909 직업소개법, 최저임금법

㉣ 1911 영국 최초의 사회보험 : 국민보험법(로이드조지 국민보험법)

· 제1부 건강보험 → 3자 부담 방식(노, 사, 정) : "세계 최초"

· 제2부 실업보험

12) 비버리지 보고서(1942) – "요람에서 무덤까지"

① 목적 : 국가재건을 위해 5악 제거와 기본적 소득수준 보장

② 사회발전을 저해하는 5대 해악과 해결방안(국가적 책임실현) – 앤서니 기든스
빈곤(결핍) – 소득보장, 연금제도
질병 – 의료보장제도
무지 – 교육제도
불결 – 환경위생(주거), 안녕
나태 – 고용(진취성)

③ 5가지 프로그램
사회보장(① 사회보험, ② 공공부조)의 전제조건 : 아동수당, 완전고용, 포괄적 재활 및 건강서비스

④ 사회보험 6원칙
정액급여 / 정액기여(갹출) / 급여의 적절성 / 행정통합 / 가입자의 분류 / 위험대상의 포괄화
그러나 정액급여, 정액기여, 급여의 적절성의 모순으로 이후 소득비례로 바뀜
정액급여, 정액기여에 의한 급여의 적절성의 모순은 소득이 천차만별임에도 불구하고 일률적 갹출하여 급여의 적절성이 이루어지지 않았다.

⑤ 관련법령

㉠ 1945 가족수당법

㉡ 1946 국민보험법, 산업재해법, 국민보건서비스법

㉢ 1948 국민부조법(종전의 구빈법 체제 종식) – 1966 개정 보충급여법

13) 파울러보고서(1985) : 대처정부

① 국가개입 축소

② 가족과 개인책임 강조

③ 시장 중심

④ 민영화 = 규제완화
⑤ 작은정부 ∴ 민영화 시장 위주 정책으로 작은정부가 됨 → 이양
⑥ 경제성장 〉 복지
⑦ 복지다원주의 = 공급주체 많음
⑧ 선별주의, 열등처우
⑨ 경제의 탈사회화
⑩ 신보수주의, 신자유주의

14) 신보수주의(1970~1980)

* 대처리즘(1979~1991, 자유, 보수당) → 신보수주의, 신자유주의, 정부개입의 최소화
  급격한 경기침체, 석유파동으로 최악의 실업사태 발생

* 레이거노믹스(1980, 공화당) → 보수주의, Conservatism, New liberalism(19c)
  자유방임에서 자유주의로
  → 시장경제로환원[신자유주의, Neo liberalism(20c)]1990
  ↳ 경제성장 위주정책 (경제성장 〉 복지)

2. 독일 사회복지의 역사

1) 함부르크 구빈제도(1788)

시를 각 구로 분할, 감독관을 통하여 도움을 주고자 하였다. 교회의 무질서한 자선을 배제하고자 비베스 구빈정책을 도입했으나 실패하게 되었다.

2) 엘버펠드제도(1852) : 함부르크 구빈제도를 수정 보완한 제도

① 공공조세에 의존 - 구빈세 징수
② 지구위원회결성(14개 대지구) (영국 COS(1869)에 영향을 미침)

3) 비스마르크 정책 → 사회통제이론 = 음모이론

① 1878년 - 사회주의자 진압법(채찍법)
② 1883년 - 질병보험법(의료법) → 세계 최초 사회보험
③ 1884년 - 산재보험법
④ 1889년 - 노령연금 = 폐질

1911 독일 비스마르크(당근과 채찍 정책)	
1878 사회주의자 진압법 제정(채찍)	
1883 질병보험법(의료법) → 세계 최초의 사회보험	(당근정책)
1884 산재보험법	(당근정책)
1889 노령 · 폐질연금법(노령연금)	(당근정책)
1911 위 3가지(비스마르크 3대보험) 통합 → "제국보험법"	

4) 제국보험법 : 비스마르크 3대 보험법을 통합한 법(1911)

5) 1994년 노인수발보험법

> 1994년 노인수발보험법(독일) - 1997년 개호보험법(일본) - 2007년 노인장기요양보험법(한국)

3. 미국 사회복지정책의 역사

'사회보장' 용어 최초 사용

① 1910년대 : 세계대전 종식(1914~1918) → 사회문제(사회문제로 빈곤, 실업)

② 1920년대 : 대공황(1929~1939) → 사회문제 → 사회구조 변화
㉠ 국가의 적극개입
㉡ 뉴딜정책(루즈벨트대통령)
㉢ 3R : Relief(구제), Recovery(부흥), Reform(개혁)
㉣ 케인즈 이론 : 유효수요의 창출

> 경제대공황 → 실업률, 빈곤율↑ → "국책사업" : 실업률, 빈곤율↓ → 소득↑, 소득창출
> → 소비, 투자↑ → "유효수요창출", 기업감세
> → 경제성장 → 사회복지↑, 복지확대 ⇨ 케인즈 이론(유효수요의 창출)의 배경

③ 1930년대
미국 "사회보장법" 제정(1935)

최초의 사회보장 용어 사용
* 사회보험 프로그램 : 실업보험, 연방노령연금
* 공공부조 프로그램 : 시각장애인부조, ADC : 요보호아동부조
* 사회복지서비스 프로그램 : 분야별 서비스 - 여러 대상별 분야별 서비스 이루어짐
 * 모자보건, 장애아동서비스
 * 아동복지서비스 등

> ※ 연방정부 관할 : 노령연금
> 주정부 관할, 연방정부보조 : 그 외 모든 것
> ↓
> 실업보상, 노령부조, 시각장애인부조,
> ADC(1935, 부양아동부조) → AFDC(1960, 존슨) → TANF(1997)

④ 1940년대 : 2차세계대전(1939-1945) 종식, 1950년 : Korean War

⑤ 1960년대

> - 존슨대통령 "빈곤과의 전쟁" 선포 : 실패
> - 복지국가 팽창기(제1의 길 : 사회민주주의)
> - 노동당 집권 : 노사정 화합
> - 국가의 적극 개입
> - Head Start Program → 빈곤아동 조기교육프로그램
> Sure Start(영국), 희망 스타트(한국) → 최근 뉴 스타트(청년고용촉진대책)
> - AFDC → 부양아동을 가진 가족 원조
> - Medicare → 고령자 의료 보호 : 65세 이상
> - Medicaid → 저소득층, 장애인 의료보호

⑥ 1970년대

> - 석유파동
> - 대처리즘
> - 위기기(신보수주의, 신자유주의 → 국가 개입 축소)
> * 관점 : 위기극복
> - 신보수주의 관점 : 자유주의회귀, 시장경제 강조 ← 과다한 지출극복(=신자유주의)

- 신마르크스적 관점 : 사회주의 회귀 ← 자본축적(세입)과 정당화(세출) 모순 극복
- 실용주의적 관점 : 시행착오(일시적 현상) – 관망주의
  → 기존유지(민영화, 지역사회-지방분권화)강조 – 해결 가능

⑦ 1980년대

레이거노믹스 → 신자유주의
- 경제우선주의
- 시장강조
- 민영화
- 규제완화
- (많은 것을) 주정부 이양 – 연방정부의 역할 최소화
  ↳ 작은정부 → 신연방주의 → 선별주의
- 복지국가 재편기(제2의 길 : 신자유주의)

⑧ 1990년대
복지개혁법안 TANF 실행
* ADC(1935) : 부양아동원조 → AFDC(1960, 존슨) : 부양아동가족원조 → TANF(1997)
* 복지개혁
* TANF : 한시적 빈민가구원조(부양아동이 있는 편부모가족에게 급여제공) – 평생 5년
* 평생 5년만 혜택

4. 독일 · 미국 · 영국의 사회복지정책 체계

① 독일 : 사회정책 – 사회보험(국민보험) 중심, 공공부조와 사회복지서비스는 부차적
② 미국 : 사회보장 – 사회보험, 공공부조, 사회복지서비스
③ 영국 : 사회서비스 – 소득보장(사회보험, 공공부조), 보건의료(국민보건서비스, NHS)
* cf : NHI, 주택정책, 교육정책, 대인적 사회서비스(아동 · 노인 · 장애인 · 여성복지)

제2절 한국의 사회복지 역사

1. 고려

1) 진휼사업(5가지)

① 재면지제 : 재해-천재지변 흉작

② 은면지제 : 임금의 은혜 – 태조원년, 조세와 부역 3년 면제

③ 수한질려진대지제 : 홍수, 가뭄, 질병 – 이재민

④ 납속보관지제 : 금품을 납입한 자에게 관직을 줌 → 조선시대 : 원납

⑤ 환과고독(4궁)진대지제 : 홀아비, 고아, 홀어미, 독거노인 – 항구적 구빈사업

2) 상설구빈기관

① 의창 : 무상구제제도, 곡물저장

② 상평창 : 빈민구제기관 + 물가조절 기능
　　복합적 기능 : 유비창=의상복합

③ 동서대비원 : 병원 + 빈민구제기관

④ 흑창, 제위보, 유비창, 혜민국

3) 임시구빈기관

① 구제도감 : 소금(식염)

② 해아도감 : 최초의 관설 영아원

③ 동서제위도감 : 빈민구휼 / 병자치료

2. 조선

① 비황 : ~창(상평창/의창/사창 – 민영)

② 구황 : 고조(양반에게 혼례, 장례 비용제공), 원납, 진휼 및 진대사업 견감 등

③ 자휼전칙 : 조선시대후기 아동대상 – 아동복지관련법령 법제화
　　국가의 책임 인정, 영국 엘리자베스구빈법과 취지 비슷함

④ 민간구제 : 계 – 친목, 혼, 상, 두레 – 상호협동노동조직,

품앗이 - 상호노동력 교환, 향약 - 양반(향촌자치규약),
환난상휼 → 사회복지 관련

⑤ 오가작통법(오가통) : 다섯집을 1통으로 묶어 관리(현재의 통 · 반),
정부주도 인보사업

3. 일제시대 - 조선구호령(1944), 국기법의 효시

1944년 3월 1일 일본구호법을 원용하여 제정, 1945년 1월 1일 시행하였다.

거택보호를 원칙으로 생활부조, 의료 등의 급여를 내용으로 하는 공공부조의 기본법적 성격으로 1961년 생활보호법, 1999년 국민기초생활보장법의 전신이 되었다.

4. 미군정기(1945~1948) - 아동노동보호에 관한 입법

공통점 - 소극적, 비체계적, 임시방편적, 임기응변적 정책

5. 대한민국 정부수립 이후

① 제1 · 2공화국

이승만 → 6.25, 국가차원보다 민간적 · 자발적 차원 성격 강함

종교단체, 외원단체(KAVA, 1970년대 철수)들에 의해 시설이 운영됨

② 제3 · 4공화국(1960~1970년대)

깊이 있는 연구와 검토 없이 사회복지 관련 법령들을 무더기로 입법화, 제한적 부조주의, 구호적 · 전시적 성격

③ 제5공화국(1980년대 初)

한국형 복지모형 도입, 슬로건 : "복지사회의 건설과 빈곤으로부터의 해방" → 실패(재원과 시행방안 미흡). 1985년 이후 지역사회복지관으로 확대 보급됨

④ 제6공화국(1980년대 후~1990년대 초)

국민연금과 의료보험 확대 · 실시, 재가복지 증가, 사회복지전문요원 대거확충(1987), 사회복지관사업 전국적 확대

⑤ 문민정부(1993)
균형적 복지, 기본정책의 원리 = 신자유주의
사회복지서비스 → 보편주의 지향(공공부조대상 탈피)

⑥ 국민의 정부(1998)
생산적 복지, 국기법 제정(1999) → 복지병 논쟁(=빈곤의 함정) 대두, 국민연금 전국민 확대(1998), 권리성 확대

⑦ 참여정부(2003)
참여복지, 고령사회 대책, 여성인력의 참여 확대, 자활사업 확대, 경제체계와 복지체계의 선순환 관계 구조화, 지방분권-지방정부의 복지서비스 역할 강화

⑧ 이명박정부(2008)
능동적 복지, 일자리, 기회, 배려를 위한 복지정책

6. 개정 법령

- 생활보호법(1961) → 국민기초생활보장법(1999)
- 아동복리법(1961) → 아동복지법(1981)
- 윤락행위 등 방지법(1961) 성매매방지 및 피해자보호 등에 관한 법률(2004)
  성매매알선 등 행위의 처벌에 관한 법률(2004)
- 사회보장에 관한 법률(1963) → 사회보장기본법(1995)
- 의료보험법(1963.12) → 국민의료보험법(1997) → 국민건강보험법(1999)
- 국민복지연금법(1973, 오일쇼크 → 시행유보, 1997) → 국민연금법(1986)
- 의료보호법(1977) → 의료급여법(2001)
- 사회복지사업기금법(1980) → 사회복지공동모금법(1997) → 사회복지공동모금회법(1999)
- 노인복지법(1981) → 노인장기요양보험법(2007), 노인복지법 존속
- 심신장애자복지법(1981) → 장애인복지법(1989)
- 모자복지법(1989) → 모부자복지법(2002) → 한부모가족지원법(2007)
- 장애인고용 촉진 등에 관한 법률(1990) → 장애인고용 촉진 및 직업재활법(2000)

7. 사회보험 제정순서

1) 4대(5대)보험

① 산재(1963.11) → 건강(1963.12) → 연금(1986) → 고용(1993) → 노인장기요양(2007)
시행년도(1964) (1977) (1988) (1995) (2008)

② 공무원 연금(1960) → 군인연금(1963) → 사립학교교원연금(1973) → 국민연금(1986)

2) 사회복지 관련법

일제강점 이후	1960년대	1970년대
· 구호준칙(보건후생국) · 후생국보3호, 후생국보3A호 · 후생국보3C호(1946) · 아동노동법규(군정법령 제112호, 1946) · 미성년자노동보호법(과도정부 법령 제4호, 1947) · 제헌헌법, 최초생존권규정 (1948) · 대한적십자사조직법(1949) · 후생시설 설치기준령(1950) · 후생시설 운영요령(1952) · 근로기준법(1953)	· 공무원연금법(1960) · 갱생보호법(1961) · 군사원호보상법(1961) · 윤락행위 등 방지법(1961) · 생활보호법(1961) · 아동복리법(1961) · 고아입양특례법(1961) · 선원보험법(1962) · 재해구호법(1962) · 제3공화국 헌법(1962) · 군인연금법(1963) · 산업재해보상보험법(1963) · 사회보장에 관한 법률(1963) · 의료보험법(1963) · 국가유공자특별원호법(1962) · 자활지도사업에 관한 임시조치법 (1968)	· 4공화국 헌법(1972) · 사회복지사업법(1970) · 사립학교교원연금법(1973) · 국민복지연금법(1973) · 개정의료보험법(1976) · 입양특례법(1976) · 의료보호법(1977) · 공무원 및 사립학교 교직원 의료보험법(1977)

1980년대	1990년대	2000년대
· 사회복지사업기금법(1980) · 아동복지법(1981) · 심신장애자복지법(1981) · 노인복지법(1981) · 개정사회복지사업법(1983) · 개정생활보호법(1983) · 개정갱생보호법(1986) · 최저임금법(1986) · 개정국민연금법(1986) · 보호관찰법(1988)	· 영유아보육법(1991) · 청소년기본법(1991) · 고령자고용촉진법(1991) · 사내근로복지기금법(1991) · 개정사회복지사업법(1991) · 고용보험법(1993, 1995시행) · 일제하 일본군 위안부 피해자에 대한 생활안정 및 기념사업 등에 관한 법률(1993) · 성폭력범죄의 처벌 및 피해 보호	· 장애인고용 촉진 및 직업재활법 (2000) · 개정정신보건법(2000) · 개정사내근로복지기금법(2001) · 개정사회복지공동모금회법 (2001) · 개정청소년보호법(2001) · 의료급여법(2001) · 국민건강보험재정건전화특별법 (2002)

· 개정의료보험법(1988, 농어촌 확대) · 모자복지법(1989) · 장애인복지법(1989) · 장애인고용 촉진 등에 관한 법률(1989) · 개정의료보험법(1989, 전국민 의료보험화) · 5공화국 헌법(1980.10.27) · 6공화국 헌법(1987.10.29)	자 등에 관한 법률(1994) · 개정국민연금보험법(1995) · 사회보장기본법(1995) · 정신보건법(1995) · 여성발전기본법(1995) · 입양촉진 및 절차에 관한 특례법(1995) · 사회복지공동모금법(1997,1998 시행) · 청소년보호법(1997) · 개정사회복지사업법(1997) · 가정폭력방지 및 피해자보호 등에 관한 법률(1997) · 국민의료보험법(1997) · 장애인·노인·임산부 등의 편의증진보장에 관한 법률(1997) · 개정국민연금법(1998, 전국민 연금시행) · 국민건강보험법(1999,2000시행) · 국민기초생활보장법(1999,2000 시행)	· 모부자복지법(2002) · 건강가정기본법(2003) · 청소년복지지원법(2003) · 청소년활동진흥법(2003) · 개정사회복지사업법(2003) · 개정영유아보육법(2004) · 농어촌주민의 보건복지증진을 위한 특별법(2004) · 학교폭력 예방 및 대책에 관한 법률(2004) · 개정국민기초생활보장법(2004) · 개정의료급여법(2004) · 개정입양촉진 및 절차에 관한 특례법(2004) · 성매매방지 및 피해자 보호 등에 관한 법률(2004) · 개정사회보장기본법(2005) · 긴급복지지원법(2005) · 자원봉사활동기본법(2005) · 저출산고령사회기본법(2005) · 교통약자의 이동편의증진법(2005) · 개정노인복지법(2005) · 식품기부 활성화에 관한 법률(2006) · 개정사회복지사업법(2006) · 기초노령연금법(2007) · 노인장기요양보험법(2007) · 개정한부모가족지원법(2007) -다문화가족지원법(2008) -장애인연금법(2010) -장애인활동지원에 관한 법률(2011) -노숙인 등의 복지 및 자립지원에 관한법률(2011) -장애아동복지지원법(2011) -치매관리법(2011) -기초연금법(2014) -발달장애인 권리보장 및 지원에 관한 법률(2014) -사회보장급여의 이용.제공 및 수급권자 발굴에 관한 법률(2014)

01 다음 중 사회복지법에 해당하는 것으로 보기 어려운 것은?

① 사회복지공동모금법 ② 조세법
③ 장애인복지법 ④ 의료급여법
⑤ 노인복지법

해설 조세법은 사회적 위험으로부터 개인을 보호하는 것을 목적으로 하는 법률이 아니다. 정답 ②

02 사회복지법의 역사적 변천에 관한 설명으로 옳은 것을 모두 고른 것은 ?

> ㄱ. 2014년 기초연금법이 제정되면서 기초노령연금법은 폐지되었다 .
> ㄴ. 1999년 제정된 국민의료보험법은 국민건강보험법을 대체한 것이다 .
> ㄷ. 1973년 제정된 국민연금법은 1986년 국민복지연금법으로 전부개정 되었다 .

① ㄱ ② ㄴ
③ ㄷ ④ ㄱ, ㄴ
⑤ ㄴ, ㄷ

해설 ㄴ 1999 년 제정된 국민건강보험법은 국민의료보험법을 대체한 것이다 .
ㄷ 1974년 1월4일 대통령의 공포로 발효된 국민복지연금법은 불과 10일 뒤인 1월14일 대통령이 국민생활안정에 대한 긴급조치 3호를 공포하면서 국민복지연금법의 효력을 1년간 정지했다. 1973년 중동전쟁이 촉발한 오일쇼크로 국내 경제가 큰 타격을 입게됐기 때문이다.이후 경기침체가 장기화 돼 국민복지연금법 시행은 1975년 12월 무기한 연기됐다. 그러다 1986년 12월 명칭에서 '복지'가 빠진 국민연금법이 제정돼 지금의 국민연금제도가 1988년부터 시행되고 있다. 정답 ①

03 다음 사회복지법 가운데 사회보험법에 해당하지 않는 것은?

① 국민연금법 ② 고용보험법
③ 산업재해보상보험법 ④ 긴급지원법
⑤ 사립학교교직원연금법

해설 긴급지원법은 국민기초생활보장법과 함께 공공부조법에 해당된다. 정답 ④

Chapter 03 사회복지법의 체계

제1절 사회복지법

1. 사회복지법

산업화, 자본주의의 발달과 정치 · 경제 · 사회체제의 변동에 따라 발생하는 사회문제를 해결하기 위해 사회복지제도와 함께 형성되고 발전되었다. 사회복지제도가 법률관계로 존재할 때 국가와 국민 사이에 사회복지에 관한 권리 · 의무 관계가 형성될 수 있으며 국가의 정책이나 제도는 법적인 근거가 있어야 공식적인 제도로 존재할 수 있다.

2. 자본주의의 발달과 사회복지법의 출현

사회복지법은 최근에 전개 · 발전된 법으로 그 자체의 법리와 체계, 특징 및 내용을 지니고 있다. 사회복지법은 사회법으로서 시민법의 한계에 대한 비판적 관점에서 출현한 법으로 독립된 법영역을 확보해 나가고 있다.

자본주의경제는 근대국가의 경제적 약자와 강자, 노사대립의 갈등 등의 문제를 발생시켰다.

자본주의가 발전함에 따라 기존의 법체계인 시민법으로 해결될 수 없는 새로운 문제현상에 대응하기 위한 시민법 원리의 수정은 노동법 발전부터 경제법, 사회보장법, 사회복지법의 순서로 각각 발전이 이루어졌다.

자본주의의 발전으로 인하여 여러 가지 사회구조의 변화와 새로운 문제의 발생으로 사회복지법이 해결해야 할 영역은 확대되었다. 정상적인 사회생활이 어려운 사회적 약자를 보호하기 위하여 최저생활을 유지함으로써 인간다운 생활을 할 수 있도록 국가의 책임을 강제하는 방향으로 사회복지법은 발전하고 있다.

1) 사회복지법의 법적 위계구조

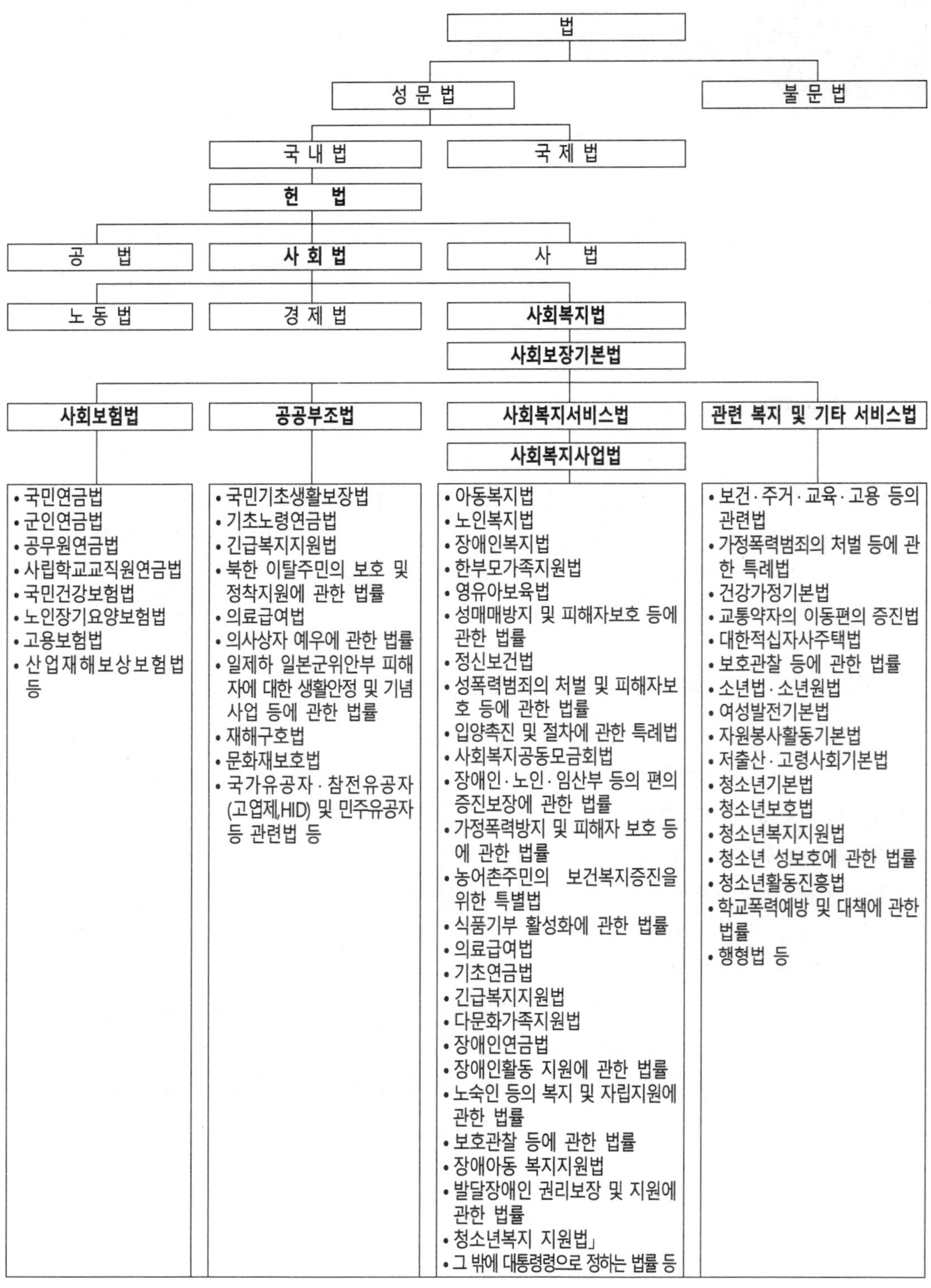

01 사회복지 법률들의 일반적인 법적 특성에 대한 설명으로 옳지 않은 것은?

① 헌법의 하위규범
② 사회권적 기본권
③ 공법(公法)적 성격
④ 사법(私法)적 성격
⑤ 국회의 의결

해설 사회복지 법률들은 사회법의 하위법으로 공법적 성격을 가지고 있다. 정답 ④

02 사회적 기본권에 대한 설명으로 옳지 않은 것은?

① 헌법이 인정하는 인간의 기본권리 중 하나
② 주관적 공권성
③ 인간다운 생활권, 근로권, 교육을 받을 권리 등이 해당
④ 자연권성
⑤ 인권에 해당하는 것은 모두 사회적 기본권

해설 인권이라도 헌법의 규정을 통해서만 기본권으로 성립할 수 있다. 정답 ⑤

사회복지의 권리성

제1절 기본권

국민이 향유하는 기본적 권리로서 헌법에 의해 보장된 권리이다.

1. 인권과 사회복지

인권이란 사람이 사람답게 살기 위해 필요한 것으로 당연히 인정된 기본적 권리이다.

2. 시민권과 사회복지

시민권이란 한 국가의 법에 규정된 의무와 권리에 상응하는 개인과 국가 간의 관계이다.

시민권은 개인과 그 개인이 소속한 도시의 역사적 관계로부터 발생하며, 책임을 수반하는 자유로운 신분을 의미한다.

1) 마샬의 시민권 개념

공민권(자유권) → 참정권(정치권-투표) → 사회권(복지권)

2) 헌법의 사회적 기본권의 성격

생존권적 기본권이란 국민이 인간다운 생활을 하기 위하여 국가 등에 대하여 일정한 급여를 요구할 수 있는 적극적인 권리를 말한다. 생존권적 기본권이 법규에 의하여 구체적으로 실현되는 형태의 권리가 사회보장 수급권이다. 헌법상 생존권과 사회복지법상 수급권은 내적으로 상호 연결되어 있다.

① 헌법전문

② 행복추구권(제10조)

모든 국민은 인간으로서의 존엄과 가치를 가지며, 행복을 추구할 권리를 가진다.

국가는 개인이 가지는 불가침의 기본적 인권을 확인하고 이를 보장할 의무를 진다.

③ 재산권 행사의 한계로 공공복리의 적합성 제시(제23조 제2항)

④ 범죄피해자의 구조청구권(제30조)

⑤ 교육권(제31조)

⑥ 근로권(제32조)

⑦ 노동3권(제33조)

⑧ 사회복지권의 구체적 규정(제34조)

⑨ 환경권(제35조)

-건강하고 쾌적한 환경에서 생활할 권리, 국가와 국민은 환경보전을 위하여 노력의무

-국가는 주택개발정책 등을 통하여 모든 국민이 쾌적한 주거생활을 할 수 있도록 노력

⑩ 혼인 · 가족 · 모성 · 보건 보호(제36조)

⑪ 사회복지 실현을 위한 경제 질서(제119조)

3) 생존권적 기본권의 법적 성격

① 프로그램 규정적 권리 - 헌법 외에 구체적 법률이 만들어져야 권리가 발생

② 법적 권리

㉠ 추상적 권리 - 추상적인 법적 의무 - 국민기초생활보호법

㉡ 구체적 권리 - 국가상대로 소송제기 가능 - 사회보험

제2절 사회보장기본법 및 개별 법률에서의 개인의 수급권

1. 사회보장수급권

생존권적 기본권이 법률이나 행정입법의 수준에서 구체적으로 규정된 것으로 각각의 국민이 법규에 근거하여 갖는 사회보장과 관련한 급여 및 서비스 등을 청구할 수 있는 권리이다.

1) 사회보장수급권과 수급권자

① 사회보장수급권

모든 국민이 사회보장에 관한 관계법령이 정하는 바에 의하여 사회보장의 급여를 받을 권리이며, 국내에 거주하는 외국인도 상호주의원칙에 의하여 관계법령이 정하는 바에 따라 사회보장수급권을 가진다.

② 수급권자

사회보장수급을 받을 권리가 있는 사람

③ 사회보장 급여수준 결정의 원칙

최저생계비와 최저임금을 참작하여 사회보장급여의 수준을 결정하려는 것은 열등처우의 원칙에 영향을 받은 것으로 볼 수 있다.

④ 사회보장급여의 신청(당사자 신청주의) : 본인, 친족, 기타 관계인, 공무원-직권신청 (동의요)

2) 사회보장수급권의 분류

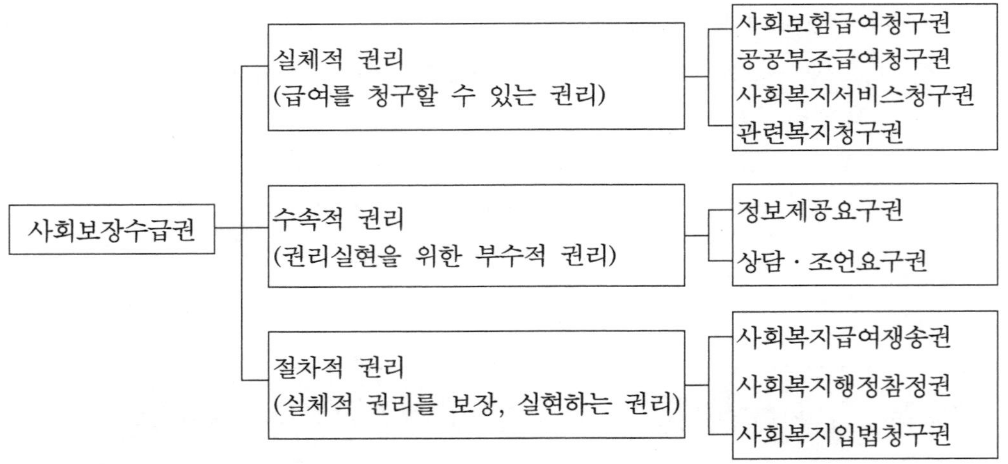

3) 사회보장수급권의 보호(=일신전속권)

담보 · 양도 · 압류 제한, 급여변경 제한, 조세 등의 부과를 제한한다. 이것은 국민의 인간다운 생활을 보장하기 위한 최소한의 보호장치이기 때문이다.

4) 사회보장수급권의 제한과 포기

사회보장수급권이 제한 또는 정지되는 경우 그 제한 또는 정지의 목적에 필요한 최소한에 그쳐야 한다'고 규정하고 있다. 정당한 권한이 있는 기관에 서면으로 통지하여 이를 포기할 수 있으며, 사회보장수급권의 포기는 이를 취소할 수 있다. 다만 사회보장수급권의 포기가 타인에게 피해를 주거나 사회보장에 관한 관계법령에 위반되는 경우에는 이를 포기할 수 없다.

5) 불법행위에 대한 구상권 청구

제3자의 불법행위에 의하여 피해를 입은 국민이 그로 인하여 사회보장수급권을 갖게 된 경우 사회보장제도(국가 · 지자체)를 운영하는 자는 불법행위의 책임이 있는 자(제3자)에 대하여 관계법령이 정하는 바에 의하여 구상권을 행사할 수 있다. ⇒ 손해배상청구권을 대위하여 행사

제3절 권리구제

1. 사회복지법상 권리구제

사회복지법에 규정되어 있는 제반 수급자격, 급여, 보험료, 서비스 등과 관련하여 당해 처분에 이의가 있거나 불복이 있는 경우 사회복지법상에 규정되어 있는 각종 심사위원회나 또는 법원에 그 처분의 시정과 취소를 구하는 절차를 통하여 구제받는 것을 의미한다. 행정소송에 들어가기 앞서 행해지는 전심절차인 이의신청이나 심사 · 재심사와 관련된 규정을 두고 있는데, 이유는 사법 · 공법상의 구제절차에 앞서 사회복지급여 대상자인 사회적 약자의 생존권을 신속하게 확보하여 수급자의 권익을 보호하고 증진시키기 위함이다. 권리구제 장치를 통하여 수급권자의 인간다운 생활을 보장하려는 데 의의가 있다.

국민연금	건강보험	고용보험	산재보험	국기법
심사청구 (국민연금관리공단) ↓ 불복 재심사청구 (보건복지가족부 국민연금재심사위원회)	이의신청 (국민건강보험공단) ↓ 불복 심사청구 (보건복지가족부 건강보험분쟁조정위원회) ↓ 행정소송	심사청구 (지방노동청 고용보험심사관) ↓ 불복 재심사청구 (노동부 고용보험심사위원회	심사청구 (근로복지공단) ↓ 불복 재심사청구 (노동부 산재보험심사위원회)	(추상적 권리) 시 · 군 · 구 → 통보 ↓ 이의신청(1차) 시 · 도 ↓ 이의신청(2차) 보건복지가족부장관
정책결정 : 국민연금심의위원회	정책결정 : 건강보험정책심의 위원회	정책결정 : 고용정책심의회	정책결정 : 산재보험심의위원회	

01 사회복지수급권의 금지내용으로 볼 수 없는 것은?

① 압류의 금지
② 양도의 금지
③ 불이익변경 금지
④ 구상권 청구
⑤ 급여청구권

해설 구상권이란 사회복지수급권자가 제3자의 불법행위로 인해 사회복지수급자가 되었을 경우, 국가나 지방자치단체에서 불법행위를 한 제3자에 대한 손해배상 등을 청구할 수 있는 것을 의미한다.

정답 ④

02 사회복지수급권에 대한 설명으로 잘못된 것은?

① 법률에 의해 인정되는 각종 급여나 서비스를 받을 권리
② 공법상의 권리
③ 공법상의 권리 및 반사적 이익
④ 공공부조청구권, 사회복지조치청구권
⑤ 수급권에 대한 불이익 변경금지

해설 반사적 이익에 대해서는 급여의 청구나 권리구제가 불가능하다.

정답 ③

Chapter 05 사회복지 주체와 법률관계

제1절 사회복지 주체

1. 국가의 책임

사회복지의 주체는 국가, 지방자치단체, 공공기관, 법인, 종교단체, 개인 등 다양하게 구성되어 있다. 사회복지란 공공성이 높은 영역이므로 사회복지 운영이 공정하게 이루어져야 한다.

1) 국가와 수급자의 법률관계

국가, 지방자치단체, 공공단체(공공조합, 공법상의 사단법인, 영조물법인, 무자산 특수공법인)가 사회복지주체로서 사회복지와 관련하여 국민과 갖게 되는 권리 · 의무의 관계이다. 사회복지법의 법률관계에 있어서 복지행정권을 행사하고, 그의 법적 효과가 궁극적으로 귀속되는 당사자를 공적사회복지주체 또는 사회복지행정권의 주체라고 한다.

사회복지법의 법률관계란 사회복지법상의 당사자가 가지는 권리와 의무의 관계를 말한다.

사회복지법을 통해 개인은 국가에 대하여 급여 및 서비스를 청구할 수 있는 법적 권리를 갖게 되고, 국가는 이에 상응하는 의무를 지게 된다. 사회복지법의 실행과정에서 구현하려는 권리의 핵심은 각 사회복지법상의 대상자가 향유하는 사회복지수급권이다.

2) 민간 사회복지주체로서 사회복지법인 및 각종 비영리법인의 법리적 구조

민간사회복지주체의 중심은 사회복지법인이다.

사회복지법인은 사회복지사업을 시행할 목적으로 설립된 법인을 말한다. 사회복지법인은 사회복지사업법에서 규정한 사회복지사업을 수행하기 위하여 설립된 비영리 · 공익 · 특수법인이다. 사회복지사업법의 적용을 받음과 동시에 관련법률의 적용도 받는다. 법적용에 있어 특별법이 일반법보다 우선하며 상위법 우선, 신법이 우선한다.

법적용 순위는 사회복지사업 관련 특정법률, 사회복지사업법, 공익법인의 설립 · 운영에 관한 법률, 민법 순이다.

제2절 법인의 종류

사회복지법인제도는 민간사회복지사업의 공공성과 안정성을 높이기 위한 것으로 사회복지시설법인(시설의 설치 및 운용을 목적으로 하는 법인)과 지원법인(시설의 설치 및 운용을 목적으로 하지 않고 사회복지사업을 지원하는 것을 목적으로 하는 법인[(예) 기업복지법인, 사회복지협의회, 사회복지공동모금회 등]으로 구분된다.

사회복지법인은 각종 세법에 비과세, 면세 등에 관하여 규정되어 있으며, 시설 설치 · 운영상 직 · 간접 관련법률도 준수하여야 한다.

1. 공법인(특정의 공공목적을 수행하기 위하여 공법에 의하여 인정된 법인)과 사법인(사적목적을 위하여 사법에 의하여 설립된 법인)

2. 영리법인과 비영리법인

3. 사단법인(법인격이 부여된 일정한 목적을 위하여 결합된 사람의 단체)과 재단법인(법인격이 부여된 일정한 목적을 위하여 바쳐진 재산)

기출문제

01 사회복지에 대한 권리를 직접적으로 규정하고 있는 기본권은?

① 실체적 기본권
② 사회권적 기본권
③ 형성적 기본권
④ 문화적 기본권
⑤ 청구권적 기본권

해설 사회복지 권리는 사회법에 의한 사회권적 기본권이다. 정답 ②

02 사회복지법의 권리구제 방법 중 '행정상의 손해배상' 청구의 경우로 볼 수 없는 것은?

① 장애인 편의시설의 미설치로 인한 이동의 제한
② 사회복지시설 입소자에 대한 불충분한 보호
③ 지하철 장애인 리프트 고장에 의한 사고
④ 급여청구에 대한 행정청의 보호결정에 이의
⑤ 공무원의 부작위로 인한 손해

해설 급여청구에 대한 행정청의 보호결정에 이의가 있을 경우 상급행정청에 이의신청한다.
정답 ④

Chapter 06 사회복지사 등의 법적 지위와 권한

제1절 사회복지실천의 주체

1. 사회복지사의 법적 지위, 권한과 책임

사회복지사란 사회복지에 관한 전문지식과 기술을 가진 자로서 보건복지가족부장관으로부터 자격증을 교부 받은 자(2003년부터 시행한 국가시험 합격자는 1급)로 사회복지사의 채용은 민간복지분야와 공공복지 분야로 나뉜다.

1) 민간복지분야 의무채용

① 사회복지 프로그램 개발 및 운영

② 시설거주자 생활지도

③ 상담

(예외) 노인복지관을 제외한 여가복지시설(경로당, 휴양소, 노인교실), 보육시설 등

④ 공공복지분야

시 · 도, 시 · 군 · 구 및 읍 · 면 · 동 또는 복지사무전담기구에 전담공무원을 둘 수 있다. 사회복지를 필요로 하는 사람 등에게 생활실태 및 가정환경 등을 파악하여 필요한 상담과 지도를 한다.

2) 법적 지위

① 공공기관(사회복지전담공무원)

경력직 공무원 → 일반직 공무원(지방공무원) → 사회복지직렬

② 민간기관

근로자의 법적지위를 갖는다. 사회복지사는 사용자와 근로계약 체결, 조직구성원의 지위에서 업무수행, 공동의사결정에 참여한다.

사회복지사는 국가가 공인한 전문가이다. 시설의 일정 업무는 반드시 사회복지사로 하

여금 전문성을 발휘하도록 제도적으로 구성되어 있다.

제2절 사회복지사의 권한과 책임

1. 사회복지전담공무원의 법적 권한

① 신분상의 권리
신분보장(지방공무원법에 의해 보장)
② 직무집행과 관련된 권리
직무수행권, 직위보유권
③ 재산상의 권리
보수청구권, 연금청구권, 실비변상을 받을 권리 등 경제적 의미의 권리
④ 기타의 권리
교육을 받을 권리, 사생활의 비밀과 자유의 권리

2. 사회복지전담공무원의 법적 권한의 제한

사회복지전담공무원의 법적 권한은 국가안정보장 · 질서유지 또는 공공복리를 위하여 필요한 경우에 한하여 법률로써 제한할 수 있다. 단, 자유와 권리의 본질적인 내용은 침해할 수 없다.

근로3권(단결권, 단체교섭권, 단체행동권) 또는 근로기본권을 제한한다.

3. 민간사회복지기관 사회복지사의 법적 권한

① 신분상의 권리 : 신분보장(법인의 정관에 의해 보장)
② 직무집행과 관련된 권리 : 직무와 책임(직위)을 부여받을 권리, 직무를 수행할 권리
③ 재산상의 권리 : 보수청구권, 연금청구권, 실비변상을 받을 권리 등 경제적 의미의 권리
④ 기타의 권리 : 근로3권, 사생활의 비밀과 자유의 권리

4. 사회복지사의 법적 권한의 한계

사회복지사의 법적 권한은 국가안정보장 · 질서유지 또는 공공복리를 위하여 필요한 경우에 한하여 법률로써 제한할 수 있다. 단, 자유와 권리의 본질적인 내용은 침해할 수 없다. 사회복지사로서의 결격사유가 발생할 경우 법적 권한은 상실된다.

5. 법적 의무

① 사회복지사의 의무

업무 수행에 있어서 사회복지를 필요로 하는 사람을 위하여 차별없이 최대로 봉사하여야 하며, 비밀누설금지의 의무가 있다.

② 사회복지전담공무원의 의무

일반적 의무와 직무상 의무가 있다.

③ 민간사회복지기관 사회복지사의 의무

일반적 의무와 직무상 의무는 사회복지전담공무원과 같으나 근로3권이 보장되므로 단체행동 금지의무는 없다. 사회복지사윤리강령을 지킨다.

01 다음 중 사회복지전담공무원의 법적 권한에 대한 제한을 바르게 설명한 것은?

> 가. 국가안보, 질서유지, 공공복리를 위하여 필요한 경우 법률로써 제한할 수 있다.
> 나. 가의 경우와 같이 제한하는 경우라도 자유와 권리의 본질적 내용은 침해할 수 없다.
> 다. 헌법상 보장된 근로3권 또는 근로기본권을 제한 받는다.
> 라. 공무원인 근로자는 법률이 정하는 자에 한하여 단결권, 단체교섭권, 단체행동권을 가지며, 사회복지전담공무원은 근로3권을 보장 받는다.

① 가, 나, 다
② 가, 다
③ 나, 라
④ 라
⑤ 가, 나, 다, 라

해설 라. 사회복지전담공무원은 근로3권을 보장받지 못하고 단체행동권에 제한을 받는다.

정답 ①

02 다음 중 사회복지전담공무원의 법적 근거는 어느 법이라고 할 수 있는가?

① 지방공무원법
② 국가공무원법
③ 사회보장기본법
④ 헌법
⑤ 사회복지사업법

해설 사회복지전담공무원(사회복지사업법 제14조)

1) 사회복지사업법에 관한 업무를 담당하게 하기 위하여 도, 시 · 군 · 구 및 읍 · 면 · 동 또는 복지사무전담기구에 사회복지전담공무원을 둘 수 있다.
2) 복지전담공무원은 사회복지사의 자격을 가진 자로 하며, 그 임용 등 기타 필요한 사항은 대통령령으로 정한다.
3) 복지전담공무원은 그 관할지역 안의 사회복지를 필요로 하는 사람 등에 대하여 항상 그 생활실태 및 가정환경 등을 파악하고, 사회복지에 관하여 필요한 상담과 지도를 행한다.

정답 ⑤

Chapter 07 우리나라 사회복지입법 변천사 및 입법과정론

제1절 사회복지입법 변천사

1. 사회복지법의 역사적 연구방법

1) 외재적 방법

사회복지의 발전을 사회적 · 정치적 · 경제적 조건의 변동과 관련시켜 시대적 특징을 명백히 하는 것이다. 사회복지 외부에 있는 환경적 조건으로부터 사회복지를 비판, 평가한다. (자본주의 성립기 - 엘리자베스 구빈법, 발전기 - 신구빈법, 제국주의 시기 - 사회사업, 제2차세계대전 후 - 사회복지)

2) 내재적 방법

사회복지제도 또는 사회복지분야의 내부적 요소인 내용 · 형식 등이 시간의 변화에 따라 어떻게 변천되었는지를 밝히는 것이다. 사회복지대상자의 원조목적과 그 목적을 실현하기 위한 방법의 변천에 착안하여 사회복지활동을 관찰하고 그 특징에 의해 활동을 유형화하여 그것들 사이의 일정한 발전 단계를 발견하는 것으로 사회복지 내부로부터 원조원칙의 합리성을 비판하고 평가하고자 한다.

(예 : 상호부조, 자선 · 박애사업, 구빈사업, 보호사업, 사회사업, 사회복지로 구분하여 연구)

3) 통합적 방법

외재적 방법 + 내재적 방법(사회복지법의 발전단계를 이해하는 데 새로운 시각과 특성 제시, 우리나라의 경우 사회복지발전의 역사가 짧기 때문에 시기적, 단계적 구분이 어려워 통합적연구방법을 적용하였다.)

제2절 입법과정론

1. 대한민국 사회복지법의 역사

일제강점 이후	1960년대 – 형식적 법 제정	1970년대
• 구호준칙(보건후생국) • 후생국보3호, 후생국보3A호 • 후생국보3C호(1946) • 아동노동법규(군정법령 제112호, 1946) • 미성년자노동보호법(과도정부법령 제4호, 1947) • 제헌헌법, 최초생존권규정(1948) • 대한적십자사조직법(1949) • 후생시설 설치기준령(1950) • 후생시설 운영요령(1952) • 근로기준법(1953)	• 공무원연금법(1960) • 갱생보호법(1961) • 군사원호보상법(1961) • 윤락행위 등 방지법(1961) • 생활보호법(1961) • 아동복리법(1961) • 고아입양특례법(1961) • 선원보험법(1962) • 재해구호법(1962) • 제3공화국 헌법(1962) • 군인연금법(1963) • 산업재해보상보험법(1963) • 사회보장에 관한 법률(1963) • 의료보험법(1963) • 국가유공자특별원호법(1962) • 자활지도사업에 관한 임시조치법(1968)	• 4공화국 헌법(1972) • 사회복지사업법(1970) • 사립학교교원연금법(1973) • 국민복지연금법(1973) • 개정의료보험법(1976) • 입양특례법(1976) • 의료보호법(1977) • 공무원 및 사립학교교직원 의료보험법(1977)

1980년대	1990년대 – 실질적 법 제정	2000년대
• 사회복지사업기금법(1980) • 아동복지법(1981) • 심신장애자복지법(1981) • 노인복지법(1981) • 개정사회복지사업법(1983) • 개정생활보호법(1983) • 개정갱생보호법(1986) • 최저임금법(1986) • 개정국민연금법(1986) • 보호관찰법(1988) • 개정의료보험법(1988, 농어촌 확대) • 모자복지법(1989) • 장애인복지법(1989) • 장애인고용촉진 등에 관한 법률(1989) • 개정의료보험법(1989, 전국민 의료보험화) • 5공화국 헌법(1980.10.27)	• 영유아보육법(1991) • 청소년기본법(1991) • 고령자고용촉진법(1991) • 사내근로복지기금법(1991) • 개정사회복지사업법(1991) • 고용보험법(1993) • 일제하 일본군 위안부피해자에 대한 생활안정 및 기념사업 등에 관한 법률(1993) • 성폭력범죄의 처벌 및 피해보호자 등에 관한 법률(1994) • 개정국민연금보험법(1995) • 사회보장기본법(1995) • 정신보건법(1995) • 여성발전기본법(1995) • 입양촉진 및 절차에 관한 특례법(1995) • 사회복지공동모금법(1997) • 청소년보호법(1997)	• 장애인 고용촉진 및 직업재활법(2000) • 개정정신보건법(2000) • 개정사내근로복지기금법(2001) • 개정사회복지공동모금회법(2001) • 개정청소년보호법(2001) • 의료급여법(2001) • 국민건강보험재정건전화특별법(2002) • 모부자복지법(2002) • 건강가정기본법(2003) • 청소년복지지원법(2003) • 청소년활동진흥법(2003) • 개정사회복지사업법(2003) • 개정영유아보육법(2004) • 농어촌주민의 보건복지증진을 위한 특별법(2004)

• 6공화국 헌법(1987.10.29)	• 개정사회복지사업법(1997) • 가정폭력방지 및 피해자보호 등에 관한 법률(1997) • 국민의료보험법(1997) • 장애인 · 노인 · 임산부 등의 편의증진보장에 관한 법률(1997) • 개정국민연금법(1998, 전국민 연금시행) • 국민건강보험법(1999) • 국민기초생활보장법(1999)	• 학교폭력 예방 및 대책에 관한 법률(2004) • 개정국민기초생활보장법(2004) • 개정의료급여법(2004) • 개정입양촉진 및 절차에 관한 특례법(2004) • 성매매방지 및 피해자보호 등에 관한 법률(2004) • 개정사회보장기본법(2005) • 긴급복지지원법(2005) • 자원봉사활동기본법(2005) • 저출산고령사회기본법(2005) • 교통약자의 이동편의증진법(2005) • 개정노인복지법(2005) • 식품기부 활성화에 관한 법률(2006) • 개정사회복지사업법(2006) • 기초노령연금법(2007) • 노인장기요양보험법(2007) • 개정한부모가족지원법(2007) - 다문화가족지원법(2008) - 장애인연금법(2010) - 장애인활동지원에 관한 법률(2011) - 노숙인 등의 복지 및 자립지원에 관한법률(2011) - 장애아동복지지원법(2011) - 치매관리법(2011) - 기초연금법(2014) - 발달장애인 권리보장 및 지원에 관한 법률(2014) - 사회보장급여의 이용.제공 및 수급권자 발굴에 관한 법률(2014)

01 우리나라의 사회복지 역사에 관한 설명 중 틀린 것은?

① 사회복지전문요원은 1987년부터 배치되었다.
② 질병군별 포괄수가제는 2002년부터 실시되었다.
③ 재가복지봉사센터는 1992년부터 설치하였다.
④ 사회복지시설평가는 1997년 사회복지사업법 개정에 의해 이루어졌다.
⑤ 사회복지공동모금회는 1997년 사회복지공동모금법으로 처음 도입되었다.

해설 1997년 3월 사회복지공동모금회법 제정
1999년 3월 사회복지공동모금회법으로 개정

정답 ⑤

02 법률의 제정 연도가 빠른 순서대로 옳게 나열된 것은 ?

ㄱ. 국민기초생활보장법	ㄴ. 산업재해보상보험법	
ㄷ. 사회복지사업법	ㄹ. 고용보험법	ㅁ. 노인복지법

① ㄱ - ㄴ - ㄷ - ㄹ - ㅁ
② ㄴ - ㄱ - ㅁ - ㄷ - ㄹ
③ ㄴ - ㄷ - ㅁ - ㄹ - ㄱ
④ ㄷ - ㄱ - ㄹ - ㅁ - ㄴ
⑤ ㄷ - ㅁ - ㄴ - ㄹ - ㄱ

해설 국민기초생활보장법(1999) 산업재해보상보험법(1963) 사회복지사업법(1970)
고용보험법(1995)

정답 ③

03 다음 중 우리나라 사회복지법의 법원에 관한 설명으로 옳은 것은?

① 통일된 사회법전이 존재한다.
② 관습법은 법원으로 인정되지 않는다.
③ 판례는 사안에 따라 달라지므로 법원으로 될 수 없다.
④ 사회복지사업법은 사회보장에 관한 일반법적인 역할을 한다.
⑤ 헌법은 노인의 복지향상을 위한 정책을 실시할 국가의 의무에 대해 규정하고 있다.

해설 ① 통일된 사회법전이 존재하지 않는다.
② 관습법은 불문법원이다.
③ 판례는 사안에 따라 달라지더라도 판결을 법으로 보는 판례법이 존재한다.
④ 사회복지사업법은 사회보장법에 비해 특별법이다.

정답 ⑤

Chapter 08 국제법과 사회복지

제1절 국제법

1. 국제법의 기능

헌법에 의해여 체결·공포된 조약과 일반적으로 승인된 국제법규는 국내법과 동일한 효력을 가진다(헌법 제6조 1항)는 점에서 국제법의 기능은 중요하고 국제법의 규정은 국가의 사회복지에 큰 영향을 미친다고 할 수 있다.

국제법의 기능을 하는 규정은 국제인권규약(A,B), 국제노동기구(ILO)의 조약 및 권고, 외국과의 사회보장조약이 우리나라 사회복지에 영향을 준다.

2. 국제인권규약

1966년 12월 16일 제21차 국제연합(UN)총회에서 인권의 국제적 보장을 위하여 채택된 조약이다. 내용으로는 경제·사회·문화적 권리에 관한 규약(A규약), 시민적·정치적 권리에 관한 규약(B규약)과 B규약의 부속선택의정서로 되어 있다. A규약은 1976년 1월, B규약과 B규약 선택의정서는 1976년 3월에 각각 발효되었다.

1948년 12월 제3차 국제연합총회에서 채택된 세계인권선언이 개인과 국가가 달성해야 할 공통의 기준으로 채택되어 도의적 구속력은 있으나 법적구속력은 없는 것에 반해 국제인권규약은 조약으로서 체결당사국을 법적으로 구속한다는 특징이 있다.

우리나라는 결사의 자유에 관한 조항 등에 대한 인정을 유보하고 1990년 4월 본 규약에 가입하였다.

1) A규약

경제·사회·문화적 권리에 관한 규약으로 이 규약의 당사국은 모든 사람의 사회보험을 포함한 사회보장에 대한 권리를 인정하고, 생존권적 기본권 등을 당사국이 그들의 입법조치로써 실현할 것을 내용으로 하며, 이에 관한 상황을 UN에 보고할 것을 의무화하였다.

2) B규약

시민적 · 정치적 권리에 관한 규약 → 자유권적 기본권의 존재를 전제로 체약국이 이를 존중할 것을 의무화 하였다.

B규약 선택의정서 참가국에게는 개인이 인권심사위원회에 직접 청원할 수 있는 길을 열어놓았다.

제2절 사회보장에 관한 다양한 국제조약 및 선언

1. 국제조약

헌장, 선언은 법적 구속력이 없고 조약, 규약, 협약은 법적 구속력이 있다.

1) 대서양헌장(1941년)

미국대통령 F.D.루스벨트와 영국총리 W.처칠이 대서양 해상에서 회담한 뒤 발표한 공동선언이다. 국민복지와 평화를 정책의 근간으로 공포와 결핍(빈곤)으로부터의 자유를 선언하였다.

2) 필라델피아선언(1944년)

1944년 필라델피아에서 개최된 국제노동기구(ILO)총회에서 채택된 동 선언은 모든 인간이 경제적으로 보장 받을 권리를 확인하였을 뿐만 아니라 보호를 필요로 하는 모든 사람들에게 기초적 수입과 포괄적 의료를 확보하는 사회보장의 조치를 제공하는 것이 골자로 소득과 의료보장권을 주요내용으로 하고 있다.

3) 세계인권선언(1948년)

인권에 대한 상징적 기준으로 1948년 유엔총회에서 채택되었다. 보편적인 사회보장 권리를 포함하고 있다.

4) 사회보장 최저기준 조약(1952년, 102호조약)

1952년 국제노동기구총회에서 채택된 것으로 1941년 대서양헌장의 사회보장 원칙을 승인 또는 확인하는 의미를 가지고 있다. 사회보장의 최저기준 조약상 급여(9급여)에는 의료 · 질병 · 실업 · 노령 · 업무상 재해 · 가족 · 모성 · 폐질 · 유족급여가 있다. 이 조약은 아시아권 국가로는 일본만이 1976년 비준하였다. 우리나라는 1991년부터 매년 단계적 비준을 추진하여 왔으며 2003년 이후 새롭게 비준된 조약은 없다.

ILO조약은 회원국이 동 조약을 비준할 경우 국제조약과 동일한 효력의 구속력을 가진다. 따라서 조약내용과 국내법이 상치될 경우 국내법을 고쳐야 한다. 하지만 ILO 권고는 강제성이 없다.

5) 사회보장에 관한 내외국인 균등처우조약(1962년, 국제노동기구)

내외국인의 균등한 치료에 관련된 조약(No.118)=치료의 평등에 관한 조약
국제인권규약(1966년) : 1966년 국제연합총회에서 채택
장애인의 직업재활 및 고용에 관한 협약(1985년)
아동의 권리에 관한 국제협약 : 아동권리협약(1989년, 유엔총회)

2. 아동의 권리에 관한 국제협약(제네바선언과 아동권리선언)

1) 아동권리에 관한 제네바선언(1924년)

① 아동의 복지와 권리보장을 위한 국제사회의 노력은 1924년 국제연맹의 아동의 권리에 관한 제네바선언 채택으로 시작되었다.
② 이 선언은 전문과 5개조 본문으로 구성되어 있으며, 이후 유엔의 1948년 아동권리선언이 있기까지 약 25년 동안 국제연맹의 회원국들이 따라야 할 원칙으로 자리잡았다.

2) 아동의 권리선언(1959년)

유엔총회에서 채택된 문서로 모든 아동들은 사회보장의 단순한 객체가 아니라 권리적 존재라는 인식을 반영 아동의 사회복지권이 강조되었다.

유엔아동권리협약은 아동을 단순한 보호대상이 아닌 존엄성과 권리를 지닌 주체로 보고 이들의 생존, 발달, 보호, 참여에 관한 기본 권리를 명시한 것이다. 1989년 유엔총회에서 만장일치로 채택, 2003년 1월 소말리아와 미국을 제외한 세계 191개 국이 비준했다. 우리나라는 1990년 협약서명하고 1991년 비준하였다.

협약내용으로는 18세 미만 아동의 생명권, 의사표시권, 고문 및 형벌금지, 불법해외이송 및 성적학대 금지 등 각종 아동기본권의 보장을 규정하고 있고, 협약가입국은 최대한 입법 · 사법 · 행정적 조치를 취하도록 의무화하고 있다.

협약가입국은 비준 2년 안에, 그 다음 5년마다 어린이 인권상황에 대한 국가보고서를 제출해야 한다. 유엔아동권리위원회는 그 국가보고서를 심의해 어린이 인권보장의 장애요인을 분석하고 그 대안을 위해 해당국 정부와 함께 노력해야 한다.

3. 장애인 권리선언 및 정신지체인 권리선언

"장애"란 말은 일상생활 속에서 자주 사용하고 있으며, 장애를 갖고 있는 사람을 "비장애인"과 대비하여 "장애인"이란 말을 사용하고 있다.

유엔(UN)에서 정한 장애인 권리선언에서는 "장애인"이라는 개념은 "선천적이거나 후천적이거나에 관계없이 신체적·정신적 능력의 불완전으로 인하여 자기 자신의 능력만으로는 개인의 일상 또는 사회생활에 필요한 것을 전혀 확보할 수 없거나 부분적으로 할 수 없는 사람을 의미한다."라고 정의하고 있다.

1) 장애인 권리선언(1975년 UN 제30차 총회에서 채택)

① '장애인'이라는 개념은 선천적이거나 후천적이거나에 관계없이, 신체적·정신적 능력의 불완전으로 인하여 일상의 개인 또는 사회생활에서 필요한 것을 확보하는 데 자기 자신으로서는 완전하게 또는 부분적으로 할 수 없는 사람을 의미한다.

② 장애인은 이 선언에서 제시한 모든 권리를 향유한다. 이들의 권리는 어떠한 예외도 없고, 또 인종·언어·종교·정치 혹은 기타의 의견·국가 또는 사회적 신분·빈부·출생·장애인 자신 또는 그 가족이 처해있는 상황에 따라 구별도 차별도 없으며, 모든 장애인에게 인정된다.

③ 장애인은 인간으로서의 존엄이 존중되는 권리를 출생하면서부터 갖고 있다. 장애인은 그 장애의 원인·특질 또는 정도에 관계없이 동년배의 시민과 동등의 기본적 권리를 갖는다. 이 말은 먼저 가능한 한 일상적이고 또 만족스러운 생활을 할 수 있는 권리를 의미한다.

④ 장애인은 타인들과 동등의 시민권 및 정치적 권리를 갖는다. '정신지체인의 권리 선언' 제7조는 정신지체인의 이와 같은 제권리의 어떠한 제한 또는 배제에도 적용된다.

⑤ 장애인은 가능한 한 자립할 수 있도록 구성된 시책의 혜택을 받을 자격이 있다.

⑥ 장애인은 보장구를 포함한 의학적·심리학적 및 기능적 치료 또는 의학적·사회적 재활교육·직업교육·훈련재활·원조·고정상담·직업알선 및 기타 장애인의 능력과 기능을 최대한 개발하며 사회통합 또는 재통합하는 과정을 촉진하는 서비스를 받을 권리가 있다.

⑦ 장애인은 경제적·사회적 보장을 받아 상당한 생활수준을 보유할 권리가 있다. 장애인은 그 능력에 따라서 보장을 받고 고용되고 또는 유의하고 생산적인 동시에 보수를 받는 직업에 종사하고 노동단체에 참여할 권리가 있다.

⑧ 장애인은 경제·사회계획의 모든 단계에 있어서 그 특별한 욕구가 고려되는 자격을 갖는다.

⑨ 장애인은 그 가족이나 또는 양친과 함께 생활하고 모든 사회적 활동·창조적 활동·레크레이션 활동에 참여하는 권리를 갖는다. 장애인은 그 거주에 관한 한 그 상태로 인하여 필요하던가

또는 그 상태에 유래해서 개선하게 될 경우를 제외하고 차별적인 취급을 받아서는 안 된다. 만일 장애인이 전문시설에 입소하는 것이 불가피한 경우 그 곳에서의 환경이나 생활 조건은 동년배의 사람의 일상생활과 가능한 한 유사한 것이어야 한다.

⑩ 장애인은 차별적 · 모욕적 또는 비열한 성질을 가진 모든 착취, 모든 규칙, 그리고 모든 취급에서 보호받아야 한다.

⑪ 장애인은 그의 인격과 재산의 보호를 위하여 적격한 법적 원조가 필요할 때는 그것을 제공받을 수 있어야 한다. 만일 장애인에 대하여 소송이 있을 경우에는 그것에 적용되는 법적 수속은 그들의 신체적 · 정신적 상태가 충분하게 고려되어야 한다.

⑫ 장애인 단체는 장애인의 권리에 관한 모든 사항에 대하여 유효하게 협의해야 한다.

⑬ 장애인의 가족 및 지역사회는 이 선언에 포함된 권리에 대해서 모든 적절한 수단에 의하여 충분히 주지하여야 한다.

2) 정신지체인 권리선언(1971년 12월 20일 UN총회)

이 선언은 정신지체(현재 지적장애)를 가진 장애인이 다른 사회구성원과 더불어 일반적인 사회생활을 영위하고, 이들에게도 사회정의와 평등의 규범이 관철되어야 한다는 권리사상의 표현이며, 이러한 제반 권리의 보장을 각국이 정책으로 전개하여야 한다는 방향성을 제시한 것이다.

① 정신지체인은 국민으로서 일반 시민과 동등한 기본적 권리를 가진다.

② 정신지체인은 그 상태가 아무리 심하다 할지라도 그의 능력과 소질이 최대한 개발될 수 있도록 적절한 의학적 조치와 교육훈련, 직업보도 등 삶을 위한 도움을 받을 권리가 있다.

③ 정신지체인은 안정된 경제생활을 보장받을 권리가 있다. 또한 생산적이며 뜻있는 직업에 종사할 권리가 있다.

④ 정신지체인은 가족들과 함께 살 권리가 있다. 또한 모든 사회생활에 참가하여 여가를 즐길 수 있는 조치가 마련되어야 한다. 만일 시설에서의 양호가 필요한 사람이라면 그 시설은 최대한 가정적 분위기가 조성되어야 한다.

⑤ 정신지체인은 행복을 위해 협조 받을 개인적인 보호자를 가질 권리가 있다. 그러나 직접 정신지체인 교육에 종사하는 사람은 이런 보호자가 되어서는 안 된다.

⑥ 정신지체인은 비난과 멸시와 소외를 당해서는 안 될 권리가 있다. 만일 고소를 당한다면 그의 특수한 상태를 충분히 인정하여 공정한 재판을 받도록 해야 한다.

⑦ 정신지체인 중에는 장애가 너무 심해서 그들의 모든 권리를 자신의 뜻대로 행사할 수 없는 사람이 있다. 그들을 위해서는 그의 사회적응능력에 대한 전문가의 평가를 정규적으로 받아야 하며 법률가의 자문을 받아야 한다.

제3절 우리나라와 외국과의 사회보장 조약 등

1. 사회보장협정 체결 목적

사회보장협정의 체결 목적은 협정 당사국의 연금제도간에 서로 다른 점을 상호 조정하여 양 당사국 국민에게 혜택을 부여하기 위한 것이다.

1) 국민연금 호환성

① 동등대우
연금수급권 취득, 급여지급 등 법령적용에 자국민과 동등한 대우를 준다.

② 이중가입 배제
단기간 동안 협정한 상대국에서 근로하거나 자영업을 하는 경우 양국 중 한 국가의 연금에만 가입하도록 하여 재정적 부담을 덜어주기 위한 것이다.

③ 급여송금 보장
협정 당사국간에 연금급여를 해외로 자유롭게 송금할 수 있도록 한 것이다.

④ 가입기간 합산
협정 상대국으로 이민, 장기체류 시 연금가입기간이 양국가로 분리되어 연금을 받지 못하는 사람들이 양국 가입기간을 합산하여 받을 수 있도록 한 것이다.

2) 체결 형태

양 당사국의 정부간에 체결되며 협정의 적용범위에 따라 '가입기간 합산협정'과 '보험료 면제협정'으로 구분된다.

① 가입기간 합산협정
캐나다, 미국, 독일 등의 국가와는 이중가입 배제와 가입기간 합산규정, 동등대우, 연금급여의 해외송금보장 등 모두 포함한 혜택을 받을 수 있다.

② 보험료 면제협정
영국, 중국, 네덜란드, 일본, 이탈리아 등의 국가와는 이중가입 배제의 혜택만 받을 수 있다.

01 (A) 사회보장최저기준조약, (B) 아동의 권리에 관한 협약을 채택한 기구로 바르게 연결된 것은?

① (A) 국제노동기구(ILO) (B) 국제연합(UN)
② (A) 국제노동기구(ILO) (B) 국제사회보장협회(ISSA)
③ (A) 국제연합(UN) (B) 국제사회보장협회(ISSA)
④ (A) 국제연합(UN) (B) 국제노동기구(ILO)
⑤ (A) 국제연합(UN) (B) 세계보건기구(WHO)

해설 사회보장최저기준조약은 1952년 국제노동기구총회에서 채택되었고, 아동의 권리에 관한 협약은 1989년 유엔총회에서 채택되었다.
정답 ①

02 다음 중 장애인의 정의로 옳은 것은 어느 것인가?

① 신체적, 정신적 장애로 단기간 일상생활이나 사회생활에서 상당한 제약을 받는 자
② 신체적, 정신적 장애로 오랫동안 일상생활이나 사회생활에서 제약을 받는 자
③ 선천적, 후천적 장애로 오랫동안 일상생활이나 사회생활에서 상당한 제약을 받는 자
④ 신체적, 정신적 장애로 오랫동안 일상생활이나 사회생활에서 상당한 제약을 받는 자
⑤ 선천적, 후천적 장애로 오랫동안 일상생활이나 사회생활에서 제약을 받는 자

해설 장애인의 정의 - 신체적, 정신적 장애로 오랫동안 일상생활이나 사회생활에서 상당한 제약을 받는 자
정답 ④

III. 각론

Chapter 01 사회보장기본법
Chapter 02 공공부조
Chapter 03 사회보험법

Chapter
01
사회보장기본법

제1절 사회보장기본법률

1. 개요

1995년 12월 30일 제정되었다.

사회보장에 관한 기본적인 사항을 규정함으로써 국민의 복지증진에 기여하기 위하여 제정되었다. 실질적인 법적 구속력은 약화되어 있다고 볼 수 있으나, 사회보장의 일반법적 위치에 있다는 점에서 의미가 크다. 이 법에서는 사회보장의 범위를 사회보험 · 공공부조 · 사회서비스로 규정하고 있다.

2. 목적

사회보장에 관한 국민의 권리와 국가 및 지방자치단체의 책임을 정하고 사회보장제도에 관한 기본적인 사항을 규정함으로써 국민의 복지증진에 기여함을 목적으로 한다.

3. 기본이념

① 최저생활보장
② 생활수준을 향상시킬 수 있도록 제도와 여건을 조성
③ 시행에 있어서 형평과 효율의 조화를 기함
④ 복지사회를 실현
⑤ 보건복지부장관은 관계 중앙행정기관의 장과 협의하여 사회보장 증진을 위하여 사회보장에 관한 기본계획을 5년마다 수립하여야 한다. 기본계획은 사회보장 위원회와 국무회의의 심의를 거쳐 확정한다. 기본계획 중 대통령령으로 정하는 중요한 사항을 변경하려는 경우에도 같다.

기본계획에는 다음 각 호의 사항이 포함되어야 한다.
1. 국내외 사회보장환경의 변화와 전망
2. 사회보장의 기본목표 및 중장기 추진방향
3. 주요 추진과제 및 추진방법
4. 필요한 재원의 규모와 조달방안
5. 사회보장 관련 기금 운용방안
6. 사회보장 전달체계
7. 그 밖에 사회보장정책의 추진에 필요한 사항

4. 사회복지의 제도적 범위

사회보장
- 사회적위험 – 질병 · 장애 · 노령 · 실업 · 사망 · 빈곤 · 출산 · 양육 등
- 국민생활 질 향상 – 사회보험, 공공부조, 사회서비스

제2절 사회보장에 대한 책임

1. 가정, 지역공동체, 국민 개개인도 사회보장의 주체라고 인정

1) 사회보장기본법

① 제5조 : 국가 및 지방자치단체는 국가발전의 수준에 부응하는 사회보장제도를 확립하고 매년 이에 필요한 재원을 조달하여야 한다.

② 제6조 : 국가와 지자체는 가정이 건전하게 유지되고 기능이 향상되도록 노력해야 하며, 국가와 지자체는 사회보장제도를 시행함에 있어 가정과 지역공동체의 자발적 복지활동을 촉진하여야 한다고 국가 및 지자체의 책임을 확인하고 있다.

③ 제7조 : 모든 국민은 자신의 능력을 최대한 발휘하여 자립 · 자활할 수 있도록 노력하고 국가의 사회보장정책에 대한 협력의무를 규정하고 있다.

2. 사회보장의 주체와 객체

1) 사회보장의 주체

국가 및 지방자치단체, 민간 ⇒ 복지다원주의

2) 사회보장의 객체

① 전국민(보편주의 → 사회보험), 외국인
② 자산조사(선별주의 → 공공부조)
③ 속인주의(단, 사회보장협약 체결 국가는 속지주의가 적용)

제3절 사회보장제도의 운영

1. 사회보장심의위원회

1) 구성 및 운영

① 위원장 1인과 부위원장 3인을 포함한 위원 30인 이내로 구성
② 위원장은 국무총리이며, 부위원장은 기획재정부장관과 교육부장관, 보건복지부장관이다. 위원회의 위원장이 부득이한 사유로 직무를 수행할 수 없는 때에는 기획재정부장관 및 보건복지부장관의 순으로 그 직무를 대행한다.
③ 위원은 관계부처의 장관, 근로자를 대표하는 자, 사용자를 대표하는 자, 사회보장에 관한 학식과 경험이 있는 자, 변호사의 자격이 있는 자 중에서 대통령이 위촉한다.

2) 위원회의 직무

① 사회보장의 증진을 위한 사회보장 장기발전방향
② 사회보장제도의 개선
③ 사회보장제도의 도입 또는 확대에 따른 우선순위의 조정
④ 2 이상의 부처에 관련되는 주요사회보장정책
⑤ 사회보장급여 및 비용부담의 조정
⑥ 국가 및 지방자치단체의 역할 및 비용분담, 기타 위원장이 심의에 부치는 사항

2. 관계행정기관의 협력 요청

위원회는 관계행정기관에 대하여 사회보장에 관한 자료의 제출과 위원회의 업무에 관하여 필요한 협력을 요청할 수 있으며, 관계행정기관은 이에 응하여야 한다.

3. 사회보장 장기발전 방향 수립

① 보건복지부장관은 관계중앙행정기관의 장과 협의하여 사회보장심의위원회의 심의를 거쳐 사회보장증진을 위한 장기발전방향을 5년마다 수립하여야 한다.

② 보건복지부장관은 장기발전방향을 수립하고자 하는 경우에는 공청회를 열어 국민 및 관계 전문가 등으로부터 의견을 들을 수 있다.

③ 보건복지부장관 · 관계중앙행정기관의 장 및 특별시장 · 광역시장 · 도지사는 장기발전방향을 기초로 하여 사회보장과 관련된 소관 주요 시책의 추진방안을 매년 수립 · 시행하여야 한다.

4. 운영

① 국가는 지방자치단체와 사회보장에 관한 책임과 역할을 합리적으로 조정하여야 한다. 사회보험은 국가의 책임으로 행함을 원칙으로 하며, 공공부조 및 사회복지서비스는 국가 및 지방자치단체의 책임으로 행함을 원칙으로 하되 국가 및 지방자치단체의 재정형편 등을 감안하여 이를 조정할 수 있다

② 국가 및 지방자치단체는 사회보장에 대한 민간부문의 참여를 조장할 수 있도록 정책을 개발 · 시행하고 그 여건을 조성하여야 한다. 국가 및 지방자치단체는 개인 · 법인 또는 단체의 사회보장에 대한 참여에 소요되는 경비의 전부 또는 일부를 지원하거나 그 업무 수행에 필요한 지원을 할 수 있다.

5. 사회보장제도 운영원칙

① 국가와 지방자치단체가 사회보장제도를 운영할 때에는 이 제도를 필요로 하는 모든 국민에게 적용하여야 한다.(보편성)

② 국가와 지방자치단체는 사회보장제도의 급여 수준과 비용 부담 등에서 형평성을 유지하여야 한다.(형평성)

③ 국가와 지방자치단체는 사회보장제도의 정책 결정 및 시행 과정에 공익의 대표자 및 이해관계인 등을 참여시켜 이를 민주적으로 결정하고 시행하여야 한다.(민주성)

④ 국가와 지방자치단체가 사회보장제도를 운영할 때에는 국민의 다양한 복지 욕구를 효율적으로 충족시키기 위하여 연계성과 전문성을 높여야 한다.(연계성,전문성)

⑤ 사회보험은 국가의 책임으로 시행하고, 공공부조와 사회서비스는 국가와 지방자치단체의 책임으로 시행하는 것을 원칙으로 한다. 다만, 국가와 지방자치단체의 재정 형편 등을 고려하여 이를 협의 · 조정할 수 있다.

6. 비용의 부담

① 사회보장비용의 부담은 각각의 사회보장제도에 대한 역할분담에 따라 국가 · 지방자치단체 및 민간부문간에 합리적으로 조정되어야 한다.

② 사회보험에 소요되는 비용은 사용자 · 피용자 및 자영자가 부담하는 것을 원칙으로 하되 관계법령이 정하는 바에 따라 국가가 그 비용의 일부를 부담할 수 있다.

③ 공공부조 및 관계법령이 정하는 일정 소득수준 이하의 국민에 대한 사회복지서비스에 소요되는 비용의 전부 또는 일부는 국가 및 지방자치단체가 이를 부담한다.

④ 부담능력이 있는 국민에 대한 사회복시서비스에 소요되는 비용은 그 수익자가 부담하는 것을 원칙으로 하고, 관계법령이 정하는 바에 따라 국가 및 지방자치단체가 그 비용의 일부를 부담할 수 있다.

7. 사회보장전달체계

국가 또는 지방자치단체는 지역적으로 고루 분포되고 기능에 따라 균형이 이루어지도록 그리고 모든 국민이 쉽게 이용할 수 있도록 사회보장전달체계를 마련하여야 한다.

8. 정보공개-비밀보호-홍보

국가 및 지방자치단체는 국민이 사회보장제도에 관하여 필요로 하는 정보를 관계법령이 정하는 바에 의하여 공개하고, 이를 홍보하여야 한다. 사회보장의 업무에 종사하는 자는 사회보장과 관련하여 알게 된 개인 · 법인 또는 단체의 비밀을 관계법령이 정하는 바에 의하여 보호하여야 한다.

9. 상담-통지-권리구제

국가와 지방자치단체는 관계법령에 따라 사회보장에 관한 상담에 응해야 하며, 사회보장에 관한 사항을 해당 국민에게 통지하여야 한다. 또한 위법 또는 부당한 처분을 받거나 필요한 처분을 받지 못함으로써 권리 또는 이익의 침해를 받은 국민은 행정심판법 및 행정소송법의 규정에 의한 심판청구 및 행정소송을 제기하여 그 처분의 취소 또는 변경 등을 청구할 수 있다.

10. 사회보장을 받을 권리

모든 국민은 사회보장에 관한 관계법령이 정하는 바에 의하여 사회보장의 급여를 받을 권리를 가지며, 이를 사회보장수급권이라 한다.

① 사회보장수급권은 관계법령이 정하는 바에 따라 타인에게 양도하거나 담보로 제공할 수 없으며, 이를 압류할 수 없다. ⇒ 일신전속권
② 사회보장수급권은 기본적으로 제한되거나 정지될 수 없다.
③ 사회보장수급권은 포기할 수 있으며, 포기한 수급권을 철회할 수 있다.
④ 불법행위에 대한 구상권을 가진다.

11. 사회보장에 관한 교육실시

① 보건복지부장관은 사회보장 분야 전문 인력 양성을 위하여 관계 중앙행정기관, 지방자치단체, 공공기관 및 법인 · 단체 등의 직원을 대상으로 사회보장에 관한 교육을 매년 1회 이상 실시할 수 있다.
② 관계 중앙행정기관의 장과 지방자치단체의 장은 필요한 경우 제1항에 따른 교육을 보건복지부장관에게 요청할 수 있다.

12. 사회보장정보시스템의 구축 및 운영

1) 보건복지부장관은 사회보장정보시스템을 통해 다음의 업무를 수행할 수 있다.

① 사회보장수급자 및 사회보장급여 현황관리
② 사회보장 관련통계의 생성 및 관리
③ 사회보장급여의 신청, 수급자격의 조사업무 및 급여의 적정성 확인, 환수(還收) 등 사후관리 업무의 전자화 및 처리지원
④ 사회보장수급자격의 취득 · 상실 · 정지 · 변경 등 변동관리
⑤ 사회보장급여 및 보조금의 부정 · 중복수급 모니터링
⑥ 다른 법령에 따라 국가 및 지방자치단체로부터 위탁받은 사회보장에 관한 업무

2) 보건복지부장관이 사회보장정보시스템의 운영을 위하여 수집 · 보유 · 이용 · 제공할 수 있는 정보의 범위는 다음과 같다.

① 사회보장수급자 수, 선정기준, 보장내용, 예산, 전달체계 등 사회보장제도 및 사회보장수급자 현황에 관한 자료

② 사회보장급여의 신청, 수급자격의 조사 및 사후관리에 필요한 자료로서 신청인 및 그 부양의무자에 대한 다음의 어느 하나에 해당하는 자료. 다만, 부양의무자의 부양을 필요로 하지 않거나 근로능력, 소득 · 재산 상태 등에 관한 조사가 필요하지 않은 경우는 제외한다.

가. 주민등록전산정보 등 인적사항 및 기본증명서 · 가족관계증명서 등 가족관계등록사항

나. 토지 · 건물 · 선박 · 차량 · 주택분양권, 국민건강보험 · 국민연금 · 고용보험 · 산업재해보상보험 · 퇴직금 · 보훈급여 · 공무원연금 · 공무원 재해보상 · 군인연금 · 사립학교교직원연금 · 별정우체국연금, 근로장려금, 기본형공익직접지불금 등 소득 · 재산에 관한 자료

다. 출입국 · 병무 · 교정 · 사업자등록증 · 고용정보 · 보건의료정보 등 근로능력 및 취업상태에 관한 자료

③ 사회보장급여 수급이력 및 사회보장급여와 관련된 신청, 제공 및 환수 등의 업무처리 내역에 관한 자료

④ 사회복지법인 및 사회복지시설, 관련 기관 및 단체의 보조금 수급이력에 관한 자료

⑤ 그 밖에 사회보장급여의 제공 및 관리 또는 위탁받은 업무의 처리에 필요한 정보로서 보건복지부장관이 정하는 자료

01 사회보장기본법에 대한 설명으로 올바른 것은?

① 헌법 제34조와 관련된 헌법의 구체적 하위규범
② 1963년 제정된 사회보장에 관한 법률의 지속
③ 사회복지법의 권리구제를 위한 행정법의 지위
④ 사회복지사업법의 특별법적 지위
⑤ 개별 사회복지서비스 법률 중 하나

해설 1995년 제정된 사회보장기본법은 헌법의 구체적 하위규범인 동시에 사회복지법률 가운데 일반법적 기본법의 성격을 지니며, 이로써 1963년 제정된 사회보장에 관한 법률은 폐지되었다.

정답 ①

02 사회보장기본법상 사회보장수급권에 관한 설명으로 옳지 않은 것은?

① 사회보장급여를 받으려는 사람은 국가나 지방자치단체에 신청하는 것을 원칙으로 하고 있다.
② 사회보장수급권은 다른 사람에게 양도하거나 담보로 제공할 수 없다.
③ 사회보장수급권은 원칙적으로 제한되거나 정지될 수 없다.
④ 사회보장수급권은 구두로 통지하여 포기할 수 있다.
⑤ 사회보장수급권의 포기는 취소할 수 있다.

해설 사회보장수급권은 서면으로 포기할 수 있다.

정답 ④

03 사회보장기본법상 사회보장위원회에 관한 설명으로 옳은 것은 ?

① 대통령 소속의 위원회이다.
② 위원장 1명, 부위원장 2명과 행정안전부장관, 고용노동부장관을 포함한 40명 이내의 위원으로 구성한다.
③ 위원의 임기는 3년으로 하되, 공무원인 위원의 임기는 그 재임기간으로 한다.
④ 고용노동부에 사무국을 둔다.
⑤ 관계 중앙행정기관의 장은 위원회의 심의 · 조정 사항을 반영하여 사회보장제도를 운영 또는 개선하여야 한다.

해설 사회보장에 관한 주요 시책을 심의 · 조정하기 위하여 국무총리 소속하에 설치한 합의제기관을 말한다(사회보장기본법 제20조). 이 위원회는 ① 사회보장 증진을 위한 기본계획 ② 사회보장 관련 주요 계획 ③ 사회보장제도의 평가 및 개선 ④ 사회보장제도의 신설 또는 변경에 따른 우선순위 ⑤ 둘 이상의 중앙행정기관이 관련된 주요 사회보장 정책 ⑥ 사회보장급여 및 비용 부담 ⑦ 국가와 지방자치단체의 역할 및 비용 분담 ⑧ 사회보장의 재정추계 및 재원조달 방안 ⑨ 사회보장 전달체계 운영 및 개선 ⑩ 효과적인 사회보장 정책의 수립과 시행을 위한 사회보장에 관한 통계 ⑪ 사회보장정보의 보호 및 관리 ⑫ 그 밖에 위원장이 심의에 부치는 사항 등을 심의 · 조정하며 관계 중앙행정기관의 장과 지방자치단체의 장은 이와 같은 내용을 반영하여 사회보장제도를 운영 또는 개선하여야 한다. 정답 ⑤

04 사회보장기본법의 목적으로 적절하지 않은 것은?

① 사회보장에 관한 국민의 기본권리 보장
② 국가 및 지방자치단체의 복지 관련 책임 증진
③ 사회보장제도에 관한 기본사항 규정
④ 최저생활이 안되는 국민에 대한 인간다운 생활 보장
⑤ 모든 국민의 인간다운 생활을 위한 최저생활 보장

해설 사회보장기본법은 보편적 복지로 모든 국민을 대상으로 한다. 정답 ④

Chapter 02

공공부조

제1절 국민기초생활보장법

1. 국민기초생활보장법

1) 목적

이 법은 생활이 어려운 사람에게 필요한 급여를 실시하여 이들의 최저생활을 보장하고 자활을 돕는 것을 목적으로 한다.

2) 용어정의

① "수급권자"란 이 법에 따른 급여를 받을 수 있는 자격을 가진 사람을 말한다.

② "수급자"란 이 법에 따른 급여를 받는 사람을 말한다.

③ "수급품"이란 이 법에 따라 수급자에게 지급하거나 대여하는 금전 또는 물품을 말한다.

④ "보장기관"이란 이 법에 따른 급여를 실시하는 국가 또는 지방자치단체를 말한다.

⑤ "부양의무자"란 수급권자를 부양할 책임이 있는 사람으로서 수급권자의 1촌의 직계혈족 및 그 배우자를 말한다. 다만, 사망한 1촌의 직계혈족의 배우자는 제외한다.

⑥ "최저보장수준"이란 국민의 소득 · 지출 수준과 수급권자의 가구 유형 등 생활실태, 물가상승률 등을 고려하여 제6조에 따라 급여의 종류별로 공표하는 금액이나 보장수준을 말한다.

⑦ "최저생계비"란 국민이 건강하고 문화적인 생활을 유지하기 위하여 필요한 최소한의 비용으로서 보건복지부장관이 계측하는 금액을 말한다.

⑧ "개별가구"란 이 법에 따른 급여를 받거나 이 법에 따른 자격요건에 부합하는지에 관한 조사를 받는 기본단위로서 수급자 또는 수급권자로 구성된 가구를 말한다. 이 경우 개별가구의 범위 등 구체적인 사항은 대통령령으로 정한다.

⑨ "소득인정액"이란 보장기관이 급여의 결정 및 실시 등에 사용하기 위하여 산출한 개별가구의 소득평가액과 재산의 소득환산액을 합산한 금액을 말한다.

⑩ "차상위계층"이란 수급권자에 해당하지 아니하는 계층으로서 소득인정액이 대통령령으로 정하는 기준 이하인 계층을 말한다.
⑪ "기준 중위소득"이란 보건복지부장관이 급여의 기준 등에 활용하기 위하여 중앙생활보장위원회의 심의 · 의결을 거쳐 고시하는 국민가구소득의 중위값을 말한다.

2. 급여의 기본원칙

① 급여는 수급자가 자신의 생활의 유지 · 향상을 위하여 그의 소득, 재산, 근로능력 등을 활용하여 최대한 노력하는 것을 전제로 이를 보충 · 발전시키는 것을 기본원칙으로 한다.
② 부양의무자의 부양과 다른 법령에 따른 보호는 이 법에 따른 급여에 우선하여 행하여지는 것으로 한다. 다만, 다른 법령에 따른 보호의 수준이 이 법에서 정하는 수준에 이르지 아니하는 경우에는 나머지 부분에 관하여 이 법에 따른 급여를 받을 권리를 잃지 아니한다.
③ 급여는 건강하고 문화적인 최저생활을 유지할 수 있는 것이어야 한다.
④ 급여의 기준은 수급자의 연령, 가구 규모, 거주지역, 그 밖의 생활여건 등을 고려하여 급여의 종류별로 보건복지부장관이 정하거나 급여를 지급하는 중앙행정기관의 장이 보건복지부장관과 협의하여 정한다.
⑤ 보장기관은 이 법에 따른 급여를 개별가구 단위로 실시하되, 특히 필요하다고 인정하는 경우에는 개인 단위로 실시할 수 있다.
⑥ 지방자치단체인 보장기관은 해당 지방자치단체의 조례로 정하는 바에 따라 이 법에 따른 급여의 범위 및 수준을 초과하여 급여를 실시할 수 있다. 이 경우 해당 보장기관은 보건복지부장관 및 소관 중앙행정기관의 장에게 알려야 한다.
⑦ 외국인에 대한 특례

국내에 체류하고 있는 외국인 중 대한민국 국민과 혼인하여 본인 또는 배우자가 임신 중이거나 대한민국 국적의 미성년 자녀를 양육하고 있거나 배우자의 대한민국 국적인 직계존속과 생계나 주거를 같이하고 있는 사람으로서 대통령령으로 정하는 사람이 이 법에 따른 급여를 받을 수 있는 자격을 가진 경우에는 수급권자가 된다.

⑧ 보건복지부장관 또는 소관 중앙행정기관의 장은 급여의 종류별 수급자 선정기준 및 최저보장수준을 결정하여야 한다.
⑨ 보건복지부장관 또는 소관 중앙행정기관의 장은 매년 8월 1일까지 제20조제2항에 따른 중앙생활보장위원회의 심의 · 의결을 거쳐 다음 연도의 급여의 종류별 수급자 선정기준 및 최저보장수준을 공표하여야 한다.

3. 기준 중위소득의 산정

① 기준 중위소득은 통계청이 공표하는 통계자료의 가구 경상소득(근로소득, 사업소득, 재산소득, 이전소득을 합산한 소득을 말한다)의 중간값에 최근 가구소득 평균 증가율, 가구규모에 따른 소득수준의 차이 등을 반영하여 가구규모별로 산정한다.

② 가구규모별 소득수준 반영 방법 등 기준 중위소득의 산정에 필요한 사항은 중앙생활보장위원회에서 정한다.

4. 소득인정액의 산정

① 개별가구의 소득평가액은 개별가구의 실제소득에도 불구하고 보장기관이 급여의 결정 및 실시 등에 사용하기 위하여 산출한 금액으로 다음 각 호의 소득을 합한 개별가구의 실제소득에서 장애·질병·양육 등 가구 특성에 따른 지출요인, 근로를 유인하기 위한 요인, 그 밖에 추가적인 지출요인에 해당하는 금액을 감하여 산정한다.

㉠ 근로소득
㉡ 사업소득
㉢ 재산소득
㉣ 이전소득

② 재산의 소득환산액은 개별가구의 재산가액에서 기본재산액(기초생활의 유지에 필요하다고 보건복지부장관이 정하여 고시하는 재산액을 말한다) 및 부채를 공제한 금액에 소득환산율을 곱하여 산정한다. 이 경우 소득으로 환산하는 재산의 범위는 다음 각 호와 같다.

㉠ 일반재산(금융재산 및 자동차를 제외한 재산을 말한다)
㉡ 금융재산
㉢ 자동차

③ 실제소득, 소득평가액 및 재산의 소득환산액의 산정을 위한 구체적인 범위·기준 등은 대통령령으로 정한다.

5. 급여의 종류와 방법

수급권자에 대한 급여는 수급자의 필요에 따라 급여의 전부 또는 일부를 실시하는 것으로 한다. 차상위계층에 속하는 사람(이하 "차상위자"라 한다)에 대한 급여는 보장기관이 차상위자의 가구별 생활여건을 고려하여 예산의 범위에서 급여의 전부 또는 일부를 실시할 수 있다. 이 경우 차상위자에 대한 급여의 기준 및 절차 등에 관하여 필요한 사항은 대통령령으로 정한다.

1) 생계급여

수급자에게 의복, 음식물 및 연료비와 그 밖에 일상생활에 기본적으로 필요한 금품을 지급하여 그 생계를 유지하게 하는 것으로 한다.

① 생계급여 수급권자는 부양의무자가 없거나, 부양의무자가 있어도 부양능력이 없거나 부양을 받을 수 없는 사람으로서 그 소득인정액이 중앙생활보장위원회의 심의 · 의결을 거쳐 결정하는 금액 이하인 사람으로 한다. 이 경우 생계급여 선정기준은 기준 중위소득의 100분의 30 이상으로 한다.

② 생계급여 최저보장수준은 생계급여와 소득인정액을 포함하여 생계급여 선정기준 이상이 되도록 하여야 한다.

③ 보장시설에 위탁하여 생계급여를 실시하는 경우에는 보건복지부장관이 정하는 고시에 따라 그 선정기준 등을 달리 정할 수 있다.

④ 생계급여는 금전을 지급하는 것으로 한다. 다만, 금전으로 지급할 수 없거나 금전으로 지급하는 것이 적당하지 아니하다고 인정하는 경우에는 물품을 지급할 수 있다.

2) 주거급여

① 주거급여는 수급자에게 주거 안정에 필요한 임차료, 수선유지비, 그 밖의 수급품을 지급하는 것으로 한다.

② 주거급여에 관하여 필요한 사항은 따로 법률에서 정한다.

3) 교육급여

① 교육급여는 수급자에게 입학금, 수업료, 학용품비, 그 밖의 수급품을 지급하는 것으로 하되, 학교의 종류 · 범위 등에 관하여 필요한 사항은 대통령령으로 정한다.

② 교육급여는 교육부장관의 소관으로 한다.

③ 교육급여 수급권자는 부양의무자가 없거나, 부양의무자가 있어도 부양능력이 없거나 부양을 받을 수 없는 사람으로서 그 소득인정액이 중앙생활보장위원회의 심의 · 의결을 거쳐 결정하는 금액 이하인 사람으로 한다. 이 경우 교육급여 선정기준은 기준 중위소득의 100분의 50 이상으로 한다.

4) 의료급여

① 의료급여는 수급자에게 건강한 생활을 유지하는 데 필요한 각종 검사 및 치료 등을 지급하는 것으로 한다.

② 의료급여 수급권자는 부양의무자가 없거나, 부양의무자가 있어도 부양능력이 없거나 부양을 받을 수 없는 사람으로서 그 소득인정액이 중앙생활보장위원회의 심의 · 의결을 거쳐 결정하는 금액 이하인 사람으로 한다. 이 경우 의료급여 선정기준은 기준 중위소득의 100분의 40 이상으로 한다.

5) 해산급여

① 해산급여의 내용

- 조산
- 분만 전과 분만 후에 필요한 조치와 보호

② 해산급여는 보건복지부령으로 정하는 바에 따라 보장기관이 지정하는 의료기관에 위탁하여 실시할 수 있다.

③ 해산급여에 필요한 수급품은 보건복지부령으로 정하는 바에 따라 수급자나 그 세대주 또는 세대주에 준하는 사람에게 지급한다. 다만, 그 급여를 의료기관에 위탁하는 경우에는 수급품을 그 의료기관에 지급할 수 있다.

6) 장제급여

① 장제급여는 수급자가 사망한 경우 사체의 검안 · 운반 · 화장 또는 매장, 그 밖의 장제조치를 하는 것으로 한다.

② 장제급여는 보건복지부령으로 정하는 바에 따라 실제로 장제를 실시하는 사람에게 장제에 필요한 비용을 지급하는 것으로 한다. 다만, 그 비용을 지급할 수 없거나 비용을 지급하는 것이 적당하지 아니하다고 인정하는 경우에는 물품을 지급할 수 있다.

7) 자활급여

① 자활급여는 수급자의 자활을 돕기 위하여 다음의 급여를 실시한다.

- 자활에 필요한 금품의 지급 또는 대여
- 자활에 필요한 근로능력의 향상 및 기능습득의 지원
- 취업알선 등 정보의 제공
- 자활을 위한 근로기회의 제공
- 자활에 필요한 시설 및 장비의 대여
- 창업교육, 기능훈련 및 기술 · 경영 지도 등 창업지원
- 자활에 필요한 자산형성 지원
- 그 밖에 대통령령으로 정하는 자활을 위한 각종 지원

② 자활급여는 관련 공공기관 · 비영리법인 · 시설과 그 밖에 대통령령으로 정하는 기관에 위탁하여 실시할 수 있다. 이 경우 그에 드는 비용은 보장기관이 부담한다.

6. 부양의무 기준 폐지

- 2021.10 부양의무자 기준 폐지
- 소득기준만 충족하면 지원대상에 해당
- 기준 중위 30%이하면 모두가 급여 대상
- 저소득층 생계지원을 부양가족 중심에서 국가의 책임으로 전환.

01 다음 중 국민기초생활보장법상 용어의 정의 연결이 잘못된 것은 어느 것인가?

① 부양의무자 – 수급권자를 부양할 책임이 있는 자로서 수급권자의 1촌의 직계혈족 및 배우자
② 최저생계비 – 국민이 건강하고 문화적인 생활을 유지하기 위하여 소요되는 최소한의 비용으로 보건복지부장관이 공표하는 금액
③ 소득인정액 – 개별가구의 재산평가액과 소득의 재산환산액을 합산한 금액
④ 차상위계층 – 수급권자에 해당하지 아니하는 계층으로 소득인정액이 최저생계비의 대통령이 정하는 기준인 120% 이하인 계층
⑤ 보장기관 – 국민기초생활보장법에 의한 급여를 행하는 국가 또는 지방자치단체

해설 소득인정액 – 개별가구의 소득평가액과 재산의 소득환산액을 합산한 금액 정답 ③

02 국민기초생활 보장법상 급여의 종류와 방법에 관한 설명으로 옳은 것은?

① 부양의무자가 「병역법」에 따라 징집되거나 소집된 경우 부양능력이 있는 것으로 본다.
② 보장기관은 차상위자의 가구별 생활여건을 고려하여 예산의 범위에서 급여의 전부 또는 일부를 실시할 수 있다.
③ 생계급여 선정기준은 기준 중위소득의 100분의 50 이상으로 한다.
④ 생계급여는 상반기 · 하반기로 나누어 지급하여야 한다.
⑤ 주거급여는 주택 매입비, 수선유지비 등이 포함된다.

해설 ① 부양의무자가 「병역법」에 따라 징집되거나 소집된 경우 부양능력이 없는 것으로 본다.
③ 생계급여 선정기준은 기준 중위소득의 100분의 30 이상으로 한다.
④ 생계급여는 매월 정기적으로 지급한다.
⑤ 주거급여는 임차료, 수선유지비 등이 포함된다. 정답 ②

03 다음 사회복지법 가운데 사회보험법에 해당하지 않는 것은?

① 국민연금법 ② 고용보험법
③ 산업재해보상보험법 ④ 긴급지원법
⑤ 사립학교교직원연금법

해설 긴급지원법은 국민기초생활보장법과 함께 공공부조법에 해당한다. 정답 ④

제2절 자활 지원

1. 중앙자활센터

1) 수급자 및 차상위자의 자활촉진에 필요한 다음의 사업을 수행하기 위하여 중앙자활센터를 둘 수 있다.

- 자활 지원을 위한 조사·연구·교육 및 홍보 사업
- 자활 지원을 위한 사업의 개발 및 평가
- 광역자활센터, 지역자활센터 및 자활기업의 기술·경영 지도 및 평가
- 자활 관련 기관 간의 협력체계 및 정보네트워크 구축·운영
- 취업·창업을 위한 자활촉진 프로그램 개발 및 지원
- 고용지원서비스 및 사회복지서비스의 대상자 관리
- 그 밖에 자활촉진에 필요한 사업으로서 보건복지부장관이 정하는 사업

2) 중앙자활센터는 법인으로 한다.

3) 정부는 중앙자활센터의 설치 및 운영에 필요한 경비의 전부 또는 일부를 보조할 수 있다.

2. 광역자활센터

① 보장기관은 수급자 및 차상위자의 자활촉진에 필요한 사업을 수행하게 하기 위하여 사회복지법인, 사회적협동조합 등 비영리법인과 단체(이하 이 조에서 “법인 등”이라 한다)를 법인 등의 신청을 받아 특별시·광역시·특별자치시·도·특별자치도(이하 “시·도”라 한다) 단위의 광역자활센터로 지정할 수 있다. 이 경우 보장기관은 법인 등의 지역사회복지사업 및 자활지원사업의 수행 능력·경험 등을 고려하여야 한다.

② 보장기관은 광역자활센터의 설치 및 운영에 필요한 경비의 전부 또는 일부를 보조할 수 있다.

③ 보장기관은 광역자활센터에 대하여 정기적으로 사업실적 및 운영실태를 평가하고 수급자의 자활촉진을 달성하지 못하는 광역자활센터에 대하여는 그 지정을 취소할 수 있다.

3. 지역자활센터

① 보장기관은 수급자 및 차상위자의 자활 촉진에 필요한 사업을 수행하게 하기 위하여 사회복지법인, 사회적협동조합 등 비영리법인과 단체(이하 이 조에서 "법인 등"이라 한다)를 법인 등의 신청을 받아 지역자활센터로 지정할 수 있다. 이 경우 보장기관은 법인등의 지역사회복지사업 및 자활지원사업 수행능력 · 경험 등을 고려하여야 한다.

4. 보장기관이 실시하는 사업의 우선 위탁

① 보장기관은 지역자활센터에 대하여 정기적으로 사업실적 및 운영실태를 평가하고 수급자의 자활촉진을 달성하지 못하는 지역자활센터에 대하여는 그 지정을 취소할 수 있다.
② 지역자활센터는 수급자 및 차상위자에 대한 효과적인 자활 지원과 지역자활센터의 발전을 공동으로 도모하기 위하여 지역자활센터협회를 설립할 수 있다.

5. 자활기관협의체

시장 · 군수 · 구청장은 자활지원사업의 효율적인 추진을 위하여 지역자활센터, 직업안정기관, 사회복지시설의 장 등과 상시적인 협의체계(이하 "자활기관협의체"라 한다)를 구축하여야 한다.

6. 자활복지개발원의 업무

1) 자활복지개발원 업무

① 자활지원사업의 개발 및 평가
② 자활 지원을 위한 조사 · 연구 및 홍보
③ 광역자활센터, 지역자활센터 및 자활기업의 기술 · 경영 지도 및 평가
④ 자활 관련 기관 간의 협력체계 구축 · 운영
⑤ 자활 관련 기관 간의 정보네트워크 구축 · 운영
⑥ 취업 · 창업을 위한 자활촉진 프로그램 개발 및 지원
⑦ 고용지원서비스의 연계 및 사회복지서비스의 지원 대상자 관리
⑧ 수급자 및 차상위자의 자활촉진을 위한 교육 · 훈련, 광역자활센터 등 자활 관련 기관의 종사자 및 참여자에 대한 교육 · 훈련 및 지원
⑨ 국가 또는 지방자치단체로부터 위탁받은 자활 관련 사업

2) 그 밖에 자활촉진에 필요한 사업으로서 보건복지부장관이 정하는 사업으로 구축 · 운영되는 정보시스템은 「사회복지사업법」에 따른 정보시스템 및 「사회보장기본법」에 따른 사회보장정보시스템과 연계할 수 있다.

3) 자활복지개발원장은 교육 · 훈련을 위하여 자활복지개발원에 한국자활 연수원을 둔다.

7. 고용촉진

① 보장기관은 수급자 및 차상위자의 고용을 촉진하기 위하여 상시근로자의 일정비율 이상을 수급자 및 차상위자로 채용하는 기업에 대하여는 대통령령으로 정하는 바에 따라 지원을 할 수 있다.

② 시장 · 군수 · 구청장은 수급자 및 차상위자에게 가구별 특성을 고려하여 관련 기관의 고용지원서비스를 연계할 수 있다.

③ 시장 · 군수 · 구청장은 수급자 및 차상위자의 취업활동으로 인하여 지원이 필요하게 된 해당 가구의 아동 · 노인 등에게 사회복지서비스를 지원할 수 있다.

01 다음 중 국민기초생활보장법령상 옳지 않은 것은?

① 이 법은 생활이 어려운 사람에게 필요한 급여를 실시하여 이들의 최저생활을 보장하고 자활을 돕는 것을 목적으로 한다.

② 소득인정액이란 개별가구의 소득평가액과 재산의 소득환산액을 합산한 금액을 말한다.

③ 수급권자는 부양의무자가 없거나, 부양의무자가 있어도 부양능력이 없거나 부양을 받을 수 없는 사람으로서 소득인정액이 최저생계비 이하인 사람으로 한다.

④ 보건복지부장관은 국민의 소득 지출 수준과 수급권자의 가구 유형 등 생활실태, 물가상승률 등을 고려하여 최저생계비를 결정하여야 한다.

⑤ 보장기관은 수급자 및 차상위자의 자활촉진에 필요한 사업을 수행하게 하기 위하여 사회복지법인 등 비영리법인과 단체 등의 신청을 받아 특별시 · 광역시 · 도 · 특별자치도 단위의 지역자활센터로 지정할 수 있다.

해설 보장기관은 수급자 및 차상위자의 자활촉진에 필요한 사업을 수행하게 하기 위하여 사회복지법인 등 비영리법인과 단체 등의 신청을 받아 특별시 · 광역시 · 도 · 특별자치도 단위의 광역자활센터로 지정할 수 있다.

정답 ⑤

02 다음 중 사회보장수급권에 대한 설명으로 옳지 않은 것은?

① 사회보장수급권이란 사회적 기본권이 법률의 수준에서 구체적으로 규정되어진 것으로 개개의 국민이 법률에 근거하여 갖는 급여 등에 대한 청구권을 말한다.

② 사회보장수급권 중 실체적 권리는 사회복지급여를 청구할 수 있는 구체적인 권리를 말한다.

③ 실체적 권리는 사회보험급여청구권, 공공부조급여청구권, 사회서비스급여청구권으로 구성된다.

④ 사회보장수급권 중 수속적 권리는 사회복지급여를 받기 위해 급여청구권 실현을 위한 일련의 수속과정이 본래의 수급권 보장의 목적에 알맞게 진행되어져야 할 것을 요구하는 권리를 말한다.

⑤ 사회보장수급권은 상속의 대상이 되는 것이 원칙이다.

해설 사회보장수급권은 수급자의 건강하고 문화적인 삶을 보장하기 위하여 제공되는 것으로 상속의 대상이 되지 않는 것이 원칙이다.

정답 ⑤

제3절 의료급여법

1. 목적

생활이 어려운 사람에게 의료급여를 함으로써 국민보건의 향상과 사회복지의 증진에 이바지함을 목적으로 한다.

2. 용어정의

① "수급권자"란 이 법에 따라 의료급여를 받을 수 있는 자격을 가진 사람을 말한다.
② "의료급여기관"이란 수급권자에 대한 진료 · 조제 또는 투약 등을 담당하는 의료기관 및 약국 등을 말한다.
③ "부양의무자"란 수급권자를 부양할 책임이 있는 사람으로서 수급권자의 1촌 직계혈족 및 그 배우자를 말한다.

3. 수급권자 인정 범위

① 「국민기초생활보장법」에 따른 의료급여 수급자
② 「재해구호법」에 따른 이재민으로서 보건복지부장관이 의료급여가 필요하다고 인정한 사람
③ 「의사상자 등 예우 및 지원에 관한 법률」에 따라 의료급여를 받는 사람
④ 「입양특례법」에 따라 국내에 입양된 18세 미만의 아동
⑤ 「독립유공자 예우에 관한 법률」, 「국가유공자 등 예우 및 지원에 관한 법률」 및 「보훈보상 대상자 지원에 관한 법률」의 적용을 받고 있는 사람과 그 가족으로서 국가보훈처장이 의료급여가 필요하다고 추천한 사람 중에서 보건복지부장관이 의료급여가 필요하다고 인정한 사람
⑥ 「무형문화재 보전 및 진흥에 관한 법률」에 따라 지정된 국가무형문화재의 보유자(명예보유자를 포함)와 그 가족으로서 문화재청장이 의료급여가 필요하다고 추천한 사람 중에서 보건복지부장관이 의료급여가 필요하다고 인정한 사람
⑦ 「북한이탈주민의 보호 및 정착지원에 관한 법률」의 적용을 받고 있는 사람과 그 가족으로서 보건복지부장관이 의료급여가 필요하다고 인정한 사람

⑧ 「5 · 18민주화운동 관련자 보상 등에 관한 법률」에 따라 보상금 등을 받은 사람과 그 가족으로서 보건복지부장관이 의료급여가 필요하다고 인정한 사람
⑨ 「노숙인 등의 복지 및 자립지원에 관한 법률」에 따른 노숙인 등으로서 보건복지부장관이 의료급여가 필요하다고 인정한 사람
⑩ 그 밖에 생활유지 능력이 없거나 생활이 어려운 사람으로서 대통령령으로 정하는 사람
⑪ 「난민법」에 따른 난민인정자로서 「국민기초생활보장법」에 따른 의료급여 수급권자의 범위에 해당하는 사람.

4. 수급권자의 인정 절차

① 수급권자가 되려는 사람은 보건복지부령으로 정하는 바에 따라 특별자치시장 · 특별자치도지사 · 시장(특별자치도의 행정시장은 제외한다) · 군수 · 구청장(구청장은 자치구의 구청장을 말하며, 이하 "시장 · 군수 · 구청장"이라 한다)에게 수급권자 인정 신청을 하여야 한다.
② 시장 · 군수 · 구청장은 신청인을 수급권자로 인정하는 것이 타당한지를 확인하기 위하여 필요한 경우 그 신청인에게 「국민기초생활보장법」에 따른 자료 또는 정보의 제공에 동의한다는 서면을 제출하게 할 수 있다.
③ 국가보훈처장과 문화재청장은 대통령령으로 정하는 바에 따라 수급권자로 인정할 필요가 있는 사람을 추천하여 그 결과를 수급권자의 주소지를 관할하는 시장 · 군수 · 구청장에게 알려야 한다.

5. 수급권자 적용 배제

① 수급권자가 업무 또는 공무로 생긴 질병 · 부상 · 재해로 다른 법령에 따른 급여나 보상 또는 보상을 받게 되는 경우에는 이 법에 따른 의료급여를 하지 아니한다.
② 수급권자가 다른 법령에 따라 국가나 지방자치단체 등으로부터 의료급여에 상당하는 급여 또는 비용을 받게 되는 경우에는 그 한도에서 이 법에 따른 의료급여를 하지 아니한다.

6. 의료급여심의위원회

① 의료급여사업의 실시에 관한 사항을 심의하기 위하여 보건복지부, 시 · 도 및 시 · 군 · 구에 각각 의료급여심의위원회를 둔다. 다만, 시 · 도 및 시 · 군 · 구에 두는 의료급여심의위원회의 경우에는 그 기능을 담당하기에 적합한 다른 위원회가 있고 그 위원회의 위원이 규정된 자격을 갖춘 경우 시 · 도 또는 시 · 군 · 구의 조례로 각각 정하는 바에 따라 그 위원회로 하여금 의료급여심의위원회의 기능을 수행하게 할 수 있다.

② 보건복지부에 두는 의료급여심의위원회(이하 "중앙의료급여심의위원회"라 한다)는 다음 각 호의 사항을 심의한다.
- 의료급여사업의 기본방향 및 대책 수립에 관한 사항
- 의료급여의 기준 및 수가에 관한 사항
- 그 밖에 보건복지부장관 또는 위원장이 부의하는 사항

③ 중앙의료급여심의위원회는 위원장을 포함하여 15명 이내의 위원으로 구성하고 위원은 보건복지부장관이 위촉 · 지명하며 위원장은 보건복지부차관으로 한다.

7. 의료급여의 내용

① 진찰 · 검사
② 약제(藥劑) · 치료재료의 지급
③ 처치 · 수술과 그 밖의 치료
④ 예방 · 재활
⑤ 입원
⑥ 간호
⑦ 이송과 그 밖의 의료목적 달성을 위한 조치

8. 의료급여기관

① 「의료법」에 따라 개설된 의료기관
② 「지역보건법」에 따라 설치된 보건소 · 보건의료원 및 보건지소
③ 「농어촌 등 보건의료를 위한 특별조치법」에 따라 설치된 보건진료소
④ 「약사법」에 따라 개설등록된 약국 및 같은 법 제91조에 따라 설립된 한국희귀의약품센터

9. 급여비용의 부담

급여비용은 대통령령으로 정하는 바에 따라 그 전부 또는 일부를 의료급여기금에서 부담하되, 의료급여기금에서 일부를 부담하는 경우 그 나머지 비용은 본인이 부담한다.

10. 의료급여기관의 비용 청구에 관한 금지행위

의료급여기관은 의료급여를 하기 전에 수급권자에게 본인부담금을 청구하거나 수급권자가 이 법에 따라 부담하여야 하는 비용과 비급여비용 외에 입원보증금 등 다른 명목의 비용을 청구하여서는 아니 된다.

11. 의료급여의 제한

① 시장 · 군수 · 구청장은 수급권자가 다음 각 호의 어느 하나에 해당하면 이 법에 따른 의료급여를 하지 아니한다. 다만, 보건복지부장관이 의료급여를 할 필요가 있다고 인정하는 경우에는 그러하지 아니하다.
- 수급권자가 자신의 고의 또는 중대한 과실로 인한 범죄행위에 그 원인이 있거나 고의로 사고를 일으켜 의료급여가 필요하게 된 경우
- 수급권자가 정당한 이유 없이 이 법의 규정이나 의료급여기관의 진료에 관한 지시에 따르지 아니한 경우

② 의료급여기관은 수급권자가 ①의 어느 하나에 해당하는 경우 대통령령으로 정하는 바에 따라 수급권자의 거주지를 관할하는 시장 · 군수 · 구청장에게 알려야 한다.

12. 벌칙

① 금융정보 · 신용정보 또는 보험정보를 사용 · 제공 또는 누설한 사람은 5년 이하의 징역 또는 5천만 원 이하의 벌금에 처한다.

② 3년 이하의 징역 또는 3천만 원 이하의 벌금
- 정보 또는 자료를 사용하거나 제공한 사람
- 대행청구단체의 종사자로서 거짓이나 그 밖의 부정한 방법으로 급여비용을 청구한 자

③ 1년 이하의 징역 또는 1천만 원 이하의 벌금
- 정당한 이유 없이 이 법에 따른 의료급여를 거부한 자

- 대행청구단체가 아닌 자로 하여금 급여비용의 심사청구를 대행하게 한 자
- 속임수나 그 밖의 부정한 방법으로 의료급여를 받은 자 또는 제3자로 하여금 의료급여를 받게한 자
- 업무정지기간 중에 의료급여를 한 의료급여기관의 개설자

④ 1천만 원 이하의 벌금

정당한 이유 없이 보고 또는 서류제출을 하지 아니하거나 거짓으로 보고하거나 거짓자료를 제출하거나 검사를 거부·방해 또는 기피한 사람

01 '사회보장수급권'에 대한 설명으로 틀린 것은?

① 실질적으로 수급권에 대한 것은 관계법령에 의해 규정하도록 하고 있다.
② 건강하고 문화적인 생활을 유지할 수 있는 급여수준이 되어야 한다.
③ 사회보장급여의 신청은 신청주의를 원칙으로 대행도 가능하다.
④ 사회보장수급권은 개인사유에 의해 양도 및 담보설정이 가능하다.
⑤ 제3자의 불법행위에 대한 구상권 청구가 가능하다.

해설 사회복지수급권은 일신전속권이며, 양도 및 담보설정을 할 수 없다. 정답 ④

02 국민기초생활보장법에 명시된 급여로 볼 수 없는 것은?

① 생계급여 ② 주거급여
③ 교육급여 ④ 자활급여
⑤ 상담급여

해설 국민기초생활법의 급여에는 생계급여, 주거급여, 교육급여, 자활급여, 장제급여, 의료급여, 해산 급여가 있다. 정답 ⑤

제4절 기초연금법

1. 목적

노인에게 기초연금을 지급하여 안정적인 소득기반을 제공함으로써 노인의 생활안정을 지원하고 복지를 증진함을 목적으로 한다.

2. 용어정의

① "기초연금 수급권"이란 이 법에 따른 기초연금을 받을 권리를 말한다.
② "기초연금 수급권자"란 기초연금 수급권을 가진 사람을 말한다.
③ "기초연금 수급자"란 이 법에 따라 기초연금을 지급받고 있는 사람을 말한다.
④ "소득인정액"이란 본인 및 배우자의 소득평가액과 재산의 소득환산액을 합산한 금액을 말한다. 이 경우 소득평가액과 재산의 소득환산액을 산정하는 소득 및 재산의 범위는 대통령령으로 정하고, 소득평가액과 재산의 소득환산액의 구체적인 산정방법은 보건복지부령으로 정한다.

3. 기초연금 수급권자의 범위 등

① 기초연금은 65세 이상인 사람으로서 소득인정액이 보건복지부장관이 정하여 고시하는 금액 이하인 사람에게 지급한다.
② 보건복지부장관은 선정기준액을 정하는 경우 65세 이상인 사람 중 기초연금 수급자가 100분의 70 수준이 되도록 한다.
③ 연금의 수급권자와 그 배우자나 다음 각 호의 어느 하나에 해당하는 연금을 받은 사람 중 대통령령으로 정하는 사람과 그 배우자에게는 기초연금을 지급하지 아니한다.

> 가. 「공무원연금법」, 「공무원 재해보상법」 또는 「사립학교교직원 연금법」에 따른 퇴직연금, 퇴직연금일시금, 퇴직연금공제일시금, 장해연금, 비공무상 장해연금, 비직무상 장해연금, 장해일시금, 비공무상 장해일시금, 비직무상 장해일시금, 퇴직유족연금, 장해유족연금, 순직유족연금, 직무상유족연금, 위험직무순직유족연금, 퇴직유족연금일시금 또는 퇴직유족일시금[퇴직유족일시금의 경우에는 「공무원 재해보상법」에 따라 순직유족연금의 수급권자가 순직유족연금을 갈음하여 선택한

경우(「사립학교교직원 연금법」에 따른 직무상유족연금의 수급권자가 직무상유족연금을 갈음하여 선택한 경우를 포함한다) 및 위험직무순직유족연금의 수급권자가 위험직무순직유족연금을 갈음하여 선택한 경우로 한정한다]

나. 「군인연금법」에 따른 퇴역연금, 퇴역연금일시금, 퇴역연금공제일시금, 상이연금, 유족연금 또는 유족연금일시금

다. 「별정우체국법」 제24조제2항에 따른 퇴직연금, 퇴직연금일시금, 퇴직연금공제일시금, 유족연금 또는 유족연금일시금

라. 「국민연금과 직역연금의 연계에 관한 법률」에 따른 연계퇴직연금 또는 연계퇴직유족연금 중 직역재직기간이 10년 이상인 경우의 연계퇴직연금 또는 연계퇴직유족연금

4. 기초연금 지급의 정지

특별자치시장 · 특별자치도지사 · 시장 · 군수 · 구청장은 기초연금 수급자가 다음 각 호의 어느 하나의 경우에 해당하면 그 사유가 발생한 날이 속하는 달의 다음 달부터 그 사유가 소멸한 날이 속하는 달까지는 기초연금의 지급을 정지한다.

① 기초연금 수급자가 금고 이상의 형을 선고받고 교정시설 또는 치료감호시설에 수용되어 있는 경우
② 기초연금 수급자가 행방불명되거나 실종되는 등 대통령령으로 정하는 바에 따라 사망한 것으로 추정되는 경우
③ 기초연금 수급자의 국외 체류기간이 60일 이상 지속되는 경우. 이 경우 국외 체류 60일이 되는 날을 지급 정지의 사유가 발생한 날로 본다.
④ 그 밖에 제1호부터 제3호까지의 경우에 준하는 경우로서 대통령령으로 정하는 경우

5. 기초연금 수급권의 상실

기초연금 수급권자는 다음 각 호의 어느 하나에 해당하게 된 때에 기초연금 수급권을 상실한다.

① 사망한 때
② 국적을 상실하거나 국외로 이주한 때
③ 제3조에 따른 기초연금 수급권자에 해당하지 아니하게 된 때
기초연금 수급권자의 권리는 5년간 행사하지 아니하면 시효의 완성으로 소멸한다.

01 다음 중 노령연금법령상 옳지 않은 것은?

① 본인 및 그 배우자가 모두 연금을 지급받는 경우에는 각각의 연금액에 대하여 100분의 20을 감액한다.

② 연금은 수급권자로 결정된 경우 연금을 신청한 날이 속하는 달부터 수급권이 소멸한 날이 속하는 달까지 매월 정기적으로 지급한다.

③ 부당이득을 환수할 국가 및 지방자치 단체의 권리와 수급권자의 권리는 5년간 행사하지 아니하면 시효의 완성으로 소멸된다.

④ 금융정보를 다른 사람에게 제공하거나 누설한 자는 5년 이하의 징역 또는 3천만 원 이하의 벌금에 처한다.

⑤ 수급자가 금고 이상의 형을 선고받고 「형의 집행 및 수용자의 처우에 관한 법률」에 따른 교정시설 또는 「치료감호법」에 따른 치료감호시설에 수용 중인 자는 연금수급권이 상실된다.

해설 수급자가 금고 이상의 형을 선고받고 형의 집행 및 수용자의 처우에 관한 법률에 따른 교정시설 또는 치료감호법에 따른 치료감호시설에 수용 중인 기간 동안에는 연금의 지급을 정지한다.

정답 ⑤

02 기초연금에 관한 내용으로 옳은 것은?

① 연금 지급은 본인 및 그 배우자가 모두 연금을 지급받는 경우에는 각각의 연금액에 대하여 100분의 20을 감액한다.

② 국민연금 수급자는 기초연금에서 제외된다.

③ 60세 이상의 국민 중 국민기초생활보장법 규정에 의한 보호대상자는 기초연금을 받을 수 있다.

④ 수급권은 이를 양도 · 압류하거나 담보에 제공하여 재산권을 보호할 수 있다.

⑤ 보건복지부장관은 선정기준액을 정하는 경우 65세 이상인 사람 중 기초연금 수급자가 100분의 60 수준이 되도록 한다.

해설 기초연금지급 시 부부가 동시 연금 대상이면 각각의 20/100에 해당하는 금액을 공제하도록 되어 있으며 이는 소득분배의 연금지급 일환이다.

정답 ①

제5절 긴급복지지원법

1. 목적

생계곤란 등의 위기상황에 처하여 도움이 필요한 사람을 신속하게 지원함으로써 이들이 위기상황에서 벗어나 건강하고 인간다운 생활을 하게 함을 목적으로 한다.

2. 정의

"위기상황"이란 본인 또는 본인과 생계 및 주거를 같이 하고 있는 가구구성원이 다음 각 호의 어느 하나에 해당하는 사유로 인하여 생계유지 등이 어렵게 된 것을 말한다.

① 주소득자가 사망, 가출, 행방불명, 구금시설에 수용되는 등의 사유로 소득을 상실한 경우
② 중한 질병 또는 부상을 당한 경우
③ 가구구성원으로부터 방임 또는 유기되거나 학대 등을 당한 경우
④ 가정폭력을 당하여 가구구성원과 함께 원만한 가정생활을 하기 곤란하거나 가구구성원으로부터 성폭력을 당한 경우
⑤ 화재 등으로 인하여 거주하는 주택 또는 건물에서 생활하기 곤란하게 된 경우
⑥ 보건복지부령으로 정하는 기준에 따라 지방자치단체의 조례로 정한 사유가 발생한 경우
⑦ 그 밖에 보건복지부장관이 정하여 고시하는 사유가 발생한 경우

3. 긴급지원대상자

이 법에 따른 지원대상자는 위기상황에 처한 사람으로서 이 법에 따른 지원이 긴급하게 필요한 사람(이하 "긴급지원대상자"라 한다)으로 한다.

외국인에 대한 특례로 국내에 체류하고 있는 외국인 중 대통령령으로 정하는 사람에 해당하는 경우에는 긴급지원대상자가 된다.

4. 긴급지원기관

① 지원은 긴급지원대상자의 거주지를 관할하는 시장(「제주특별자치도 설치 및 국제자유

도시 조성을 위한 특별법」에 따른 행정시장을 포함한다. 이하 같다) · 군수 · 구청장(자치구의 구청장을 말한다. 이하 같다)이 한다. 다만, 긴급지원대상자의 거주지가 분명하지 아니한 경우에는 지원요청 또는 신고를 받은 시장 · 군수 · 구청장이 한다.

② 거주지가 분명하지 아니한 사람에게 지원요청 또는 신고가 특정지역에 집중되는 경우에는 보건복지부령으로 정하는 바에 따라 긴급지원기관을 달리 정할 수 있다.

③ 시장 · 군수 · 구청장은 이 법에 따른 긴급지원사업을 수행할 담당공무원(이하 "긴급지원담당공무원"이라 한다)을 지정하여야 한다.

5. 지원요청 및 신고

① 긴급지원대상자와 친족, 그 밖의 관계인은 구술 또는 서면 등으로 관할 시장 · 군수 · 구청장에게 이 법에 따른 지원을 요청할 수 있다.

② 누구든지 긴급지원대상자를 발견한 경우에는 관할 시장 · 군수 · 구청장에게 신고하여야 한다.

③ 다음 각 호의 어느 하나에 해당하는 사람은 진료 · 상담 등 직무수행 과정에서 긴급지원대상자가 있음을 알게 된 경우에는 관할 시장 · 군수 · 구청장에게 이를 신고하고, 긴급지원대상자가 신속하게 지원을 받을 수 있도록 노력하여야 한다.

④ 시장 · 군수 · 구청장이 지정한 법인 · 단체 · 시설 · 기관 등은 긴급지원대상자의 요청에 따라 지원요청을 지원할 수 있다.

⑤ 관계 중앙행정기관의 장은 자격취득 또는 보수교육 과정에 긴급지원사업의 신고와 관련된 교육 내용을 포함하도록 하여야 하며, 긴급복지 신고의무자가 소속된 기관 · 시설 등의 장은 소속 긴급복지 신고의무자에게 신고의무 교육을 실시하고, 그 결과를 관계 중앙행정기관의 장에게 제출하여야 한다

⑥ 교육의 내용, 시간, 방법, 그 밖에 필요한 사항은 보건복지부령으로 정한다

⑦ 국가 및 지방자치단체는 긴급지원사업에 관한 홍보를 실시하여야 한다.

- 「의료법」에 따른 의료기관의 종사자
- 「유아교육법」, 「초 · 중등교육법」 및 「고등교육법」에 따른 교원
- 「사회복지사업법」에 따른 사회복지시설의 종사자 및 같은 법 제8조에 따라 위촉된 복지위원
- 「국가공무원법」 및 「지방공무원법」에 따른 공무원
- 「장애인활동 지원에 관한 법률」 제20조에 따른 활동지원기관의 장 및 그 종사자와 같은 활동지원인력
- 그 밖에 긴급지원대상자를 발견할 수 있는 자로서 보건복지부령으로 정하는 자

6. 위기상황의 발굴

① 국가 및 지방자치단체는 위기상황에 처한 사람에 대한 발굴조사를 연 1회 이상 정기적으로 실시하여야 한다.
② 국가 및 지방자치단체는 제1항에 따른 정기 발굴조사 또는 수시 발굴조사를 위하여 필요한 경우 관계 기관 · 법인 · 단체 등의 장에게 자료의 제출, 위기상황에 처한 사람의 거주지 등 현장조사 시 소속 직원의 동행 등 협조를 요청할 수 있다. 이 경우 관계 기관 · 법인 · 단체 등의 장은 정당한 사유가 없으면 이에 따라야 한다.
③ 국가 및 지방자치단체는 위기상황에 처한 사람에 대한 발굴체계의 운영 실태를 정기적으로 점검하고 개선방안을 수립하여야 한다.

7. 현장 확인 및 지원

① 시장 · 군수 · 구청장은 지원요청 또는 신고를 받거나 위기상황에 처한 사람을 찾아낸 경우에는 지체 없이 긴급지원담당공무원으로 하여금 긴급지원대상자의 거주지 등을 방문하여 위기상황을 확인하여야 한다.
② 시장 · 군수 · 구청장은 위기상황을 확인하기 위하여 필요한 경우에는 관할 경찰관서, 소방관서 등 관계 행정기관의 장에게 협조를 요청할 수 있다. 이 경우 관계 행정기관의 장은 정당한 사유가 없으면 그 요청에 따라야 한다.
③ 시장 · 군수 · 구청장은 현장 확인 결과 위기상황의 발생이 확인된 사람에 대하여는 지체 없이 지원의 종류 및 내용을 결정하여 지원을 하여야 한다. 이 경우 긴급지원대상자에게 신속히 지원할 필요가 있다고 판단되는 경우 긴급지원담당공무원으로 하여금 우선 필요한 지원을 하도록 할 수 있다.
④ 현장을 확인하는 긴급지원담당공무원은 권한을 표시하는 증표 및 조사기간, 조사범위, 조사담당자, 관계 법령 등 보건복지부령으로 정하는 사항이 기재된 서류를 지니고 이를 관계인에게 내보여야 한다.
⑤ 조사의 내용 · 절차 · 방법 등에 관하여 이 법에서 정하는 사항을 제외하고는 「행정조사기본법」에서 정하는 바를 따른다.

8. 금융정보 등의 제공동의서 제출

① 「금융실명거래 및 비밀보장에 관한 법률」에 따른 금융자산 및 금융거래의 내용에 대한 자료 또는 정보 중 예금의 평균잔액과 그 밖에 대통령령으로 정하는 자료 또는 정보(이하 "금융정보"라 한다)

② 「신용정보의 이용 및 보호에 관한 법률」에 따른 신용정보 중 채무액과 그 밖에 대통령령으로 정하는 자료 또는 정보(이하 "신용정보"라 한다)

③ 「보험업법」에 따른 보험에 가입하여 납부한 보험료와 그 밖에 대통령령으로 정하는 자료 또는 정보(이하 "보험정보"라 한다)

9. 긴급지원의 종류 및 내용

1) 긴급지원 종류

(1) 금전 또는 현물 등의 직접지원

① 생계지원 : 식료품비 · 의복비 등 생계유지에 필요한 비용 또는 현물 지원

② 의료지원 : 각종 검사 및 치료 등 의료서비스 지원

③ 주거지원 : 임시거소 제공 또는 이에 해당하는 비용 지원

④ 사회복지시설 이용 지원 : 사회복지사업법에 따른 사회복지시설 입소 또는 이용 서비스 제공이나 이에 필요한 비용 지원

⑤ 교육지원 : 초 · 중 · 고등학생의 수업료, 입학금, 학교운영지원비 및 학용품비 등 필요한 비용 지원

⑥ 그 밖의 지원 : 연료비나 그 밖에 위기상황의 극복에 필요한 비용 또는 현물 지원

(2) 민간기관 · 단체와의 연계 등의 지원

① 「대한적십자사 조직법」에 따른 대한적십자사, 「사회복지공동모금회법」에 따른 사회복지공동모금회 등의 사회복지기관 · 단체와의 연계 지원

② 상담 · 정보제공, 그 밖의 지원

2) 긴급지원 내용

① 구체적인 지원기준 · 방법 및 절차 등에 관하여 필요한 사항은 대통령령으로 정한다. 생계, 의료, 주거 지원은 「국민기초생활보장법」에 따른 기준 중위소득의 100분의 40을 각각 한도로 한다.

② 시장 · 군수 · 구청장은 사회복지시설 이용 지원을 하는 경우 관할 사회복지시설의 장에게 지원을 요청할 수 있다. 이 경우 지원요청을 받은 사회복지시설의 장은 정당한 사유가 없으면 해당 시설의 입소기준에도 불구하고 긴급지원대상자가 그 시설을 이용할 수 있도록 조치하여야 한다.

10. 긴급지원의 기간

생계지원, 주거지원, 사회복지시설 이용 지원, 연료비나 그 밖에 위기상황의 극복에 필요한 비용 또는 현물 등 긴급지원은 1개월간의 생계유지 등에 필요한 지원으로 한다. 다만, 시장 · 군수 · 구청장이 긴급지원대상자의 위기상황이 계속된다고 판단하는 경우에는 1개월씩 두 번의 범위에서 기간을 연장할 수 있다.

11. 지원중단 또는 비용환수

① 시장 · 군수 · 구청장은 심사결과 거짓이나 그 밖의 부정한 방법으로 지원을 받은 것으로 결정된 사람에게는 긴급지원심의위원회의 결정에 따라 지체 없이 지원을 중단하고 지원한 비용의 전부 또는 일부를 반환하게 하여야 한다.
② 시장 · 군수 · 구청장은 심사결과 긴급지원이 적정하지 아니한 것으로 결정된 사람에게는 지원을 중단하고 지원한 비용의 전부 또는 일부를 반환하게 할 수 있다.
③ 시장 · 군수 · 구청장은 지원기준을 초과하여 지원받은 사람에게는 그 초과 지원 상당분을 반환하게 할 수 있다.
④ 시장 · 군수 · 구청장은 반환명령에 따르지 아니하는 사람에게는 지방세 체납처분의 예에 따라 징수한다.

01 긴급복지지원법은 사회복지법의 형태 중 어디에 포함되는가?

① 사회복지서비스법
② 공공부조법
③ 사회복지사업법
④ 특별원호법
⑤ 사회보험법

해설 공공부조는 국민기초생활법, 기초연금법, 자활급여법, 긴급복지지원법, 의료급여법 등이 있다.

정답 ②

02 다음 중 개정된 긴급복지지원법의 내용으로 틀린 것은 어느 것인가?

① 국내에 체류하고 있는 외국인 중 대통령령으로 정하는 사람은 긴급지원대상자가 될 수 있도록 하였다.
② 긴급지원대상자의 초·중·고등학생 자녀에 대한 수업료, 입학금, 학교운영지원비 및 학용품비 등 필요비용을 지원, 즉 교육지원을 신설하였다.
③ 최장 긴급지원기간을 4개월에서 8개월로 연장하고, 시장·군수·구청장이 1개월씩 2번의 범위에서 긴급지원기간을 연장할 수 있도록 하였다.
④ 긴급지원대상자에서 제외된 신청자의 권리구제를 위하여 신청자가 시장·군수·구청장의 긴급지원 결정에 대하여 시·도지사에게 이의 신청을 할 수 있도록 하였다.
⑤ 신청 시 금융정보, 신용정보, 보험정보의 제공 동의서를 제출하게 하였다.

해설 ③ 최장 긴급지원기간을 4개월에서 6개월로 연장하고. 시장·군수·구청장이 1개월씩 2번의 범위에서 긴급지원기간을 연장할 수 있도록 하였다.

정답 ③

Chapter 03

사회보험법

제1절 국민연금법

1. 국민연금

1) 목적

국민의 노령, 장애 또는 사망에 대하여 연금급여를 실시함으로써 국민의 생활안정과 복지 증진에 이바지하는 것을 목적으로 한다.

2) 관장

이 법에 따른 국민연금사업은 보건복지부장관이 맡아 주관한다.

3) 용어정의

① "근로자"란 직업의 종류가 무엇이든 사업장에서 노무를 제공하고 그 대가로 임금을 받아 생활하는 자(법인의 이사와 그 밖의 임원을 포함한다)를 말한다. 다만, 대통령령으로 정하는 자는 제외한다.
② "사용자"란 해당 근로자가 소속되어 있는 사업장의 사업주를 말한다.
③ "소득"이란 일정한 기간 근로를 제공하여 얻은 수입에서 대통령령으로 정하는 비과세소득을 제외한 금액 또는 사업 및 자산을 운영하여 얻는 수입에서 필요경비를 제외한 금액을 말한다.
④ "평균소득월액"이란 매년 사업장가입자 및 지역가입자 전원의 기준소득월액을 평균한 금액을 말한다.
⑤ "기준소득월액"이란 연금보험료와 급여를 산정하기 위하여 국민연금가입자의 소득월액을 기준으로 하여 정하는 금액을 말한다.
⑥ "사업장가입자"란 사업장에 고용된 근로자 및 사용자로서 국민연금에 가입된 자를

말한다.
⑦ "지역가입자"란 사업장가입자가 아닌 자로서 국민연금에 가입된 자를 말한다.
⑧ "임의가입자"란 사업장가입자 및 지역가입자 외의 자로서 국민연금에 가입된 자를 말한다.
⑨ "임의계속가입자"란 국민연금 가입자 또는 가입자였던 자가 가입자로 된 자를 말한다.
⑩ "연금보험료"란 국민연금사업에 필요한 비용으로서 사업장가입자의 경우에는 부담금 및 기여금의 합계액을, 지역가입자 · 임의가입자 및 임의계속가입자의 경우에는 본인이 내는 금액을 말한다.
⑪ "부담금"이란 사업장가입자의 사용자가 부담하는 금액을 말한다.
⑫ "기여금"이란 사업장가입자가 부담하는 금액을 말한다.

4) 국민연금 재정 계산 및 장기재정 균형 유지

① 급여 수준과 연금보험료는 국민연금 재정이 장기적으로 균형을 유지할 수 있도록 조정되어야 한다.
② 보건복지부장관은 대통령령으로 정하는 바에 따라 5년마다 국민연금 재정 수지를 계산하고, 국민연금의 재정 전망과 연금보험료의 조정 및 국민연금기금의 운용계획 등이 포함된 국민연금 운영 전반에 관한 계획을 수립하여 국무회의의 심의를 거쳐 대통령의 승인을 받아야 하며, 승인받은 계획을 국회에 제출하고 대통령령으로 정하는 바에 따라 공시하여야 한다.
③ 연금보험료, 급여액, 급여의 수급 요건 등은 국민연금의 장기재정 균형 유지, 인구구조의 변화, 국민의 생활수준, 임금, 물가, 그 밖에 경제사정에 뚜렷한 변동이 생기면 그 사정에 맞게 조정되어야 한다.

5) 국민연금심의위원회 심의사항(보건복지부 관할)

① 국민연금제도 및 재정 계산에 관한 사항
② 급여에 관한 사항
③ 연금보험료에 관한 사항
④ 국민연금기금에 관한 사항
⑤ 그 밖에 국민연금제도의 운영과 관련하여 보건복지부장관이 회의에 부치는 사항
⑥ 국민연금심의위원회의 구성 및 운영 등에 필요한 사항은 대통령령으로 정한다.

2. 국민연금가입자

1) 가입 대상

국내에 거주하는 국민으로서 18세 이상 60세 미만인 자는 국민연금 가입 대상이 된다. 다만, 「공무원연금법」, 「군인연금법」, 「사립학교교직원연금법」 및 「별정우체국법」을 적용받는 공무원, 군인, 교직원 및 별정우체국 직원, 그 밖에 대통령령으로 정하는 자는 제외한다.

2) 가입자의 종류

가입자는 사업장가입자, 지역가입자, 임의가입자 및 임의계속가입자로 구분한다.

(1) 사업장가입자

사업의 종류, 근로자의 수 등을 고려하여 대통령령으로 정하는 사업장(이하 "당연적용사업장"이라 한다)의 18세 이상 60세 미만인 근로자와 사용자는 당연히 사업장가입자가 된다. 다만, 다음 각 호의 어느 하나에 해당하는 자는 제외한다.

① 「공무원연금법」, 「공무원재해보상법」, 「사립학교교직원연금법」 또는 「별정우체국법」에 따른 퇴직연금, 장해연금 또는 퇴직연금일시금이나 「군인연금법」에 따른 퇴역연금, 상이연금, 퇴역연금일시금을 받을 권리를 얻은 자(이하 "퇴직연금 등 수급권자"라 한다). 다만, 퇴직연금 등 수급권자가 「국민연금과 직역연금의 연계에 관한 법률」 제8조에 따라 연계신청을 한 경우에는 그러하지 아니하다.
② 국민기초생활보장법에 따른 생계급여 수급자 또는 의료급여 수급자는 본인의 희망에 따라 사업장가입자가 되지 아니할 수 있다.

(2) 지역가입자

사업장가입자가 아닌 자로서 18세 이상 60세 미만인 자는 당연히 지역가입자가 된다. 다만, 다음 각 호의 어느 하나에 해당하는 자는 제외한다.

다음 각 목의 어느 하나에 해당하는 자의 배우자로서 별도의 소득이 없는 자

① 국민연금 가입 대상에서 제외되는 자
② 사업장가입자, 지역가입자 및 임의계속가입자
③ 노령연금 수급권자 및 퇴직연금등수급권자
④ 퇴직연금 등 수급권자. 다만, 퇴직연금 등 수급권자가 국민연금과 직역연금의 연계에 관한 법률에 따라 연계신청을 한 경우에는 그러하지 아니하다.
⑤ 18세 이상 27세 미만인 자로서 학생이거나 군복무 등의 이유로 소득이 없는 자(연금보험료를 납부한 사실이 있는 자는 제외한다)

⑥ 국민기초생활보장법에 따른 생계급여 수급자 또는 같은 항 제3호에 따른 의료급여 수급자
⑦ 1년 이상 행방불명된 자. 이 경우 행방불명된 자에 대한 인정 기준 및 방법은 대통령령으로 정한다.

3. 가입자 자격의 취득 시기 및 상실 시기

1) 자격의 취득 시기

① 사업장에 고용된 때 또는 그 사업장의 사용자가 된 때
② 당연적용사업장으로 된 때
③ 지역가입자는 다음 각 호의 어느 하나에 해당하게 된 날에 그 자격을 취득한다.
- 사업장가입자의 자격을 상실한 때
- 국민연금 가입 대상 제외자에 해당하지 아니하게 된 때
- 배우자가 별도의 소득이 있게 된 때
- 18세 이상 27세 미만인 자가 소득이 있게 된 때

③ 임의가입자는 가입 신청이 수리된 날에 자격을 취득한다.

2) 자격의 상실 시기

① 사망한 때
② 국적을 상실하거나 국외로 이주한 때
③ 사용관계가 끝난 때
④ 60세가 된 때
⑤ 국민연금 가입 대상 제외자에 해당하게 된 때
⑥ 지역가입자는 다음 각 호의 어느 하나에 해당하게 된 날의 다음 날에 자격을 상실한다.

- 사망한 때
- 국적을 상실하거나 국외로 이주한 때
- 국민연금 가입 대상 제외자에 해당하게 된 때(해당일)
- 사업장가입자의 자격을 취득한 때(해당일)
- 배우자로서 별도의 소득이 없게 된 때
- 60세가 된 때

⑦ 임의가입자는 다음 각 호의 어느 하나에 해당하게 된 날의 다음 날에 자격을 상실한다.

- 사망한 때
- 국적을 상실하거나 국외로 이주한 때
- 탈퇴 신청이 수리된 때
- 60세가 된 때
- 대통령령으로 정하는 기간 이상 계속하여 연금보험료를 체납한 때
- 사업장가입자 또는 지역가입자의 자격을 취득한 때(해당일)
- 국민연금 가입 대상 제외자에 해당하게 된 때(해당일)

4. 국민연금 가입기간의 계산

1) 국민연금 가입기간

월 단위로 계산하되, 가입자의 자격을 취득한 날이 속하는 달의 다음 달부터 자격을 상실한 날의 전날이 속하는 달까지로 한다. 다만, 다음 각 호의 어느 하나에 해당하는 경우 자격을 취득한 날이 속하는 달은 가입기간에 산입하되, 가입자가 그 자격을 상실한 날의 전날이 속하는 달에 자격을 다시 취득하면 다시 취득한 달을 중복하여 가입기간에 산입하지 아니한다.

① 가입자가 자격을 취득한 날이 그 속하는 달의 초일인 경우(자격취득일이 속하는 달에 다시 그 자격을 상실하는 경우는 제외한다)
② 임의계속가입자의 자격을 취득한 경우
③ 가입자가 희망하는 경우

2) 가입기간을 계산할 때 연금보험료를 내지 아니한 기간은 가입기간에 산입하지 아니한다.

다만, 사용자가 근로자의 임금에서 기여금을 공제하고 연금보험료를 내지 아니한 경우에는 그 내지 아니한 기간의 2분의 1에 해당하는 기간을 근로자의 가입기간으로 산입한다. 이 경우 1개월 미만의 기간은 1개월로 한다.

3) 군 복무기간에 대한 가입기간 추가 산입

다음 각 호의 어느 하나에 해당하는 자가 노령연금 수급권을 취득한 때(이 조에 따라 가입기간이 추가 산입되면 노령연금 수급권을 취득할 수 있는 경우를 포함한다)에는 6개월을 가입기간에 추가로 산입한다. 다만, 「병역법」에 따른 병역의무를 수행한 기간이 6개월 미만인 경우에는 그러하지 아니한다.

「병역법」에 따른 현역병
「병역법」에 따른 전환복무를 한 사람
「병역법」에 따른 상근예비역
「병역법」에 따른 사회복무요원

병역법에 따른 병역의무를 수행한 기간의 전부 또는 일부가 공무원연금법, 사립학교교직원 연금법 또는 별정우체국법에 따른 재직기간, 군인연금법에 따른 복무기간에 산입된 경우에는 적용하지 아니한다.

가입기간을 추가로 산입하는 데 필요한 재원은 국가가 전부를 부담한다.

4) 출산에 대한 가입기간 추가 산입

2 이상의 자녀가 있는 가입자 또는 가입자였던 자가 노령연금수급권을 취득한 때에는 기간을 가입기간에 추가로 산입한다. 다만, 추가로 산입하는 기간은 50개월을 초과할 수 없으며, 자녀수의 인정방법 등에 관하여 필요한 사항은 대통령령으로 정한다.

① 자녀가 2명인 경우 : 12개월
② 자녀가 3명 이상인 경우 : 둘째 자녀에 대하여 인정되는 12개월에 2자녀를 초과하는 자녀 1명마다 18개월을 더한 개월 수
③ 추가 가입기간은 부모가 모두 가입자 또는 가입자였던 자인 경우에는 부와 모의 합의에 따라 2명 중 1명의 가입기간에만 산입하되, 합의하지 아니한 경우에는 균등 배분하여 각각의 가입기간에 산입한다. 이 경우 합의의 절차 등에 관하여 필요한 사항은 보건복지부령으로 정한다.
④ 가입기간을 추가로 산입하는 데 필요한 재원은 국가가 전부 또는 일부를 부담한다.

5. 국민연금공단

1) 공단은 법인으로 한다.

2) 국민연금공단의 업무

① 가입자에 대한 기록의 관리 및 유지
② 연금보험료의 부과
③ 급여의 결정 및 지급

④ 가입자, 가입자였던 자, 수급권자 및 수급자를 위한 자금의 대여와 복지시설의 설치·운영 등 복지사업
⑤ 가입자 및 가입자였던 자에 대한 기금증식을 위한 자금 대여사업
⑥ 가입 대상과 수급권자 등을 위한 노후준비 서비스 사업
⑦ 국민연금제도·재정계산·기금운용에 관한 조사연구
⑧ 국민연금에 관한 국제협력
⑨ 그 밖에 이 법 또는 다른 법령에 따라 위탁받은 사항
⑩ 그 밖에 국민연금사업에 관하여 보건복지부장관이 위탁하는 사항

6. 급여

1) 급여의 종류

① 노령연금
② 장애연금
③ 유족연금
④ 반환일시금

2) 부양가족연금액

부양가족연금액은 수급권자(유족연금의 경우에는 사망한 가입자 또는 가입자였던 자를 말한다)를 기준으로 하는 다음 각 호의 자로서 수급권자에 의하여 생계를 유지하고 있는 자에 대하여 해당 호에 규정된 각각의 금액으로 한다. 이 경우 생계유지에 관한 대상자별 인정기준은 대통령령으로 정한다.

① 배우자 : 연 15만 원
② 19세 미만이거나 장애등급 2급 이상인 자녀(배우자가 혼인 전에 얻은 자녀를 포함한다. 이하 이 조에서 같다) : 연 10만 원
③ 60세 이상이거나 장애등급 2급 이상인 부모(부 또는 모의 배우자, 배우자의 부모를 포함한다. 이하 이 조에서 같다) : 연 10만 원
④ 부양가족연금액을 계산할 때 2명 이상의 연금 수급권자의 부양가족연금 계산 대상이 될 수 없다.

3) 부양가족연금액의 계산 제외

- 사망한 때
- 수급권자에 의한 생계유지의 상태가 끝난 때
- 배우자가 이혼한 때
- 자녀가 다른 사람의 양자가 되거나 파양된 때
- 자녀가 19세가 된 때. 다만, 장애등급 2급 이상의 상태에 있는 자녀는 제외한다.
- 장애등급 2급 이상의 상태에 있던 자녀 또는 부모가 그 장애상태에 해당하지 아니하게 된 때
- 배우자가 혼인 전에 얻은 자녀와의 관계가 이혼으로 인하여 종료된 때
- 재혼한 부 또는 모의 배우자와 수급자의 관계가 부모와 그 배우자의 이혼으로 인하여 종료된 경우

7. 노령연금

1) 노령연금 수급권자

① 가입기간이 10년 이상인 가입자 또는 가입자였던 자에 대하여는 60세(특수직종근로자는 55세)가 된 때부터 그가 생존하는 동안 노령연금을 지급한다.

② 가입기간이 10년 이상인 가입자 또는 가입자였던 자로서 55세 이상인 자가 대통령령으로 정하는 소득이 있는 업무에 종사하지 아니하는 경우 본인이 희망하면 60세가 되기 전이라도 본인이 청구한 때부터 그가 생존하는 동안 일정한 금액의 연금(이하 "조기노령연금"이라 한다)을 받을 수 있다.

2) 지급의 연기에 따른 가산

① 노령연금의 수급권자로서 60세 이상 65세 미만인 사람(특수직종근로자는 55세 이상 60세 미만인 사람)이 연금지급의 연기를 희망하는 경우에는 1회에 한정하여 65세(특수직종근로자는 60세) 전까지의 기간에 대하여 그 연금의 전부 또는 일부의 지급을 연기할 수 있다.

② 연금 전부의 지급 연기를 신청한 수급권자가 연금의 지급을 희망하거나 65세(특수직종근로자는 60세)가 된 경우의 연금액은 지급의 연기를 신청한 때에 노령연금액(부양가족연금액은 제외한다)을 조정한 금액에 연기되는 매 1개월마다 그 금액의 1천분의 6을 더한 액으로 한다.

3) 노령연금액

(1) 노령연금액은 구분에 따른 금액에 부양가족연금액을 더한 금액으로 한다.

① 가입기간이 20년 이상인 경우 : 기본연금액

② 가입기간이 10년 이상 20년 미만인 경우 : 기본연금액의 1천분의 500에 해당하는 금액에 가입기간 10년을 초과하는 1년(1년 미만이면 매 1개월을 12분의 1년으로 계산한다)마다 기본연금액의 1천분의 50에 해당하는 금액을 더한 금액

(2) 조기노령연금액은 가입기간에 따라 제1항에 따른 노령연금액 중 부양가족연금액을 제외한 금액에 수급연령별로 다음 각 호의 구분에 따른 비율(청구일이 연령도달일이 속한 달의 다음 달 이후인 경우에는 1개월마다 1천분의 5를 더한다)을 곱한 금액에 부양가족연금액을 더한 금액으로 한다.

- 55세부터 지급받는 경우에는 1천분의 700
- 56세부터 지급받는 경우에는 1천분의 760
- 57세부터 지급받는 경우에는 1천분의 820
- 58세부터 지급받는 경우에는 1천분의 880
- 59세부터 지급받는 경우에는 1천분의 940

4) 분할연금 수급권자

① 혼인 기간(배우자의 가입기간 중의 혼인 기간으로 별거, 가출 등의 사유로 인하여 실질적인 혼인관계가 존재하지 아니하였던 기간을 제외한 기간)이 5년 이상인 자가 다음 각 호의 요건을 모두 갖추면 그때부터 그가 생존하는 동안 배우자였던 자의 노령연금을 분할한 일정한 금액의 연금을 받을 수 있다.

- 배우자와 이혼하였을 것
- 배우자였던 사람이 노령연금 수급권자일 것
- 60세가 되었을 것

② 분할연금액은 배우자였던 자의 노령연금액(부양가족연금액은 제외한다) 중 혼인 기간에 해당하는 연금액을 균등하게 나눈 금액으로 한다.

③ 분할연금은 요건을 모두 갖추게 된 때부터 5년 이내에 청구하여야 한다.

④ 혼인 기간의 인정 기준 및 방법 등에 필요한 사항은 대통령령으로 정한다.

8. 장애연금

1) 장애연금의 수급권자

가입자 또는 가입자였던 자가 질병이나 부상으로 신체상 또는 정신상의 장애가 있고 요건을 모두 충족하는 경우에는 장애 정도를 결정하는 기준이 되는 날부터 그 장애가 계속되는 기간 동안 장애 정도에 따라 장애연금을 지급한다.

① 해당 질병 또는 부상의 초진일 당시 연령이 18세(다만, 18세 전에 가입한 경우에는 가입자가 된 날을 말한다) 이상이고 노령연금 지급 연령 미만일 것

② 장애연금 해당 사항

> 가. 해당 질병 또는 부상의 초진일 당시 연금보험료를 낸 기간이 가입대상기간의 3분의 1 이상일 것
> 나. 해당 질병 또는 부상의 초진일 5년 전부터 초진일까지의 기간 중 연금보험료를 낸 기간이 3년 이상일 것. 다만, 가입대상기간 중 체납기간이 3년 이상인 경우는 제외한다.
> 다. 해당 질병 또는 부상의 초진일 당시 가입기간이 10년 이상일 것

③ 장애결정 기준일

> - 초진일부터 1년 6개월이 지나기 전에 완치일이 있는 경우 : 완치일
> - 초진일부터 1년 6개월이 지날 때까지 완치일이 없는 경우 : 초진일부터 1년 6개월이 되는 날의 다음 날
> - 초진일부터 1년 6개월이 되는 날의 다음 날에 장애연금의 지급 대상이 되지 아니하였으나, 그 후 그 질병이나 부상이 악화된 경우 : 장애연금의 지급을 청구한 날과 완치일 중 빠른 날
> - 장애연금의 수급권이 소멸된 사람이 장애연금 수급권을 취득할 당시의 질병이나 부상이 악화된 경우 : 청구일과 완치일 중 빠른 날

2) 장애연금액

① 장애등급 1급에 해당하는 자에 대하여는 기본연금액에 부양가족연금액을 더한 금액

② 장애등급 2급에 해당하는 자에 대하여는 기본연금액의 1천분의 800에 해당하는 금액에 부양가족연금액을 더한 금액

③ 장애등급 3급에 해당하는 자에 대하여는 기본연금액의 1천분의 600에 해당하는 금액에 부양가족연금액을 더한 금액

9. 유족연금

1) 유족연금의 수급권자

① 노령연금 수급권자
② 가입기간이 10년 이상인 가입자 또는 가입자였던 자
③ 연금보험료를 낸 기간이 가입대상기간의 3분의 1 이상인 가입자 또는 가입자였던 자
④ 사망일 5년 전부터 사망일까지의 기간 중 연금보험료를 낸 기간이 3년 이상인 가입자 또는 가입자였던 자. 다만, 가입대상기간 중 체납기간이 3년 이상인 사람은 제외한다.
⑤ 장애등급이 2급 이상인 장애연금 수급권자

2) 유족의 범위

유족연금을 지급받을 수 있는 유족은 사망할 당시(「민법」에 따른 실종선고를 받은 경우에는 실종기간의 개시 당시를, 실종선고를 받은 경우에는 사망의 원인이 된 위난 발생 당시를 말한다) 그에 의하여 생계를 유지하고 있던 다음 각 호의 자로 한다.

① 배우자
② 자녀. 다만, 25세 미만이거나 장애등급 2급 이상인 자만 해당한다.
③ 부모(배우자의 부모를 포함한다. 이하 이 절에서 같다). 다만, 60세 이상이거나 장애등급 2급 이상인 자만 해당한다.
④ 손자녀. 다만, 19세 미만이거나 장애등급 2급 이상인 자만 해당한다.
⑤ 조부모(배우자의 조부모를 포함한다. 이하 이 절에서 같다). 다만, 60세 이상이거나 장애등급 2급 이상인 자만 해당한다.
⑥ 유족연금은 순위에 따라 최우선 순위자에게만 지급한다.
③ 같은 순위의 유족이 2명 이상이면 그 유족연금액을 똑같이 나누어 지급하되, 지급 방법은 대통령령으로 정한다.

3) 유족연금 수급권의 소멸

① 수급권자가 사망한 때
② 배우자인 수급권자가 재혼한 때
③ 자녀나 손자녀인 수급권자가 파양된 때
④ 장애등급 2급 이상에 해당하지 아니한 자녀인 수급권자가 25세가 된 때 또는 장애등급 2급 이상에 해당하지 아니한 손자녀인 수급권자가 19세가 된 때
⑤ 부모, 손자녀 또는 조부모인 유족의 유족연금 수급권은 가입자 또는 가입자였던 사람이 사망할 당시에 그 가입자 또는 가입자였던 사람의 태아가 출생하여 수급권을 갖게 되면 소멸한다.

10. 반환일시금

1) 반환일시금

가입자 또는 가입자였던 자가 다음 각 호의 어느 하나에 해당하게 되면 본인이나 그 유족의 청구에 의하여 반환일시금을 지급받을 수 있다.

① 가입기간이 10년 미만인 자가 60세가 된 때
② 가입자 또는 가입자였던 자가 사망한 때. 다만, 유족연금이 지급되는 경우에는 그러하지 아니하다.
③ 국적을 상실하거나 국외로 이주한 때
④ 반환일시금의 액수는 가입자 또는 가입자였던 자가 납부한 연금보험료(사업장가입자 또는 사업장가입자였던 자의 경우에는 사용자의 부담금을 포함한다)에 대통령령으로 정하는 이자를 더한 금액으로 한다.
⑤ 반환일시금의 지급을 청구할 경우 유족의 범위와 청구의 우선순위 등에 관하여는 유족의 범위 등을 준용한다.

2) 사망일시금

① 가입자 또는 가입자였던 자가 사망한 때에 유족이 없으면 그 배우자 · 자녀 · 부모 · 손자녀 · 조부모 · 형제자매 또는 4촌 이내 방계혈족에게 사망일시금을 지급한다.
② 사망일시금은 가입자 또는 가입자였던 자의 반환일시금에 상당하는 금액으로 하되, 그 금액은 사망한 가입자 또는 가입자였던 자의 최종 기준소득월액을 연도별 재평가율에 따라 사망일시금 수급 전년도의 현재가치로 환산한 금액과 같은 호에 준하여 산정한 가입기간 중 기준소득월액의 평균액 중에서 많은 금액의 4배를 초과하지 못한다.
③ 사망일시금을 받을 자의 순위는 배우자 · 자녀 · 부모 · 손자녀 · 조부모 · 형제자매 및 4촌 이내의 방계혈족 순으로 한다. 이 경우 순위가 같은 사람이 2명 이상이면 똑같이 나누어 지급하되, 그 지급 방법은 대통령령으로 정한다.

11. 급여 제한

1) 급여의 제한

① 가입자 또는 가입자였던 자가 고의로 질병 · 부상 또는 그 원인이 되는 사고를 일으켜 그로 인하여 장애를 입은 경우에는 그 장애를 지급 사유로 하는 장애연금을 지급하지 아니할 수 있다.

② 가입자 또는 가입자였던 자가 고의나 중대한 과실로 요양 지시에 따르지 아니하거나 정당한 사유 없이 요양 지시에 따르지 아니하여 다음 각 호의 어느 하나에 해당하게 되면 대통령령으로 정하는 바에 따라 이를 원인으로 하는 급여의 전부 또는 일부를 지급하지 아니할 수 있다.
- 장애를 입거나 사망한 경우
- 장애나 사망의 원인이 되는 사고를 일으킨 경우
- 장애를 악화시키거나 회복을 방해한 경우

③ 다음 각 호의 어느 하나에 해당하는 사람에게는 사망에 따라 발생되는 유족연금, 미지급급여, 반환일시금 및 사망일시금을 지급하지 아니한다.
- 가입자 또는 가입자였던 자를 고의로 사망하게 한 유족
- 유족연금 등의 수급권자가 될 수 있는 자를 고의로 사망하게 한 유족
- 다른 유족연금 등의 수급권자를 고의로 사망하게 한 유족연금 등의 수급권자

12. 비용 부담 및 연금보험료의 징수

1) 연금보험료의 부과 · 징수

① 보건복지부장관은 국민연금사업 중 연금보험료의 징수에 관하여 이 법에서 정하는 사항을 건강보험공단에 위탁한다.
② 공단은 국민연금사업에 드는 비용에 충당하기 위하여 가입자와 사용자에게 가입기간 동안 매월 연금보험료를 부과하고, 건강보험공단이 이를 징수한다.
③ 사업장가입자의 연금보험료 중 기여금은 사업장가입자 본인이, 부담금은 사용자가 각각 부담하되, 그 금액은 각각 기준소득월액의 1천분의 45에 해당하는 금액으로 한다.
④ 지역가입자, 임의가입자 및 임의계속가입자의 연금보험료는 지역가입자, 임의가입자 또는 임의계속가입자 본인이 부담하되, 그 금액은 기준소득월액의 1천분의 90으로 한다.
⑤ 공단은 기준소득월액 정정 등의 사유로 당초 징수 결정한 금액을 다시 산정함으로써 연금보험료를 추가로 징수하여야 하는 경우 가입자 또는 사용자에게 그 추가되는 연금보험료를 나누어 내도록 할 수 있다. 이 경우 분할 납부 신청 대상, 분할 납부 방법 및 납부 기한 등 연금보험료의 분할 납부에 필요한 사항은 대통령령으로 정한다.

2) 연금보험료의 납부 기한

① 연금보험료는 납부 의무자가 다음 달 10일까지 내야 한다. 다만, 대통령령으로 정하는 농업 · 임업 · 축산업 또는 수산업을 경영하거나 이에 종사하는 자(이하 "농어업인"이라 한다)는 본인의 신청에 의하여 분기별 연금보험료를 해당 분기의 다음 달 10일까지 낼

수 있다.

② 연금보험료를 납부 기한의 1개월 이전에 미리 낸 경우에는 그 전달의 연금보험료 납부 기한이 속하는 날의 다음 날에 낸 것으로 본다.

③ 납부 의무자가 연금보험료를 미리 낼 경우 그 기간과 감액할 금액 등은 대통령령으로 정한다.

④ 납부 의무자가 연금보험료를 자동 계좌이체의 방법으로 낼 경우에는 대통령령으로 정하는 바에 따라 연금보험료를 감액하거나 재산상의 이익을 제공할 수 있다.

⑤ 건강보험공단은 고지서의 송달 지연 등 보건복지부령으로 정하는 사유에 해당하는 경우에는 납부 기한으로부터 1개월 범위에서 납부 기한을 연장할 수 있다.

⑥ 납부 기한을 연장받으려면 보건복지부령으로 정하는 바에 따라 건강보험공단에 납부 기한의 연장을 신청하여야 한다.

3) 연금보험료 납부의 예외

납부 의무자는 사업장가입자 또는 지역가입자가 다음 각 호의 어느 하나에 해당하는 사유로 연금보험료를 낼 수 없으면 대통령령으로 정하는 바에 따라 그 사유가 계속되는 기간에는 연금보험료를 내지 아니할 수 있다.

① 사업 중단, 실직 또는 휴직 중인 경우

② 「병역법」 제3조에 따른 병역의무를 수행하는 경우

③ 「초·중등교육법」 「고등교육법」에 따른 학교에 재학 중인 경우

④ 「형의 집행 및 수용자의 처우에 관한 법률」에 따라 교정시설에 수용 중인 경우

⑤ 종전의 「사회보호법」에 따른 보호감호시설이나 「치료감호법」에 따른 치료감호시설에 수용 중인 경우

⑥ 1년 미만 행방불명된 경우. 이 경우 행방불명의 인정 기준 및 방법은 대통령령으로 정한다.

⑦ 재해·사고 등으로 소득이 감소되거나 그 밖에 소득이 있는 업무에 종사하지 아니하는 경우로서 대통령령으로 정하는 경우

⑧ 연금보험료를 내지 아니한 기간은 가입기간에 산입하지 아니한다.

4) 사업장가입자 및 지역가입자의 연금보험료의 납기 전 징수

사업장가입자의 연금보험료 납부 의무자 및 지역가입자에게 다음 각 호의 어느 하나에 해당하는 사유가 있으면 납기 전이라도 연금보험료를 징수할 수 있다.

① 국세, 지방세, 그 밖의 공과금이 체납되어 체납처분을 받은 때

② 강제집행을 받은 때

③ 파산 선고를 받은 때
④ 경매가 개시된 때
⑤ 법인이 해산한 때

13. 국민연금기금

1) 기금의 설치 및 조성

보건복지부장관은 국민연금사업에 필요한 재원을 원활하게 확보하고, 이 법에 따른 급여에 충당하기 위한 책임준비금으로서 국민연금기금을 설치한다. 기금은 다음 각 호의 재원으로 조성한다.

① 연금보험료
② 기금 운용 수익금
③ 적립금
④ 공단의 수입지출 결산상의 잉여금

2) 건강보험공단에 출연

보건복지부장관은 연금보험료 등의 징수에 소요되는 비용을 국민연금기금운용위원회의 의결을 거쳐 기금에서 건강보험공단에 출연할 수 있다. 이 경우 출연금의 규모, 기준 등에 관하여 필요한 사항은 대통령령으로 정한다.

14. 심사청구와 재심사청구

1) 심사청구

① 가입자의 자격, 기준소득월액, 연금보험료, 그 밖의 이 법에 따른 징수금과 급여에 관한 공단 또는 건강보험공단의 처분에 이의가 있는 자는 그 처분을 한 공단 또는 건강보험공단에 심사청구를 할 수 있다.
② 심사청구는 그 처분이 있음을 안 날부터 90일 이내에 문서(전자문서를 포함)로 하여야 하며, 처분이 있은 날부터 180일을 경과하면 이를 제기하지 못한다. 다만, 정당한 사유로 그 기간에 심사청구를 할 수 없었음을 증명하면 그 기간이 지난 후에도 심사 청구를 할 수 있다.
③ 규정된 사항 외에 심사청구에 필요한 사항은 대통령령으로 정한다.

15. 벌칙

1) 벌금

① 거짓이나 그 밖의 부정한 방법으로 급여를 받은 자는 3년 이하의 징역이나 3천만 원 이하의 벌금에 처한다.

② 1년 이하의 징역이나 1천만 원 이하의 벌금
- 부담금의 전부 또는 일부를 사업장가입자에게 부담하게 하거나 임금에서 기여금을 공제할 때 기여금을 초과하는 금액을 사업장가입자의 임금에서 공제한 사용자
- 납부 기한까지 정당한 사유 없이 연금보험료를 내지 아니한 사용자
- 근로자가 가입자로 되는 것을 방해하거나 부담금의 증가를 기피할 목적으로 정당한 사유 없이 근로자의 승급 또는 임금 인상을 하지 아니하거나 해고나 그 밖의 불리한 대우를 한 사용자
- 업무를 수행하면서 알게 된 비밀을 누설한 자

2) 과태료

(1) 50만 원 이하의 과태료

① 신고를 하지 아니하거나 거짓으로 신고한 사용자
② 공단 또는 공단의 직원이 서류나 그 밖의 자료 제출을 요구하거나 조사·질문을 할 때 이를 거부·기피·방해하거나 거짓으로 답변한 사용자

(2) 10만 원 이하의 과태료

① 신고를 하지 아니한 자
② 통지를 하지 아니한 자
③ 공단 또는 공단의 직원이 서류나 그 밖의 소득·재산 등에 관한 자료의 제출을 요구하거나 조사·질문할 때 이를 거부·기피·방해하거나 거짓으로 답변한 가입자, 가입자였던 자 또는 수급권자
④ 과태료는 대통령령으로 정하는 바에 따라 보건복지부장관이 부과·징수한다.

01 다음 보기는 국민연금 급여 중 무엇을 의미하는가?

> 가. 이 노령연금을 받고 있는 60세 미만자가 소득이 있는 업무에 종사하게 되면 그 기간에 해당하는 노령연금은 지급을 정지한다.
> 나. 가입기간이 10년 이상인 가입자 또는 가입자였던 자로서 55세 이상인 자가 소득이 있는 업무에 종사하지 아니하는 경우 본인이 희망하면 60세가 되기 전이라도 그가 생존하는 동안 일정한 금액의 연금을 받을 수 있다.

① 완전노령연금
② 조기노령연금
③ 재직자노령연금
④ 감액노령연금
⑤ 특례노령연금

해설 ① 조기노령연금을 받고 있는 60세 미만인 자가 소득이 있는 업무에 종사하게 되면 그 기간에 해당하는 노령연금은 지급을 정지한다.
② 조기노령연금은 가입기간이 10년 이상인 가입자 또는 가입자였던 자로서 55세 이상인 자가 소득이 있는 업무에 종사하지 아니하는 경우 본인이 희망하면 60세가 되기 전이라도 그가 생존하는 동안 일정한 금액의 조기노령연금을 받을 수 있다.

정답 ②

02 국민연금의 급여 중 완전노령연금의 최소 가입기간은?

① 20년
② 10년
③ 15년
④ 5년
⑤ 3년

해설 국민연금의 완전노령연금 최소 가입기간은 20년 이상이다.

정답 ①

제2절 국민건강보험법

1. 국민건강보험

1) 목적

국민의 질병 · 부상에 대한 예방 · 진단 · 치료 · 재활과 출산 · 사망 및 건강증진에 대하여 보험급여를 실시함으로써 국민보건 향상과 사회보장 증진에 이바지함을 목적으로 한다.

2) 관장

건강보험사업은 보건복지부장관이 맡아 주관한다.

3) 용어정의

① "근로자"란 직업의 종류와 관계없이 근로의 대가로 보수를 받아 생활하는 사람으로서 공무원 및 교직원을 제외한 사람을 말한다.

② "사용자"란 다음의 어느 하나에 해당하는 자를 말한다.

가. 근로자가 소속되어 있는 사업장의 사업주 나. 공무원이 소속되어 있는 기관의 장으로서 대통령령으로 정하는 사람 다. 교직원이 소속되어 있는 사립학교(「사립학교교직원연금법」에 규정된 사립학교)를 설립 · 운영하는 자

③ "사업장"이란 사업소나 사무소를 말한다.

④ "공무원"이란 국가나 지방자치단체에서 상시 공무에 종사하는 사람을 말한다.

⑤ "교직원"이란 사립학교나 사립학교의 경영기관에서 근무하는 교원과 직원을 말한다.

2. 국민건강보험종합계획의 수립

1) 보건복지부장관은 건강보험의 건전한 운영을 위하여 건강보험정책심의위원회의 심의를 거쳐 5년마다 국민건강보험종합계획을 수립하여야 한다. 수립된 종합계획을 변경할 때도 또한 같다.

2) 종합계획에 포함되어야 할 사항

① 건강보험정책의 기본목표 및 추진방향
② 건강보험 보장성 강화의 추진계획 및 추진방법
③ 건강보험의 중장기 재정 전망 및 운영
④ 보험료 부과체계에 관한 사항
⑤ 요양급여비용에 관한 사항
⑥ 건강증진 사업에 관한 사항
⑦ 취약계층 지원에 관한 사항
⑧ 건강보험에 관한 통계 및 정보의 관리에 관한 사항
⑨ 그 밖에 건강보험의 개선을 위하여 필요한 사항으로 대통령령으로 정하는 사항

3. 가입자

1) 적용 대상

국내에 거주하는 국민은 건강보험의 가입자 또는 피부양자가 된다.

2) 적용 제외자

① 의료급여법에 따라 의료급여를 받는 사람
② 독립유공자예우에 관한 법률 및 국가유공자 등 예우 및 지원에 관한 법률에 따라 의료보호를 받는 사람
③ 피부양자는 다음에 해당하는 사람 중 직장가입자에게 주로 생계를 의존하는 사람으로서 소득 및 재산이 보건복지부령으로 정하는 기준 이하에 해당하는 사람

가. 직장가입자의 배우자
나. 직장가입자의 직계존속(배우자의 직계존속을 포함한다)
다. 직장가입자의 직계비속(배우자의 직계비속을 포함한다)과 그 배우자
라. 직장가입자의 형제 · 자매

3) 가입자의 종류

(1) 직장가입자

모든 사업장의 근로자 및 사용자와 공무원 및 교직원

(2) 지역가입자

직장가입자 대상이 아닌 자

(3) 자격의 취득 시기

가입자는 국내에 거주하게 된 날에 직장가입자 또는 지역가입자의 자격을 얻는다.

① 수급권자이었던 사람은 그 대상자에서 제외된 날
② 직장가입자의 피부양자이었던 사람은 그 자격을 잃은 날
③ 유공자 등 의료보호대상자이었던 사람은 그 대상자에서 제외된 날
④ 보험자에게 건강보험의 적용을 신청한 유공자 등 의료보호대상자는 그 신청한 날
⑤ 자격을 얻은 경우 그 직장가입자의 사용자 및 지역가입자의 세대주는 그 명세를 보건복지부령으로 정하는 바에 따라 자격을 취득한 날부터 14일 이내에 보험자에게 신고하여야 한다.

(4) 자격의 변동 시기

① 지역가입자가 적용대상사업장의 사용자로 되거나, 근로자 · 공무원 또는 교직원으로 사용된 날
② 직장가입자가 다른 적용대상사업장의 사용자로 되거나 근로자 등으로 사용된 날
③ 직장가입자인 근로자 등이 그 사용관계가 끝난 날의 다음 날
④ 적용대상사업장에 사유가 발생한 날의 다음 날
⑤ 지역가입자가 다른 세대로 전입한 날
⑥ 자격이 변동된 경우 직장가입자의 사용자와 지역가입자의 세대주는 보건복지부령으로 정하는 바에 따라 자격이 변동된 날부터 14일 이내에 보험자에게 신고하여야 한다.

(5) 자격의 상실

① 사망한 날의 다음 날
② 국적을 잃은 날의 다음 날
③ 국내에 거주하지 아니하게 된 날의 다음 날
④ 직장가입자의 피부양자가 된 날
⑤ 수급권자가 된 날

4. 보험료

1) 보험료

① 공단은 건강보험사업에 드는 비용에 충당하기 위하여 보험료의 납부의무자로부터 보험료를 징수한다.

② 보험료는 가입자의 자격을 취득한 날이 속하는 달의 다음 달부터 가입자의 자격을 잃은 날의 전날이 속하는 달까지 징수한다.

③ 보험료를 징수할 때 가입자의 자격이 변동된 경우에는 변동된 날이 속하는 달의 보험료는 변동되기 전의 자격을 기준으로 징수한다.

2) 직장가입자의 보험료

(1) 직장가입자 보험료 산정

① 보수월액보험료

직장가입자의 보수월액은 직장가입자가 지급받는 보수를 기준으로 하여 산정한다. 휴직이나 그 밖의 사유로 보수의 전부 또는 일부가 지급되지 아니하는 가입자의 보수월액보험료는 해당 사유가 생기기 전 달의 보수월액을 기준으로 산정한다.

* 보수월액 × 보험료율 = 보수월액 보험료

② 소득월액보험료

소득월액은 보수월액의 산정에 포함된 보수를 제외한 직장가입자의 소득이 대통령령으로 정하는 금액을 초과하는 경우 다음의 계산식에 따라 산정한다.

* 연간 보수외 소득 - 대통령이 정하는 금액) × 1/12

(2) 지역가입자 보험료 산정

세대 단위로 산정하되, 지역가입자가 속한 세대의 월별 보험료액은 보험료부과점수에 보험료부과점수당 금액을 곱한 금액으로 한다.

* 보험료부과징수 × 보험료부과점수당 금액 = 지역가입자의 보험료

(3) 보험료의 면제 및 경감

① 보험료의 면제

㉠ 공단은 직장가입자가 제54조제2호부터 제4호까지의 어느 하나에 해당하면 그 가입자의 보험료를 면제한다. 다만, 제54조제2호에 해당하는 직장가입자의 경우에는 국내에 거주하는 피부양자가 없을 때에만 보험료를 면제한다.

㉡ 지역가입자가 제54조제2호부터 제4호까지의 어느 하나에 해당하면 그 가입자가 속한 세대의 보험료를 산정할 때 그 가입자의 제72조에 따른 보험료부과점수를 제외

한다.

② 보험료의 경감 대상

- 섬 · 벽지 · 농어촌 등 대통령령으로 정하는 지역에 거주하는 사람
- 65세 이상인 사람
- 장애인
- 국가유공자
- 휴직자
- 그 밖에 생활이 어렵거나 천재지변 등의 사유로 보험료를 경감할 필요가 있다고 보건복지부장관이 정하여 고시하는 사람

3) 보험료 납부

(1) 직장가입자의 보험료 납부

① 보수월액보험료

사용자. 사업장의 사용자가 2명 이상인 때에는 그 사업장의 사용자는 해당 직장가입자의 보험료를 연대하여 납부한다.

② 소득월액보험료

직장가입자

(2) 지역가입자의 보험료 납부

그 가입자가 속한 세대의 지역가입자 전원이 연대하여 납부한다.

(3) 사용자는 보수월액보험료 중 직장가입자가 부담하여야 하는 그 달의 보험료액을 그 보수에서 공제하여 납부하여야 한다. 이 경우 직장가입자에게 공제액을 알려야 한다.

5. 국민건강보험공단

1) 국민건강보험공단은 법인으로 한다.

2) 국민건강보험공단 업무

① 가입자 및 피부양자의 자격 관리
② 보험료와 그 밖에 이 법에 따른 징수금의 부과 · 징수
③ 보험급여의 관리

④ 가입자 및 피부양자의 질병의 조기발견·예방 및 건강관리를 위하여 요양급여 실시 현황과 건강검진 결과 등을 활용하여 실시하는 예방사업으로서 대통령령으로 정하는 사업
⑤ 보험급여 비용의 지급
⑥ 자산의 관리·운영 및 증식사업
⑦ 의료시설의 운영
⑧ 건강보험에 관한 교육훈련 및 홍보
⑨ 건강보험에 관한 조사연구 및 국제협력
⑩ 이 법에서 공단의 업무로 정하고 있는 사항
⑪ 「국민연금법」, 「고용보험 및 산업재해보상보험의 보험료징수 등에 관한 법률」, 「임금채권보장법」 및 「석면피해구제법」에 따라 위탁받은 업무
⑫ 그 밖에 이 법 또는 다른 법령에 따라 위탁받은 업무
⑬ 그 밖에 건강보험과 관련하여 보건복지부장관이 필요하다고 인정한 업무

3) 임원

(1) 임원의 구성

① 공단은 임원으로서 이사장 1명, 이사 14명 및 감사 1명을 둔다. 이 경우 이사장, 이사 중 5명 및 감사는 상임으로 한다.
② 공단의 상임임원과 직원은 그 직무 외에 영리를 목적으로 하는 사업에 종사하지 못한다.
③ 공단의 상임임원이 임명권자 또는 제청권자의 허가를 받거나 공단의 직원이 이사장의 허가를 받은 경우에는 비영리 목적의 업무를 겸할 수 있다.

(2) 이사회

① 공단의 주요 사항을 심의·의결하기 위하여 공단에 이사회를 둔다.
② 이사회는 이사장과 이사로 구성한다.
③ 감사는 이사회에 출석하여 발언할 수 있다.
④ 이사회의 의결 사항 및 운영 등에 필요한 사항은 대통령령으로 정한다.

4) 재정운영위원회

(1) 재정운영위원회

① 요양급여비용의 계약 및 결손처분 등 보험재정에 관련된 사항을 심의·의결하기 위하여 공단에 재정운영위원회를 둔다.
② 재정운영위원회의 위원장은 위원 중에서 호선한다.

(2) 위원회 구성

① 직장가입자를 대표하는 위원 10명

직장가입자를 대표하는 위원 10명은 노동조합과 사용자단체에서 추천하는 각 5명

② 지역가입자를 대표하는 위원 10명

지역가입자를 대표하는 위원 10명은 대통령령으로 정하는 바에 따라 농어업인 단체 · 도시자영업자 단체 및 시민단체에서 추천하는 사람

③ 공익을 대표하는 위원 10명

공익을 대표하는 위원 10명은 대통령령으로 정하는 관계 공무원 및 건강보험에 관한 학식과 경험이 풍부한 사람

(3) 재정운영위원회 임기

위원(공무원인 위원은 제외한다)의 임기는 2년으로 한다.

5) 회계

① 정부의 회계연도에 따른다.

② 직장가입자와 지역가입자의 재정을 통합하여 운영한다.

③ 건강보험사업 및 징수위탁근거법의 위탁에 따른 국민연금사업 · 고용보험사업 · 산업재해보상보험사업 · 임금채권보장사업에 관한 회계를 공단의 다른 회계와 구분하여 각각 회계처리하여야 한다.

6) 준비금

공단은 회계연도마다 결산상의 잉여금 중에서 그 연도의 보험급여에 든 비용의 100분의 5 이상에 상당하는 금액을 그 연도에 든 비용의 100분의 50에 이를 때까지 준비금으로 적립하여야 한다.

6. 건강보험정책심의위원회(보건복지부 소속)

1) 심의, 의결 내용

① 종합계획 및 시행계획에 관한 사항(심의에 한정한다)
② 요양급여의 기준
③ 요양급여비용에 관한 사항
④ 직장가입자의 보험료율
⑤ 지역가입자의 보험료부과점수당 금액
⑥ 그 밖에 건강보험에 관한 주요 사항으로서 대통령령으로 정하는 사항

2) 심의위원회 구성

① 심의위원회는 위원장 1명과 부위원장 1명을 포함하여 25명의 위원으로 구성
② 심의위원회의 위원장은 보건복지부차관이 되고, 부위원장은 위원 중에서 위원장이 지명하는 사람이 된다.
③ 심의위원회의 위원은 보건복지부장관이 임명 또는 위촉
④ 심의위원회 위원의 임기는 3년으로 한다. 다만, 위원의 사임 등으로 새로 위촉된 위원의 임기는 전임위원 임기의 남은 기간으로 한다.

7. 건강보험심사평가원

1) 설립

요양급여비용을 심사하고 요양급여의 적정성을 평가하기 위하여 건강보험심사평가원을 설립한다.

2) 관장 업무

- 요양급여비용의 심사
- 요양급여의 적정성 평가
- 심사기준 및 평가기준의 개발
- 업무와 관련된 조사연구 및 국제협력
- 다른 법률에 따라 지급되는 급여비용의 심사 또는 의료의 적정성 평가에 관하여 위탁받은 업무
- 건강보험과 관련하여 보건복지부장관이 필요하다고 인정한 업무
- 그 밖에 보험급여 비용의 심사와 보험급여의 적정성 평가와 관련하여 대통령령으로 정하는 업무

3) 법인격

심사평가원은 법인으로 한다.

4) 임원

(1) 구성

① 심사평가원에 임원으로서 원장, 이사 15명 및 감사 1명을 둔다. 이 경우 원장, 이사 중 4명 및 감사는 상임으로 한다.

② 원장은 임원추천위원회가 복수로 추천한 사람 중에서 보건복지부장관의 제청으로 대통령이 임명한다.

③ 상임이사는 보건복지부령으로 정하는 추천 절차를 거쳐 원장이 임명한다.

④ 비상임이사는 다음 각 호의 사람 중에서 10명과 대통령령으로 정하는 바에 따라 추천한 관계 공무원 1명을 보건복지부장관이 임명한다.

- 공단이 추천하는 1명
- 의약관계단체가 추천하는 5명
- 노동조합 · 사용자단체 · 소비자단체 및 농어업인단체가 추천하는 각 1명

⑤ 감사는 임원추천위원회가 복수로 추천한 사람 중에서 기획재정부장관의 제청으로 대통령이 임명한다.

5) 임기

원장의 임기는 3년, 이사(공무원인 이사는 제외한다)와 감사의 임기는 각각 2년으로 한다.

8. 이의신청 및 심판청구

1) 이의신청

① 가입자 및 피부양자의 자격, 보험료 등, 보험급여, 보험급여 비용에 관한 공단의 처분에 이의가 있는 자는 공단에 이의신청을 할 수 있다.

② 요양급여비용 및 요양급여의 적정성 평가 등에 관한 심사평가원의 처분에 이의가 있는 공단, 요양기관 또는 그 밖의 자는 심사평가원에 이의신청을 할 수 있다.

③ 이의신청은 처분이 있음을 안 날부터 90일 이내에 문서(전자문서를 포함한다)로 하여야 하며 처분이 있은 날부터 180일을 지나면 제기하지 못한다. 다만, 정당한 사유로 그 기간에 이의신청을 할 수 없었음을 소명한 경우에는 그러하지 아니하다.

④ 요양기관이 심사평가원의 확인에 대하여 이의신청을 하려면 통보받은 날부터 30일 이내에 하여야 한다.

2) 심판청구

① 이의신청에 대한 결정에 불복하는 자는 건강보험분쟁조정위원회에 심판청구를 할 수 있다.

② 심판청구를 하려는 자는 대통령령으로 정하는 심판청구서를 처분을 한 공단 또는 심사평가원에 제출하거나 건강보험분쟁조정위원회에 제출하여야 한다.

9. 건강보험분쟁조정위원회

1) 건강보험분쟁조정위원회

① 심판청구를 심리 · 의결하기 위하여 보건복지부에 건강보험분쟁조정위원회를 둔다.

② 분쟁조정위원회는 위원장을 포함하여 60명 이내의 위원으로 구성하고, 위원장을 제외한 위원 중 1명은 당연직위원으로 한다.

③ 분쟁조정위원회의 회의는 위원장, 당연직위원 및 위원장이 매 회의마다 지정하는 7명의 위원을 포함하여 총 9명으로 구성한다.

④ 분쟁조정위원회는 제3항에 따른 구성원 과반수의 출석과 출석위원 과반수의 찬성으로 의결한다.

⑤ 분쟁조정위원회를 실무적으로 지원하기 위하여 분쟁조정위원회에 사무국을 둔다.

⑥ 분쟁조정위원회의 위원 중 공무원이 아닌 사람은 「형법」 제129조부터 제132조까지의 규정을 적용할 때 공무원으로 본다.

2) 행정소송

공단 또는 심사평가원의 처분에 이의가 있는 자와 제87조에 따른 이의신청 또는 심판청구에 대한 결정에 불복하는 자는 「행정소송법」에서 정하는 바에 따라 행정소송을 제기할 수 있다.

10. 벌칙

1) 벌금

(1) 5년 이하의 징역 또는 5천만 원 이하의 벌금

가입자 및 피부양자의 개인정보를 직무상 목적 외의 용도로 이용하거나 정당한 사유 없이 제3자에게 제공한 자

(2) 3년 이하의 징역 또는 3천만 원 이하의 벌금

- 대행청구단체의 종사자로서 거짓이나 그 밖의 부정한 방법으로 요양급여비용을 청구한 자

- 업무를 수행하면서 알게 된 정보를 직무상 목적 외의 용도로 이용하거나 제3자에게 제공한 자

(3) 1년 이하의 징역 또는 1천만 원 이하의 벌금
- 선별급여를 제공한 요양기관의 개설자
- 대행청구단체가 아닌 자로 하여금 대행하게 한 자
- 거짓이나 그 밖의 부정한 방법으로 보험급여를 받거나 타인으로 하여금 보험급여를 받게 한 자

(4) 1천만 원 이하의 벌금
보고 또는 서류 제출을 하지 아니한 자, 거짓으로 보고하거나 거짓 서류를 제출한 자, 검사나 질문을 거부·방해 또는 기피한 자

(5) 500만 원 이하의 벌금
요양비 명세서나 요양 명세를 적은 영수증을 내주지 아니한 자

2) 과태료

(1) 500만 원 이하의 과태료
① 제7조를 위반하여 신고를 하지 아니하거나 거짓으로 신고한 사용자
② 정당한 사유 없이 제94조제1항을 위반하여 신고·서류제출을 하지 아니하거나 거짓으로 신고·서류제출을 한 자
③ 정당한 사유 없이 제97조제1항, 제3항, 제4항, 제5항을 위반하여 보고·서류제출을 하지 아니하거나 거짓으로 보고·서류제출을 한 자
④ 제98조제4항을 위반하여 행정처분을 받은 사실 또는 행정처분절차가 진행 중인 사실을 지체 없이 알리지 아니한 자
⑤ 정당한 사유 없이 제101조제2항을 위반하여 서류를 제출하지 아니하거나 거짓으로 제출한 자

(2) 100만 원 이하의 과태료
① 사업장을 신고하지 않는자
② 공단 등의 감독을 기피, 거부하는 자
③ 공단 심사평가원이 아닌 자가 이의 명칭 또는 이와 유사한 명칭을 사용한 자

01 다음 중 국민건강보험법상 법정 급여의 내용이 아닌 것은 어느 것인가?

① 출산수당
② 요양비
③ 출산급여
④ 건강검진
⑤ 분만급여

해설 출산수당은 지방정부가 출산률을 올리고자 실시하는 수당제도이다. 정답 ①

02 다음 중 포괄수가제의 특징으로 틀린 것은 어느 것인가?

① 환자에게 제공되는 의료서비스의 양과 질에 상관없이 미리 정해진 진료비를 의료기관에 지급하는 제도다.
② 1997년부터 시범사업을 실시한 뒤 2002년 1월부터 시행되었다.
③ 모든 질병을 포괄하는 것은 아니고, 7개 질병군에 한한다.
④ 중증 정도에 따라 다시 52개 질병군으로 세분화해 진료비가 책정된다.
⑤ 의료서비스의 질 저하나 환자 본인의 부담 등이 단점으로 지적된다.

해설 포괄수가제
환자에게 제공되는 의료서비스의 양과 질에 상관없이 미리 정해진 진료비를 의료기관에 지급하는 제도이다. 정답 ⑤

제3절 고용보험법

1. 개요

1) 목적

고용보험의 시행을 통하여 실업의 예방, 고용의 촉진 및 근로자의 직업능력의 개발과 향상을 꾀하고, 국가의 직업지도와 직업소개 기능을 강화하며, 근로자가 실업한 경우에 생활에 필요한 급여를 실시하여 근로자의 생활안정과 구직 활동을 촉진함으로써 경제 · 사회 발전에 이바지하는 것을 목적으로 한다.

2) 용어정의

① "피보험자"란 고용보험 및 산업재해보상보험의 보험료징수 등에 관한 법률에 따라 보험에 가입되거나 가입된 것으로 보는 근로자 및 자영업자를 말한다.

② "이직"이란 피보험자와 사업주 사이의 고용관계가 끝나게 되는 것을 말한다.

③ "실업"이란 근로의 의사와 능력이 있음에도 불구하고 취업하지 못한 상태에 있는 것을 말한다.

④ "실업의 인정"이란 직업안정기관의 장이 제43조에 따른 수급자격자가 실업한 상태에서 적극적으로 직업을 구하기 위하여 노력하고 있다고 인정하는 것을 말한다.

⑤ "보수"란 근로소득에서 대통령령으로 정하는 금품을 뺀 금액을 말한다. 다만, 휴직이나 그 밖에 이와 비슷한 상태에 있는 기간 중에 사업주 외의 자로부터 지급받는 금품 중 고용노동부장관이 정하여 고시하는 금품은 보수로 본다.

⑥ "일용근로자"란 1개월 미만 동안 고용되는 자를 말한다.

3) 고용보험의 관장

고용보험은 고용노동부장관이 관장한다.

4) 보험료

보험사업에 드는 비용을 충당하기 위하여 보험가입자로부터 보험료를 징수한다.

① 고용보험 가입자인 근로자가 부담하여야 하는 고용보험료는 자기의 보수총액에 실업급여의 보험료율의 2분의 1을 곱한 금액으로 한다.

② 65세 이후에 고용되거나 자영업을 개시한 자에 대하여는 고용보험료 중 실업급여의 보험료를 징수하지 아니한다.
③ 사업주가 부담하여야 하는 고용보험료는 그 사업에 종사하는 고용보험 가입자인 근로자의 개인별 보수총액에 고용안정 · 직업능력개발사업의 보험료율, 실업급여의 보험료율의 2분의 1을 각각에 곱한 것을 합한 금액이다.

5) 적용 범위와 예외

(1) 적용 범위

근로자를 사용하는 모든 사업 또는 사업장에 적용한다. 다만, 산업별 특성 및 규모 등을 고려하여 대통령령으로 정하는 사업에 대하여는 적용하지 아니한다.

(2) 적용 예외

① 65세 이후에 고용되거나 자영업을 개시한 자
② 소정근로시간이 대통령령으로 정하는 시간 미만인 자
③ 국가공무원법과 지방공무원법에 따른 공무원. 다만, 대통령령으로 정하는 바에 따라 별정직공무원, 임기제공무원의 경우는 본인의 의사에 따라 고용보험에 가입할 수 있다.
④ 사립학교교직원연금법의 적용을 받는 자

2. 피보험자 관리

1) 피보험자격의 취득일 및 상실일

(1) 자격 취득일

① 피보험자는 이 법이 적용되는 사업에 고용된 날에 피보험자격을 취득한다.
② 보험관계 성립일 전에 고용된 근로자의 경우에는 그 보험관계가 성립한 날
③ 자영업자인 피보험자는 보험료징수법에 따라 보험관계가 성립한 날에 피보험자격을 취득한다.

(2) 자격 상실일

피보험자는 다음에 해당하는 날에 각각 그 피보험자격을 상실한다.

① 피보험자가 적용 제외 근로자에 해당하게 된 경우에는 그 적용 제외 대상자가 된 날
② 보험관계가 소멸한 경우에는 그 보험관계가 소멸한 날
③ 피보험자가 이직한 경우에는 이직한 날의 다음 날
④ 피보험자가 사망한 경우에는 사망한 날의 다음 날

⑤ 자영업자인 피보험자는 보험관계가 소멸한 날에 피보험자격을 상실한다.

3. 보험급여

고용노동부장관은 피보험자 및 피보험자였던 자, 그 밖에 취업할 의사를 가진 자에 대한 실업의 예방, 취업의 촉진, 고용기회의 확대, 직업능력개발 · 향상의 기회 제공 및 지원, 그 밖에 고용안정과 사업주에 대한 인력 확보를 지원하기 위하여 고용안정 · 직업능력개발 사업을 실시한다.

1) 보험급여

(1) 실업급여

실업급여는 구직급여와 취업촉진 수당으로 구분한다.

취업촉진 수당의 종류는 다음과 같다.

① 조기재취업 수당
② 직업능력개발 수당
③ 광역 구직활동비
④ 이주비

(2) 구직급여

① 수급요건

- 이직일 이전 18개월간(이하 "기준기간"이라 한다) 제41조에 따른 피보험 단위기간이 통산하여 180일 이상일 것
- 근로의 의사와 능력이 있음에도 불구하고 취업(영리를 목적으로 사업을 영위하는 경우를 포함한다)하지 못한 상태에 있을 것
- 이직사유가 제58조에 따른 수급자격의 제한 사유에 해당하지 아니할 것
- 재취업을 위한 노력을 적극적으로 할 것
- 수급자격 인정신청일 이전 1개월 동안의 근로일수가 10일 미만일 것
- 최종 이직일 이전 기준기간의 피보험 단위기간 180일 중 다른 사업에서 수급자격의 제한 사유에 해당하는 사유로 이직한 사실이 있는 경우에는 그 피보험 단위기간 중 90일 이상을 일용근로자로 근로하였을 것

② 실업의 신고

구직급여를 지급받으려는 자는 이직 후 지체없이 직업안정기관에 출석하여 실업을 신고하여야 한다.

③ 수급자격의 인정

㉠ 구직급여를 지급받으려는 자는 직업안정기관의 장으로부터 구직급여의 수급 요건을 갖추었다는 사실의 인정을 받아야 한다.

㉡ 직업안정기관의 장은 수급자격의 인정신청을 받으면 그 신청인에 대한 수급자격의 인정 여부를 결정하고, 대통령령으로 정하는 바에 따라 신청인에게 그 결과를 알려야 한다.

④ 구직급여일액

㉠ 근로자의 이직일을 기준으로 수급자격자의 기초일액에 100분의 60을 곱한 금액

㉡ 구직급여일액이 최저구직급여일액보다 낮은 경우에는 최저구직급여일액을 그 수급자격자의 구직급여일액으로 한다.

⑤ 수급기간 및 수급일수

구직급여는 이 법에 따로 규정이 있는 경우 외에는 그 구직급여의 수급자격과 관련된 이직일의 다음 날부터 계산하기 시작하여 12개월 내에 소정급여일수를 한도로 하여 지급한다.

⑥ 대기기간

실업의 신고일부터 계산하기 시작하여 7일간은 대기기간으로 보아 구직급여를 지급하지 아니한다.

⑦ 반환명령

직업안정기관의 장은 거짓이나 그 밖의 부정한 방법으로 구직급여를 지급받은 자에게 지급받은 전체 구직급여의 전부 또는 일부의 반환을 명할 수 있고, 이에 추가하여 고용노동부령으로 정하는 기준에 따라 그 거짓이나 그 밖의 부정한 방법으로 지급받은 구직급여액에 상당하는 액수 이하의 금액을 징수할 수 있다.

(3) 상병급여

실업의 신고를 한 이후에 질병 · 부상 또는 출산으로 취업이 불가능하여 실업의 인정을 받지 못한 날에 대하여는 그 수급자격자의 청구에 의하여 구직급여에 갈음하여 지급할 수 있다.

(4) 연장급여

직업안정기관의 장이 지시한 직업훈련을 받거나 실직근로자의 기능, 전문지식, 경험, 기타 노동시장의 상황 등으로 특별히 취직이 곤란하다고 인정하는 경우에 소정급여일수에 추가로 구직급여를 지급하는 것이다.

① 훈련연장급여

- 직업안정기관의 장은 수급자격자의 연령 · 경력 등을 고려할 때 재취업을 위하여 직업능력개발 훈련 등이 필요하면 그 수급자격자에게 직업능력개발 훈련 등을 받도록 지시할 수 있다.
- 직업안정기관의 장은 직업능력개발 훈련 등을 받도록 지시한 경우에는 수급자격자가 그 직업능력개발 훈련 등을 받는 기간 중 실업의 인정을 받은 날에 대하여는 소정급여일수를 초과하여 구직급여를 연장하여 지급할 수 있다. 이 경우 연장하여 지급하는 구직급여의 지급 기간은 대통령령으로 정하는 기간을 한도로 한다.

② 개별연장급여

- 직업안정기관의 장은 취업이 특히 곤란하고 생활이 어려운 수급자격자로서 대통령령으로 정하는 자에게는 그가 실업의 인정을 받은 날에 대하여 소정급여일수를 초과하여 구직급여를 연장하여 지급할 수 있다.
- 연장하여 지급하는 구직급여는 60일의 범위에서 대통령령으로 정하는 기간 동안 지급한다.

③ 특별연장급여

고용노동부장관은 실업의 급증 등 대통령령으로 정하는 사유가 발생한 경우에는 60일의 범위에서 수급자격자가 실업의 인정을 받은 날에 대하여 소정급여일수를 초과하여 구직급여를 연장하여 지급할 수 있다.

3) 취업촉진수당

(1) 조기재취업 수당

① 조기재취업 수당은 수급자격자가 안정된 직업에 재취직하거나 스스로 영리를 목적으로 하는 사업을 영위하는 경우로서 대통령령으로 정하는 기준에 해당하면 지급한다.

② 수급자격자가 안정된 직업에 재취업한 날 또는 스스로 영리를 목적으로 하는 사업을 시작한 날 이전의 대통령령으로 정하는 기간에 조기재취업 수당을 지급받은 사실이 있는 경우에는 조기재취업 수당을 지급하지 아니한다.

③ 조기재취업 수당의 금액은 구직급여의 소정급여일수 중 미지급일수의 비율에 따라 대통령령으로 정하는 기준에 따라 산정한 금액으로 한다.

(2) 직업능력개발 수당

① 직업능력개발 수당은 수급자격자가 직업안정기관의 장이 지시한 직업능력개발 훈련 등을 받는 경우에 그 직업능력개발 훈련 등을 받는 기간에 대하여 지급한다.

② 구직급여의 지급이 정지된 기간에 대하여는 직업능력개발 수당을 지급하지 아니한다.

(3) 광역 구직활동비

① 광역 구직활동비는 수급자격자가 직업안정기관의 소개에 따라 광범위한 지역에 걸쳐 구직활동을 하는 경우로서 대통령령으로 정하는 기준에 따라 직업안정기관의 장이 필요하다고 인정하면 지급할 수 있다.

② 광역 구직활동비의 금액은 구직활동에 통상 드는 비용으로 하되, 그 금액의 산정은 고용노동부령으로 정하는 바에 따른다.

(4) 이주비

① 이주비는 수급자격자가 취업하거나 직업안정기관의 장이 지시한 직업능력개발 훈련 등을 받기 위하여 그 주거를 이전하는 경우로서 대통령령으로 정하는 기준에 따라 직업안정기관의 장이 필요하다고 인정하면 지급할 수 있다.

② 이주비의 금액은 수급자격자 및 그 수급자격자에 의존하여 생계를 유지하는 동거 친족의 이주에 일반적으로 드는 비용으로 하되, 그 금액의 산정은 고용노동부령으로 정하는 바에 따른다.

4) 자영업자인 피보험자에 대한 실업급여 적용의 특례

(1) 자영업자인 피보험자의 실업급여의 종류

자영업자인 피보험자의 실업급여의 종류는 구직급여, 취업촉진수당 중 직업능력개발 수당,광역 구직활동비, 이주비가 있다. 연장급여와 조기재취업 수당은 제외한다.

(2) 구직급여의 수급 요건

구직급여는 폐업한 자영업자인 피보험자가 다음 각 호의 요건을 모두 갖춘 경우에 지급한다.

① 폐업일 이전 24개월간 제41조제1항 단서에 따라 자영업자인 피보험자로서 갖춘 피보험 단위기간이 통산하여 1년 이상일 것

② 근로의 의사와 능력이 있음에도 불구하고 취업을 하지 못한 상태에 있을 것

③ 폐업사유가 수급자격의 제한 사유에 해당하지 아니할 것

④ 재취업을 위한 노력을 적극적으로 할 것

5) 육아휴직 급여 등

육아휴직 급여 및 육아기 근로시간 단축 급여

(1) 육아휴직 급여

① 고용노동부장관은 남녀고용평등과 일·가정 양립 지원에 관한 법률에 따른 육아휴직을 30일(출산전후휴가기간과 중복되는 기간은 제외한다) 이상 부여받은 피보험자에게 육

아휴직 급여를 지급한다.

- 육아휴직을 시작한 날 이전에 피보험 단위기간이 통산하여 180일 이상일 것
- 같은 자녀에 대하여 피보험자인 배우자가 30일 이상의 육아휴직을 부여받지 아니하거나 남녀고용평등과 일·가정 양립 지원에 관한 법률에 따른 육아기 근로시간 단축을 30일 이상 실시하지 아니하고 있을 것
- 육아휴직 급여를 지급받으려는 사람은 육아휴직을 시작한 날 이후 1개월부터 육아휴직이 끝난 날 이후 12개월 이내에 신청하여야 한다. 다만, 해당 기간에 대통령령으로 정하는 사유로 육아휴직 급여를 신청할 수 없었던 사람은 그 사유가 끝난 후 30일 이내에 신청하여야 한다.

(2) 급여의 지급 제한 등

① 피보험자가 육아휴직 급여 기간 중에 그 사업에서 이직하거나 새로 취업한 경우에는 그 이직 또는 취업하였을 때부터 육아휴직 급여를 지급하지 아니한다.

② 피보험자가 사업주로부터 육아휴직을 이유로 금품을 지급받은 경우 대통령령으로 정하는 바에 따라 급여를 감액하여 지급할 수 있다.

③ 거짓이나 그 밖의 부정한 방법으로 육아휴직 급여를 받았거나 받으려 한 자에게는 그 급여를 받은 날 또는 받으려 한 날부터의 육아휴직 급여를 지급하지 아니한다. 다만, 그 급여와 관련된 육아휴직 이후에 새로 육아휴직 급여 요건을 갖춘 경우 그 새로운 요건에 따른 육아휴직 급여는 그러하지 아니하다.

(3) 육아기 근로시간 단축 급여

① 고용노동부장관은 육아기 근로시간 단축을 30일(출산전후휴가기간과 중복되는 기간은 제외한다) 이상 실시한 피보험자에게 육아기 근로시간 단축 급여를 지급한다.

- 육아기 근로시간 단축을 시작한 날 이전에 피보험 단위기간이 통산하여 180일 이상일 것
- 같은 자녀에 대하여 피보험자인 배우자가 30일 이상의 육아휴직을 부여받지 아니하거나 육아기 근로시간 단축을 30일 이상 실시하지 아니하고 있을 것

② 육아기 근로시간 단축 급여를 지급받으려는 사람은 육아기 근로시간 단축을 시작한 날 이후 1개월부터 끝난 날 이후 12개월 이내에 신청하여야 한다. 다만, 해당 기간에 대통령령으로 정하는 사유로 육아기 근로시간 단축 급여를 신청할 수 없었던 사람은 그 사유가 끝난 후 30일 이내에 신청하여야 한다.

(4) 육아휴직

① 사업주는 근로자가 만 8세 이하 또는 초등학교 2학년 이하의 자녀(입양한 자녀를 포함

한다) 를 양육하기 위하여 육아휴직을 신청하는 경우에 이를 허용하여야 한다. 다만, 대통령령으로 정하는 경우에는 그러하지 아니하다.

② 육아휴직의 기간은 1년 이내로 한다.

③ 사업주는 육아휴직을 이유로 해고나 그 밖의 불리한 처우를 하여서는 아니 되며, 육아휴직 기간에는 그 근로자를 해고하지 못한다. 다만, 사업을 계속할 수 없는 경우에는 그러하지 아니하다.

④ 사업주는 육아휴직을 마친 후에는 휴직 전과 같은 업무 또는 같은 수준의 임금을 지급하는 직무에 복귀시켜야 한다. 또한 제2항의 육아휴직 기간은 근속기간에 포함한다.

⑤ 기간제근로자 또는 파견근로자의 육아휴직 기간은, 기간제 및 단시간근로자 보호 등에 관한 법률에 따른 사용기간 또는 파견근로자 보호 등에 관한 법률에 따른 근로자파견기간에서 제외한다.

⑥ 육아휴직의 신청방법 및 절차 등에 관하여 필요한 사항은 대통령령으로 정한다.

6) 출산전후휴가 급여

고용노동부장관은 남녀고용평등과 일 · 가정 양립 지원에 관한 법률에 따라 피보험자가 근로기준법에 따른 출산전후휴가 또는 유산 · 사산휴가를 받은 경우로서 출산전후휴가 급여 등을 지급한다.

- 휴가가 끝난 날 이전에 제41조에 따른 피보험 단위기간이 통산하여 180일 이상일 것
- 휴가를 시작한 날 근로자의 수 등이 대통령령으로 정하는 기준에 해당하는 기업이 아닌 경우는 휴가 시작 후 60일(한 번에 둘 이상의 자녀를 임신한 경우에는 75일)이 지난 날로 본다. 이후 1개월부터 휴가가 끝난 날 이후 12개월 이내에 신청할 것. 다만, 그 기간에 대통령령으로 정하는 사유로 출산전후휴가 급여 등을 신청할 수 없었던 자는 그 사유가 끝난 후 30일 이내에 신청하여야 한다.

4. 고용보험기금

1) 기금의 설치 및 조성

① 고용노동부장관은 보험사업에 필요한 재원에 충당하기 위하여 고용보험기금을 설치한다.

② 기금은 보험료와 이 법에 따른 징수금 · 적립금 · 기금운용 수익금과 그 밖의 수입으로 조성한다.

2) 기금의 관리 · 운용

① 기금은 고용노동부장관이 관리 · 운용한다.

② 기금의 관리 · 운용에 관한 세부 사항은 국가재정법의 규정에 따른다.

3) 기금의 용도

① 고용안정 · 직업능력개발 사업에 필요한 경비

② 실업급여의 지급

③ 육아휴직 급여 및 출산전후휴가 급여 등의 지급

④ 보험료의 반환

⑤ 일시 차입금의 상환금과 이자

⑥ 이 법과 보험료징수법에 따른 업무를 대행하거나 위탁받은 자에 대한 출연금

⑦ 그 밖에 이 법의 시행을 위하여 필요한 경비로서 대통령령으로 정하는 경비와 제1호 및 제2호에 따른 사업의 수행에 딸린 경비

5. 심사 및 재심사청구

1) 심사와 재심사

① 피보험자격의 취득 · 상실에 대한 확인, 실업급여 및 육아휴직 급여와 출산전후휴가 급여 등에 관한 처분에 이의가 있는 자는 심사관에게 심사를 청구할 수 있고, 그 결정에 이의가 있는 자는 심사위원회에 재심사를 청구할 수 있다.

② 심사의 청구는 확인 또는 처분이 있음을 안 날부터 90일 이내에, 재심사의 청구는 심사청구에 대한 결정이 있음을 안 날부터 90일 이내에 각각 제기하여야 한다.

2) 고용보험심사위원회

① 재심사를 하게 하기 위하여 고용노동부에 고용보험심사위원회를 둔다.

② 심사위원회는 근로자를 대표하는 자 및 사용자를 대표하는 자 각 1명 이상을 포함한 15명 이내의 위원으로 구성한다.

③ 위원 중 2명은 상임위원으로 한다.

01 고용보험법에 의하여 지급되는 급여가 아닌 것은?

① 이주비
② 휴업급여
③ 산전후휴가 급여
④ 직업능력개발수당

해설 고용보험법상 급여의 종류는 실업급여(조기 재취업 수당, 직업능력 개발 수당, 광역 구직 활동비, 이주비), 구직급여, 상병급여, 연장급여, 육아휴직급여, 출산전후 휴가 급여가 있다.

정답 ②

02 고용보험법령상 중대한 귀책사유로 해고된 피보험자로서 구직급여 수급자격의 제한 사유에 해당되는 것을 모두 고른 것은?

ㄱ. 「 형법 」을 위반하여 금고 이상의 형을 선고받은 경우 ㄴ. 정당한 사유 없이 근로계약을 위반하여 장기간 무단 결근한 경우 ㄷ. 사업기밀을 경쟁관계에 있는 사업자에게 제공한 경우

① ㄱ
② ㄷ
③ ㄱ, ㄴ
④ ㄴ, ㄷ
⑤ ㄱ, ㄴ, ㄷ

해설 모두 맞는 내용이다

정답 ⑤

03 고용보험의 급여에 해당하지 않는 것을 고르시오.

① 실업급여
② 직업능력개발사업
③ 유족급여
④ 고용안정사업

해설 유족급여는 고용보험 급여에 해당하지 않는다.

정답 ③

제4절 산업재해보상보험법

1. 개요

1) 목적

산업재해보상보험 사업을 시행하여 근로자의 업무상의 재해를 신속하고 공정하게 보상하며, 재해근로자의 재활 및 사회 복귀를 촉진하기 위하여 이에 필요한 보험시설을 설치·운영하고, 재해 예방과 그 밖에 근로자의 복지증진을 위한 사업을 시행하여 근로자 보호에 이바지하는 것을 목적으로 한다.

2) 보험의 관장과 보험연도

산업재해보상보험 사업은 고용노동부장관이 관장한다.

3) 보험료

보험 사업에 드는 비용을 충당하기 위하여 징수하는 보험료나 그 밖의 징수금에 관하여는 「고용보험 및 산업재해보상보험의 보험료징수 등에 관한 법률」에서 정하는 바에 따른다.

4) 용어정의

① "업무상의 재해"란 업무상의 사유에 따른 근로자의 부상·질병·장해 또는 사망을 말한다.
② "근로자"·"임금"·"평균임금"·"통상임금"이란 각각 「근로기준법」에 따른 "근로자"·"임금"·"평균임금"·"통상임금"을 말한다. 다만, 「근로기준법」에 따라 "임금" 또는 "평균임금"을 결정하기 어렵다고 인정되면 고용노동부장관이 정하여 고시하는 금액을 해당 "임금" 또는 "평균임금"으로 한다.
③ "유족"이란 사망한 자의 배우자(사실상 혼인 관계에 있는 자를 포함한다. 이하 같다)·자녀·부모·손자녀·조부모 또는 형제자매를 말한다.
④ "치유"란 부상 또는 질병이 완치되거나 치료의 효과를 더 이상 기대할 수 없고 그 증상이 고정된 상태에 이르게 된 것을 말한다.
⑤ "장해"란 부상 또는 질병이 치유되었으나 정신적 또는 육체적 훼손으로 인하여 노동능력이 상실되거나 감소된 상태를 말한다.
⑥ "중증요양상태"란 업무상의 부상 또는 질병에 따른 정신적 또는 육체적 훼손으로 노동능력이 상실되거나 감소된 상태로서 그 부상 또는 질병이 치유되지 아니한 상태를 말한다.

⑦ “진폐”란 분진을 흡입하여 폐에 생기는 섬유증식성 변화를 주된 증상으로 하는 질병을 말한다.
⑧ “출퇴근”이란 취업과 관련하여 주거와 취업 장소 사이의 이동 또는 한 취업 장소에서 다른 취업 장소로의 이동을 말한다.

2. 보험급여

1) 보험급여의 종류

(1) 요양급여

① 요양급여
- 요양급여는 근로자가 업무상의 사유로 부상을 당하거나 질병에 걸린 경우 그 근로자에게 지급한다.
- 요양급여는 산재보험 의료기관에서 요양을 하게 한다. 다만, 부득이한 경우에는 요양을 갈음하여 요양비를 지급할 수 있다.
- 부상 또는 질병이 3일 이내의 요양으로 치유될 수 있으면 요양급여를 지급하지 아니한다.

② 요양급여의 범위
- 진찰 및 검사
- 약제 또는 진료재료와 의지(義肢) 그 밖의 보조기의 지급
- 처치, 수술, 그 밖의 치료
- 재활치료
- 입원
- 간호 및 간병
- 이송
- 그 밖에 고용노동부령으로 정하는 사항

(2) 휴업급여

휴업급여는 업무상 사유로 부상을 당하거나 질병에 걸린 근로자에게 요양으로 취업하지 못한 기간에 대하여 지급하되, 1일당 지급액은 평균임금의 100분의 70에 상당하는 금액으로 한다. 다만, 취업하지 못한 기간이 3일 이내이면 지급하지 아니한다.

(3) 장해급여

① 장해급여는 근로자가 업무상의 사유로 부상을 당하거나 질병에 걸려 치유된 후 신체 등에 장해가 있는 경우 그 근로자에게 지급한다.

② 장해급여는 장해등급에 따른 장해보상연금 또는 장해보상일시금으로 하되, 그 장해등급의 기준은 대통령령으로 정한다.

③ 장해보상연금 또는 장해보상일시금은 수급권자의 선택에 따라 지급한다. 다만, 대통령령으로 정하는 노동력을 완전히 상실한 장해등급의 근로자에게는 장해보상연금을 지급하고, 장해급여 청구사유 발생 당시 대한민국 국민이 아닌 자로서 외국에서 거주하고 있는 근로자에게는 장해보상일시금을 지급한다.

(4) 간병급여

간병급여는 요양급여를 받은 자 중 치유 후 의학적으로 상시 또는 수시로 간병이 필요하여 실제로 간병을 받는 자에게 지급한다.

(5) 유족급여

① 유족급여는 근로자가 업무상의 사유로 사망한 경우 유족에게 지급한다.

② 유족급여는 유족보상연금이나 유족보상일시금으로 하되, 유족보상일시금은 근로자가 사망할 당시에 따른 유족보상연금을 받을 수 있는 자격이 있는 자가 없는 경우 지급한다.

③ 유족보상연금을 받을 수 있는 자격이 있는 자가 원하면 유족보상일시금의 100분의 50에 상당하는 금액을 일시금으로 지급하고 유족보상연금은 100분의 50을 감액하여 지급한다.

④ 유족보상연금을 받던 자가 그 수급자격을 잃은 경우 다른 수급자격자가 없고 이미 지급한 연금액을 지급 당시의 각각의 평균임금으로 나누어 산정한 일수의 합계가 1,300일에 못 미치면 그 못 미치는 일수에 수급자격 상실 당시의 평균임금을 곱하여 산정한 금액을 수급자격 상실 당시의 유족에게 일시금으로 지급한다.

⑤ 유족보상연금의 지급 기준 및 방법, 그 밖에 필요한 사항은 대통령령으로 정한다.

*유족보상연금 수급자격자의 범위

① 유족보상연금을 받을 수 있는 자격이 있는 자(이하 "유족보상연금 수급자격자"라 한다)는 근로자가 사망할 당시 그 근로자와 생계를 같이 하고 있던 유족(그 근로자가 사망할 당시 대한민국 국민이 아닌 자로서 외국에서 거주하고 있던 유족은 제외한다) 중 배우자와 다음 각 호의 어느 하나에 해당하는 자로 한다. 이 경우 근로자와 생계를 같이 하고 있던 유족의 판단 기준은 대통령령으로 정한다.

- 부모 또는 조부모로서 각각 60세 이상인 자
- 자녀로서 25세 미만인 자
- 자녀의 손자녀로서 19세 미만인 자
- 형제자매로서 19세 미만이거나 60세 이상인 자

② 제1호부터 제3호까지의 규정 중 어느 하나에 해당하지 아니하는 자녀 · 부모 · 손자녀 · 조부모 또는 형제자매로서 「장애인복지법」에 따른 장애인 중 고용노동부령으로 정한 장애등급 이상에 해당하는 자

③ 근로자가 사망할 당시 태아였던 자녀가 출생한 경우에는 출생한 때부터 장래에 향하여 근로자가 사망할 당시 그 근로자와 생계를 같이 하고 있던 유족으로 본다.

④ 유족보상연금 수급자격자 중 유족보상연금을 받을 권리의 순위는 배우자 · 자녀 · 부모 · 손자녀 · 조부모 및 형제자매의 순서로 한다.

(6) **상병보상연금**

요양급여를 받는 근로자가 요양을 시작한 지 2년이 지난 날 이후에 다음 각 호의 요건 모두에 해당하는 상태가 계속되면 휴업급여 대신 상병보상연금을 그 근로자에게 지급한다.

① 그 부상이나 질병이 치유되지 아니한 상태일 것
② 그 부상이나 질병에 따른 중증요양상태의 정도가 대통령령으로 정하는 중증요양상태 등급 기준에 해당할 것
③ 요양으로 인하여 취업하지 못하였을 것
④ 상병보상연금은 중증요양상태 등급에 따라 지급한다.

상병보상연금표

폐질등급	상병보상연금
제1급	평균임금의 329일분
제2급	평균임금의 291일분
제3급	평균임금의 257일분

(7) **장의비**

장의비는 근로자가 업무상의 사유로 사망한 경우 지급하되, 평균임금의 120일분에 상당하는 금액을 그 장제를 지낸 유족에게 지급한다. 다만, 장제를 지낼 유족이 없거나 그 밖에 부득이한 사유로 유족이 아닌 자가 장제를 지낸 경우에는 평균임금의 120일분에 상당하는 금액의 범위에서 실제 드는 비용을 그 장제를 지낸 자에게 지급한다.

(8) **직업재활급여**

① 장해급여 또는 진폐보상연금을 받은 자나 장해급여를 받을 것이 명백한 자로서 대통령령으로 정하는 자(이하 "장해급여자"라 한다) 중 취업을 위하여 직업훈련이 필요한 자(이하 "훈련대상자"라 한다)에 대하여 실시하는 직업훈련에 드는 비용 및 직업훈련수당

② 업무상의 재해가 발생할 당시의 사업에 복귀한 장해급여자에 대하여 사업주가 고용을 유지하거나 직장적응훈련 또는 재활운동을 실시하는 경우(직장적응훈련의 경우에는 직장 복귀 전에 실시한 경우도 포함한다)에 각각 지급하는 직장복귀지원금, 직장적응훈련비 및 재활운동비

③ 훈련대상자 및 장해급여자는 장해정도 및 연령 등을 고려하여 대통령령으로 정한다.

(9) 특별급여

① 장해특별급여

보험가입자의 고의 또는 과실로 발생한 업무상의 재해로 근로자가 대통령령으로 정하는 장해등급 또는 진폐장해등급에 해당하는 장해를 입은 경우에 수급권자가 「민법」에 따른 손해배상청구를 갈음하여 장해특별급여를 청구하면 장해급여 또는 진폐보상연금 외에 대통령령으로 정하는 장해특별급여를 지급할 수 있다. 다만, 근로자와 보험가입자 사이에 장해특별급여에 관하여 합의가 이루어진 경우에 한한다.

② 유족특별급여

보험가입자의 고의 또는 과실로 발생한 업무상의 재해로 근로자가 사망한 경우 수급권자가 「민법」에 따른 손해배상청구를 갈음하여 유족특별급여를 청구하면 유족급여 또는 진폐유족연금 외에 대통령령으로 정하는 유족특별급여를 지급할 수 있다.

2) 보험급여 산정 기준

보험급여를 산정하는 경우 해당 근로자의 평균임금을 산정하여야 할 사유가 발생한 날부터 1년이 지난 이후에는 매년 전체 근로자의 임금평균액의 증감률에 따라 평균임금을 증감하되, 그 근로자의 연령이 60세에 도달한 이후에는 소비자물가변동률에 따라 평균임금을 증감한다.

3) 업무상 재해의 인정 기준

근로자가 다음 각 호의 어느 하나에 해당하는 사유로 부상 · 질병 또는 장해가 발생하거나 사망하면 업무상의 재해로 본다. 다만, 업무와 재해 사이에 상당인과관계가 없는 경우에는 그러하지 아니하다.

① 업무상 사고

가. 근로자가 근로계약에 따른 업무나 그에 따르는 행위를 하던 중 발생한 사고

나. 사업주가 제공한 시설물 등을 이용하던 중 그 시설물 등의 결함이나 관리소홀로 발생한 사고

다. 사업주가 주관하거나 사업주의 지시에 따라 참여한 행사나 행사준비 중에 발생한 사고

라. 휴게시간 중 사업주의 지배관리 하에 있다고 볼 수 있는 행위로 발생한 사고
바. 그 밖에 업무와 관련하여 발생한 사고

② 업무상 질병
가. 업무수행 과정에서 물리적 인자(因子), 화학물질, 분진, 병원체, 신체에 부담을 주는 업무 등 근로자의 건강에 장해를 일으킬 수 있는 요인을 취급하거나 그에 노출되어 발생한 질병 나. 업무상 부상이 원인이 되어 발생한 질병
다. 그 밖에 업무와 관련하여 발생한 질병

③ 출퇴근 재해
가. 사업주가 제공한 교통수단이나 그에 준하는 교통수단을 이용하는 등 사업주의 지배관리 하에서 출퇴근하는 중 발생한 사고
나. 그 밖에 통상적인 경로와 방법으로 출퇴근하는 중 발생한 사고

4) 보험급여의 지급

① 보험급여는 지급결정일부터 14일 이내에 지급하여야 한다.
② 공단은 수급권자의 신청이 있는 경우에는 보험급여를 수급권자 명의의 지정된 계좌(이하 "보험급여수급계좌"라 한다)로 입금하여야 한다. 다만, 정보통신 장애나 그 밖에 대통령령으로 정하는 불가피한 사유로 보험급여를 보험급여수급계좌로 이체할 수 없을 때에는 대통령령으로 정하는 바에 따라 보험급여를 지급할 수 있다.
③ 보험급여수급계좌의 해당 금융기관은 이 법에 따른 보험급여만이 보험급여수급계좌에 입금되도록 관리하여야 한다.
④ 보험급여수급계좌의 관리에 필요한 사항은 대통령령으로 정한다.

5) 보험급여 지급의 제한

공단은 근로자가 다음 각 호의 어느 하나에 해당되면 보험급여의 전부 또는 일부를 지급하지 아니할 수 있다.

가. 요양 중인 근로자가 정당한 사유 없이 요양에 관한 지시를 위반하여 부상 · 질병 또는 장해 상태를 악화시키거나 치유를 방해한 경우
나. 장해보상연금 또는 진폐보상연금 수급권자가 장해등급 또는 진폐장해등급 재판정 전에 자해 등 고의로 장해 상태를 악화시킨 경우
다. 공단은 보험급여를 지급하지 아니하기로 결정하면 지체 없이 이를 관계 보험가입자와 근로자에게 알려야 한다.

6) 제3자에 대한 구상권

공단은 제3자의 행위에 따른 재해로 보험급여를 지급한 경우에는 그 급여액의 한도 안에서 급여를 받은 자의 제3자에 대한 손해배상청구권을 대위한다. 다만, 보험가입자인 2 이상의 사업주가 같은 장소에서 하나의 사업을 분할하여 각각 행하다가 그 중 사업주를 달리하는 근로자의 행위로 재해가 발생하면 그러하지 아니하다.

7) 수급권의 보호

① 근로자의 보험급여를 받을 권리는 퇴직하여도 소멸되지 아니한다.
② 보험급여를 받을 권리는 양도 또는 압류하거나 담보로 제공할 수 없다.
③ 지정된 보험급여수급계좌의 예금 중 대통령령으로 정하는 액수 이하의 금액에 관한 채권은 압류할 수 없다.

3. 근로복지공단

1) 근로복지공단의 설립

고용노동부장관의 위탁을 받아 제1조의 목적을 달성하기 위한 사업을 효율적으로 수행하기 위하여 근로복지공단을 설립한다.

2) 공단의 사업

공단은 다음의 사업을 수행한다.

① 보험가입자와 수급권자에 관한 기록의 관리 · 유지
② 보험료징수법에 따른 보험료와 그 밖의 징수금의 징수
③ 보험급여의 결정과 지급
④ 보험급여 결정 등에 관한 심사 청구의 심리 · 결정
⑤ 산업재해보상보험 시설의 설치 · 운영
⑥ 그 밖에 정부로부터 위탁받은 사업

3) 법인격

공단은 법인으로 한다.

4) 임원

(1) 임원의 구성

① 공단의 임원은 이사장 1명과 상임이사 4명을 포함한 15명 이내의 이사와 감사 1명으로 한다.

② 이사장 · 상임이사 및 감사의 임면에 관하여는 「공공기관의 운영에 관한 법률」에 따른다.

(2) 임원의 임기

이사장의 임기는 3년으로 하고, 이사와 감사의 임기는 2년으로 하되, 각각 1년 단위로 연임할 수 있다.

(3) 이사회

① 공단에 「공공기관의 운영에 관한 법률」의 사항을 심의 · 의결하기 위하여 이사회를 둔다.
② 이사회는 이사장을 포함한 이사로 구성한다.
③ 이사장은 이사회의 의장이 된다.
④ 이사회의 회의는 이사회 의장이나 재적이사 3분의 1 이상의 요구로 소집하고, 재적이사 과반수의 찬성으로 의결한다.
⑤ 감사는 이사회에 출석하여 의견을 진술할 수 있다.

5) 회계

① 공단의 회계연도는 정부의 회계연도에 따른다.
② 공단은 보험사업에 관한 회계를 공단의 다른 회계와 구분하여 회계처리 하여야 한다.
③ 공단은 고용노동부장관의 승인을 받아 회계규정을 정하여야 한다.

4. 근로복지사업

1) 고용노동부장관은 근로자의 복지 증진을 위한 다음의 사업을 한다.

① 업무상의 재해를 입은 근로자의 원활한 사회 복귀를 촉진하기 위한 다음 각 목의 보험시설의 설치 · 운영
가. 요양이나 외과 후 처치에 관한 시설
나. 의료재활이나 직업재활에 관한 시설
② 장학사업 등 재해근로자와 그 유족의 복지 증진을 위한 사업
③ 그 밖에 근로자의 복지 증진을 위한 시설의 설치 · 운영 사업

2) 국민건강보험 요양급여비용의 본인 일부 부담금의 대부

공단은 업무상 질병에 대하여 요양 신청을 한 경우로서 요양급여의 결정에 걸리는 기간 등을 고려하여 대통령령으로 정하는 자에 대하여 국민건강보험법에 따른 요양급여비용의 본인 일부 부담금에 대한 대부사업을 할 수 있다.

3) 장해급여자의 고용 촉진

고용노동부장관은 보험가입자에 대하여 장해급여 또는 진폐보상연금을 받은 자를 그 적성에 맞는 업무에 고용하도록 권고할 수 있다.

5. 산업재해보상보험 및 예방기금

1) 산업재해보상보험 및 예방기금의 설치 및 조성

① 고용노동부장관은 보험사업, 산업재해 예방사업에 필요한 재원을 확보하고, 보험급여에 충당하기 위하여 산업재해보상보험 및 예방기금을 설치한다.

② 기금은 보험료, 기금운용 수익금, 적립금, 기금의 결산상 잉여금, 정부 또는 정부 아닌 자의 출연금 및 기부금, 차입금, 그 밖의 수입금을 재원으로 하여 조성한다.

2) 기금의 용도

(1) 기금은 다음의 용도에 사용한다.

① 보험급여의 지급 및 반환금의 반환
② 차입금 및 이자의 상환
③ 공단에의 출연
④ 산업안전보건법에 따른 용도
⑤ 재해근로자의 복지 증진
⑥ 한국산업안전보건공단법에 따른 한국산업안전보건공단에 대한 출연
⑦ 보험료징수법에 따른 업무를 위탁받은 자에의 출연
⑧ 그 밖에 보험사업 및 기금의 관리와 운용

(2) 보험료징수법에 따른 업무를 위탁받은 자에의 출연에 따라 기금으로부터 국민건강보험법에 따른 국민건강보험공단에 출연하는 금액은 징수업무가 차지하는 비율 등을 기준으로 산정한다.

3) 기금의 관리 · 운용

① 기금은 고용노동부장관이 관리 · 운용한다.

② 고용노동부장관은 기금을 관리 · 운용할 때에는 그 수익이 대통령령으로 정하는 수준 이상이 되도록 하여야 한다.

④ 기금은 국가회계법에 따라 회계처리를 한다.

⑤ 고용노동부장관은 기금의 관리 · 운용에 관한 업무의 일부를 공단 또는 한국산업안전보건공단에 위탁할 수 있다.

4) 책임준비금의 적립

고용노동부장관은 보험급여에 충당하기 위하여 책임준비금을 적립하여야 한다.

6. 심사청구 및 재심사 청구의 제기

1) 심사청구의 제기

(1) 다음의 어느 하나에 해당하는 공단의 결정 등에 불복하는 자는 공단에 심사청구를 할 수 있다.

- 보험급여에 관한 결정
- 진료비에 관한 결정
- 약제비에 관한 결정
- 진료계획 변경 조치 등
- 보험급여의 일시지급에 관한 결정
- 합병증 등 예방관리에 관한 조치
- 부당이득의 징수에 관한 결정
- 수급권의 대위에 관한 결정

(2) 심사청구는 그 보험급여 결정 등을 한 공단의 소속 기관을 거쳐 공단에 제기하여야 한다.
(3) 심사청구는 보험급여 결정 등이 있음을 안 날부터 90일 이내에 하여야 한다.
(4) 심사청구서를 받은 공단의 소속 기관은 5일 이내에 의견서를 첨부하여 공단에 보내야 한다.
(5) 보험급여 결정 등에 대하여는 행정심판법에 따른 행정심판을 제기할 수 없다.

2) 산업재해보상보험심사위원회

심사청구를 심의하기 위하여 공단에 관계 전문가 등으로 구성되는 산업재해보상보험심사위원회를 둔다.

3) 재심사 청구의 제기

심사 청구에 대한 결정에 불복하는 자는 산업재해보상보험재심사위원회에 재심사청구를 할 수 있다. 다만, 판정위원회의 심의를 거친 보험급여에 관한 결정에 불복하는 자는 심사청구를 하지 아니하고 재심사청구를 할 수 있다.

7. 벌칙 및 과태료

1) 벌칙

(1) 3년 이하의 징역 또는 3천만 원 이하의 벌금

산재보험 의료기관이나 약국의 종사자로서 거짓이나 그 밖의 부정한 방법으로 진료비나 약제비를 지급받은 자

(2) 2년 이하의 징역 또는 2천만 원 이하의 벌금

- 거짓이나 그 밖의 부정한 방법으로 보험급여를 받은 자
- 거짓이나 그 밖의 부정한 방법으로 보험급여를 받도록 시키거나 도와준 자
- 근로자를 해고하거나 그 밖에 근로자에게 불이익한 처우를 한 사업주

(3) 2년 이하의 징역 또는 1천만 원 이하의 벌금

비밀을 누설한 자

2) 과태료

(1) 200만 원 이하의 과태료

- 근로복지공단 또는 이와 비슷한 명칭을 사용한 자
- 공단이 아닌 자에게 진료비를 청구한 자

(2) 100만 원 이하의 과태료

- 진료계획을 정당한 사유 없이 제출하지 아니하는 자
- 질문에 답변하지 아니하거나 거짓된 답변을 하거나 검사를 거부·방해 또는 기피한 자
- 보고를 하지 아니하거나 거짓된 보고를 한 자 또는 서류나 물건의 제출 명령에 따르지 아니한 자
- 공단의 소속 직원의 질문에 답변을 거부하거나 조사를 거부·방해 또는 기피한 자
- 신고를 하지 아니한 자

01 다음 중 산업재해보상보험법상 보험급여로 옳지 않은 것은?

① 장의비 ② 상병급여
③ 장해급여 ④ 휴업급여
⑤ 직업재활급여

해설 산업재해보상보험법에 따르면 상병급여는 없다. 정답 ③

02 산업재해보상보험법에 대한 설명으로 잘못된 것은 무엇인가?

① 우리나라 최초의 사회보험법이다.
② 보험료는 사업주가 전액 부담한다.
③ 사업주의 위험부담을 경감하는 장점이 있다.
④ 무과실책임주의에 입각한 사업주 책임보험 성격을 띤다.
⑤ 국민연금이나 건강보험과 같이 개인단위로 관리한다.

해설 산업재해보상보험법의 가입대상자는 본인이 직접 가입하지 않고, 사업주가 가입하여 산재보험의 적용 단위는 사업장 단위가 된다. 이러한 점은 개인 단위로 하여 관리하는 국민연금이나 건강보험과는 다르다. 정답 ⑤

제5절 노인장기요양보험법

1. 개요

1) 목적

고령이나 노인성 질병 등의 사유로 일상생활을 혼자서 수행하기 어려운 노인 등에게 제공하는 신체활동 또는 가사활동 지원 등의 장기요양급여에 관한 사항을 규정하여 노후의 건강증진 및 생활안정을 도모하고 그 가족의 부담을 덜어줌으로써 국민의 삶의 질을 향상하도록 함을 목적으로 한다.

2) 용어정의

① "노인 등"이란 65세 이상의 노인 또는 65세 미만의 자로서 치매 · 뇌혈관성질환 등 대통령령으로 정하는 노인성 질병을 가진 자를 말한다.

② "장기요양급여"란 6개월 이상 동안 혼자서 일상생활을 수행하기 어렵다고 인정되는 자에게 신체활동 · 가사활동의 지원 또는 간병 등의 서비스나 이에 갈음하여 지급하는 현금 등을 말한다.

③ "장기요양사업"이란 장기요양보험료, 국가 및 지방자치단체의 부담금 등을 재원으로 하여 노인 등에게 장기요양급여를 제공하는 사업을 말한다.

④ "장기요양기관"이란 지정을 받은 기관 또는 지정의제된 재가장기요양기관으로서 장기요양급여를 제공하는 기관을 말한다.

⑤ "장기요양요원"이란 장기요양기관에 소속되어 노인 등의 신체활동 또는 가사활동 지원 등의 업무를 수행하는 자를 말한다.

3) 실태조사

보건복지부장관은 장기요양사업의 실태를 파악하기 위하여 3년마다 조사를 정기적으로 실시하고 그 결과를 공표하여야 한다.

2. 장기요양보험

1) 장기요양보험사업

① 장기요양보험사업은 보건복지부장관이 관장한다.

② 장기요양보험사업의 보험자는 공단으로 한다.
③ 장기요양보험의 가입자는 국민건강보험법에 따른 가입자로 한다.
④ 공단은 외국인근로자의 고용 등에 관한 법률에 따른 외국인근로자 등 대통령령으로 정하는 외국인이 신청하는 경우 보건복지부령으로 정하는 바에 따라 장기요양보험가입자에서 제외할 수 있다.

2) 장기요양급여

(1) 재가급여

① 방문요양
장기요양요원이 수급자의 가정 등을 방문하여 신체활동 및 가사활동 등을 지원하는 장기요양급여

② 방문목욕
장기요양요원이 목욕설비를 갖춘 장비를 이용하여 수급자의 가정 등을 방문하여 목욕을 제공하는 장기요양급여

③ 방문간호
장기요양요원인 간호사 등이 의사, 한의사 또는 치과의사의 지시서에 따라 수급자의 가정 등을 방문하여 간호, 진료의 보조, 요양에 관한 상담 또는 구강위생 등을 제공하는 장기요양급여

④ 주 · 야간보호
수급자를 하루 중 일정한 시간 동안 장기요양기관에 보호하여 신체활동 지원 및 심신기능의 유지 · 향상을 위한 교육 · 훈련 등을 제공하는 장기요양급여

⑤ 단기보호
수급자를 보건복지부령으로 정하는 범위 안에서 일정 기간 동안 장기요양기관에 보호하여 신체활동 지원 및 심신기능의 유지 · 향상을 위한 교육 · 훈련 등을 제공하는 장기요양급여

⑥ 기타재가급여
수급자의 일상생활 · 신체활동 지원 및 인지기능의 유지 · 향상에 필요한 용구를 제공하거나 가정을 방문하여 재활에 관한 지원 등을 제공하는 장기요양급여로서 대통령령으로 정하는 것

(2) 시설급여

장기요양기관이 운영하는 노인복지법에 따른 노인의료복지시설 등에 장기간 동안 입소하여 신체활동 지원 및 심신기능의 유지 · 향상을 위한 교육 · 훈련 등을 제공하는 장기요양급여

(3) 특별현금급여

① 가족요양비

② 특례요양비

③ 요양병원간병비

3. 장기요양기관

1) 장기요양기관의 지정

① 장기요양기관을 설치 · 운영하고자 하는 자는 소재지를 관할 구역으로 하는 특별자치시장 · 특별자치도지사 · 시장 · 군수 · 구청장으로부터 지정을 받아야 한다.

② 장기요양기관으로 지정받고자 하는 자는 보건복지부령으로 정하는 장기요양에 필요한 시설 및 인력을 갖추어야 한다.

③ 특별자치시장 · 특별자치도지사 · 시장 · 군수 · 구청장은 제1항에 따라 장기요양기관을 지정한 때 지체 없이 지정 명세를 공단에 통보하여야 한다.

④ 장기요양기관의 지정절차와 그 밖에 필요한 사항은 보건복지부령으로 정한다.

⑤ 장기요양기관 지정의 유효기간은 지정받은날부터 6년으로 한다.

2) 재가장기요양기관의 설치

① 재가급여 중 어느 하나 이상에 해당하는 장기요양급여를 제공하고자 하는 자는 시설 및 인력을 갖추어 재가장기요양기관을 설치하고 특별자치시장 · 특별자치도지사 · 시장 · 군수 · 구청장에게 이를 신고하여야 한다. 신고를 받은 특별자치시장 · 특별자치도지사 · 시장 · 군수 · 구청장은 신고 명세를 공단에 통보하여야 한다.

② 설치의 신고를 한 재가장기요양기관은 장기요양기관으로 본다.

③ 의료기관이 아닌 자가 설치 · 운영하는 재가장기요양기관은 방문간호를 제공하는 경우 방문간호의 관리책임자로서 간호사를 둔다.

④ 시설 및 인력기준, 그 밖에 필요한 사항은 보건복지부령으로 정한다.

3) 장기요양기관의 의무

① 장기요양기관은 수급자로부터 장기요양급여신청을 받은 때 장기요양급여의 제공을 거부하여서는 아니 된다. 다만, 입소정원에 여유가 없는 경우 등 정당한 사유가 있는 경우는 그러하지 아니하다.

② 장기요양기관은 장기요양급여의 제공 기준 · 절차 및 방법 등에 따라 장기요양급여를 제공하여야 한다.

③ 장기요양기관의 장은 장기요양급여를 제공한 수급자에게 장기요양급여비용에 대한 명세서를 교부하여야 한다.

④ 장기요양기관의 장은 장기요양급여 제공에 관한 자료를 기록 · 관리하여야 하며, 장기요양기관의 장 및 그 종사자는 장기요양급여 제공에 관한 자료를 거짓으로 작성하여서는 아니 된다.

⑤ 장기요양기관은 면제받거나 감경받는 금액 외에 영리를 목적으로 수급자가 부담하는 재가 및 시설 급여비용을 면제하거나 감경하는 행위를 하여서는 아니 된다.

⑥ 누구든지 영리를 목적으로 금전, 물품, 노무, 향응, 그 밖의 이익을 제공하거나 제공할 것을 약속하는 방법으로 수급자를 장기요양기관에 소개, 알선 또는 유인하는 행위 및 이를 조장하는 행위를 하여서는 아니 된다.

⑦ 장기요양급여비용의 명세서, 제4항에 따라 기록 · 관리하여야 할 장기요양급여 제공 자료의 내용 및 보존기한, 그 밖에 필요한 사항은 보건복지부령으로 정한다.

4) 인권교육

장기요양기관 중 대통령령으로 정하는 기관을 설치 · 운영하는 자와 그 종사자는 인권에 관한 교육을 받아야 한다.

보건복지부장관은 지정을 받은 인권교육기관이 다음 각 호의 어느 하나에 해당하면 그 지정을 취소하거나 6개월 이내의 기간을 정하여 업무의 정지를 명할 수 있다. 다만, 제1호에 해당하면 그 지정을 취소하여야 한다.

① 거짓이나 그 밖의 부정한 방법으로 지정을 받은 경우

② 보건복지부령으로 정하는 지정요건을 갖추지 못하게 된 경우

③ 인권교육의 수행능력이 현저히 부족하다고 인정되는 경우

④ 인권교육의 대상 · 내용 · 방법, 인권교육기관의 지정 및 인권교육기관의 지정취소 · 업무정지 처분의 기준 등에 필요한 사항은 보건복지부령으로 정한다.

5) 장기요양기관 지정의 취소 등

특별자치시장 · 특별자치도지사 · 시장 · 군수 · 구청장은 장기요양기관이 다음 각 호의 어느 하

나에 해당하는 경우 그 지정을 취소하거나 6개월의 범위에서 업무정지를 명할 수 있다. 다만, 제1호, 제2호의2 또는 제7호에 해당하는 경우에는 지정을 취소하여야 한다.

① 거짓이나 그 밖의 부정한 방법으로 지정을 받은 경우
② 지정기준에 적합하지 아니한 경우
③ 장기요양급여를 거부한 경우
④ 거짓이나 그 밖의 부정한 방법으로 재가 및 시설 급여비용을 청구한 경우
⑤ 자료제출 명령에 따르지 아니하거나 거짓으로 자료제출을 한 경우나 질문 또는 검사를 거부·방해 또는 기피하거나 거짓으로 답변한 경우
⑥ 장기요양기관의 종사자 등이 다음의 어느 하나에 해당하는 행위를 한 경우

- 수급자의 신체에 폭행을 가하거나 상해를 입히는 행위
- 수급자에게 성적 수치심을 주는 성폭행, 성희롱 등의 행위
- 자신의 보호·감독을 받는 수급자를 유기하거나 의식주를 포함한 기본적 보호 및 치료를 소홀히 하는 방임행위

⑦ 업무정지기간 중에 장기요양급여를 제공한 경우

4. 장기요양위원회

1) 장기요양위원회 심의사항

① 장기요양보험료율
② 가족요양비, 특례요양비 및 요양병원간병비의 지급기준
③ 재가 및 시설 급여비용

2) 장기요양위원회의 구성

장기요양위원회는 위원장 1인, 부위원장 1인을 포함한 16인 이상 22인 이하의 위원으로 구성한다.

5. 이의신청 및 심사청구

1) 이의신청

① 장기요양인정·장기요양등급·장기요양급여·부당이득·장기요양급여비용 또는 장기요양보험료 등에 관한 공단의 처분에 이의가 있는 자는 공단에 이의신청을 할 수 있다.

② 이의신청은 처분이 있은 날부터 90일 이내에 문서로 하여야 한다. 다만, 정당한 사유로 본문의 기간 이내에 이의신청을 할 수 없었음을 소명한 때는 그러하지 아니하다.

③ 공단은 장기요양심사위원회를 구성하여 제1항에 따른 이의신청사건을 심의하게 하여야 한다.

2) 심사청구

① 이의신청에 대한 결정에 불복하는 자는 결정처분을 받은 날부터 90일 이내에 장기요양심판위원회에 심사청구를 할 수 있다.

② 심판위원회는 보건복지부장관 소속으로 두고, 위원장 1인을 포함한 20인 이내의 위원으로 구성한다.

③ 심판위원회의 위원은 관계 공무원, 법학, 그 밖에 장기요양사업 분야의 학식과 경험이 풍부한 자 중에서 보건복지부장관이 임명 또는 위촉한다.

④ 심판위원회의 구성 · 운영 및 위원의 임기, 그 밖에 필요한 사항은 대통령령으로 정한다.

01 장기요양기관의 지정을 반드시 취소해야 하는 경우는?

① 수급자의 신체에 폭행을 가하거나 상해를 입히는 경우
② 지정기준에 적합하지 아니한 경우
③ 정당한 사유 없이 수급자의 장기요양급여를 거부한 경우
④ 거짓이나 그 밖의 부정한 방법으로 지정을 받은 경우
⑤ 자신의 보호, 감독을 받는 수급자를 유기하거나 의식주를 포함한 기본적 보호 및 치료를 소홀히 하는 경우

해설 ①②③⑤ 장기요양기관 지정을 취소할 수 있으나, 반드시 취소해야 하는 경우는 아니다.

정답 ④

02 다음 중 노인장기요양보험에 대한 설명으로 옳은 것을 모두 고른 것은?

가. 65세 이상 노인 중 일정소득 이하의 노인에게 요양급여를 제공한다. 나. 제도의 관리운영기관은 국민건강보험공단이다. 다. 대상자에게 제공되는 장기요양급여는 재가급여, 시설급여, 세제혜택급여로 구분된다. 라. 제도운영에 소요되는 재원은 장기요양보험료, 국가지원, 이용자 일부부담금으로 구성된다.

① 가, 나, 다
② 가, 다
③ 나, 라
④ 라
⑤ 가, 나, 다, 라

해설 가. 65세 이상 노인 중 일정소득 이하의 노인에게 요양급여를 제공한다는 내용은 제5의 사회보험인 노인장기요양보험 제도와 동떨어진 내용이다.
다. 대상자에게 제공되는 장기요양급여는 재가급여, 시설급여, 특별현금급여로 구분된다.

정답 ③

IV. 사회복지사업법

Chapter 01 사회복지사업법
Chapter 02 사회복지법인

사회복지사업법

제1절 사회복지사업의 개요

1. 목적

사회복지사업에 관한 기본적 사항을 규정하여 사회복지를 필요로 하는 사람에 대하여 인간의 존엄성과 인간다운 생활을 할 권리를 보장하고 사회복지의 전문성을 높이며, 사회복지사업의 공정 · 투명 · 적정을 도모하고, 지역사회복지의 체계를 구축하고 사회복지서비스의 질을 높여 사회복지의 증진에 이바지함을 목적으로 한다.

2. 기본이념

① 사회복지를 필요로 하는 사람은 누구든지 자신의 의사에 따라 서비스를 신청하고 제공받을 수 있다.
② 사회복지법인 및 사회복지시설은 공공성을 가지며 사회복지사업을 시행하는 데 있어서 공공성을 확보하여야 한다.
③ 사회복지사업을 시행하는 데 있어서 사회복지를 제공하는 자는 사회복지를 필요로 하는 사람의 인권을 보장하여야 한다.
④ 사회복지서비스를 제공하는 자는 필요한 정보를 제공하는 등 사회복지서비스를 이용하는 사람의 선택권을 보장하여야 한다.

3. 용어정의

1) 사회복지사업

법률에 따른 보호 · 선도 또는 복지에 관한 사업과 사회복지상담, 직업지원, 무료 숙박, 지역사회복지, 의료복지, 재가복지, 사회복지관 운영, 정신질환자 및 한센병력자의 사회복귀에 관한 사업 등 각종 복지사업과 이와 관련된 자원봉사활동 및 복지시설의 운영 또는 지원을 목적으로 하는 사업을 말한다.

2) 지역사회복지

주민의 복지증진과 삶의 질 향상을 위하여 지역사회 차원에서 전개하는 사회복지를 말한다.

3) 사회복지법인

사회복지사업을 할 목적으로 설립된 법인을 말한다.

4) 사회복지시설

사회복지사업을 할 목적으로 설치된 시설을 말한다.

5) 사회복지관

지역사회를 기반으로 일정한 시설과 전문인력을 갖추고 지역주민의 참여와 협력을 통하여 지역사회의 복지문제를 예방하고 해결하기 위하여 종합적인 복지서비스를 제공하는 시설을 말한다.

6) 사회복지서비스

국가 · 지방자치단체 및 민간부문의 도움을 필요로 하는 모든 국민에게 사회보장기본법에 따른 사회서비스 중 사회복지사업을 통한 서비스를 제공하여 삶의 질이 향상되도록 제도적으로 지원하는 것을 말한다.

7) 보건의료서비스

국민의 건강을 보호 · 증진하기 위하여 보건의료인이 하는 모든 활동을 말한다.

4. 사회복지사업법(복지 27법)

① 국민기초생활 보장법
② 아동복지법
③ 노인복지법
④ 장애인복지법
⑤ 한부모가족지원법
⑥ 영유아보육법
⑦ 성매매방지 및 피해자보호 등에 관한 법률

⑧ 정신건강증진 및 정신질환자 복지서비스 지원에 관한 법률
⑨ 성폭력방지 및 피해자보호 등에 관한 법률
⑩ 입양특례법
⑪ 일제하 일본군위안부 피해자에 대한 생활안정지원 및 기념사업 등에 관한 법률
⑫ 사회복지공동모금회법
⑬ 장애인 · 노인 · 임산부 등의 편의증진 보장에 관한 법률
⑭ 가정폭력방지 및 피해자보호 등에 관한 법률
⑮ 농어촌주민의 보건복지증진을 위한 특별법
⑯ 식품 등 기부 활성화에 관한 법률
⑰ 의료급여법
⑱ 기초연금법
⑲ 긴급복지지원법
⑳ 다문화가족지원법
㉑ 장애인연금법
㉒ 장애인활동 지원에 관한 법률
㉓ 노숙인 등의 복지 및 자립지원에 관한 법률
㉔ 보호관찰 등에 관한 법률
㉕ 장애아동 복지지원법
㉖ 발달장애인 권리보장 및 지원에 관한 법률
㉗ 청소년복지 지원법

제2절 국가 및 지방자치 단체의 복지와 인권증진의 책임

1. 사회보장과 사회복지 증진

① 국가와 지방자치단체는 사회복지서비스를 증진하고, 서비스를 이용하는 사람에 대하여 인권침해를 예방하고 차별을 금지하며 인권을 옹호할 책임을 진다.
② 국가와 지방자치단체는 사회복지서비스와 보건의료서비스를 함께 필요로 하는 사람에게 이들 서비스가 연계되어 제공되도록 노력하여야 한다.

2. 복지 관련 사업과 주민복지 욕구 조사

국가와 지방자치단체, 그 밖에 사회복지사업을 하는 자는 사회복지를 필요로 하는 사람에 대하여 그 사업과 관련한 상담, 작업치료, 직업훈련 등을 실시하고 필요한 경우에는 주민의 복지욕구를 조사할 수 있다.

3. 사회복지시설의 설치 및 사회복지서비스 강화

① 국가와 지방자치단체는 도움을 필요로 하는 국민이 본인의 선호와 필요에 따라 적절한 사회복지서비스를 제공받을 수 있도록 사회복지서비스 수요자 등을 고려하여 사회복지시설이 균형 있게 설치되도록 노력하여야 한다.

② 국가와 지방자치단체는 민간부문의 사회복지 증진활동이 활성화되고 국가 및 지방자치단체의 사회복지사업과 민간부문의 사회복지 증진활동이 원활하게 연계될 수 있도록 노력하여야 한다.

③ 국가와 지방자치단체는 사회복지를 필요로 하는 사람의 인권이 충분히 존중되는 방식으로 사회복지서비스를 제공하고 사회복지와 관련된 인권교육을 강화하여야 한다.

④ 국가와 지방자치단체는 사회복지서비스를 이용하는 사람이 긴급한 인권침해 상황에 놓인 경우 신속히 대응할 체계를 갖추어야 한다.

⑤ 국가와 지방자치단체는 시설 거주자 또는 보호자의 희망을 반영하여 지역사회보호체계에서 서비스가 제공될 수 있도록 노력하여야 한다.

⑥ 국가와 지방자치단체는 사회복지서비스를 필요로 하는 사람들에게 사회복지서비스의 실시에 대한 정보를 제공하여야 한다.

⑦ 국가와 지방자치단체는 사회복지서비스를 제공하는 자로부터 위법 또는 부당한 처분을 받아 권리나 이익을 침해당한 사람을 위하여 간이하고 신속한 구제조치를 마련하여야 한다.

4. 사회복지 자원봉사활동의 지원 · 육성

① 국가와 지방자치단체는 사회복지 자원봉사활동을 지원 · 육성하기 위하여 다음 사항을 실시하여야 하며, 효율적으로 수행하기 위하여 사회복지법인이나 그 밖의 비영리법인 · 단체에 이를 위탁할 수 있다.

- 자원봉사활동의 홍보 및 교육
- 자원봉사활동 프로그램의 개발 · 보급

- 자원봉사활동 중의 재해에 대비한 시책의 개발
- 그 밖에 자원봉사활동의 지원에 필요한 사항

제3절 사회복지인력

1. 사회복지의 날

국가는 국민의 사회복지에 대한 이해를 증진하고 사회복지사업 종사자의 활동을 장려하기 위하여 매년 9월 7일을 사회복지의 날로 하고, 사회복지의 날부터 1주간을 사회복지주간으로 한다.

2. 사회복지사 자격증의 발급 등

① 보건복지부장관은 사회복지에 관한 전문지식과 기술을 가진 사람에게 사회복지사 자격증을 발급할 수 있다.

② 사회복지사의 등급은 1급 · 2급으로 하고 등급별 자격기준 및 자격증의 발급절차 등은 대통령령으로 정한다.

③ 사회복지사 1급 자격증을 받으려는 사람은 국가시험에 합격하여야 한다.

④ 보건복지부장관은 제2항에 따른 사회복지사 자격증을 발급받거나 재발급받으려는 사람에게 보건복지부령으로 정하는 바에 따라 수수료를 내게 할 수 있다.

3. 사회복지사의 결격사유

- 피성년후견인
- 금고 이상의 실형을 선고받고 그 집행이 끝나거나(집행이 끝난 것으로 보는 경우를 포함한다) 집행이 면제되지 아니한 사람.
- 금고 이상의 형의 집행유예를 선고받고 그 유예기간 중에 있는 사람.
- 법원의 판결에 따라 자격이 상실되거나 정지된 사람
- 마약 · 대마 또는 향정신성의약품의 중독자

- 정신건강증진 및 정신질환자 복지서비스 지원에 관한 법률에 따른 정신질환자. 다만, 전문의가 사회복지사로서 적합하다고 인정하는 사람은 그러하지 아니하다.

4. 사회복지사의 자격취소

보건복지부장관은 사회복지사가 다음의 어느 하나에 해당하는 경우 그 자격을 취소하거나 1년의 범위에서 정지시킬 수 있다.

① 거짓이나 그 밖의 부정한 방법으로 자격을 취득한 경우(취소)
② 사회복지사의 결격사유에 해당하는 경우(취소)
③ 자격증을 대여 · 양도 또는 위조 · 변조한 경우(취소)
④ 사회복지사의 업무수행 중 그 자격과 관련하여 고의나 중대한 과실로 다른 사람에게 손해를 입힌 경우
⑤ 자격정지 처분을 3회 이상 받았거나, 정지 기간 종료 후 3년 이내에 다시 자격정지 처분에 해당하는 행위를 한 경우
⑥ 자격정지 처분 기간에 자격증을 사용하여 자격 관련 업무를 수행한 경우

5. 사회복지사의 채용 및 교육

1) 사회복지사 채용

사회복지법인 및 사회복지시설을 설치 · 운영하는 자는 대통령령으로 정하는 바에 따라 사회복지사를 그 종사자로 채용하고, 보고방법 · 보고주기 등 보건복지부령으로 정하는 바에 따라 특별시장 · 광역시장 · 특별자치시장 · 도지사 · 특별자치도지사(이하 "시 · 도지사"라 한다) 또는 시장 · 군수 · 구청장에게 사회복지사의 임면에 관한 사항을 보고하여야 한다.

2) 사회복지사 교육

보건복지부장관은 사회복지사의 자질 향상을 위하여 필요하다고 인정하면 사회복지사에게 교육을 받도록 명할 수 있다. 다만, 사회복지법인 또는 사회복지시설에 종사하는 사회복지사는 정기적으로 인권에 관한 내용이 포함된 보수교육을 받아야 한다.

사회복지법인 또는 사회복지시설을 운영하는 자는 그 법인 또는 시설에 종사하는 사회복지사에 대하여 단서에 따른 교육을 이유로 불리한 처분을 하여서는 아니 된다.

01 다음은 사회복지법의 개념에 대한 설명이다. 옳지 않은 것은?

① 사회복지법은 사회경제적 약자의 사회생활문제를 해결하는 데서 발생되었다.
② 사회복지법은 사회복지를 구체적으로 실천하는 제도 · 기구 · 시설 · 권리 · 의무 등을 규정한 개별 법률이다.
③ 사회현상은 지역과 시대에 따라 통일적이고 체계적이며 일원적인 개념을 가지고 있다.
④ 사회현상은 사람에 따라, 시대에 따라, 사회에 따라 개념의 파악이 다르게 된다.
⑤ 사회복지법의 모태는 사회법이라 할 수 있다.

해설 사회현상은 시대에 따라 변화며 다양한 개념을 가지고 변화한다. 정답 ③

02 사회보장기본법상 사회복지서비스법으로 분류되지 않는 것은?

① 아동복지법
② 장애인복지법
③ 산업재해보상보험법
④ 농어촌주민의 보건복지증진을 위한 특별법
⑤ 노인복지법

해설 산업재해보상보험법은 사회보장법에 속한다. 정답 ③

Chapter 02 사회복지법인

제1절 사회복지법인

1. 법인의 설립허가

사회복지법인을 설립하려는 자는 대통령령으로 정하는 바에 따라 시·도지사의 허가를 받아야 한다. 허가를 받은 자는 법인의 주된 사무소의 소재지에서 설립등기를 하여야 한다.

2. 정관에 포함되어야 할 사항

- 목적
- 명칭
- 주된 사무소의 소재지
- 사업의 종류
- 자산 및 회계에 관한 사항
- 임원의 임면 등에 관한 사항
- 회의에 관한 사항
- 수익을 목적으로 하는 사업이 있는 경우 그에 관한 사항
- 정관의 변경에 관한 사항
- 존립시기와 해산 사유를 정한 경우에는 그 시기와 사유 및 남은 재산의 처리방법
- 공고 및 공고방법에 관한 사항

법인이 정관을 변경하려는 경우에는 시·도지사의 인가를 받아야 한다.

3. 임원

1) 법인의 임원

① 법인은 대표이사를 포함한 이사 7명 이상과 감사 2명 이상을 두어야 한다.

② 이사회의 구성에 있어서 대통령령으로 정하는 특별한 관계에 있는 사람이 이사 현원(現員)의 5분의 1을 초과할 수 없다.

③ 이사의 임기는 3년으로 하고 감사의 임기는 2년으로 하며, 각각 연임할 수 있다.

④ 외국인인 이사는 이사 현원의 2분의 1 미만이어야 한다.

⑤ 법인은 임원을 임면하는 경우에는 보건복지부령으로 정하는 바에 따라 지체 없이 시·도지사에게 보고하여야 한다.

⑥ 감사 중 1명은 법률 또는 회계에 관한 지식이 있는 사람 중에서 선임하여야 한다.

2) 임원의 결격사유

① 미성년자

② 피성년후견인 또는 피한정후견인

③ 파산선고를 받고 복권되지 아니한 사람

④ 법원의 판결에 따라 자격이 상실되거나 정지된 사람

⑤ 금고 이상의 실형을 선고받고 그 집행이 끝나거나(집행이 끝난 것으로 보는 경우를 포함한다) 집행이 면제된 날부터 10년이 지나지 아니한 사람

⑥ 금고이상의 형의 집행유예를 받고 집행유예가 확정된 날로부터 10년이 지나지 아니한 사람

⑦ 해임명령에 따라 해임된 날부터 5년이 지나지 아니한 사람

⑧ 설립허가가 취소된 사회복지법인의 임원이었던 사람으로서 그 설립허가가 취소된 날부터 5년이 지나지 아니한 사람

⑨ 시설의 장에서 해임된 사람으로서 해임된 날부터 5년이 지나지 아니한 사람

⑩ 폐쇄명령을 받고 3년이 지나지 아니한 사람

⑪ 사회복지분야의 6급 이상 공무원으로 재직하다 퇴직한 지 3년이 경과하지 아니한 사람 중에서 퇴직 전 5년 동안 소속하였던 기초자치단체가 관할하는 법인의 임원이 되고자 하는 사람

4. 임원의 보충

이사 또는 감사 중에 결원이 생겼을 때에는 2개월 이내에 보충하여야 한다.

5. 임원의 겸직 금지

① 이사는 법인이 설치한 사회복지시설의 장을 제외한 그 시설의 직원을 겸할 수 없다.
② 감사는 법인의 이사, 법인이 설치한 사회복지시설의 장 또는 그 직원을 겸할 수 없다.

6. 재산 등

① 법인은 사회복지사업의 운영에 필요한 재산을 소유하여야 한다.
② 법인의 재산은 보건복지부령으로 정하는 바에 따라 기본재산과 보통재산으로 구분하며, 기본재산은 그 목록과 가액을 정관에 적어야 한다.
③ 법인은 기본재산에 관하여 다음의 어느 하나에 해당하는 경우에는 시·도지사의 허가를 받아야 한다. 다만, 보건복지부령으로 정하는 사항에 대하여는 그러하지 아니하다.
- 매도·증여·교환·임대·담보제공 또는 용도변경을 하려는 경우
- 보건복지부령으로 정하는 금액 이상을 1년 이상 장기차입하려는 경우

7. 설립허가 취소

시·도지사는 법인이 다음의 어느 하나에 해당할 때에는 기간을 정하여 시정명령을 하거나 설립허가를 취소할 수 있다.

① 거짓이나 그 밖의 부정한 방법으로 설립허가를 받았을 때(취소)
② 설립허가 조건을 위반하였을 때
③ 목적 달성이 불가능하게 되었을 때
④ 목적사업 외의 사업을 하였을 때
⑤ 정당한 사유 없이 설립허가를 받은 날부터 6개월 이내에 목적사업을 시작하지 아니하거나 1년 이상 사업실적이 없을 때
⑥ 법인이 운영하는 시설에서 반복적 또는 집단적 성폭력범죄가 발생한 때
⑦ 법인 설립 후 기본재산을 출연하지 아니한 때(취소)
⑧ 임원정수를 위반한 때
⑨ 위반하여 이사를 선임한 때
⑩ 임원의 해임명령을 이행하지 아니한 때
⑪ 명령이나 정관을 위반하였을 때

해산한 법인의 남은 재산은 정관으로 정하는 바에 따라 국가 또는 지방자치단체에 귀속된다.

8. 수익사업

법인은 목적사업의 경비에 충당하기 위하여 필요할 때에는 법인의 설립 목적 수행에 지장이 없는 범위에서 수익사업을 할 수 있다. 법인은 수익사업에서 생긴 수익을 법인 또는 법인이 설치한 사회복지시설의 운영 외의 목적에 사용할 수 없다.

9. 합병

법인은 시 · 도지사의 허가를 받아 이 법에 따른 다른 법인과 합병할 수 있다. 다만, 주된 사무소가 서로 다른 특별시 · 광역시 · 특별자치시 · 도 · 특별자치도(이하 "시 · 도"라 한다)에 소재한 법인 간의 합병의 경우에는 보건복지부장관의 허가를 받아야 한다.

제2절 사회복지협의회

1. 사회복지협의회

사회복지에 관한 업무를 수행하기 위하여 전국 단위의 한국사회복지협의회(이하 중앙협의회라 한다), 시 · 도 단위의 시 · 도 사회복지협의회(이하 시 · 도협의회라 한다) 및 시(제주특별자치도 설치 및 국제자유도시 조성을 위한 특별법에 따른 행정시를 포함한다) · 군 · 구(자치구를 말한다) 단위의 시 · 군 · 구 사회복지협의회(이하 시 · 군 · 구협의회라 한다)를 둔다.

2. 사회복지협의회 업무

① 사회복지에 관한 조사 · 연구 및 정책 건의
② 사회복지 관련 기관 · 단체 간의 연계 · 협력 · 조정
③ 사회복지 소외계층 발굴 및 민간사회복지자원과의 연계 · 협력
④ 대통령령으로 정하는 사회복지사업의 조성 등

3. 중앙협의회, 시 · 도협의회 및 시 · 군 · 구협의회는 사회복지법인으로 한다.

제3절 사회복지시설

1. 사회복지시설의 설치

① 국가나 지방자치단체는 사회복지시설을 설치 · 운영할 수 있다.
② 국가 또는 지방자치단체 외의 자가 시설을 설치 · 운영하려는 경우에는 보건복지부령으로 정하는 바에 따라 시장 · 군수 · 구청장에게 신고하여야 한다.
③ 시설을 설치 · 운영하는 자는 보건복지부령으로 정하는 재무 · 회계에 관한 기준에 따라 시설을 투명하게 운영하여야 한다.
④ 국가나 지방자치단체가 설치한 시설은 필요한 경우 사회복지법인이나 비영리법인에 위탁하여 운영하게 할 수 있다.

2. 사회복지시설의 운영

1) 시설의 장

시설의 장은 상근하여야 한다.

2) 운영위원회

(1) 심의사항

① 시설운영계획의 수립 · 평가
② 사회복지 프로그램의 개발 · 평가
③ 시설 종사자의 근무환경 개선
④ 시설 거주자의 생활환경 개선 및 고충 처리 등
⑤ 시설 종사자와 거주자의 인권보호 및 권익증진
⑥ 시설과 지역사회의 협력
⑦ 그 밖에 시설의 장이 운영위원회의 회의에 부치는 사항

(2) 운영위원회의 위원은 시설장의 추천을 받아 관할 시장 · 군수 · 구청장이 임명

① 시설의 장
② 시설 거주자 대표
③ 시설 거주자의 보호자 대표
④ 시설 종사자의 대표

⑤ 해당 시·군·구 소속의 사회복지업무를 담당하는 공무원
⑥ 후원자 대표 또는 지역주민
⑦ 공익단체에서 추천한 사람
⑧ 그 밖에 시설의 운영 또는 사회복지에 관하여 전문적인 지식과 경험이 풍부한 사람

(3) 운영위원회 보고사항

① 시설의 회계 및 예산·결산에 관한 사항
② 후원금 조성 및 집행에 관한 사항
③ 그 밖에 시설운영과 관련된 사건·사고에 관한 사항

3) 보험가입 의무

① 시설의 운영자는 손해배상책임을 이행하기 위하여 손해보험회사의 책임보험에 가입하거나 사회복지공제회의 책임공제에 가입하여야 한다.
② 국가나 지방자치단체는 예산의 범위에서 책임보험 또는 책임공제의 가입에 드는 비용의 전부 또는 일부를 보조할 수 있다.

4) 시설의 안전점검 등

① 시설의 장은 시설에 대하여 정기 및 수시 안전점검을 실시하여야 한다.
② 시설의 장은 정기 또는 수시 안전점검을 한 후 그 결과를 시장·군수·구청장에게 제출하여야 한다.
③ 시장·군수·구청장은 결과를 받은 후 필요한 경우에는 시설의 운영자에게 시설의 보완 또는 개수·보수를 요구할 수 있으며, 이 경우 시설의 운영자는 요구에 따라야 한다.
④ 국가나 지방자치단체는 예산의 범위에서 안전점검, 시설의 보완 및 개수·보수에 드는 비용의 전부 또는 일부를 보조할 수 있다.

5) 시설 수용인원의 제한

각 시설의 수용인원은 300명을 초과할 수 없다.

6) 시설의 서류비치

① 법인의 정관(법인에 한한다)
② 법인설립허가증사본(법인에 한한다)
③ 사회복지시설신고증
④ 시설거주자 및 퇴소자의 명부
⑤ 시설거주자 및 퇴소자의 상담기록부

⑥ 시설의 운영계획서 및 예산·결산서
⑦ 후원금품대장
⑧ 시설의 건축물관리대장
⑨ 시설의 장과 종사자의 명부

7) 시설의 휴지·재개·폐지 신고 등

① 시설의 설치, 운영을 한 자는 지체 없이 시설의 운영을 시작하여야 한다.
② 시설의 운영자는 그 운영을 일정 기간 중단하거나 다시 시작하거나 시설을 폐지하려는 경우에는 보건복지부령으로 정하는 바에 따라 시장·군수·구청장에게 신고하여야 한다.
③ 시장·군수·구청장은 제2항에 따라 시설 운영이 중단되거나 시설이 폐지되는 경우에는 보건복지부령으로 정하는 바에 따라 시설 거주자의 권익을 보호하기 위하여 조치를 하여야 한다.

8) 시설의 평가

① 보건복지부장관과 시·도지사는 보건복지부령으로 정하는 바에 따라 시설을 정기적으로 평가하고, 그 결과를 공표하거나 시설의 감독·지원 등에 반영할 수 있으며 시설 거주자를 다른 시설로 보내는 등의 조치를 할 수 있다.
② 복건복지부장관 및 시·도지사는 3년 마다 1회 이상 시설에 대한 평가를 실시하여야 한다.
③ 보건복지부장관이나 시·도지사는 평가 결과에 따라 시설 거주자를 다른 시설로 보내는 경우에는 조치를 하여야 한다.

제4절 벌칙

1. 5년 이하의 징역 또는 5천만 원 이하의 벌금

① 법인의 기본재산에 관하여 매도 · 증여 · 교환 · 임대 · 담보제공 또는 용도변경을 하려는 경우, 보건복지부령으로 정하는 금액 이상을 1년 이상 장기차입하려는 경우 시 · 도지사의 허가를 받지 아니한 자

② 보조금을 그 목적 외의 용도에 사용한 자

2. 1년 이하의 징역 또는 1천만 원 이하의 벌금

① 정당한 이유 없이 사회복지시설의 설치를 방해한 자

② 금품, 향응 또는 재산상의 이익을 주고받거나 주고받을 것을 약속한 자

③ 수익사업에서 생긴 수익을 법인 또는 법인이 설치한 사회복지시설의 운영 외의 목적에 사용한 자

④ 신고를 하지 아니하고 시설을 설치 · 운영한 자

⑤ 정당한 이유 없이 시설 거주자 권익 보호조치를 기피하거나 거부한 자

⑥ 정당한 이유 없이 보고를 하지 아니하거나 거짓으로 보고한 자, 자료를 제출하지 아니하거나 거짓 자료를 제출한 자, 검사 · 질문을 거부 · 방해 또는 기피한 자

3. 300만 원 이하의 벌금

대통령이 정하는 하는 바에 의해 사회복지사의 채용 및 교육을 하지 아니한 자

4. 과태료

① 법원이 임원을 임면할 때 지체 없이 이를 시 · 도시사에게 보고하지 않은 경우

② 사회복지법인이 아닌 자가 사회복지법인이라는 용어를 사용한 경우

③ 시설의 휴직 · 재개 · 폐지신고 등을 하지 않은 경우

④ 후원금의 관리를 명확하게 하지 않은 경우

01 다음 중 사회복지법인의 설립 절차로 옳은 것은 어느 것인가?

① 시 · 도지사에게 신고
② 보건복지부장관의 허가
③ 보건복지부장관의 인가
④ 시 · 도지사의 허가
⑤ 시장 · 군수 · 구청장에게 신고

해설 사회복지사업법 제2장 사회복지법인
제16조(법인의 설립허가) ① 사회복지법인(이하 이 장에서 "법인"이라 한다)을 설립하려는 자는 대통령령으로 정하는 바에 따라 시 · 도지사의 허가를 받아야 한다.
② 제1항에 따라 허가를 받은 자는 법인의 주된 사무소의 소재지에서 설립등기를 하여야 한다.

정답 ④

02 다음은 사회복지사업법상 사회복지법인 내용에서 숫자에 대한 내용이다. 맞는 것은 어느 것인가?

① 법인은 대표이사를 포함한 이사 2인 이상과 감사 5인 이상을 두어야 한다.
② 이사회의 구성에 있어 대통령령이 정하는 특별한 관계에 있는 자가 이사현원의 2분의 1을 초과할 수 없다.
③ 이사 또는 감사 중에 결원이 생긴 때에는 2월 이내에 이를 보충하여야 한다.
④ 외국인인 이사는 이사현원 5분의 1 미만이어야 한다.
⑤ 이사의 임기는 2년으로 하고 감사의 임기는 3년으로 하되, 각각 연임을 할 수 있다.

해설 ① 법인은 대표이사를 포함한 이사 7인 이상과 감사 2인 이상을 두어야 한다.
② 이사회의 구성에 있어서 대통령령이 정하는 특별한 관계에 있는 자가 이사현원의 5분의 1을 초과할 수 없다.
④ 외국인인 이사는 이사현원의 2분의 1 미만이어야 한다.
⑤ 이사의 임기는 3년으로 하고 감사의 임기는 2년으로 하되, 각각 연임할 수 있다.

정답 ③

V. 사회복지서비스법

Chapter 01 아동복지법
Chapter 02 노인복지법
Chapter 03 장애인복지법
Chapter 04 장애인연금법
Chapter 05 한부모가족지원법
Chapter 06 영유아보육법
Chapter 07 다문화가족지원법
Chapter 08 입양특례법
Chapter 09 정신건강복지법
Chapter 10 사회복지공동모금회법
Chapter 11 장애인 · 노인 · 임산부 등의 편의증진 보장에 관한 법
Chapter 12 성매매방지 및 피해자보호 등에 관한 법률
Chapter 13 성폭력범죄의 처벌 등에 관한 특례법
Chapter 14 가정폭력방지 및 피해자보호 등에 관한 법률
Chapter 15 일제하 일본군위안부 피해자에 대한 보호 · 지원 및 기념사업 등에 관한 법률
Chapter 16 농어촌주민의 보건복지 증진을 위한 특별법
Chapter 17 식품 등 기부 활성화에 관한 법률
Chapter 18 장애활동 지원에 관한 법률
Chapter 19 발달장애인 권리보장 및 지원에 관한 법률

아동복지법

1. 아동복지법의 개요

1) 목적

아동이 건강하게 출생하여 행복하고 안전하게 자랄 수 있도록 아동의 복지를 보장하는 것을 목적으로 한다.

2) 기본이념

① 아동은 자신 또는 부모의 성별, 연령, 종교, 사회적 신분, 재산, 장애유무, 출생지역, 인종 등에 따른 어떠한 종류의 차별도 받지 아니하고 자라나야 한다.
② 아동은 완전하고 조화로운 인격발달을 위하여 안정된 가정환경에서 행복하게 자라나야 한다.
③ 아동에 관한 모든 활동에 있어서 아동의 이익이 최우선적으로 고려되어야 한다.
④ 아동은 아동의 권리보장과 복지증진을 위하여 이 법에 따른 보호와 지원을 받을 권리를 가진다.

2. 용어정의

① "아동"이란 18세 미만인 사람을 말한다.
② "아동복지"란 아동이 행복한 삶을 누릴 수 있는 기본적인 여건을 조성하고 조화롭게 성장・발달할 수 있도록 하기 위한 경제적・사회적・정서적 지원을 말한다.
③ "보호자"란 친권자, 후견인, 아동을 보호・양육・교육하거나 그러한 의무가 있는 자 또는 업무・고용 등의 관계로 사실상 아동을 보호・감독하는 자를 말한다.
④ "보호대상아동"이란 보호자가 없거나 보호자로부터 이탈된 아동 또는 보호자가 아동을 학대하는 경우 등 그 보호자가 아동을 양육하기에 적당하지 아니하거나 양육할 능력이 없는 경우의 아동을 말한다.
⑤ "지원대상아동"이란 아동이 조화롭고 건강하게 성장하는 데에 필요한 기초적인 조건이 갖추어지지 아니하여 사회적・경제적・정서적 지원이 필요한 아동을 말한다.

⑥ "가정위탁"이란 보호대상아동의 보호를 위하여 성범죄, 가정폭력, 아동학대, 정신질환 등의 전력이 없는 보건복지부령으로 정하는 기준에 적합한 가정에 보호대상아동을 일정 기간 위탁하는 것을 말한다.
⑦ "아동학대"란 보호자를 포함한 성인이 아동의 건강 또는 복지를 해치거나 정상적 발달을 저해할 수 있는 신체적 · 정신적 · 성적 폭력이나 가혹행위를 하는 것과 아동의 보호자가 아동을 유기하거나 방임하는 것을 말한다.
⑧ "피해아동"이란 아동학대로 인하여 피해를 입은 아동을 말한다.
⑨ "아동복지시설 종사자"란 아동복지시설에서 아동의 상담 · 지도 · 치료 · 양육, 그 밖에 아동의 복지에 관한 업무를 담당하는 사람을 말한다.

3. 아동보호 주체의 책무

1) 국가와 지방자치단체의 책무

① 국가와 지방자치단체는 아동의 안전 · 건강 및 복지증진을 위하여 아동과 그 보호자 및 가정을 지원하기 위한 정책을 수립 · 시행하여야 한다.
② 국가와 지방자치단체는 보호대상아동 및 지원대상아동의 권익을 증진하기 위한 정책을 수립 · 시행하여야 한다.
③ 국가와 지방자치단체는 아동이 태어난 가정에서 성장할 수 있도록 지원하고, 아동이 태어난 가정에서 성장할 수 없을 때에는 가정과 유사한 환경에서 성장할 수 있도록 조치하며, 아동을 가정에서 분리하여 보호할 경우에는 신속히 가정으로 복귀할 수 있도록 지원하여야 한다.
④ 국가와 지방자치단체는 장애아동의 권익을 보호하기 위하여 필요한 시책을 강구하여야 한다.
⑤ 국가와 지방자치단체는 아동이 자신 또는 부모의 성별, 연령, 종교, 사회적 신분, 재산, 장애유무, 출생지역 또는 인종 등에 따른 어떠한 종류의 차별도 받지 아니하도록 필요한 시책을 강구하여야 한다.
⑥ 국가와 지방자치단체는 아동의 권리에 관한 협약에서 규정한 아동의 권리 및 복지증진 등을 위하여 필요한 시책을 수립 · 시행하고, 이에 필요한 교육과 홍보를 하여야 한다.
⑦ 국가와 지방자치단체는 아동의 보호자가 아동을 행복하고 안전하게 양육하기 위하여 필요한 교육을 지원하여야 한다.

2) 보호자 등의 책무

① 아동의 보호자는 아동을 가정에서 그의 성장시기에 맞추어 건강하고 안전하게 양육하여야 한다.

② 아동의 보호자는 아동에게 신체적 고통이나 폭언 등의 정신적 고통을 가하여서는 아니 된다.

③ 모든 국민은 아동의 권익과 안전을 존중하여야 하며, 아동을 건강하게 양육하여야 한다.

4. 어린이날

어린이에 대한 사랑과 보호의 정신을 높임으로써 이들을 옳고 아름답고 슬기로우며 씩씩하게 자라나도록 하기 위하여 매년 5월 5일을 어린이날로 하며, 5월 1일부터 5월 7일까지를 어린이주간으로 한다.

5. 아동복지정책의 수립 및 시행

1) 아동복지정책 수립

(1) 아동정책기본계획의 수립

① 보건복지부장관은 아동정책의 효율적인 추진을 위하여 5년마다 아동정책기본계획을 수립하여야 한다.

② 보건복지부장관은 기본계획을 수립할 때에는 미리 관계 중앙행정기관의 장과 협의하여야 한다.

③ 기본계획은 아동정책조정위원회의 심의를 거쳐 확정한다.

④ 기본계획 사항

- 이전의 기본계획에 관한 분석 · 평가
- 아동정책에 관한 기본방향 및 추진목표
- 주요 추진과제 및 추진방법
- 재원조달방안
- 그 밖에 아동정책을 시행하기 위하여 특히 필요하다고 인정되는 사항

(2) 연도별 시행계획의 수립 · 시행

보건복지부장관, 관계 중앙행정기관의 장 및 시 · 도지사는 매년 기본계획에 따라 연도별 아동정책시행계획을 수립 · 시행하여야 한다.

2) 아동정책조정위원회

① 국무총리 소속으로 아동정책조정위원회를 둔다.

② 위원회 심의 · 조정 사항은 다음과 같다.

- 기본계획의 수립에 관한 사항
- 아동의 권익 및 복지증진을 위한 기본방향에 관한 사항
- 아동정책의 개선과 예산지원에 관한 사항
- 아동 관련 국제조약의 이행 및 평가 · 조정에 관한 사항
- 아동정책에 관한 관련 부처 간 협조에 관한 사항
- 그 밖에 위원장이 부의하는 사항

③ 위원구성

㉠ 위원회 : 위원장을 포함한 25명

㉡ 위원장 : 국무총리

3) 아동종합실태조사

① 보건복지부장관은 3년마다 아동의 양육 및 생활환경, 언어 및 인지 발달, 정서적 · 신체적 건강, 아동안전, 아동학대 등 아동의 종합실태를 조사하여 그 결과를 공표하고, 이를 기본계획과 시행계획에 반영하여야 한다. 다만, 보건복지부장관은 필요한 경우 보건복지부령으로 정하는 바에 따라 분야별 실태조사를 할 수 있다.

② 보건복지부장관은 실태조사를 위하여 관계 기관 · 법인 · 단체 · 시설의 장에게 필요한 자료의 제출 또는 의견의 진술을 요청할 수 있다. 이 경우 요청을 받은 자는 정당한 사유가 없으면 이에 협조하여야 한다.

③ 아동종합실태조사의 내용과 방법 등에 필요한 사항은 보건복지부령으로 정한다.

6. 아동복지심의위원회

① 시 · 도지사, 시장 · 군수 · 구청장은 다음의 사항을 심의하기 위하여 그 소속으로 아동복지심의위원회를 각각 둔다.

② 위원장 : 시 · 도지사 또는 시장 · 군수 · 구청장

③ 심의사항

- 시행계획 수립 및 시행에 관한 사항
- 보호조치에 관한 사항
- 퇴소조치에 관한 사항
- 친인권행사의 제한이나 친권상실 선고 청구에 관한 사항
- 아동의 후견인의 선임이나 변경 청구에 관한 사항
- 지원대상아동의 선정과 그 지원에 관한 사항
- 그 밖에 아동의 보호 및 지원서비스를 위하여 시·도지사 또는 시장·군수·구청장이 필요하다고 인정하는 사항

시·도지사, 시장·군수·구청장은 대통령령으로 정하는 바에 따라 심의위원회의 구성 및 운영 현황에 관한 사항을 연 1회 보건복지부장관에게 보고하여야 한다.

7. 아동복지전담공무원

① 아동복지에 관한 업무를 담당하기 위하여 특별시·광역시·도·특별자치도 및 시·군·구에 각각 아동복지전담공무원을 둘 수 있다.
② 전담공무원은 사회복지사의 자격을 가진 사람으로 하고 그 임용 등에 필요한 사항은 해당 시·도 및 시·군·구의 조례로 정한다.
③ 전담공무원은 아동에 대한 상담 및 보호조치, 가정환경에 대한 조사, 아동복지시설에 대한 지도·감독, 아동범죄 예방을 위한 현장확인 및 지도·감독 등 지역 단위에서 아동의 복지증진을 위한 업무를 수행한다.

8. 아동위원

① 시·군·구에 아동위원을 둔다.
② 아동위원은 그 관할 구역의 아동에 대하여 항상 그 생활상태 및 가정환경을 상세히 파악하고 아동복지에 필요한 원조와 지도를 행하며 전담공무원 및 관계 행정기관과 협력하여야 한다.
③ 아동위원은 그 업무의 원활한 수행을 위하여 적절한 교육을 받을 수 있다.
④ 아동위원은 명예직으로 하되, 아동위원에 대하여는 수당을 지급할 수 있다.
⑤ 그 밖에 아동위원에 관한 사항은 해당 시·군·구의 조례로 정한다.

9. 아동에 대한 보호서비스 및 아동학대의 예방 및 방지

1) 아동보호서비스

(1) 보호조치

시·도지사 또는 시장·군수·구청장은 그 관할 구역에서 보호대상아동을 발견하거나 보호자의 의뢰를 받은 때에는 아동의 최상의 이익을 위하여 보호조치를 하여야 한다.

(2) 보호대상아동의 퇴소조치

① 보호조치 중인 보호대상아동의 연령이 18세에 달하였거나, 보호 목적이 달성되었다고 인정되면 해당 시·도지사, 시장·군수·구청장은 대통령령으로 정하는 절차와 방법에 따라 그 보호 중인 아동의 보호조치를 종료하거나 해당 시설에서 퇴소시켜야 한다.

② 보호조치 중인 보호대상아동의 친권자, 후견인 등 보건복지부령으로 정하는 자는 관할 시·도지사 또는 시장·군수·구청장에게 해당 보호대상아동의 가정 복귀를 신청할 수 있다.

③ 시·도지사 또는 시장·군수·구청장은 가정 복귀 신청을 받은 경우에는 아동복지시설의 장의 의견을 들은 후 보호조치의 종료 또는 퇴소조치가 보호대상아동의 복리에 반하지 아니한다고 인정되면 해당 보호대상아동을 가정으로 복귀시킬 수 있다.

④ 보호조치 중인 아동이 다음의 어느 하나에 해당하면 시·도지사, 시장·군수·구청장은 해당 아동의 보호기간을 연장할 수 있다.
- 고등교육법에 따른 대학 이하의 학교(대학원은 제외한다)에 재학 중인 경우
- 아동양육시설 또는 근로자직업능력개발법에 따른 직업능력개발훈련시설에서 직업 관련 교육·훈련을 받고 있는 경우
- 그 밖에 위탁가정 및 각종 아동복지시설에서 해당 아동을 계속하여 보호·양육할 필요가 있다고 대통령령으로 정하는 경우

2) 금지행위

누구든지 다음 각 호의 어느 하나에 해당하는 행위를 하여서는 아니 된다.

① 아동을 매매하는 행위

② 아동에게 음란한 행위를 시키거나 이를 매개하는 행위 또는 아동에게 성적 수치심을 주는 성희롱 등의 성적 학대행위

③ 아동의 신체에 손상을 주거나 신체의 건강 및 발달을 해치는 신체적 학대행위

④ 아동의 정신건강 및 발달에 해를 끼치는 정서적 학대행위

⑤ 자신의 보호·감독을 받는 아동을 유기하거나 의식주를 포함한 기본적 보호·양육·치료 및 교육을 소홀히 하는 방임행위

⑥ 장애를 가진 아동을 공중에 관람시키는 행위
⑦ 아동에게 구걸을 시키거나 아동을 이용하여 구걸하는 행위
⑧ 공중의 오락 또는 흥행을 목적으로 아동의 건강 또는 안전에 유해한 곡예를 시키는 행위 또는 이를 위하여 아동을 제3자에게 인도하는 행위
⑨ 정당한 권한을 가진 알선기관 외의 자가 아동의 양육을 알선하고 금품을 취득하거나 금품을 요구 또는 약속하는 행위
⑩ 아동을 위하여 증여 또는 급여된 금품을 그 목적 외의 용도로 사용하는 행위

3) 친권상실 선고의 청구

① 시 · 도지사, 시장 · 군수 · 구청장 또는 검사는 아동의 친권자가 그 친권을 남용하거나 현저한 비행이나 아동학대, 그 밖에 친권을 행사할 수 없는 중대한 사유가 있는 것을 발견한 경우 아동의 복지를 위하여 필요하다고 인정할 때에는 법원에 친권행사의 제한 또는 친권상실의 선고를 청구하여야 한다.
② 아동복지시설의 장 및 초 · 중등교육법에 따른 학교의 장은 시 · 도지사, 시장 · 군수 · 구청장 또는 검사에게 법원에 친권행사의 제한 또는 친권상실의 선고를 청구하도록 요청할 수 있다.
③ 시 · 도지사, 시장 · 군수 · 구청장 또는 검사는 친권행사의 제한 또는 친권상실의 선고 청구를 할 경우 해당 아동의 의견을 존중하여야 한다.
④ 시 · 도지사, 시장 · 군수 · 구청장 또는 검사는 친권행사의 제한 또는 친권상실의 선고 청구를 요청받은 경우에는 요청받은 날부터 30일 내에 청구 여부를 결정한 후 해당 요청기관에 청구 또는 미청구 요지 및 이유를 서면으로 알려야 한다.
⑤ 아동복지시설의 장 및 학교의 장은 그 처리결과에 대하여 이의가 있을 경우 통보받은 날부터 30일 내에 직접 법원에 친권행사의 제한 또는 친권상실의 선고를 청구할 수 있다.

4) 아동의 후견인 선임 청구

① 청구에 따라 후견인을 선임하거나 변경할 경우 해당 아동의 후견에 적합한 사람을 후견인으로 선임할 수 있다.
② 법원은 후견인이 없는 아동에 대하여 제1항에 따라 후견인을 선임하기 전까지 시 · 도지사, 시장 · 군수 · 구청장은 아동보호전문기관의 장 및 가정위탁지원센터의 장으로 하여금 임시로 그 아동의 후견인 역할을 하게 할 수 있다. 이 경우 해당 아동의 의견을 존중하여야 한다.

5) 아동학대의 예방과 방지 의무

(1) 국가와 지방자치단체는 아동학대의 예방과 방지를 위하여 다음의 조치를 취하여야 하며,

지방자치단체는 아동학대를 예방하고 수시로 신고를 받을 수 있도록 긴급전화를 설치하여야 한다.

① 아동학대의 예방과 방지를 위한 각종 정책의 수립 및 시행
② 아동학대의 예방과 방지를 위한 연구 · 교육 · 홍보 및 아동학대 실태조사
③ 아동학대에 관한 신고체제의 구축 · 운영
④ 피해아동의 보호와 치료 및 피해아동의 가정에 대한 지원
⑤ 그 밖에 대통령령으로 정하는 아동학대의 예방과 방지를 위한 사항

(2) 아동학대 예방의 날

① 아동의 건강한 성장을 도모하고, 범국민적으로 아동학대의 예방과 방지에 관한 관심을 높이기 위하여 매년 11월 19일을 아동학대 예방의 날로 지정하고, 아동학대 예방의 날부터 1주일을 아동학대 예방주간으로 한다.
② 국가와 지방자치단체는 아동학대 예방의 날의 취지에 맞는 행사와 홍보를 실시하도록 노력하여야 한다.

(3) 아동학대 예방교육의 실시

국가기관과 지방자치단체의 장, 공공기관과 공공단체의 장은 아동학대의 예방과 방지를 위하여 필요한 교육을 연 1회 이상 실시하고, 그 결과를 보건복지부장관에게 제출하여야 한다.

6) 아동권리보장원의 설립 및 운영

(1) 보건복지부장관은 아동정책에 대한 종합적인 수행과 아동복지 관련 사업의 효과적인 추진을 위하여 필요한 정책의 수립을 지원하고 사업평가 등의 업무를 수행할 수 있도록 아동권리보장원을 설립한다.

(2) 보장원은 업무

① 아동정책 수립을 위한 자료 개발 및 정책 분석
② 기본계획 수립 및 시행계획 평가 지원
③ 원회 운영 지원
④ 아동정책영향평가 지원
⑤ 아동보호서비스에 대한 기술지원
⑥ 아동학대의 예방과 방지를 위한 업무
⑦ 가정위탁사업 활성화 등을 위한 업무
⑧ 지역 아동복지사업 및 아동복지시설의 원활한 운영을 위한 지원

⑨ 입양특례법에 따른 국내입양 활성화 및 입양 사후관리를 위한 다음의 업무
㉠ 국내외 입양정책 및 서비스에 관한 조사 · 연구
㉡ 입양 관련 국제협력 업무
㉢ 입양특례법에 따라 보건복지부장관으로부터 위탁받은 업무
⑩ 아동 관련 조사 및 통계 구축
⑪ 아동 관련 교육 및 홍보
⑫ 아동 관련 해외정책 조사 및 사례분석
⑬ 그 밖에 이 법 또는 다른 법령에 따라 보건복지부장관, 국가 또는 지방자치단체로부터 위탁받은 업무

(3) 보장원은 법인으로 하고, 주된 사무소의 소재지에 설립등기를 함으로써 성립한다.

(4) 보장원에는 보장원을 대표하고 그 업무를 총괄하기 위하여 원장을 두며, 원장은 보건복지부장관이 임면한다.

(5) 보건복지부장관은 보장원의 설립 · 운영에 필요한 비용을 지원할 수 있다.

(6) 보장원에 관하여 이 법에서 정한 사항 외에는 민법 중 재단법인에 관한 규정을 준용한다.

(7) 보장원은 기부금품을 모집할 수 있다.

(8) 보장원의 설립 및 운영에 필요한 사항은 대통령령으로 정한다.

10. 아동에 대한 지원서비스

1) 안전기준의 설정

국가는 대통령령으로 정하는 바에 따라 아동복지시설과 아동용품에 대한 안전기준을 정하고 아동용품을 제작 · 설치 · 관리하는 자에게 이를 준수하도록 하여야 한다.

2) 아동의 안전에 대한 교육

아동복지시설의 장, 영유아보육법에 따른 어린이집의 원장, 유아교육법에 따른 유치원의 원장 및 초 · 중등교육법에 따른 학교의 장은 교육대상 아동의 연령을 고려하여 대통령령으로 정하는 바에 따라 매년 교육을 실시하여야 한다.

3) 아동보호구역에서의 영상정보처리기기 설치

국가와 지방자치단체는 유괴 등 범죄의 위험으로부터 아동을 보호하기 위하여 필요하다고 인정하는 경우에는 시설의 주변구역을 아동보호구역으로 지정하여 범죄의 예방을 위한 순찰 및 아

동지도 업무 등 필요한 조치를 할 수 있다.

4) 아동긴급보호소 지정 및 운영

경찰청장은 유괴 등의 위험에 처한 아동을 보호하기 위하여 아동긴급보호소를 지정 · 운영할 수 있다.

5) 건강한 심신의 보존

① 아동의 보호자는 아동의 건강 유지와 향상을 위하여 최선의 주의와 노력을 하여야 한다.
② 보건소는 아동의 전염병 예방조치, 아동의 건강상담, 신체검사와 보건위생에 관한 지도, 아동의 영양개선업무를 행한다.

6) 취약계층 아동에 대한 통합서비스지원

국가와 지방자치단체는 아동의 건강한 성장과 발달을 도모하기 위하여 대통령령으로 정하는 바에 따라 아동의 성장 및 복지 여건이 취약한 가정을 선정하여 그 가정의 지원대상아동과 가족을 대상으로 보건, 복지, 보호, 교육, 치료 등을 종합적으로 지원하는 통합서비스를 실시한다.

7) 자립지원

국가와 지방자치단체는 보호대상아동의 위탁보호 종료 또는 아동복지시설 퇴소 이후의 자립을 지원하기 위하여 다음에 해당하는 조치를 시행하여야 한다.

① 자립에 필요한 주거 · 생활 · 교육 · 취업 등의 지원
② 자립에 필요한 자산의 형성 및 관리 지원
③ 자립에 관한 실태조사 및 연구
④ 사후관리체계 구축 및 운영
⑤ 그 밖에 자립지원에 필요하다고 대통령령으로 정하는 사항

11. 아동복지시설

1) 아동복지시설의 종류

① 아동양육시설
보호대상아동을 입소시켜 보호, 양육 및 취업훈련, 자립지원 서비스 등을 제공하는 것을 목적으로 하는 시설

② 아동일시보호시설

보호대상아동을 일시보호하고 아동에 대한 향후의 양육대책수립 및 보호조치를 행하는 것을 목적으로 하는 시설

③ 아동보호치료시설

아동에게 보호 및 치료 서비스를 제공하는 시설

㉠ 불량행위를 하거나 불량행위를 할 우려가 있는 아동으로서 보호자가 없거나 친권자나 후견인이 입소를 신청한 아동 또는 가정법원, 지방법원소년부지원에서 보호위탁된 19세 미만인 사람을 입소시켜 치료와 선도를 통하여 건전한 사회인으로 육성하는 것을 목적으로 하는 시설

㉡ 정서적 · 행동적 장애로 인하여 어려움을 겪고 있는 아동 또는 학대로 인하여 부모로부터 일시 격리되어 치료받을 필요가 있는 아동을 보호 · 치료하는 시설

④ 공동생활가정

보호대상아동에게 가정과 같은 주거여건과 보호, 양육, 자립지원 서비스를 제공하는 것을 목적으로 하는 시설

⑤ 자립지원시설

아동복지시설에서 퇴소한 사람에게 취업준비기간 또는 취업 후 일정 기간 동안 보호함으로써 자립을 지원하는 것을 목적으로 하는 시설

⑥ 아동상담소

아동과 그 가족의 문제에 관한 상담, 치료, 예방 및 연구 등을 목적으로 하는 시설

⑦ 아동전용시설

어린이공원, 어린이놀이터, 아동회관, 체육 · 연극 · 영화 · 과학실험전시 시설, 아동휴게숙박시설, 야영장 등 아동에게 건전한 놀이 · 오락, 그 밖의 각종 편의를 제공하여 심신의 건강유지와 복지증진에 필요한 서비스를 제공하는 것을 목적으로 하는 시설

⑧ 지역아동센터

지역사회 아동의 보호 · 교육, 건전한 놀이와 오락의 제공, 보호자와 지역사회의 연계 등 아동의 건전육성을 위하여 종합적인 아동복지서비스를 제공하는 시설

⑨ 아동보호전문기관

⑩ 가정위탁지원센터

2) 아동복지시설 기타사업

① 아동가정지원사업
지역사회아동의 건전한 발달을 위하여 아동, 가정, 지역주민에게 상담, 조언 및 정보를 제공하여 주는 사업

② 아동주간보호사업
부득이한 사유로 가정에서 낮 동안 보호를 받을 수 없는 아동을 대상으로 개별적인 보호와 교육을 통하여 아동의 건전한 성장을 도모하는 사업

③ 아동전문상담사업
학교부적응아동 등을 대상으로 올바른 인격형성을 위한 상담, 치료 및 학교폭력예방을 실시하는 사업

④ 학대아동보호사업
학대아동의 발견, 보호, 치료 및 아동학대의 예방 등을 전문적으로 실시하는 사업

⑤ 공동생활가정사업
보호대상아동에게 가정과 같은 주거여건과 보호를 제공하는 것을 목적으로 하는 사업

⑥ 방과 후 아동지도사업
저소득층 아동을 대상으로 방과 후 개별적인 보호와 교육을 통하여 건전한 인격형성을 목적으로 하는 사업

12. 벌칙

1) 10년 이하의 징역

아동·청소년의 성보호에 관한 법률 위반

2) 1년 이하의 징역 또는 1천만 원 이하의 벌금

1. 정당한 사유 없이 다른 아동복지시설로 옮기는 권익보호조치를 하지 아니한 사람
2. 피해아동 관련 정보를 요청 목적 외로 사용하거나 다른 사람에게 제공 또는 누설한 사람
3. 비밀을 누설하거나 부당한 이익을 취한 사람
4. 신고를 하지 아니하고 아동복지시설을 설치한 자
4. 거짓으로 서류를 작성하여 아동복지시설 전문인력의 자격을 인정받은 자
5. 사업의 정지, 위탁의 취소 또는 시설의 폐쇄명령을 받고도 그 시설을 운영하거나 사업을 한 자

6. 비밀을 누설한 자
7. 조사를 거부 · 방해 또는 기피하거나 질문에 대하여 답변을 거부 · 기피 또는 거짓 답변을 하거나, 아동에게 답변을 거부 · 기피 또는 거짓 답변을 하게 하거나 그 답변을 방해한 자

01 다음은 아동복지법상 내용이다. 틀린 것은 어느 것인가?

① 아동학대란 보호자를 포함한 성인에 의하여 아동의 건강, 복지를 해치거나 정상적 발달을 저해할 수 있는 신체적 · 정신적 · 성적 폭력 또는 가혹행위 및 아동의 보호자에 의하여 이루어지는 유기와 방임을 말한다.

② 시 · 군 · 구에 아동위원을 둔다.

③ 지역아동센터는 지역사회 아동의 보호, 교육, 건전한 놀이와 오락의 제공, 보호자와 지역사회의 연계 등 아동의 건전육성을 위하여 종합적인 아동복지서비스를 제공하는 시설이다.

④ 누구든지 아동학대를 알게 된 때에는 아동보호전문기관 또는 수사기관에 신고해야 한다.

⑤ 아동을 타인에게 매매하는 행위나 아동에게 음행을 시키거나 음행을 매개하는 행위는 가장 무거운 벌칙이 주어진다.

해설 1. 아동학대범죄 신고의무와 절차

누구든지 아동학대범죄를 알게 된 경우나 그 의심이 있는 경우에는 특별시 · 광역시 · 특별자치시 · 도 · 특별자치도(이하 "시 · 도"라 한다), 시 · 군 · 구(자치구를 말한다. 이하 같다) 또는 수사기관에 신고할 수 있다.

다음 각 호의 어느 하나에 해당하는 사람이 직무를 수행하면서 아동학대범죄를 알게 된 경우나 그 의심이 있는 경우에는 시 · 도, 시 · 군 · 구 또는 수사기관에 즉시 신고하여야 한다.

① 아동복지법에 따른 아동권리보장원) 및 가정위탁지원센터의 장과 그 종사자
② 아동복지시설의 장과 그 종사자(아동보호전문기관의 장과 그 종사자는 제외한다)
③ 아동복지법에 따른 아동복지전담공무원
④ 가정폭력방지 및 피해자보호 등에 관한 법률에 따른 가정폭력 관련 상담소 및 가정폭력피해자 보호시설의 장과 그 종사자
⑤ 건강가정기본법에 따른 건강가정지원센터의 장과 그 종사자
⑥ 다문화가족지원법에 따른 다문화가족지원센터의 장과 그 종사자
⑦ 사회보장급여의 이용 · 제공 및 수급권자 발굴에 관한 법률에 따른 사회복지전담공무원 및 사회복지사업법에 따른 사회복지시설의 장과 그 종사자
⑧ 성매매방지 및 피해자보호 등에 관한 법률에 따른 지원시설 및 성매매피해상담소의 장과 그 종사자
⑨ 성폭력방지 및 피해자보호 등에 관한 법률에 따른 성폭력피해상담소, 성폭력피해자보호시설의 장과 그 종사자 및 성폭력피해자통합지원센터의 장과 그 종사자
⑩ 119구조 · 구급에 관한 법률에 따른 119구급대의 대원
⑪ 응급의료에 관한 법률에 따른 응급의료기관등에 종사하는 응급구조사
⑫ 영유아보육법에 따른 육아종합지원센터의 장과 그 종사자 및 어린이집의 원장 등 보육교직원
⑬ 유아교육법에 따른 유치원의 장과 그 종사자

⑭ 아동보호전문기관의 장과 그 종사자
⑮ 의료법에 따른 의료기관의 장과 그 의료기관에 종사하는 의료인 및 의료기사
⑯ 장애인복지법에 따른 장애인복지시설의 장과 그 종사자로서 시설에서 장애아동에 대한 상담 · 치료 · 훈련 또는 요양 업무를 수행하는 사람
⑰ 정신건강증진 및 정신질환자 복지서비스 지원에 관한 법률에 따른 정신건강복지센터, 정신의료기관, 정신요양시설 및 정신재활시설의 장과 그 종사자
⑱ 청소년기본법에 따른 청소년시설 및 청소년단체의 장과 그 종사자
⑲ 청소년 보호법에 따른 청소년 보호 · 재활센터의 장과 그 종사자
⑳ 초 · 중등교육법에 따른 학교의 장과 그 종사자
㉑ 한부모가족지원법에 따른 한부모가족복지시설의 장과 그 종사자
㉒ 학원의 설립 · 운영 및 과외교습에 관한 법률에 따른 학원의 운영자 · 강사 · 직원 및 교습소의 교습자 · 직원
㉓ 아이돌봄 지원법에 따른 아이돌보미
㉔ 아동복지법에 따른 취약계층 아동에 대한 통합서비스지원 수행인력
㉕ 입양특례법에 따른 입양기관의 장과 그 종사자

2. 누구든지 신고인의 인적 사항 또는 신고인임을 미루어 알 수 있는 사실을 다른 사람에게 알려주거나 공개 또는 보도하여서는 아니 된다.
3. 신고가 있는 경우 시 · 도, 시 · 군 · 구 또는 수사기관은 정당한 사유가 없으면 즉시 조사 또는 수사에 착수하여야 한다.

정답 ④

02 아동복지법에서 정의된 아동의 연령은?

① 18세 미만 ② 16세 미만
③ 12세 미만 ④ 14세 미만
⑤ 15세 미만

해설 아동복지법상 아동의 연령은 18세 미만이다.

정답 ①

Chapter 02

노인복지법

1. 노인복지법의 개요

1) 목적

노인의 질환을 사전예방 또는 조기발견하고 질환상태에 따른 적절한 치료 · 요양으로 심신의 건강을 유지하고, 노후의 생활안정을 위하여 필요한 조치를 강구함으로써 노인의 보건복지증진에 기여함을 목적으로 한다.

2) 기본이념

① 노인은 후손의 양육과 국가 및 사회의 발전에 기여하여 온 자로서 존경받으며 건전하고 안정된 생활을 보장받는다.

② 노인은 그 능력에 따라 적당한 일에 종사하고 사회적 활동에 참여할 기회를 보장받는다.

③ 노인은 노령에 따르는 심신의 변화를 자각하여 항상 심신의 건강을 유지하고 그 지식과 경험을 활용하여 사회의 발전에 기여하도록 노력하여야 한다.

2. 용어정의

① "부양의무자"라 함은 배우자(사실상의 혼인관계에 있는 자를 포함한다)와 직계비속 및 그 배우자(사실상의 혼인관계에 있는 자를 포함한다)를 말한다.

② "보호자"라 함은 부양의무자 또는 업무 · 고용 등의 관계로 사실상 노인을 보호하는 자를 말한다.

③ "치매"란 퇴행성 뇌질환 또는 뇌혈관 관계 질환 등으로 인하여 기억력, 언어능력, 지남력, 판단력 및 수행능력 등의 기능이 저하됨으로써 일상생활에 지장을 초래하는 후천적 다발성 장애를 말한다.

④ "노인학대"라 함은 노인에 대하여 신체적 · 정신적 · 정서적 · 성적 폭력 및 경제적 착취 또는 가혹행위를 하거나 유기 또는 방임을 하는 것을 말한다.

⑤ "노인학대 관련 범죄"란 보호자에 의한 65세 이상 노인에게 행하는 범죄를 말한다.

3. 노인실태조사

보건복지부장관은 노인의 보건 및 복지에 관한 실태조사를 3년마다 실시하고 그 결과를 공표하여야 한다.

실태조사를 위하여 관계 기관 · 법인 · 단체 · 시설의 장에게 필요한 자료의 제출 또는 의견의 진술을 요청할 수 있다. 이 경우 관계 기관 · 법인 · 단체 · 시설의 장은 정당한 사유가 없으면 그 요청에 따라야 한다.

4. 보건복지증진 책임의 주체

1) 국가와 지방자치단체

① 국가와 지방자치단체는 노인의 보건 및 복지증진의 책임이 있으며, 이를 위한 시책을 강구하여 추진하여야 한다.

② 국가와 지방자치단체는 기본이념에 규정된 기본이념이 구현되도록 노력하여야 한다.

③ 노인의 일상생활에 관련되는 사업을 경영하는 자는 그 사업을 경영함에 있어 노인의 보건복지가 증진되도록 노력하여야 한다.

2) 인권교육

노인복지시설 중 시설을 설치 · 운영하는 자와 그 종사자는 인권에 관한 교육을 받아야 한다.

① 노인복지시설 중 노인주거복지시설, 노인의료복지시설, 노인여가복지시설, 재가노인복지시설, 노인보호전문기관, 노인일자리지원기관, 학대피해노인 전용쉼터 시설을 설치 · 운영하는 자는 해당 시설을 이용하고 있는 노인들에게 인권교육을 실시할 수 있다.

② 보건복지부장관은 인권교육을 효율적으로 실시하기 위하여 인권교육기관을 지정할 수 있다. 이 경우 예산의 범위에서 인권교육에 소요되는 비용을 지원할 수 있으며, 지정을 받은 인권교육기관은 보건복지부장관의 승인을 받아 인권교육에 필요한 비용을 교육대상자로부터 징수할 수 있다.

3) 노인복지상담원

① 노인의 복지를 담당하게 하기 위하여 특별자치도와 시 · 군 · 구(자치구를 말한다. 이하 같다)에 노인복지상담원을 둔다.

② 노인복지상담원의 임용 또는 위촉, 직무 및 보수 등에 관하여 필요한 사항은 대통령령으로 정한다.

③ 노인복지상담원의 임용

㉠ 노인복지상담원은 사회복지사업법에 따른 사회복지사 3급 이상의 자격증 소지자 중에서 특별자치시장 · 특별자치도지사 · 시장 · 군수 · 구청장이 공무원으로 임용한다. 다만, 부득이한 경우에는 공무원 외의 자로 위촉할 수 있다.

㉡ 위촉한 상담원의 임기는 3년으로 하되, 연임할 수 있다.

㉢ 특별자치시장 · 특별자치도지사 · 시장 · 군수 · 구청장은 필요하다고 인정하는 때에는 아동복지법에 따른 아동복지전담공무원, 장애인복지법에 따른 장애인복지상담원 또는 사회복지에 관한 업무를 담당하는 공무원으로 하여금 상담원을 겸직하게 할 수 있다.

5. 노인에 대한 보건 · 복지 조치

1) 노인 사회참여 지원

① 국가 또는 지방자치단체는 노인의 사회참여 확대를 위하여 노인의 지역봉사 활동기회를 넓히고 노인에게 적합한 직종의 개발과 그 보급을 위한 시책을 강구하며, 근로능력이 있는 노인에게 일할 기회를 우선적으로 제공하도록 노력하여야 한다.

② 국가 또는 지방자치단체는 노인의 지역봉사 활동 및 취업의 활성화를 기하기 위하여 노인지역봉사기관, 노인취업알선기관 등 노인복지관계기관에 대하여 필요한 지원을 할 수 있다.

2) 노인일자리전담기관의 설치 · 운영

노인의 능력과 적성에 맞는 일자리지원사업을 전문적 · 체계적으로 수행하기 위한 노인일자리전담기관은 다음의 기관으로 하며, 국가 또는 지방자치단체는 노인일자리전담기관을 설치 · 운영하거나 그 운영의 전부 또는 일부를 법인 · 단체 등에 위탁할 수 있다.

(1) 노인일자리전담기관

① 노인인력개발기관

노인일자리개발 · 보급사업, 조사사업, 교육 · 홍보 및 협력사업, 프로그램인증 · 평가사업 등을 지원하는 기관

② 노인일자리지원기관

지역사회 등에서 노인일자리의 개발 · 지원, 창업 · 육성 및 노인에 의한 재화의 생산 · 판매 등을 직접 담당하는 기관

③ 노인취업알선기관

노인에게 취업 상담 및 정보를 제공하거나 노인일자리를 알선하는 기관

(2) 노인일자리전담기관의 설치 · 운영

① 중앙노인일자리전담기관

㉠ 노인일자리의 개발 및 보급

㉡ 노인일자리사업 종사자의 교육훈련

㉢ 노인일자리에 관한 조사 및 연구

㉣ 노인일자리 종합정보시스템 및 노인인력 데이터베이스의 구축 및 운영

㉤ 지역노인일자리전담기관에 대한 지원 및 평가

㉥ 그 밖에 보건복지부장관이 노인일자리사업에 관하여 위탁한 사항

② 지역노인일자리전담기관의 업무

㉠ 지역 특성에 적합한 노인일자리의 개발 및 보급

㉡ 노인일자리사업에 참여하는 노인의 교육훈련

㉢ 노인일자리 및 참여자에 대한 사후관리

㉣ 노인인력 데이터베이스의 구축 지원

㉤ 그 밖에 지방자치단체의 장이 노인일자리사업에 관하여 위탁한 사항

(3) 학대피해노인 전용쉼터의 설치

국가와 지방자치단체는 노인학대로 인하여 피해를 입은 노인을 일정기간 보호하고 심신 치유 프로그램을 제공하기 위하여 학대피해노인 전용쉼터를 설치 · 운영할 수 있다.

① 쉼터의 업무

- 학대피해노인의 보호와 숙식제공 등의 쉼터생활 지원
- 학대피해노인의 심리적 안정을 위한 전문심리상담 등 치유프로그램 제공
- 학대피해노인에게 학대로 인한 신체적, 정신적 치료를 위한 기본적인 의료비 지원
- 학대 재발 방지와 원가정 회복을 위하여 노인학대행위자 등에게 전문상담서비스 제공
- 그 밖에 쉼터에 입소하거나 쉼터를 이용하는 학대피해노인을 위하여 보건복지부령으로 정하는 사항

② 국가와 지방자치단체는 쉼터의 운영업무를 노인보호전문기관에 위탁할 수 있다. 이 경우 국가와 지방자치단체는 위탁에 소요되는 비용을 지원할 수 있다.

③ 쉼터 운영의 위탁과 위탁비용 지원에 관한 사항은 대통령령으로 정한다.

3) 지역봉사지도원 위촉 및 업무

(1) 지역봉사지도원

국가 또는 지방자치단체는 사회적 신망과 경험이 있는 노인으로서 지역봉사를 희망하는 경우에는 이를 지역봉사지도원으로 위촉할 수 있다.

(2) 지역봉사지도원의 업무

① 국가 또는 지방자치단체가 행하는 업무 중 민원인에 대한 상담 및 조언
② 도로의 교통정리, 주 · 정차단속의 보조, 자연보호 및 환경침해 행위단속의 보조와 청소년 선도
③ 충효사상, 전통의례 등 전통문화의 전수교육
④ 문화재의 보호 및 안내
⑤ 노인에 대한 교통안전 및 교통사고 예방교육
⑥ 기타 대통령령이 정하는 업무

4) 생업지원

① 국가, 지방자치단체, 그 밖의 공공단체 중 대통령령으로 정하는 기관은 소관 공공시설에 식료품 · 사무용품 · 신문 등 일상생활용품의 판매를 위한 매점이나 자동판매기의 설치를 허가 또는 위탁할 때에는 65세 이상 노인의 신청이 있는 경우 이를 우선적으로 반영하여야 한다.
② 국가, 지방자치단체, 그 밖의 공공단체 중 대통령령으로 정하는 기관은 소관 공공시설에 청소, 주차관리, 매표 등의 사업을 위탁하는 경우에는 65세 이상 노인을 100분의 20 이상 채용한 사업체를 우선적으로 고려할 수 있다.

5) 경로우대

① 국가 또는 지방자치단체는 65세 이상의 자에 대하여 대통령령이 정하는 바에 의하여 국가 또는 지방자치단체의 수송시설 및 고궁 · 능원 · 박물관 · 공원 등의 공공시설을 무료로 또는 그 이용요금을 할인하여 이용하게 할 수 있다.
② 국가 또는 지방자치단체는 노인의 일상생활에 관련된 사업을 경영하는 자에게 65세 이상의 자에 대하여 그 이용요금을 할인하여 주도록 권유할 수 있다.
③ 국가 또는 지방자치단체는 노인에게 이용요금을 할인하여 주는 자에 대하여 적절한 지원을 할 수 있다.

6) 건강진단

① 국가 또는 지방자치단체는 대통령령이 정하는 바에 의하여 65세 이상의 자에 대하여

건강진단과 보건교육을 실시할 수 있다. 이 경우 보건복지부령으로 정하는 바에 따라 성별 다빈도질환 등을 반영하여야 한다.

② 국가 또는 지방자치단체는 건강진단 결과 필요하다고 인정한 때에는 그 건강진단을 받은 자에 대하여 필요한 지도를 하여야 한다.

7) 홀로 사는 노인에 대한 지원

① 국가 또는 지방자치단체는 홀로 사는 노인에 대하여 방문요양과 돌봄 등의 서비스와 안전확인 등의 보호조치를 취하여야 한다.

② 국가 또는 지방자치단체는 제1항에 따른 사업을 노인 관련 기관·단체에 위탁할 수 있으며, 예산의 범위에서 그 사업 및 운영에 필요한 비용을 지원할 수 있다.

8) 상담·입소 등의 조치

보건복지부장관, 특별시장·광역시장·특별자치시장·도지사·특별자치도지사, 시장·군수·구청장은 노인에 대한 복지를 도모하기 위하여 필요하다고 인정 시 다음의 조치를 하여야 한다.

- 65세 이상의 자 또는 그를 보호하고 있는 자를 관계공무원 또는 노인복지상담원으로 하여금 상담·지도하게 하는 것
- 65세 이상의 자로서 신체적·정신적·경제적 이유 또는 환경상의 이유로 거택에서 보호받기가 곤란한 자를 노인주거복지시설 또는 재가노인복지시설에 입소시키거나 입소를 위탁하는 것
- 65세 이상의 자로서 신체 또는 정신상의 현저한 결함으로 인하여 항상 보호를 필요로 하고 경제적 이유로 거택에서 보호받기가 곤란한 자를 노인의료복지시설에 입소시키거나 입소를 위탁하는 것

6. 노인복지시설의 설치·운영

1) 노인복지시설의 종류

① 노인주거복지시설
② 노인의료복지시설
③ 노인여가복지시설
④ 재가노인복지시설
⑤ 노인보호전문기관
⑥ 노인일자리지원기관
⑦ 학대피해노인 전용쉼터

2) 노인주거복지시설

(1) 노인주거복지시설

① 양로시설 : 노인을 입소시켜 급식과 그 밖에 일상생활에 필요한 편의를 제공함을 목적으로 하는 시설

② 노인공동생활가정 : 노인들에게 가정과 같은 주거여건과 급식, 그 밖에 일상생활에 필요한 편의를 제공함을 목적으로 하는 시설

③ 노인복지주택 : 노인에게 주거시설을 임대하여 주거의 편의 · 생활지도 · 상담 및 안전관리 등 일상생활에 필요한 편의를 제공함을 목적으로 하는 시설

(2) 시설의 설치

① 국가 또는 지방자치단체는 노인주거복지시설을 설치할 수 있다.

② 국가 또는 지방자치단체 외의 자가 노인주거복지시설을 설치하고자 하는 경우에는 특별자치시장 · 특별자치도지사 · 시장 · 군수 · 구청장에게 신고하여야 한다.

③ 시장 · 군수 · 구청장은 신고를 받은 경우 그 내용을 검토하여 이 법에 적합하면 신고를 수리하여야 한다.

(3) 입소자격

① 노인복지주택에 입소할 수 있는 자는 60세 이상의 노인으로 한다.

② 입소자격자와 함께 입소할 수 있는 대상

㉠ 입소자격자의 배우자

㉡ 입소자격자가 부양을 책임지고 있는 19세 미만의 자녀 · 손자녀

③ 노인복지주택을 설치하거나 설치하려는 자는 노인복지주택을 입소자격자에게 임대하여야 한다.

④ 노인복지주택을 임차한 자는 해당 노인주거시설을 입소자격자가 아닌 자에게 다시 임대할 수 없다.

⑤ 시장 · 군수 · 구청장은 지역 내 노인 인구, 노인주거복지시설의 수요와 공급실태 및 노인복지주택의 효율적인 이용 등을 고려하여 노인복지주택의 공급가구수와 가구별 건축면적(주거의 용도로만 쓰이는 면적에 한한다)을 일정규모 이하로 제한할 수 있다.

⑥ 노인복지주택을 설치한 자는 당해 노인복지주택의 전부 또는 일부 시설을 시장 · 군수 · 구청장의 확인을 받아 대통령령으로 정하는 자에게 위탁하여 운영할 수 있다.

⑦ 입소자격자가 사망하거나 노인복지주택에 거주하지 아니하는 경우에 노인복지주택에 입소한 입소자격자의 배우자 및 자녀 · 손자녀는 보건복지부령으로 정하는 기간 내에 퇴소하여야 한다.

3) 노인의료복지시설

(1) 노인의료복지시설

① 노인요양시설

치매 · 중풍 등 노인성질환 등으로 심신에 상당한 장애가 발생하여 도움을 필요로 하는 노인을 입소시켜 급식 · 요양과 그 밖에 일상생활에 필요한 편의를 제공함을 목적으로 하는 시설

② 노인요양공동생활가정

치매 · 중풍 등 노인성질환 등으로 심신에 상당한 장애가 발생하여 도움을 필요로 하는 노인에게 가정과 같은 주거여건과 급식 · 요양, 그 밖에 일상생활에 필요한 편의를 제공함을 목적으로 하는 시설

③ 노인의료복지시설의 입소대상 · 입소비용 및 입소절차와 설치 · 운영자의 준수사항 등에 관하여 필요한 사항은 보건복지부령으로 정한다.

(2) 시설의 설치

① 국가 또는 지방자치단체는 노인의료복지시설을 설치할 수 있다.

② 국가 또는 지방자치단체 외의 자가 노인의료복지시설을 설치하고자 하는 경우에는 시장 · 군수 · 구청장에게 신고하여야 한다.

③ 시장 · 군수 · 구청장은 신고를 받은 경우 그 내용을 검토하여 이 법에 적합하면 신고를 수리하여야 한다.

4) 노인여가복지시설

(1) 노인여가복지시설

① 노인복지관

노인의 교양 · 취미생활 및 사회참여활동 등에 대한 각종 정보와 서비스를 제공하고, 건강증진 및 질병예방과 소득보장 · 재가복지, 그 밖에 노인의 복지증진에 필요한 서비스를 제공함을 목적으로 하는 시설

② 경로당

지역노인들이 자율적으로 친목도모 · 취미활동 · 공동작업장 운영 및 각종 정보교환과 기타 여가활동을 할 수 있도록 하는 장소를 제공함을 목적으로 하는 시설

③ 노인교실

노인들에 대하여 사회활동 참여욕구를 충족시키기 위하여 건전한 취미생활 · 노인건강유지 · 소득보장 기타 일상생활과 관련한 학습프로그램을 제공함을 목적으로 하는 시설

(2) 노인여가복지시설의 설치

① 국가 또는 지방자치단체는 노인여가복지시설을 설치할 수 있다.

② 국가 또는 지방자치단체 외의 자가 노인여가복지시설을 설치하고자 하는 경우에는 시장 · 군수 · 구청장에게 신고하여야 한다.

③ 시장 · 군수 · 구청장은 신고를 받은 경우 그 내용을 검토하여 이 법에 적합하면 신고를 수리하여야 한다.

④ 국가 또는 지방자치단체는 경로당의 활성화를 위하여 지역별 · 기능별 특성을 갖춘 표준 모델 및 프로그램을 개발 · 보급하여야 한다.

(3) 경로당에 대한 양곡구입비 보조 및 공과금 감면

① 국가 또는 지방자치단체는 경로당에 대하여 예산의 범위에서 양곡관리법에 따른 정부관리양곡 구입비의 전부 또는 일부를 보조할 수 있다.

② 국가 또는 지방자치단체는 예산의 범위에서 경로당의 냉난방 비용의 전부 또는 일부를 보조할 수 있다.

③ 전기판매사업자, 전기통신사업자 및 도시가스사업자는 경로당에 대하여 각각 전기요금 · 전기통신요금 및 도시가스요금을 감면할 수 있다.

④ 수도사업자(수도사업자가 지방자치단체인 경우에는 해당 지방자치단체의 장을 말한다)는 경로당에 대하여 수도요금을 감면할 수 있다.

5) 재가노인복지시설

(1) 재가노인복지시설의 종류

① 방문요양서비스

가정에서 일상생활을 영위하고 있는 노인으로서 신체적 · 정신적 장애로 어려움을 겪고 있는 노인에게 필요한 각종 편의를 제공하여 지역사회 안에서 건전하고 안정된 노후를 영위하도록 하는 서비스

② 주 · 야간보호서비스

부득이한 사유로 가족의 보호를 받을 수 없는 심신이 허약한 노인과 장애노인을 주간 또는 야간 동안 보호시설에 입소시켜 필요한 각종 편의를 제공하여 이들의 생활안정과 심신기능의 유지 · 향상을 도모하고, 그 가족의 신체적 · 정신적 부담을 덜어주기 위한 서비스

③ 단기보호서비스

부득이한 사유로 가족의 보호를 받을 수 없어 일시적으로 보호가 필요한 심신이 허약한 노인과 장애노인을 보호시설에 단기간 입소시켜 보호함으로써 노인 및 노인가정의

복지증진을 도모하기 위한 서비스

④ 방문목욕서비스
목욕장비를 갖추고 재가노인을 방문하여 목욕을 제공하는 서비스

⑤ 그 밖에 재가노인에게 제공하는 서비스로서 보건복지부령이 정하는 서비스

(2) 시설의 설치

① 국가 또는 지방자치단체는 재가노인복지시설을 설치할 수 있다.

② 국가 또는 지방자치단체 외의 자가 재가노인복지시설을 설치하고자 하는 경우에는 시장 · 군수 · 구청장에게 신고하여야 한다.

③ 시장 · 군수 · 구청장은 신고를 받은 경우 그 내용을 검토하여 이 법에 적합하면 신고를 수리하여야 한다.

6) 노인보호전문기관

(1) 노인보호전문기관의 설치

① 중앙노인보호전문기관의 업무

- 노인인권보호 관련 정책제안
- 노인인권보호를 위한 연구 및 프로그램의 개발
- 노인학대 예방의 홍보, 교육자료의 제작 및 보급
- 노인보호전문사업 관련 실적 취합, 관리 및 대외자료 제공
- 지역노인보호전문기관의 관리 및 업무지원
- 지역노인보호전문기관 상담원의 심화교육
- 관련 기관 협력체계의 구축 및 교류
- 노인학대 분쟁사례 조정을 위한 중앙노인학대사례판정위원회 운영
- 그 밖에 노인의 보호를 위하여 대통령령으로 정하는 사항

② 지역노인보호전문기관의 업무

- 노인학대 신고전화의 운영 및 사례접수
- 노인학대 의심사례에 대한 현장조사
- 피해노인 및 노인학대자에 대한 상담
- 피해노인가족 관련자와 관련 기관에 대한 상담
- 상담 및 서비스제공에 따른 기록과 보관
- 일반인을 대상으로 한 노인학대 예방교육

- 노인학대행위자를 대상으로 한 재발방지 교육
- 노인학대사례 판정을 위한 지역노인학대사례판정위원회 운영 및 자체사례회의 운영
- 그 밖에 노인의 보호를 위하여 보건복지부령으로 정하는 사항

7. 요양보호사

1) 요양보호사의 직무 · 자격증의 교부

① 노인복지시설의 설치 · 운영자는 보건복지부령으로 정하는 바에 따라 노인 등의 신체활동 또는 가사활동 지원 등의 업무를 전문적으로 수행하는 요양보호사를 두어야 한다.

② 요양보호사가 되려는 사람은 요양보호사를 교육하는 기관에서 교육과정을 마치고 시 · 도지사가 실시하는 요양보호사 자격시험에 합격하여야 한다.

2) 요양보호사교육기관의 지정

① 시 · 도지사는 요양보호사의 양성을 위하여 보건복지부령으로 정하는 지정기준에 적합한 시설을 요양보호사교육기관으로 지정 · 운영하여야 한다.

② 시 · 도지사는 요양보호사교육기관이 다음 각 호의 어느 하나에 해당하는 경우 사업의 정지를 명하거나 그 지정을 취소할 수 있다.

③ 지정 취소 사항

- 거짓이나 그 밖의 부정한 방법으로 요양보호사교육기관으로 지정을 받은 경우
- 지정기준에 적합하지 아니하게 된 경우
- 교육과정을 1년 이상 운영하지 아니하는 경우
- 정당한 사유 없이 보고 또는 자료제출을 하지 아니하거나 거짓으로 한 경우 또는 조사 · 검사를 거부 · 방해하거나 기피한 경우

④ 시 · 도지사는 지정취소를 하는 경우 청문을 실시하여야 한다.

3) 요양보호사의 결격사유

① 정신질환자. 다만, 전문의가 요양보호사로서 적합하다고 인정하는 사람은 그러하지 아니하다.

② 마약 · 대마 또는 향정신성의약품 중독자

③ 피성년후견인

④ 금고 이상의 형을 선고받고 그 형의 집행이 종료되지 아니하였거나 그 집행을 받지 아

니하기로 확정되지 아니한 사람
⑤ 법원의 판결에 따라 자격이 정지 또는 상실된 사람
⑥ 요양보호사의 자격이 취소된 날부터 1년이 경과되지 아니한 사람

8. 노인학대 신고의무

1) 신고의무

누구든지 노인학대를 알게 된 때에는 노인보호전문기관 또는 수사기관에 신고할 수 있다.

2) 직무상 65세 이상의 사람에 대한 노인학대를 알게 된 때에는 즉시 노인보호전문기관 또는 수사기관에 신고하여야 한다.

- 의료기관에서 의료업을 행하는 의료인 및 의료기관의 장
- 방문요양과 돌봄이나 안전확인 등의 서비스 종사자, 노인복지시설의 장과 그 종사자 및 노인복지상담원
- 장애인복지시설에서 장애노인에 대한 상담 · 치료 · 훈련 또는 요양업무를 수행하는 사람
- 가정폭력 관련 상담소 및 가정폭력피해자 보호시설의 장과 그 종사자
- 사회보장급여의 이용 · 제공 및 수급권자 발굴에 관한 법률에 따른 사회복지전담공무원 및 사회복지사업법에 따른 사회복지시설의 장과 그 종사자
- 병역법에 따른 사회복지시설에서 복무하는 사회복무요원(노인을 직접 대면하는 업무에 복무하는 사람으로 한정한다)
- 장기요양기관 및 재가장기요양기관의 장과 그 종사자
- 119구급대의 구급대원
- 건강가정지원센터의 장과 그 종사자
- 다문화가족지원센터의 장과 그 종사자
- 성폭력피해상담소 및 성폭력피해자보호시설의 장과 그 종사자
- 응급구조사
- 의료기사
- 국민건강보험공단 소속 요양직 직원
- 지역보건의료기관의 장과 종사자
- 노인복지시설 설치 및 관리 업무 담당 공무원

3) 관계 중앙행정기관의 장은 자격취득 교육과정이나 보수교육 과정에 노인학대 예방 및 신고의무와 관련된 교육 내용을 포함하도록 하여야 하며, 그 결과를 보건복지부장관에게 제출하여야 한다.

4) 노인학대 신고의무자가 소속된 다음 기관의 장은 소속 노인학대 신고의무자에게 노인학대 예방 및 신고의무에 관한 교육을 실시하고 그 결과를 보건복지부장관에게 제출하여야 한다.

① 노인복지시설
② 요양병원 및 종합병원
③ 장기요양기관

9. 금지행위

누구든지 65세 이상의 사람에 대하여 다음의 어느 하나에 해당하는 행위를 하여서는 아니 된다.

① 노인의 신체에 폭행을 가하거나 상해를 입히는 행위
② 노인에게 성적 수치심을 주는 성폭행 · 성희롱 등의 행위
③ 자신의 보호 · 감독을 받는 노인을 유기하거나 의식주를 포함한 기본적 보호 및 치료를 소홀히 하는 방임행위
④ 노인에게 구걸을 하게 하거나 노인을 이용하여 구걸하는 행위
⑤ 노인을 위하여 증여 또는 급여된 금품을 그 목적 외의 용도에 사용하는 행위
⑥ 폭언, 협박, 위협 등으로 노인의 정신건강에 해를 끼치는 정서적 학대행위

10. 벌칙 및 과태료

1) 벌칙

(1) 7년 이하의 징역 또는 7천만 원 이하의 벌금
노인의 신체에 폭행을 가하거나 상해를 입히는 행위

(2) 5년 이하의 징역 또는 5천만 원 이하의 벌금
① 업무를 수행 중인 노인보호전문기관의 직원에 대하여 폭행 또는 협박하거나 위계 또는 위력으로써 그 업무를 방해한 자
② 노인의 신체에 폭행을 가하는 행위
③ 노인에게 구걸을 하게 하거나 노인을 이용하여 구걸하는 행위
④ 폭언, 협박, 위협 등으로 노인의 정신건강에 해를 끼치는 정서적 학대행위

(3) 3년 이하의 징역 또는 3천만 원 이하의 벌금
① 노인을 위하여 증여 또는 급여된 금품을 그 목적 외의 용도에 사용하는 행위
② 정당한 사유 없이 신고하지 아니하고 실종노인을 보호한 자

③ 위계 또는 위력을 행사하여 관계 공무원의 출입 또는 조사를 거부하거나 방해한 자

(4) 2년 이하의 징역에 처하거나 위법하게 임대한 세대의 수에 1천만 원을 곱한 금액 이하의 벌금

입소자격자 아닌 자에게 노인복지주택을 임대한 자

(5) 1년 이하의 징역 또는 1천만 원 이하의 벌금

① 신고를 하지 아니하고 양로시설 · 노인공동생활가정 · 노인복지주택 · 노인요양시설 · 노인요양공동생활가정 · 노인여가복지시설 또는 재가노인복지시설을 설치하거나 운영한 자

② 입소자격자가 아닌 자에게 위반하여 임대한 자

③ 지정을 받지 아니하고 요양보호사교육기관을 설치하거나 운영한 자

④ 신고인의 신분 보호 및 신원 노출 금지 의무를 위반한 자

⑤ 직무상 알게 된 비밀을 누설한 자

2) 과태료

(1) 500만원 이하의 과태료

① 명령을 위반하여 보고 또는 자료제출을 하지 아니하거나 거짓으로 보고하거나 거짓 자료를 제출한 자

② 노인학대를 신고하지 아니한 사람(사회복무요원은 제외한다.)

(2) 200만 원 이하의 과태료

① 실종노인임을 알게 된 때에는 지체 없이 보건복지부령으로 정하는 신상카드를 작성하여 지방자치단체의 장과 업무를 수행하는 기관의 장에게 제출하지 아니한 자

② 신고하지 아니하고 노인복지시설을 폐지 또는 휴지한 자

01 다음은 노인복지법의 내용이다. 옳은 것은 어느 것인가?

① 노인학대란 노인에 대하여 정신적 · 신체적 · 성적 폭력 및 경제적 착취 또는 가혹 행위를 하거나 유기 또는 방임을 하는 것을 말한다.
② 노인에 대한 사회적 관심과 공경의식을 높이기 위하여 매년 10월 6일을 노인의 날로, 매년 10월을 경로의 달로 한다.
③ 치매의 예방과 치료에 관한 사회적 인식을 제고하기 위하여 매년 5월 11일을 치매극복의 날로 한다.
④ 노인복지주택을 상속받은 경우 입소자격자가 아닌 자는 노인복지주택을 취득할 수 없다.
⑤ 실종노인을 경찰관서 또는 지방자치단체의 장에게 신고하지 아니하고 보호하는 자는 5년 이하의 징역 또는 1,500만 원 이하의 벌금에 처한다.

해설 ① 노인학대란 노인에 대하여 신체적 · 정신적 · 정서적 · 성적 폭력 및 경제적 착취 또는 가혹 행위를 하거나 유기 또는 방임을 하는 것을 말한다.
② 노인에 대한 사회적 관심과 공경의식을 높이기 위하여 매년 10월 2일을 노인의 날로, 매년 10월을 경로의 달로 한다.
③ 치매의 예방과 치료에 관한 사회적 인식을 제고하기 위하여 매년 9월 21일을 치매극복의 날로 한다.
④ 노인복지주택을 상속받은 경우 입소자격자가 아닌 자도 노인복지주택을 취득할 수 있다.

정답 ⑤

02 노인복지법상 경로우대의 대상은?

① 60세 이상의 저소득 국민
② 60세 이상의 국민기초생활보장 수급권자
③ 65세 이상의 모든 국민
④ 60세 이상의 모든 국민
⑤ 70세 이상의 모든 국민

해설 현행 노인복지법상 경로우대 연령은 65세 이상의 모든 국민이다. 정답 ③

Chapter 03 장애인복지법

1. 장애인복지법의 개요

1) 목적

장애인의 인간다운 삶과 권리보장을 위한 국가와 지방자치단체 등의 책임을 명백히 하고, 장애발생 예방과 장애인의 의료 · 교육 · 직업재활 · 생활환경개선 등에 관한 사업을 정하여 장애인복지대책을 종합적으로 추진하며, 장애인의 자립생활 · 보호 및 수당지급 등에 관하여 필요한 사항을 정하여 장애인의 생활안정에 기여하는 등 장애인의 복지와 사회활동 참여증진을 통하여 사회통합에 이바지함을 목적으로 한다.

2) 기본이념

장애인복지의 기본이념은 장애인의 완전한 사회 참여와 평등을 통하여 사회통합을 이루는 데에 있다.

3) 장애인의 정의

① "장애인"이란 신체적 · 정신적 장애로 오랫동안 일상생활이나 사회생활에서 상당한 제약을 받는 자를 말한다.

② 다음의 어느 하나에 해당하는 장애가 있는 자로서 대통령령으로 정하는 장애의 종류 및 기준에 해당하는 자를 말한다.

- 신체적 장애란 주요 외부 신체 기능의 장애, 내부기관의 장애 등을 말한다.
- 정신적 장애란 발달장애 또는 정신 질환으로 발생하는 장애를 말한다.

③ "장애인학대"란 장애인에 대하여 신체적 · 정신적 · 정서적 · 언어적 · 성적 폭력이나 가혹행위, 경제적 착취, 유기 또는 방임을 하는 것을 말한다.

④ 장애인학대관련범죄란 장애인학대로서 다음의 해당하는 죄를 말한다.

㉠ 살인의 죄 중 살인, 존속살해, 촉탁, 승낙에 의한 살인 등, 위계 등에 의한 촉탁살인 등 및 미수범의 죄

㉡ 상해와 폭행의 죄 중 상해, 존속상해, 중상해, 존속중상해, 특수상해, 상해치사, 폭행, 존속폭행, 특수폭행 및 폭행치사상의 죄

㉢ 유기와 학대의 죄 중 유기, 존속유기, 영아유기, 학대, 존속학대, 아동혹사 및 유기등 치사상의 죄
㉣ 체포와 감금의 죄 중 체포, 감금, 존속체포, 존속감금, 중체포, 중감금, 존속중체포, 존속중감금, 특수체포, 특수감금, 미수범 및 체포 · 감금등의 치사상의 죄
㉤ 협박의 죄 중 협박, 존속협박, 특수협박 및 미수범의 죄
㉥ 약취, 유인 및 인신매매의 죄 중 미성년자의 약취, 유인, 추행 등 목적 약취, 유인 등, 인신매매 및 약취, 유인, 매매, 이송 등 상해 · 치상, 약취, 유인, 매매, 이송 등 살인 · 치사 및 약취, 유인, 매매, 이송된 사람의 수수 · 은닉 등 및 미수범의 죄
㉦ 강간과 추행의 죄 중 강간, 유사강간, 강제추행, 준강간, 준강제추행, 미수범, 강간 등 상해 · 치상, 강간등 살인 · 치사, 미성년자 등에 대한 간음, 업무상위력 등에 의한 간음 및 미성년자에 대한 간음, 추행의 죄
㉧ 명예에 관한 죄 중 명예훼손, 출판물 등에 의한 명예훼손 및 모욕의 죄
㉨ 주거침입의 죄 중 주거 · 신체 수색의 죄
㉩ 권리행사를 방해하는 죄 중 강요 및 미수범의 죄
㉪ 사기와 공갈의 죄 중 사기, 컴퓨터등 사용사기, 준사기, 공갈, 특수공갈 및 미수범의 죄
㉫ 횡령과 배임의 죄 중 횡령, 배임, 업무상의 횡령과 배임 및 배임수증재의 죄
㉬ 손괴의 죄 중 재물손괴등의 죄 등

4) 장애인의 권리

① 장애인은 인간으로서 존엄과 가치를 존중받으며, 그에 걸맞은 대우를 받는다.
② 장애인은 국가 · 사회의 구성원으로서 정치 · 경제 · 사회 · 문화, 그 밖의 모든 분야의 활동에 참여할 권리를 가진다.
③ 장애인은 장애인 관련 정책결정과정에 우선적으로 참여할 권리가 있다.

5) 차별금지

① 누구든지 장애를 이유로 정치 · 경제 · 사회 · 문화 생활의 모든 영역에서 차별을 받지 아니하고, 누구든지 장애를 이유로 정치 · 경제 · 사회 · 문화 생활의 모든 영역에서 장애인을 차별하여서는 아니 된다.
② 누구든지 장애인을 비하 · 모욕하거나 장애인을 이용하여 부당한 영리행위를 하여서는 아니 되며, 장애인의 장애를 이해하기 위하여 노력하여야 한다.

2. 국가와 지방자치단체

1) 국가와 지방자치단체의 책임

① 국가와 지방자치단체는 장애 발생을 예방하고, 장애의 조기 발견에 대한 국민의 관심을 높이며, 장애인의 자립을 지원하고, 보호가 필요한 장애인을 보호하여 장애인의 복지를 향상시킬 책임을 진다.

② 국가와 지방자치단체는 여성 장애인의 권익을 보호하기 위하여 정책을 강구하여야 한다.

③ 국가와 지방자치단체는 장애인복지정책을 장애인과 그 보호자에게 적극적으로 홍보하여야 하며, 국민이 장애인을 올바르게 이해하도록 하는 데에 필요한 정책을 강구하여야 한다.

2) 국민의 책임

모든 국민은 장애 발생의 예방과 장애의 조기 발견을 위하여 노력하여야 하며, 장애인의 인격을 존중하고 사회통합의 이념에 기초하여 장애인의 복지향상에 협력하여야 한다.

3. 장애인정책종합계획 및 장애인정책조정위원회

보건복지부장관은 장애인의 권익과 복지증진을 위하여 관계 중앙행정기관의 장과 협의하여 5년마다 장애인정책종합계획을 수립 · 시행하여야 한다.

1) 종합계획에 포함되어야 할 사항

① 장애인의 복지에 관한 사항

② 장애인의 교육문화에 관한 사항

③ 장애인의 경제활동에 관한 사항

④ 장애인의 사회참여에 관한 사항

⑤ 그 밖에 장애인의 권익과 복지증진을 위하여 필요한 사항

2) 장애인정책조정위원회

장애인 종합정책을 수립하고 관계 부처 간의 의견을 조정하며 그 정책의 이행을 감독 · 평가하기 위하여 국무총리 소속하에 장애인정책조정위원회를 두며, 위원회는 다음의 사항을 심의 · 조정한다.

① 장애인복지정책의 기본방향에 관한 사항

② 장애인복지 향상을 위한 제도개선과 예산지원에 관한 사항

③ 중요한 특수교육정책의 조정에 관한 사항

④ 장애인 고용촉진정책의 중요한 조정에 관한 사항
⑤ 장애인 이동보장 정책조정에 관한 사항
⑥ 장애인정책 추진과 관련한 재원조달에 관한 사항
⑦ 장애인복지에 관한 관련 부처의 협조에 관한 사항

4. 장애인의 날

장애인에 대한 국민의 이해를 깊게 하고 장애인의 재활의욕을 높이기 위하여 매년 4월 20일을 장애인의 날로 하며, 장애인의 날부터 1주간을 장애인 주간으로 한다.

5. 장애인복지정책

1) 기본정책의 강구

(1) 장애발생 예방

① 국가와 지방자치단체는 장애의 발생 원인과 예방에 관한 조사 연구를 촉진하여야 하며, 모자보건사업의 강화, 장애의 원인이 되는 질병의 조기 발견과 조기 치료, 그 밖에 필요한 정책을 강구하여야 한다.
② 국가와 지방자치단체는 교통사고 · 산업재해 · 약물중독 및 환경오염 등에 의한 장애발생을 예방하기 위하여 필요한 조치를 강구하여야 한다.

(2) 사회적응 훈련

국가와 지방자치단체는 장애인이 재활치료를 마치고 일상생활이나 사회생활을 원활히 할 수 있도록 사회적응 훈련을 실시하여야 한다.

(3) 교육

① 국가와 지방자치단체는 사회통합의 이념에 따라 장애인이 연령 · 능력 · 장애의 종류 및 정도에 따라 충분히 교육받을 수 있도록 교육 내용과 방법을 개선하는 등 필요한 정책을 강구하여야 한다.
② 국가와 지방자치단체는 장애인의 교육에 관한 조사 · 연구를 촉진하여야 한다.
③ 국가와 지방자치단체는 장애인에게 전문 진로교육을 실시하는 제도를 강구하여야 한다.
④ 각급 학교의 장은 교육을 필요로 하는 장애인이 그 학교에 입학하려는 경우 장애를 이유로 입학 지원을 거부하거나 입학시험 합격자의 입학을 거부하는 등의 불리한 조치를 하여서는 아니 된다.

⑤ 모든 교육기관은 교육 대상인 장애인의 입학과 수학 등에 편리하도록 장애의 종류와 정도에 맞추어 시설을 정비하거나 그 밖에 필요한 조치를 강구하여야 한다.

(4) 정보에의 접근

① 국가와 지방자치단체는 장애인이 정보에 원활하게 접근하고 자신의 의사를 표시할 수 있도록 전기통신 · 방송시설 등을 개선하기 위하여 노력하여야 한다.

② 국가와 지방자치단체는 방송국의 장 등 민간 사업자에게 뉴스와 국가적 주요 사항의 중계 등 대통령령으로 정하는 방송 프로그램에 청각장애인을 위한 한국수어 또는 폐쇄자막과 시각장애인을 위한 화면해설 또는 자막해설 등을 방영하도록 요청하여야 한다.

③ 국가와 지방자치단체는 국가적인 행사, 그 밖의 교육 · 집회 등 대통령령으로 정하는 행사를 개최하는 경우에는 청각장애인을 위한 한국수어 통역 및 시각장애인을 위한 점자 및 인쇄물 접근성바코드가 삽입된 자료 등을 제공하여야 하며, 민간이 주최하는 행사의 경우에는 한국수어 통역과 점자 및 인쇄물 접근성바코드가 삽입된 자료 등을 제공하도록 요청할 수 있다.

(5) 편의시설

① 국가와 지방자치단체는 장애인이 공공시설과 교통수단 등을 안전하고 편리하게 이용할 수 있도록 편의시설의 설치와 운영에 필요한 정책을 강구하여야 한다.

② 국가와 지방자치단체는 공공시설 등 이용편의를 위하여 한국수어 통역 · 안내보조 등 인적서비스 제공에 관하여 필요한 시책을 강구하여야 한다.

(6) 사회적 인식개선

① 국가와 지방자치단체는 학생, 공무원, 근로자, 그 밖의 일반국민 등을 대상으로 장애인에 대한 인식개선을 위한 교육 및 공익광고 등 홍보사업을 실시하여야 한다.

② 국가기관 및 지방자치단체의 장, 어린이집, 각급 학교의 장, 그 밖에 대통령령으로 정하는 교육기관 및 공공단체의 장은 소속 직원 · 학생을 대상으로 장애인에 대한 인식개선을 위한 교육을 실시하고, 그 결과를 보건복지부장관에게 제출하여야 한다.

③ 국가는 초 · 중등교육법에 따른 학교에서 사용하는 교과용도서에 장애인에 대한 인식개선을 위한 내용이 포함되도록 하여야 한다.

(7) 복지 연구 등의 진흥

국가와 지방자치단체는 장애인복지의 종합적이고 체계적인 조사 · 연구 · 평가 및 장애인 체육활동 등 장애인정책개발 등을 위하여 필요한 정책을 강구하여야 한다.

(8) 한국장애인개발원의 설립

① 장애인 관련 조사 · 연구 및 정책개발 · 복지진흥 등을 위하여 한국장애인개발원을 설립한다.

② 개발원은 법인으로 한다.

③ 개발원의 수행 사업은 다음과 같다.

> - 장애인복지에 관한 정보의 수집 · 분석 · 관리, 조사 · 연구 · 정책개발 및 국제개발 등의 국제협력 사업
> - 장애인에 대한 사회적 인식개선 등 장애인복지 관련 교육, 홍보, 컨설팅
> - 중증장애인 직업재활지원 및 재정지원 장애인일자리 개발 · 지원
> - 중증장애인생산품에 대한 공공기관의 우선구매 촉진 지원
> - 편의시설 설치 기술지원, 장애물 없는 생활환경 조성 등 장애인 편의증진 사업 지원
> - 장애인 재난안전 대응 지침 개발 · 보급 등 장애인 안전대책 강화를 위한 사업
> - 그 밖에 장애인복지와 관련하여 국가 또는 지방자치단체로부터 위탁받은 사업

④ 국가와 지방자치단체는 개발원의 운영 및 사업에 필요한 비용을 보조할 수 있다.

(9) 경제적 부담의 경감

① 국가와 지방자치단체, 공공기관, 지방공사 또는 지방공단은 장애인과 장애인을 부양하는 자의 경제적 부담을 줄이고 장애인의 자립을 촉진하기 위하여 세제상의 조치, 공공시설 이용료 감면, 그 밖에 필요한 정책을 강구하여야 한다.

② 국가와 지방자치단체, 공공기관, 지방공사 또는 지방공단이 운영하는 운송사업자는 장애인과 장애인을 부양하는 자의 경제적 부담을 줄이고 장애인의 자립을 돕기 위하여 장애인과 장애인을 보호하기 위하여 동행하는 자의 운임 등을 감면하는 정책을 강구하여야 한다.

6. 장애인 실태조사와 등록

1) 실태조사

보건복지부장관은 장애인 복지정책의 수립에 필요한 기초 자료로 활용하기 위하여 3년마다 장애실태조사를 실시하여야 한다.

2) 장애인 등록

(1) 내국인 장애등록

① 장애인등록증 발급

법정대리인 또는 대통령령으로 정하는 보호자는 장애 상태와 그 밖에 보건복지부령이 정하는 사항을 특별자치시장 · 특별자치도지사 · 시장 · 군수 또는 구청장에게 등록하여야 하며, 특별자치시장 · 특별자치도지사 · 시장 · 군수 · 구청장은 등록을 신청한 장애인이 기준에 맞으면 장애인등록증을 내주어야 한다.

② 등록증의 양도 · 대여 금지

등록증은 양도하거나 대여하지 못하며, 등록증과 비슷한 명칭이나 표시를 사용하여서는 아니 된다.

(2) 재외동포 및 외국인의 장애인 등록

① 재외동포의 출입국과 법적 지위에 관한 법률에 따라 국내거소신고를 한 사람
② 주민등록법에 따라 재외국민으로 주민등록을 한 사람
③ 출입국관리법에 따라 외국인등록을 한 사람으로서 체류자격 중 대한민국에 영주할 수 있는 체류자격을 가진 사람
④ 재한외국인 처우 기본법에 따른 결혼이민자
⑤ 난민법에 따른 난민인정자

(3) 장애등급이 변동 · 상실된 장애인 등에 대한 정보 제공

특별자치시장 · 특별자치도지사 · 시장 · 군수 · 구청장은 장애인 등록 과정에서 장애등급이 변동 · 상실된 장애인과 장애등급을 받지 못한 신청인에게 장애등급의 변동 · 상실에 따른 지원의 변화에 대한 정보와 재활 및 자립에 필요한 각종 정보를 제공하여야 한다.

7. 서비스 지원 종합조사

1) 서비스 지원 종합조사

보건복지부장관 또는 특별자치시장·특별자치도지사·시장·군수·구청장은 다음의 서비스 신청에 대하여 서비스의 수급자격, 양 및 내용 등의 결정에 필요한 서비스 지원 종합조사를 실시할 수 있다.

① 활동지원급여 신청
② 장애인 보조기기 교부 신청
③ 장애인 거주시설 이용 신청
④ 그 밖에 대통령령으로 정하는 서비스의 신청

2) 서비스 지원 종합조사 실시 및 조사결과서 보고 사항

① 신청인의 서비스 이용현황 및 욕구
② 신청인의 일상생활 수행능력 및 인지·행동 등 장애특성
③ 신청인의 가구특성, 거주환경, 사회활동 등 사회적 환경
④ 신청인에게 필요한 서비스의 종류 및 내용
⑤ 신청인과 그 부양의무자의 소득 및 재산 등 생활수준에 관한 사항(필요 시 조사)
⑥ 그 밖에 신청인에게 서비스를 지원하기 위하여 필요한 사항으로서 보건복지부령으로 정하는 사항

3) 업무의 위탁

보건복지부장관 또는 특별자치시장·특별자치도지사·시장·군수·구청장은 서비스 지원 종합조사 업무 중 일부를 대통령령으로 정하는 바에 따라 공공기관에 위탁할 수 있다.

4) 복지서비스에 관한 장애인 지원 사업

국가와 지방자치단체는 등록한 장애인에게 필요한 복지서비스가 적시에 제공될 수 있도록 다음의 장애인 지원 사업을 실시한다.

① 복지서비스에 관한 상담 및 정보 제공
② 장애인학대 등 안전문제 또는 생계곤란 등 위기상황에 놓여있을 가능성이 높은 장애인에 대한 방문 상담
③ 복지서비스 신청의 대행
④ 장애인 개인별로 필요한 욕구의 조사 및 복지서비스 제공 계획의 수립 지원
⑤ 장애인과 복지서비스 제공 기관·법인·단체·시설과의 연계
⑥ 복지서비스 등 복지자원의 발굴 및 데이터베이스 구축

⑦ 그 밖에 복지서비스의 제공에 필요한 사업

5) 민관협력을 통한 사례관리

① 특별자치시장 · 특별자치도지사 · 시장 · 군수 · 구청장은 복지서비스가 필요한 장애인을 발굴하고 공공 및 민간의 복지서비스를 연계 · 제공하기 위하여 민관협력을 통한 사례관리를 실시할 수 있다.

② 사례관리를 실시하기 위하여 민관협의체를 둘 수 있으며, 해당 지방자치단체에 통합사례관리를 수행하기 위한 민관협의체가 이미 설치되어 있는 경우 그 소속의 전문분과로 운영할 수 있다.

③ 민관협의체는 지역사회 내 관계 기관 · 법인 · 단체 · 시설이나 개인 등 민간부문과의 협력을 강화하기 위하여 노력하여야 하며, 특별자치시장 · 특별자치도지사 · 시장 · 군수 · 구청장은 민관협의체의 효율적 운영을 위하여 필요한 지원을 할 수 있다.

6) 장애 정도가 변동된 장애인 등에 대한 정보 제공

① 특별자치시장 · 특별자치도지사 · 시장 · 군수 · 구청장은 장애인 등록 과정에서 장애 정도가 변동된 장애인, 장애의 기준에 맞지 아니하게 된 장애인과 장애인으로 등록되지 못한 신청인에게 장애 정도의 변동, 장애인 자격의 상실 등에 따른 지원의 변화에 대한 정보와 재활 및 자립에 필요한 각종 정보를 제공하여야 한다.

② 정보 제공의 대상 · 기준 및 내용과 방법 등에 필요한 사항은 보건복지부령으로 정한다.

8. 장애인복지상담원

① 장애인 복지 향상을 위한 상담 및 지원 업무를 맡기기 위하여 시 · 군 · 구(자치구를 말한다. 이하 같다)에 장애인복지상담원을 둔다.

② 장애인복지상담원은 그 업무를 할 때 개인의 인격을 존중하여야 한다.

③ 장애인복지상담원의 임용 · 직무 · 보수와 그 밖에 필요한 사항은 대통령령으로 정한다.

9. 자금생계 지원

1) 생업 지원

① 국가와 지방자치단체, 그 밖의 공공단체는 소관 공공시설 안에 식료품 · 사무용품 · 신문 등 일상생활용품을 판매하는 매점이나 자동판매기의 설치를 허가하거나 위탁할 때에는 장애인이 신청하면 우선적으로 반영하도록 노력하여야 한다.

② 시장 · 군수 또는 구청장은 장애인이 담배사업법에 따라 담배소매인으로 지정받기 위하여 신청하면 그 장애인을 우선적으로 지정하도록 노력하여야 한다.
③ 장애인이 우편법령에 따라 국내 우표류 판매업 계약 신청을 하면 우편관서는 그 장애인이 우선적으로 계약할 수 있도록 노력하여야 한다.

2) 자금 대여

국가와 지방자치단체는 장애인이 사업을 시작하거나 필요한 지식과 기능을 익히는 것 등을 지원하기 위하여 대통령령으로 정하는 바에 따라 자금을 대여할 수 있다.

3) 자립훈련비 지급

장애인복지실시기관은 장애인복지시설에서 주거편의 · 상담 · 치료 · 훈련 등을 받도록 하거나 위탁한 장애인에 대하여 그 시설에서 훈련을 효과적으로 받는 데 필요하다고 인정되면 자립훈련비를 지급할 수 있으며, 특별한 사정이 있으면 훈련비 지급을 대신하여 물건을 지급할 수 있다.

4) 생산품 구매

국가, 지방자치단체 및 그 밖의 공공단체는 장애인복지시설과 장애인복지단체에서 생산한 물품의 우선 구매에 필요한 조치를 마련하여야 한다.

5) 고용 촉진

국가와 지방자치단체는 직접 경영하는 사업에 능력과 적성이 맞는 장애인을 고용하도록 노력하여야 하며, 장애인에게 적합한 사업을 경영하는 자에게 장애인의 능력과 적성에 따라 장애인을 고용하도록 권유할 수 있다.

6) 국유 · 공유재산의 우선매각이나 유상 · 무상 대여

① 국가와 지방자치단체는 장애인복지시설을 설치하거나 장애인복지단체가 장애인복지사업과 관련한 시설을 설치하는 데에 필요할 경우 국유재산법 또는 공유재산 및 물품 관리법에도 불구하고 국유재산 또는 공유재산을 우선 매각할 수 있고 유상 또는 무상으로 대부하거나 사용 · 수익하게 할 수 있다.
② 국가와 지방자치단체는 국가나 지방자치단체로부터 토지와 시설을 매수 · 임차하거나 대부받은 자가 그 매수 · 임차 또는 대부한 날부터 2년 이내에 장애인복지시설을 설치하지 아니하거나 장애인복지단체의 장애인복지사업 관련 시설을 설치하지 아니할 때에는 토지와 시설을 환수하거나 임차계약을 취소할 수 있다.

10. 장애수당 지급

1) 장애수당

국가와 지방자치단체는 장애인의 장애 정도와 경제적 수준을 고려하여 장애로 인한 추가적 비용을 보전하게 하기 위하여 장애수당을 지급할 수 있다. 국민기초생활보장법에 따른 생계급여 또는 의료급여를 받는 장애인에게는 장애수당을 반드시 지급하여야 한다.

2) 장애인연금법에 따른 중증장애인에게는 장애수당을 지급하지 아니한다.

3) 장애아동수당과 보호수당

(1) 장애아동수당

국가와 지방자치단체는 장애아동에게 보호자의 경제적 생활수준 및 장애아동의 장애 정도를 고려하여 장애로 인한 추가적 비용을 보전하게 하기 위하여 장애아동수당을 지급할 수 있다.

① 장애아동수당 등의 지급 대상자

장애아동수당을 지급받을 수 있는 자는 18세 미만으로서 장애인으로 등록한 자 중 국민기초생활보장법에 따른 수급자 또는 차상위계층으로서 장애로 인한 추가적 비용 보전이 필요한 다음의 자로 한다.

- 18세 미만(해당 장애인이 초·중등교육법에 따른 고등학교와 이에 준하는 특수학교 또는 각종학교에 재학 중인 경우에는 20세 이하의 경우를 포함한다)일 것
- 장애인으로 등록하였을 것
- 국민기초생활보장법에 따른 수급자 또는 차상위계층으로서 장애로 인한 추가적 비용 보전이 필요할 것

(2) 장애보호수당

국가와 지방자치단체는 장애인을 보호하는 보호자에게 그의 경제적 수준과 장애인의 장애 정도를 고려하여 장애로 인한 추가적 비용을 보전하게 하기 위하여 보호수당을 지급할 수 있다.

보호수당을 지급받을 수 있는 자는 다음의 요건을 모두 갖춘 자로 한다.

- 국민기초생활보장법에 따른 수급자일 것
- 중증 장애로 다른 사람의 도움이 없이는 일상생활을 영위하기 어려운 18세 이상(해당 장애인이 20세 이하로서 초·중등교육법에 따른 고등학교와 이에 준하는 특수학교 또는 각종학교에 재학 중인 경우는 제외한다)의 장애인을 보호하거나 부양할 것

11. 장애인정책조정위원회

장애인 종합정책을 수립하고 관계 부처 간의 의견을 조정하며 그 정책의 이행을 감독 · 평가하기 위하여 국무총리 소속하에 장애인정책조정위원회를 둔다. 위원회는 사항을 미리 검토하고 관계 기관 사이의 협조 사항을 정리하기 위하여 위원회에 장애인정책조정실무위원회를 둔다.

1) 장애인정책조정위원회

(1) 위원회 심의 · 조정 사항

① 장애인복지정책의 기본방향에 관한 사항
② 장애인복지 향상을 위한 제도개선과 예산지원에 관한 사항
③ 중요한 특수교육정책의 조정에 관한 사항
④ 장애인 고용촉진정책의 중요한 조정에 관한 사항
⑤ 장애인 이동보장 정책조정에 관한 사항
⑥ 장애인정책 추진과 관련한 재원조달에 관한 사항
⑦ 장애인복지에 관한 관련 부처의 협조에 관한 사항
⑧ 그 밖에 장애인복지와 관련하여 대통령령으로 정하는 사항

(2) 인원구성

① 위원장 및 부위원장 각 1명을 포함한 30명 이내의 위원
② 위원장 : 국무총리
부위원장 : 보건복지부장관
위원 : 당연직 위원과 위촉위원
③ 당연직 위원 : 기획재정부장관, 교육부장관, 행정안전부장관, 문화체육관광부장관, 산업통상자원부장관, 고용노동부장관, 여성가족부장관, 국토교통부장관, 국무조정실장, 국가보훈처장, 법제처장 및 위원회의 심의사항과 관련되어 위원장이 지정하는 중앙행정기관의 장
④ 위촉위원 : 장애인 관련 단체의 장이나 장애인 문제에 관한 학식과 경험이 풍부한 자 중에서 위원장이 위촉하되, 위촉위원 중 2분의 1 이상은 장애인으로 한다.

2) 장애인정책조정실무위원회

① 위원장 1명과 부위원장 1명을 포함한 30명 이내의 위원
② 실무위원회의 위원장 : 보건복지부차관
부위원장 : 보건복지부 소속 장애인 관련 업무를 담당하는 고위공무원단 소속 공무원
③ 당연직 위원 : 기획재정부, 교육부, 행정안전부, 문화체육관광부, 산업통상자원부, 고용노동부, 여성가족부, 국토교통부, 국무조정실, 국가보훈처, 법제처의 고위공무원단 소속

공무원 및 위원회의 심의사항과 관련된 중앙행정기관의 고위공무원단 소속 공무원 중에서 실무위원장이 지정하는 자가 된다.

④ 위촉위원 : 장애인 관련 단체의 장이나 장애인 문제에 관한 학식과 경험이 풍부한 자 중에서 실무위원장이 위촉하되, 위촉위원 중 2분의 1 이상은 장애인으로 한다.

⑤ 실무위원회는 업무를 효율적으로 수행하기 위하여 장애인이동편의분과, 장애인고용확대분과 등 분야별 분과위원회를 둘 수 있다.

⑥ 실무위원회의 사무를 처리하기 위하여 실무위원회에 간사 2명을 두되, 국무조정실 및 보건복지부 소속 공무원 중에서 실무위원장이 지정하는 자로 한다.

3) 장애인정책종합계획

① 보건복지부장관은 장애인의 권익과 복지증진을 위하여 관계 중앙행정기관의 장과 협의하여 5년마다 장애인정책종합계획을 수립 · 시행하여야 한다.

② 관계 중앙행정기관의 장은 장애인의 권익과 복지증진을 위하여 관련 업무에 대한 사업계획을 매년 수립 · 시행하여야 하고, 그 사업계획과 전년도의 사업계획 추진실적을 매년 보건복지부장관에게 제출하여야 한다.

③ 보건복지부장관은 제3항에 따라 제출된 사업계획과 추진실적을 종합하여 종합계획을 수립하되, 장애인정책조정위원회의 심의를 미리 거쳐야 한다. 종합계획을 변경하는 경우에도 또한 같다.

④ 보건복지부장관은 종합계획의 추진성과를 매년 평가하고, 그 결과를 종합계획에 반영할 필요가 있는 경우에는 종합계획을 변경하거나 다음 종합계획을 수립할 때에 반영하여야 한다.

12. 장애인복지시설

1) 장애인복지시설의 종류

(1) 장애인 거주시설

거주공간을 활용하여 일반가정에서 생활하기 어려운 장애인에게 일정 기간 동안 거주 · 요양 · 지원 등의 서비스를 제공하는 동시에 지역사회생활을 지원하는 시설

(2) 장애인 지역사회재활시설

장애인을 전문적으로 상담 · 치료 · 훈련하거나 장애인의 일상생활, 여가활동 및 사회참여활동 등을 지원하는 시설

(3) 장애인 직업재활시설
일반 작업환경에서는 일하기 어려운 장애인이 특별히 준비된 작업환경에서 직업훈련을 받거나 직업생활을 할 수 있도록 하는 시설

(4) 장애인 의료재활시설
장애인을 입원 또는 통원하게 하여 상담, 진단·판정, 치료 등 의료재활서비스를 제공하는 시설

(5) 피해장애아동쉼터

2) 장애인복지시설 설치

(1) 설치주체

① 국가와 지방자치단체는 장애인복지시설을 설치할 수 있다.
② 규정된 자 외의 자가 장애인복지시설을 설치·운영하려면 해당 시설 소재지 관할 시장·군수·구청장에게 신고하여야 하며, 신고한 사항 중 보건복지부령으로 정하는 중요한 사항을 변경할 때에도 신고하여야 한다. 다만, 폐쇄 명령을 받고 1년이 지나지 아니한 자는 시설의 설치·운영 신고를 할 수 없다.
③ 장애인 거주시설의 정원은 30명을 초과할 수 없다. 다만, 특수한 서비스를 위하여 일정 규모 이상이 필요한 시설 등 대통령령으로 정하는 경우에는 그러하지 아니하다.
④ 의료재활시설의 설치는 의료법에 따른다.

(2) 시설의 개선, 사업의 정지, 폐쇄
장애인복지실시기관은 장애인복지시설이 다음의 어느 하나에 해당하는 때에는 그 시설의 개선, 사업의 정지, 시설의 장의 교체를 명하거나 해당 시설의 폐쇄를 명할 수 있다.

① 시설기준에 미치지 못한 때
② 정당한 사유 없이 보고를 하지 아니하거나 거짓으로 보고한 때 또는 조사·검사 및 질문을 거부·방해하거나 기피한 때
③ 사회복지법인이나 비영리법인이 설치·운영하는 시설인 경우 그 사회복지법인이나 비영리법인의 설립 허가가 취소된 때
④ 시설의 회계 부정이나 시설이용자에 대한 인권침해 등 불법행위, 그 밖의 부당행위 등이 발견된 때
⑤ 설치 목적을 이루었거나 그 밖의 사유로 계속하여 운영할 필요가 없다고 인정되는 때

13. 장애인 대상 성범죄와 장애인학대 신고

1) 성범죄자의 취업제한

① 법원은 성범죄에 따른 성폭력범죄 또는 아동 · 청소년의 성보호에 관한 법률에 따른 아동 · 청소년대상 성범죄로 형 또는 치료감호를 선고하는 경우에는 판결로 그 형 또는 치료감호의 전부 또는 일부의 집행을 종료하거나 집행이 유예 · 면제된 날 부터 일정기간 동안 장애인복지시설을 운영하거나 장애인복지시설에 취업 또는 사실상 노무를 제공할 수 없도록 하는 명령을 성범죄 사건의 판결과 동시에 선고 하여야 한다. 다만, 재범의 위험성이 현저히 낮은 경우, 그 밖에 취업을 제한하여서는 아니 되는 특별한 사정이 있다고 판단하는 경우에는 그러하지 아니한다.

② 취업제한기간은 10년을 초과하지 못한다.

③ 취업제한명령을 선고하려는 경우에는 정신건강의학과 의사, 심리학자, 사회복지학자, 성범죄 관련 전문가, 장애인단체가 추천하는 장애인 전문가, 그 밖의 관련 전문가로부터 취업제한명령 대상자의 재범 위험성 등에 관한 의견을 들을 수 있다.

④ 시장 · 군수 · 구청장은 장애인복지시설을 운영하려는 자에 대하여 본인의 동의를 받아 관계 기관의 장에게 성범죄의 경력 조회를 요청하여야 한다. 다만, 장애인복지시설을 운영하려는 자가 성범죄 경력 조회 회신서를 시장 · 군수 · 구청장에게 직접 제출한 경우에는 성범죄의 경력 조회를 한 것으로 본다.

⑤ 장애인복지시설 운영자는 그 시설에 취업 중이거나 사실상 노무를 제공 중인 사람 또는 취업하려 하거나 사실상 노무를 제공하려는 사람에 대하여 성범죄의 경력을 확인하여야 하며, 이 경우 본인의 동의를 받아 관계 기관의 장에게 성범죄의 경력 조회를 요청하여야 한다. 다만, 취업자등이 성범죄 경력 조회 회신서를 장애인복지시설 운영자에게 직접 제출한 경우에는 성범죄의 경력 조회를 한 것으로 본다.

⑥ 시장 · 군수 · 구청장은 성범죄로 취업제한명령을 선고받은 사람이 장애인복지시설을 운영하거나 장애인복지시설에 취업 또는 사실상 노무를 제공하고 있는지를 직접 또는 관계 기관 조회 등의 방법으로 연 1회 이상 확인 · 점검하여야 한다.

⑦ 시장 · 군수 · 구청장은 확인 · 점검을 위하여 필요한 경우에는 장애인복지시설 운영자에게 관련 자료의 제출을 요구할 수 있다.

⑧ 보건복지부장관은 시장 · 군수 · 구청장에게 확인 · 점검 결과를 제출하도록 요구할 수 있다.

⑨ 시장 · 군수 · 구청장은 취업제한명령을 위반하여 장애인복지시설을 운영 중인 장애인복지시설 운영자에게 운영 중인 장애인복지시설의 폐쇄를 요구하여야 한다.

⑩ 시장 · 군수 · 구청장은 취업제한명령을 위반하여 취업하거나 사실상 노무를 제공하는 사람이 있으면 해당 장애인복지시설 운영자에게 그의 해임을 요구하여야 한다.

⑪ 시장 · 군수 · 구청장은 장애인복지시설 운영자가 정당한 사유 없이 폐쇄요구를 거부하거나 3개월 이내에 요구사항을 이행하지 아니하는 경우에는 대통령령으로 정하는 바에 따라 해당 장애인복지시설을 폐쇄하거나 관계 행정기관의 장에게 이를 요구할 수 있다.
⑫ 성범죄의 경력 조회를 요청받은 관계 기관의 장은 성범죄 경력 조회 회신서를 발급하여야 한다.
⑬ 성범죄경력 조회의 요청 절차 · 범위 등에 관하여 필요한 사항은 대통령령으로 정한다.

2) 장애인학대 및 장애인 대상 성범죄 신고

누구든지 장애인학대 및 장애인 대상 성범죄를 알게 된 때에는 중앙장애인권익옹호기관 또는 지역장애인권익옹호기관이나 수사기관에 신고할 수 있다.

다음의 어느 하나에 해당하는 사람은 그 직무상 장애인학대 및 장애인 대상 성범죄를 알게 된 경우에는 지체 없이 장애인권익옹호기관 또는 수사기관에 신고하여야 한다.

① 사회복지 전담공무원 및 사회복지시설의 장과 그 종사자
② 활동지원인력 및 활동지원기관의 장과 그 종사자
③ 의료인 및 의료기관의 장
④ 의료기사
⑤ 응급구조사
⑥ 구급대의 대원
⑦ 정신건강복지센터의 장과 그 종사자
⑧ 어린이집의 원장 등 보육교직원
⑨ 유아교육법에 따른 교직원 및 강사 등
⑩ 초 · 중등교육법에 따른 교직원, 전문상담교사 및 산학겸임교사 등
⑪ 학원의 운영자 · 강사 · 직원 및 교습소의 교습자 · 직원
⑫ 성폭력피해상담소의 장과 그 종사자 및 성폭력피해자보호시설의 장과 그 종사자
⑬ 성매매방지 및 피해자보호 등에 관한 법률에 따른 지원시설의 장과 그 종사자 및 성매매피해상담소의 장과 그 종사자
⑭ 가정폭력 관련 상담소의 장과 그 종사자 및 가정폭력피해자 보호시설의 장과 그 종사자
⑮ 건강가정지원센터의 장과 그 종사자
⑯ 다문화가족지원센터의 장과 그 종사자
⑰ 아동복지법에 따른 가정위탁지원센터의 장과 그 종사자
⑱ 한부모가족복지시설의 장과 그 종사자
⑲ 청소년시설의 장과 그 종사자 및 청소년단체의 장과 그 종사자
⑳ 청소년 보호 · 재활센터의 장과 그 종사자
㉑ 장기요양요원

14. 벌칙

1) 10년 이하의 징역 또는 1억 원 이하의 벌금

장애인에게 성적 수치심을 주는 성희롱·성폭력 등의 행위

2) 7년 이하의 징역 또는 7천만 원 이하의 벌금

① 장애인의 신체에 상해를 입히는 행위

② 장애인을 폭행, 협박, 감금, 그 밖에 정신상 또는 신체상의 자유를 부당하게 구속하는 수단으로써 장애인의 자유의사에 어긋나는 노동을 강요하는 행위

3) 5년 이하의 징역 또는 5천만 원 이하의 벌금

① 금융정보 등을 목적 외의 용도로 사용하거나 다른 사람 또는 기관에 제공 또는 누설한 사람

② 업무를 수행 중인 장애인권익옹호기관의 직원에 대하여 폭행 또는 협박하거나 위계 또는 위력으로써 그 업무를 방해한 사람

③ 장애인을 폭행한 행위를 한 사람

④ 자신의 보호·감독을 받는 장애인을 유기하거나 의식주를 포함한 기본적 보호 및 치료를 소홀히 하는 방임행위를 한 사람

⑤ 장애인에게 구걸을 하게 하거나 장애인을 이용하여 구걸하는 행위를 한 사람

⑥ 장애인을 체포 또는 감금하는 행위를 한 사람

⑦ 장애인의 정신건강 및 발달에 해를 끼치는 정서적 학대행위를 한 사람

4) 3년 이하의 징역 또는 3천만 원 이하의 벌금

① 신고자의 인적사항 또는 신고자임을 미루어 알 수 있는 사실을 다른 사람에게 알려주거나 공개 또는 보도한 사람

② 장애인을 위하여 증여 또는 급여된 금품을 그 목적 외의 용도에 사용하는 행위를 한 사람

③ 업무 수행 중 알게 된 정보 또는 비밀 등을 이 법에서 정한 목적 외에 다른 용도로 사용하거나 다른 사람 또는 기관에 제공 또는 누설한 사람

5) 1년 이하의 징역 또는 1천만 원 이하의 벌금

공중의 오락 또는 흥행을 목적으로 장애인의 건강 또는 안전에 유해한 곡예를 시키는 행위를 한 사람

01 다음 중 장애인복지법상 옳지 않은 것은?

① 장애인이란 신체적 · 정신적 장애로 오랫동안 일상생활이나 사회생활에서 상당한 제약을 받는 자를 말한다.
② 장애인복지의 기본이념은 장애인의 완전한 사회 참여와 평등을 통하여 사회통합을 이루는 데 있다.
③ 국가와 지방자치단체는 학생, 공무원, 근로자, 그 밖의 일반국민 등을 대상으로 장애인에 대한 인식개선을 위한 교육 및 공익광고 등 홍보사업을 실시하여야 한다.
④ 보건복지부장관은 장애인 복지정책의 수립에 필요한 기초 자료로 활용하기 위하여 3년마다 장애실태조사를 실시하여야 한다.
⑤ 재외동포 및 외국인에 해당하는 사람은 장애인 등록을 할 수 없다.

해설 재외동포 및 외국인에 해당하는 사람은 장애인 등록을 할 수 있다. 정답 ⑤

02 장애인복지시설의 종류가 아닌 것은?

① 장애인직업재활시설
② 장애인조정시설
③ 장애인지역사회재활시설
④ 장애인생활시설
⑤ 장애인공동생활가정

해설 장애조정시설은 장애인복지시설에 없는 내용이다. 정답 ②

Chapter 04 장애인연금법

1. 장애인연금법의 개요

1) 목적

장애로 인하여 생활이 어려운 중증장애인에게 장애인연금을 지급함으로써 중증장애인의 생활안정 지원과 복지증진 및 사회통합을 도모하는 데 이바지함을 목적으로 한다.

2. 용어정의

① "중증장애인"이란 장애인복지법에 따라 등록한 장애인 중 근로능력이 상실되거나 현저하게 감소되는 등 장애 정도가 중증인 사람으로서 대통령령으로 정하는 사람을 말한다.
② "수급권"이란 이 법에 따라 장애인연금을 받을 수 있는 자격을 말한다.
③ "수급권자"란 수급권을 가진 사람을 말한다.
④ "수급자"란 이 법에 따라 장애인연금을 받는 사람을 말한다.
⑤ "소득인정액"이란 수급권자와 그 배우자의 소득평가액과 재산의 소득환산액을 합산한 금액을 말한다.
⑥ "수급권자와 그 배우자의 소득평가액"이란 수급권자와 그 배우자의 실제 소득에도 불구하고 장애인연금의 지급 결정 및 실시 등에 사용하기 위하여 산출한 금액을 말한다. 이 경우 소득평가액 산출의 기초가 되는 소득의 범위는 대통령령으로 정하고, 구체적인 산정방식은 보건복지부령으로 정한다.
⑦ "재산의 소득환산액"이란 수급권자와 그 배우자의 재산가액에 재산의 소득환산율을 곱하여 산출한 금액을 말한다. 이 경우 수급권자와 그 배우자의 재산 범위, 재산가액의 산정기준, 재산의 소득환산율, 그 밖에 재산의 소득환산액 산정방식에 필요한 사항은 보건복지부령으로 정한다.

3. 국가 및 지방자치단체의 책무

1) 책임의 주체

① 국가 및 지방자치단체는 장애인연금이 중증장애인의 생활 안정을 지원하고 복지를 증진하는 데 필요한 수준이 되도록 최대한 노력하여야 하며, 매년 필요한 재원을 조달하여야 한다.

② 국가 및 지방자치단체는 장애인연금의 지급에 따라 계층 간 소득 역전 현상이 발생하지 아니하고 근로 의욕 및 저축 유인이 저하되지 아니하도록 최대한 노력하여야 한다.

4. 장애인연금의 종류 및 내용

① 기초급여 : 근로능력의 상실 또는 현저한 감소로 인하여 줄어드는 소득을 보전하여 주기 위하여 지급하는 급여

② 부가급여 : 장애로 인하여 추가로 드는 비용의 전부 또는 일부를 보전하여 주기 위하여 지급하는 급여

5. 수급권자의 범위

수급권자는 18세 이상의 중증장애인으로서 소득인정액이 그 중증장애인의 소득 · 재산 · 생활 수준과 물가상승률 등을 고려하여 보건복지부장관이 정하여 고시하는 금액 이하인 사람으로 한다. 다만, 20세 이하로서 초 · 중등교육법에 따른 학교에 재학 중인 사람은 제외한다.

6. 장애인연금의 신청

① 장애인연금을 지급받으려는 사람은 관할 특별자치시장 · 특별자치도지사 · 시장 · 군수 · 구청장에게 장애인연금의 지급을 신청할 수 있다.

② 특별자치시 · 특별자치도 · 시 · 군 · 구 소속 공무원은 이 법에 따른 장애인연금을 필요로 하는 사람이 누락되지 아니하도록 하기 위하여 관할 지역에 거주하는 수급희망자 또는 수급권자에 대한 장애인연금의 지급을 신청할 수 있다. 이 경우 그 수급희망자 또는 수급권자의 동의를 받아야 하며, 그 동의는 수급희망자 또는 수급권자의 신청으로 본다.

7. 장애인연금의 지급기간 및 지급시기

① 특별자치시장 · 특별자치도지사 · 시장 · 군수 · 구청장은 장애인연금의 지급이 결정되면 해당 수급권자에게 장애인연금을 신청한 날이 속하는 달부터 수급권이 소멸한 날이 속하는 달까지 매월 정기적으로 지급한다.

② 장애인연금은 그 지급을 정지하여야 할 사유가 발생한 경우에는 그 사유가 발생한 날이 속하는 달의 다음 달부터 그 사유가 소멸한 날이 속하는 달까지는 지급하지 아니한다. 다만, 정지 사유가 발생한 날과 그 사유가 소멸한 날이 같은 달에 속하는 경우에는 그 지급을 정지하지 아니한다.

8. 이의신청

① 장애인연금의 지급 결정이나 그 밖에 이 법에 따른 처분에 이의가 있는 사람은 특별자치시장 · 특별자치도지사 · 시장 · 군수 · 구청장에게 이의신청을 할 수 있다.

② 이의신청은 그 처분이 있음을 안 날부터 90일 이내에 서면으로 할 수 있다. 다만, 정당한 사유로 그 기간 내에 이의신청을 할 수 없음을 증명한 경우에는 그 사유가 소멸한 날부터 60일 이내에 이의신청을 할 수 있다.

9. 벌칙

1) 5년 이하의 징역 또는 5천만 원 이하의 벌금

금융정보 등을 사용 · 제공 또는 누설한 자

2) 3년 이하의 징역 또는 3천만 원 이하의 벌금

정보 또는 자료를 사용 · 제공 또는 누설한 사람

3) 1년 이하의 징역 또는 1천만 원 이하의 벌금

거짓이나 그 밖의 부정한 방법으로 장애인연금을 받거나 다른 사람으로 하여금 장애인연금을 받게 한 자

01 다음 보기의 내용에서 ( ) 안에 들어갈 숫자를 순서대로 옳게 나열한 것은?

> 가. 장애인연금 수급권자에 대한 통지는 장애인연금 지급의 신청일로부터 ( )일 이내에 하여야 한다.
> 나. 장애인연금 기초급여액은 「국민연금법」상 국민연금 수급 전 3년간의 평균소득월액 평균의 100분의 ( )에 해당하는 금액으로 한다.
> 다. 장애인연금 수급권자와 그 배우자가 모두 기초급여를 받는 경우에는 각각의 기초급여액에 대하여 100분의 ( )을 감액하여 지급한다.
> 라. 수급자의 장애인연금을 받을 권리와 장애인연금을 환수할 지방자치단체의 권리는 ( )년간 행사하지 아니하면 시효의 완성으로 소멸된다.

① 30, 5, 20, 5　② 20, 5, 20, 5
③ 30, 5, 20, 3　④ 20, 5, 20, 3
⑤ 30, 10, 20, 3

해설 가. 장애인연금 수급권자에 대한 통지는 장애인연금 지급의 신청일부터 30일 이내에 하여야 한다.
나. 장애인연금 기초급여액은 국민연금법상 국민연금 수급 전 3년간의 평균소득월액 평균의 100분의 5에 해당하는 금액으로 한다.
다. 장애인연금 수급권자와 그 배우자가 모두 기초급여를 받는 경우에는 각각의 기초급여액에 대하여 100분의 20을 감액하여 지급한다.
라. 수급자의 장애인연금을 받을 권리와 장애인연금을 환수할 지방자치단체의 권리는 5년간 행사하지 아니하면 시효의 완성으로 소멸된다.

정답 ①

02 다음 중 사회보장기본법상 사회복지서비스법에 해당하지 않는 것은?

① 장애인복지법　② 고용보험법
③ 영유아보육법　④ 노인복지법
⑤ 장애인연금법

해설 고용보험법은 사회보장법에 해당한다.

정답 ②

Chapter 05 한부모가족지원법

1. 한부모가족지원법의 개요

1) 목적

한부모가족이 안정적인 가족 기능을 유지하고 자립할 수 있도록 지원함으로써 한부모가족의 생활 안정과 복지증진에 이바지함을 목적으로 한다.

2) 용어정의

① "모" 또는 "부"란 다음에 해당하는 자로서 아동인 자녀를 양육하는 자를 말한다.

가. 배우자와 사별 또는 이혼하거나 배우자로부터 유기된 자
나. 정신이나 신체의 장애로 장기간 노동능력을 상실한 배우자를 가진 자
다. 교정시설 · 치료감호시설에 입소한 배우자 또는 병역복무 중인 배우자를 가진 사람
라. 미혼자(사실혼 관계에 있는 자는 제외한다)
마. 가목부터 라목까지에 규정된 자에 준하는 자로서 여성가족부령으로 정하는 자

② "청소년 한부모"란 24세 이하의 모 또는 부를 말한다.
③ "한부모가족"이란 모자가족 또는 부자가족을 말한다.
④ "모자가족"이란 모가 세대주(세대주가 아니더라도 세대원을 사실상 부양하는 자를 포함)인 가족을 말한다.
⑤ "부자가족"이란 부가 세대주(세대주가 아니더라도 세대원을 사실상 부양하는 자를 포함)인 가족을 말한다.
⑥ "아동"이란 18세 미만(취학 중인 경우에는 22세 미만을 말하되, 병역법에 따른 병역의무를 이행하고 취학 중인 경우에는 병역의무를 이행한 기간을 가산한 연령 미만을 말한다)의 자를 말한다.
⑦ "지원기관"이란 지원을 행하는 국가나 지방자치단체를 말한다.
⑧ "한부모가족복지단체"란 한부모가족의 복지증진을 목적으로 설립된 기관이나 단체를 말한다.

2. 수급권자

1) 지원대상자의 범위

① 한부모가족지원법상 모 또는 부
② 청소년 한부모
③ 한부모가족
④ 모자가족, 부자가족
⑤ 아동

2) 지원대상자 범위의 특례

(1) 혼인 관계에 있지 아니한 자로서 출산 전 임신부와 출산 후 해당 아동을 양육하지 아니하는 모는 미혼모자가족복지시설을 이용할 때에는 이 법에 따른 지원대상자가 된다.

(2) 해당 아동과 그 아동을 양육하는 조부 또는 조모
① 부모가 사망하거나 생사가 분명하지 아니한 아동
② 부모가 정신 또는 신체의 장애 · 질병으로 장기간 노동능력을 상실한 아동
③ 부모의 장기복역 등으로 부양을 받을 수 없는 아동
④ 부모가 이혼하거나 유기하여 부양을 받을 수 없는 아동
⑤ 규정된 자에 준하는 자로서 여성가족부령으로 정하는 아동

(3) 국내에 체류하고 있는 외국인 중 대한민국 국민과 혼인하여 대한민국 국적의 아동을 양육하고 있는 사람으로서 대통령령으로 정하는 사람에 해당하면 이 법에 따른 지원대상자가 된다.

3. 책임의 주체

1) 국가와 지방자치단체

① 한부모가족의 복지를 증진할 책임을 진다.
② 한부모가족의 권익과 자립을 지원하기 위한 여건을 조성하고 이를 위한 시책을 수립 · 시행하여야 한다.
③ 한부모가족에 대한 사회적 편견과 차별을 예방하고, 사회구성원이 한부모가족을 이해하고 존중할 수 있도록 교육 및 홍보 등 필요한 조치를 하여야 한다.
④ 청소년 한부모가족의 자립을 위하여 노력하여야 한다.

2) 교육

교육부장관과 특별시 · 광역시 · 특별자치시 · 도 · 특별자치도의 교육감은 유치원, 초 · 중등교육법 및 고등교육법의 학교에서 한부모가족에 대한 이해를 돕는 교육을 실시하기 위한 시책을 수립 · 시행하여야 한다.

3) 모든 국민

모든 국민은 한부모가족의 복지증진에 협력하여야 한다.

4. 복지의 내용과 실시

1) 한부모가족의 날

한부모가족에 대한 국민의 이해와 관심을 제고하기 위하여 매년 5월 10일을 한부모가족의 날로 한다.

2) 실태조사

① 여성가족부장관은 한부모가족 지원을 위한 정책수립에 활용하기 위하여 3년마다 한부모가족에 대한 실태조사를 실시하고 그 결과를 공표하여야 한다.
② 여성가족부장관은 실태조사를 위하여 관계 공공기관 또는 관련 법인 · 단체에 대하여 필요한 자료의 제출 등 협조를 요청할 수 있으며, 요청받은 관계 공공기관 또는 관련 법인 · 단체는 특별한 사유가 없으면 이에 협조하여야 한다.

3) 지원대상자의 조사

① 특별자치시장 · 특별자치도지사 · 시장 · 군수 · 구청장(자치구의 구청장을 말한다. 이하 같다)은 매년 1회 이상 관할구역 지원대상자의 가족상황, 생활실태 등을 조사하여야 한다.
② 특별자치시장 · 특별자치도지사 · 시장 · 군수 · 구청장은 조사 결과를 대장으로 작성 · 비치하여야 한다. 다만, 사회복지사업법에 따른 정보시스템을 활용할 때에는 전자적으로 작성하여 관리할 수 있다.

4) 급여의 신청

(1) 신청자

지원대상자 또는 그 친족이나 그 밖의 이해관계인은 복지 급여를 관할 특별자치시장 · 특별자치도지사 · 시장 · 군수 · 구청장에게 신청할 수 있다.

(2) 복지 급여 신청

복지 급여를 신청할 때에는 다음에 따른 자료 또는 정보의 제공에 대한 지원대상자의 동의 서면을 제출하여야 한다.

① 금융정보
② 신용정보
③ 보험정보

(3) 복지 급여의 내용

국가나 지방자치단체는 복지 급여의 신청이 있으면 복지 급여를 실시하여야 한다. 다만, 이 법에 따른 지원대상자가 국민기초생활보장법 등 다른 법령에 따라 지원을 받고 있는 경우에는 그 범위에서 이 법에 따른 급여를 하지 아니한다.

① 생계비
② 아동교육지원비
③ 아동양육비
④ 그 밖에 대통령령으로 정하는 비용

아동양육비를 지급할 때에 미혼모나 미혼부가 5세 이하의 아동을 양육하거나 청소년 한부모가 아동을 양육하면 예산의 범위에서 추가적인 복지 급여를 실시하여야 한다. 이 경우 모 또는 부의 직계존속이 5세 이하의 아동을 양육하는 경우에도 또한 같다.

5) 복지 자금의 대여

국가나 지방자치단체는 한부모가족의 생활안정과 자립을 촉진하기 위하여 자금을 대여할 수 있다.

① 사업에 필요한 자금
② 아동교육비
③ 의료비
④ 주택자금
⑤ 그 밖에 대통령령으로 정하는 한부모가족의 복지를 위하여 필요한 자금

6) 고용촉진

① 직업능력개발훈련을 실시

국가 또는 지방자치단체는 한부모가족의 모 또는 부와 아동의 직업능력을 개발하기 위하여 능력 및 적성 등을 고려한 직업능력개발훈련을 실시하여야 한다.

② 고용촉진 노력

국가 또는 지방자치단체는 한부모가족의 모 또는 부와 아동의 고용을 촉진하기 위하여 적합한 직업을 알선하고 각종 사업장에 모 또는 부와 아동이 우선 고용되도록 노력하여야 한다.

7) 기타 지원

(1) 공공시설에 매점 및 시설 설치

국가나 지방자치단체가 운영하는 공공시설의 장은 그 공공시설에 각종 매점 및 시설의 설치를 허가하는 경우 이를 한부모가족 또는 한부모가족복지단체에 우선적으로 허가할 수 있다.

(2) 시설 우선이용

국가나 지방자치단체는 한부모가족의 아동이 공공의 아동 편의시설과 그 밖의 공공시설을 우선적으로 이용할 수 있도록 노력하여야 한다.

(3) 가족지원서비스

① 아동의 양육 및 교육서비스
② 장애인, 노인, 만성질환자 등의 부양서비스
③ 취사, 청소, 세탁 등 가사서비스
④ 교육・상담 등 가족관계증진서비스
⑤ 인지 청구 및 자녀양육비 청구 등을 위한 법률상담, 소송대리 등 법률구조서비스
⑥ 그 밖에 대통령령으로 정하는 한부모가족에 대한 가족지원서비스

(4) 국민주택의 분양 및 임대

국가나 지방자치단체는 「주택법」에서 정하는 바에 따라 국민주택을 분양하거나 임대할 때에는 한부모가족에게 일정 비율이 우선 분양될 수 있도록 노력하여야 한다.

5. 한부모가족복지시설

1) 한부모가족복지시설의 종류

(1) 모자가족복지시설

① 기본생활지원

생계가 어려운 모자가족에게 일정 기간 동안 주거와 생계를 지원

② 공동생활지원

독립적인 생활이 어려운 모자가족에게 일정 기간 동안 공동생활을 통하여 자립을 준비할 수 있도록 주거 등을 지원

③ 자립생활지원

자립욕구가 강한 모자가족에게 일정 기간 동안 주거를 지원

(2) **부자가족복지시설**

부자가족에게 편의를 제공하는 시설

① 기본생활지원 : 생계가 어려운 부자가족에게 일정 기간 동안 주거와 생계를 지원
② 공동생활지원 : 독립적인 생활이 어려운 부자가족에게 일정 기간 동안 공동생활을 통하여 자립을 준비할 수 있도록 주거 등을 지원
③ 자립생활지원 : 자립욕구가 강한 부자가족에게 일정 기간 동안 주거를 지원

(3) **미혼모자가족복지시설**

① 기본생활지원

미혼 여성의 임신·출산 시 안전 분만 및 심신의 건강 회복과 출산 후의 아동의 양육 지원을 위하여 일정 기간 동안 주거와 생계를 지원(지원대상자 중 미혼이 아닌 여성의 임신·출산 시 안전 분만과 출산 후 양육 지원을 포함한다)

② 공동생활지원

출산 후 해당 아동을 양육하지 아니하는 미혼모 또는 미혼모와 그 출산 아동으로 구성된 미혼모자가족에게 일정 기간 동안 공동생활을 통하여 자립을 준비할 수 있도록 주거 등을 지원

(4) **일시지원복지시설**

배우자(사실혼 관계에 있는 사람을 포함한다)가 있으나 배우자의 물리적·정신적 학대로 아동의 건전한 양육이나 모의 건강에 지장을 초래할 우려가 있을 경우 일시적 또는 일정 기간 동안 모와 아동 또는 모에게 주거와 생계를 지원하는 시설

(5) **한부모가족복지상담소**

한부모가족에 대한 위기·자립 상담 또는 문제해결 지원 등을 목적으로 하는 시설

6. 한부모가족복지시설의 설치

국가나 지방자치단체는 한부모가족복지시설을 설치할 수 있다.

1) 설치, 운영

국가나 지방자치단체 외의 자가 한부모가족복지시설을 설치 · 운영하려면 특별자치시장 · 특별자치도지사 · 시장 · 군수 · 구청장에게 신고하여야 한다.

한부모가족복지시설의 시설 설치 · 운영 기준, 시설 종사자의 직종과 수 및 자격기준, 그 밖에 설치신고에 필요한 사항은 여성가족부령으로 정한다.

2) 입소

한부모가족복지시설의 장은 청소년 한부모가 입소를 요청하는 경우에는 우선 입소를 위한 조치를 취하여야 한다.

입양특례법에 따른 입양기관을 운영하는 자는 편의제공시설을 설치 · 운영할 수 없다.

3) 시설 폐쇄

특별자치시장 · 특별자치도지사 · 시장 · 군수 · 구청장은 한부모가족복지시설이 다음에 해당하면 그 사업의 정지나 폐지를 명하거나 시설을 폐쇄할 수 있다.

① 시설 기준에 미달하게 된 경우
② 한부모가족복지시설에 한부모가족을 입소하도록 위탁받은 경우 정당한 사유 없이 이를 거부한 경우
③ 정당한 이유 없이 보고를 하지 아니하거나 거짓으로 한 경우 또는 조사 · 검사를 거부하거나 기피한 경우

7. 비용

1) 비용의 보조

국가나 지방자치단체는 대통령령으로 정하는 바에 따라 한부모가족복지사업에 드는 비용을 보조할 수 있다.

2) 부정수급자에 대한 비용의 징수

① 거짓이나 그 밖의 부정한 방법으로 복지 급여를 받거나 타인으로 하여금 복지 급여를 받게 한 경우 복지 급여를 지급한 지원기관은 그 비용의 전부 또는 일부를 그 복지 급여를 받은 자 또는 복지 급여를 받게 한 자로부터 징수할 수 있다.

② 징수할 금액은 부정수급자에게 통지하여 징수하고, 부정수급자가 이에 응하지 아니하는 경우 국세 또는 지방세 체납처분의 예에 따라 징수한다.

3) 보조금 등의 반환명령

국가나 지방자치단체는 한부모가족복지시설의 장이나 한부모가족복지단체의 장이 다음의 어느 하나에 해당하면 이미 내준 보조금의 전부 또는 일부의 반환을 명할 수 있다.

① 보조금의 교부 조건을 위반한 경우
② 거짓이나 그 밖의 부정한 방법으로 보조금을 받은 경우
③ 한부모가족복지시설을 경영하면서 개인의 영리를 도모하는 행위를 한 경우
④ 이 법 또는 이 법에 따른 명령을 위반한 경우

8. 벌칙

1) 벌칙

(1) 5년 이하의 징역 또는 5천만 원 이하의 벌금

금융정보 등을 사용 또는 누설한 사람

(2) 3년 이하의 징역 또는 3천만 원 이하의 벌금

자료 등을 사용 또는 누설한 사람

(3) 1년 이하의 징역 또는 1천만 원 이하의 벌금

① 신고를 하지 아니하고 한부모가족복지시설을 설치한 자
② 시설의 폐쇄, 사업의 정지 또는 폐지의 명령을 받고 사업을 계속한 자

(4) 1년 이하의 징역, 1천만 원 이하의 벌금, 구류 또는 과태료

거짓이나 그 밖의 부정한 방법으로 복지 급여를 받거나 타인으로 하여금 복지 급여를 받게 한 자

2) 과태료

(1) 300만 원 이하의 과태료

① 정당한 사유 없이 수탁을 거부한 자
② 정당한 이유 없이 보고를 하지 아니하거나 거짓으로 한 자 또는 조사 · 검사를 거부하거나 기피한 자

01 다음 중 실태조사의 기간 중 옳은 것은?

① 장애인 실태조사 4년 마다
② 보육 실태조사 4년 마다
③ 다문화가족 실태조사 4년 마다
④ 아동학대 실태조사 5년 마다
⑤ 한부모가족 실태조사 3년 마다

해설 모두 3년마다 실시한다.

정답 ⑤

02 다음이 설명하는 한부모가족지원법상의 한부모가족복지시설은?

> 배우자(사실혼 관계에 있는 사람을 포함한다)가 있으나 배우자의 물리적 · 정신적 학대로 아동의 건전한 양육이나 모의 건강에 지장을 초래할 우려가 있을 경우 일시적 또는 일정 기간 동안 모와 아동 또는 모에게 주거와 생계를 지원하는 시설

① 일시지원복지시설
② 부자가족복지시설
③ 모자가족복지시설
④ 한부모가족복지상담소
⑤ 미혼모자가족복지시설

해설 한부모가족복지시설

1. 출산지원시설: 다음 각 목의 어느 하나에 해당하는 자의 임신 · 출산 및 그 출산 아동(3세 미만에 한정한다)의 양육을 위하여 주거 등을 지원하는 시설
2. 양육지원시설: 6세 미만 자녀를 동반한 한부모가족에게 자녀를 양육할 수 있도록 주거 등을 지원하는 시설
3. 생활지원시설: 18세 미만(취학 중인 경우에는 22세 미만을 말하되, 「병역법」에 따른 병역의무를 이행하고 취학 중인 경우에는 병역의무를 이행한 기간을 가산한 연령 미만을 말한다) 자녀를 동반한 한부모가족에게 자립을 준비할 수 있도록 주거 등을 지원하는 시설
4. 일시지원시설: 배우자(사실혼 관계에 있는 사람을 포함한다)가 있으나 배우자의 물리적 · 정신적 학대로 아동의 건전한 양육이나 모 또는 부의 건강에 지장을 초래할 우려가 있을 경우 일시적 또는 일정 기간 동안 모와 아동, 부와 아동, 모 또는 부에게 주거 등을 지원하는 시설
5. 한부모가족복지상담소: 한부모가족에 대한 위기 · 자립 상담 또는 문제해결 지원 등을 목적으로 하는 시설

② 제1항제1호부터 제4호까지의 규정에 따른 시설의 입소기간 및 그 기간의 연장 등에 필요한 사항은 여성가족부령으로 정한다. 〈개정 2014. 1. 21., 2023. 4. 11.〉
[전문개정 2011. 4. 12.]

정답 ①

03 한부모가족지원법에서 말하는 '한부모가정'은?

① 모 또는 부가 세대주인 가정
② 모와 부가 함께 자녀를 데리고 사는 가정
③ 보호자가 모계사회인 가정
④ 호적에 모와 부가 동시에 표기된 가정
⑤ 모자가정

해설 한부모가정이란 모 또는 부가 세대주인 가정을 말한다. 정답 ①

Chapter 06 영유아보육법

1. 영유아보육법의 개요

1) 목적

영유아의 심신을 보호하고 건전하게 교육하여 건강한 사회구성원으로 육성함과 아울러 보호자의 경제적 · 사회적 활동이 원활하게 이루어지도록 함으로써 영유아 및 가정의 복지증진에 이바지함을 목적으로 한다.

2) 보육 이념

① 보육은 영유아의 이익을 최우선적으로 고려하여 제공되어야 한다.
② 보육은 영유아가 안전하고 쾌적한 환경에서 건강하게 성장할 수 있도록 하여야 한다.
③ 영유아는 자신이나 보호자의 성, 연령, 종교, 사회적 신분, 재산, 장애, 인종 및 출생지역 등에 따른 어떠한 종류의 차별도 받지 아니하고 보육되어야 한다.

3) 용어정의

① "영유아"란 7세 미만의 취학 전 아동을 말한다.
② "보육"이란 영유아를 건강하고 안전하게 보호 · 양육하고 영유아의 발달 특성에 맞는 교육을 제공하는 어린이집 및 가정양육 지원에 관한 사회복지서비스를 말한다.
③ "어린이집"이란 보호자의 위탁을 받아 영유아를 보육하는 기관을 말한다.
④ "보호자"란 친권자 · 후견인, 그 밖의 자로서 영유아를 사실상 보호하고 있는 자를 말한다.
⑤ "보육교직원"이란 어린이집 영유아의 보육, 건강관리 및 보호자와의 상담, 그 밖에 어린이집의 관리 · 운영 등의 업무를 담당하는 자로서 어린이집의 원장 및 보육교사와 그 밖의 직원을 말한다.

2. 국가책임

① 모든 국민은 영유아를 건전하게 보육할 책임을 진다.
② 국가와 지방자치단체는 보호자와 더불어 영유아를 건전하게 보육할 책임을 지며, 이에 필요한 재원을 안정적으로 확보하도록 노력하여야 한다.

③ 특별자치도지사 · 시장 · 군수 · 구청장(자치구의 구청장을 말한다)은 영유아의 보육을 위한 적절한 어린이집을 확보하여야 한다.

④ 국가와 지방자치단체는 보육교직원의 양성 및 근로여건 개선을 위하여 노력하여야 한다.

3. 보육정책위원회 및 보육정책조정위원회

1) 보육정책위원회

보육에 관한 각종 정책 · 사업 · 보육지도 및 어린이집 평가인증사항 등을 심의하기 위하여 보건복지부에 중앙보육정책위원회를, 특별시 · 광역시 · 도 · 특별자치도 및 시 · 군 · 구에 지방보육정책위원회를 둔다. 다만, 지방보육정책위원회는 그 기능을 담당하기에 적합한 다른 위원회가 있고 그 위원회의 위원이 자격을 갖춘 경우에는 시 · 도 또는 시 · 군 · 구의 조례로 정하는 바에 따라 그 위원회가 지방보육정책위원회의 기능을 대신할 수 있다.

(1) 구성 및 소속

구성 : 위원장을 포함한 12명 이내의 위원으로 구성

소속 : 국무총리

(2) 위원장

국무조정실장

(3) 위원

기획재정부차관, 교육부차관, 보건복지부차관, 고용노동부차관 및 여성가족부차관

위원장이 위촉하는 보육계 · 유아교육계 · 여성계 · 사회복지계 · 시민단체 및 보호자를 대표하는 자 각 1명

(4) 보육정책조정위원회 심의 · 조정 사항

① 보육정책의 기본 방향에 관한 사항

② 보육 관련 제도개선과 예산지원에 관한 사항

③ 보육에 관한 관계 부처간 협조 사항

④ 그 밖에 위원장이 회의에 부치는 사항

2) 보육정책조정위원회

보육정책에 관한 관계 부처 간의 의견을 조정하기 위하여 국무총리 소속으로 보육정책조정위원회를 둔다.

(1) 보육정책조정위원회의 심의 · 조정 사항

① 보육정책의 기본 방향에 관한 사항
② 보육 관련 제도개선과 예산지원에 관한 사항
③ 보육에 관한 관계 부처간 협조 사항
④ 그 밖에 위원장이 회의에 부치는 사항

4. 보육 실태 조사

보건복지부장관은 이 법의 적절한 시행을 위하여 보육 실태 조사를 3년마다 하여야 한다.

5. 어린이집의 설치

1) 어린이집의 종류

① 국공립어린이집
국가나 지방자치단체가 설치 · 운영하는 어린이집

② 사회복지법인어린이집
사회복지사업법에 따른 사회복지법인이 설치 · 운영하는 어린이집

③ 법인 · 단체등어린이집
각종 법인(사회복지법인을 제외한 비영리법인)이나 단체 등이 설치 · 운영하는 어린이집으로서 대통령령으로 정하는 어린이집

④ 직장어린이집
사업주가 사업장의 근로자를 위하여 설치 · 운영하는 어린이집(국가나 지방자치단체의 장이 소속 공무원 및 국가나 지방자치단체의 장과 근로계약을 체결한 자로서 공무원이 아닌 자를 위하여 설치 · 운영하는 어린이집을 포함한다)

⑤ 가정어린이집
개인이 가정이나 그에 준하는 곳에 설치 · 운영하는 어린이집

⑥ 협동어린이집
보호자 또는 보호자와 보육교직원이 조합(영리를 목적으로 하지 아니하는 조합에 한정한다)을 결성하여 설치 · 운영하는 어린이집

⑦ 민간어린이집
제1호부터 제6호까지의 규정에 해당하지 아니하는 어린이집

2) 보육계획의 수립 및 시행

보건복지부장관, 시 · 도지사 및 시장 · 군수 · 구청장은 보육사업을 원활하게 추진하기 위하여 보건복지부장관의 경우에는 중앙보육정책위원회, 그 밖의 경우에는 각 지방보육정책위원회의 심의를 거쳐 어린이집 수급계획 등을 포함한 보육계획을 수립 · 시행하여야 한다. 이 경우 보육계획에는 국공립어린이집의 공급에 관한 계획 및 목표가 포함되어야 한다.

3) 국공립어린이집 설치

국가나 지방자치단체는 국공립어린이집을 설치 · 운영하여야 하며, 다음의 지역에 우선적으로 설치하여야 한다.

① 도시 저소득주민 밀집 주거지역 및 농어촌지역 등 취약지역
② 건축법에 따른 공동주택 중 대통령령으로 정하는 일정 세대 이상의 공동주택을 건설하는 주택단지 지역
③ 산업단지 지역

4) 국공립어린이집 외의 어린이집의 설치

국공립어린이집 외의 어린이집을 설치 · 운영하려는 자는 특별자치도지사 · 시장 · 군수 · 구청장의 인가를 받아야 한다.

어린이집의 설치인가를 받은 자는 어린이집 방문자 등이 볼 수 있는 곳에 어린이집 인가증을 게시하여야 한다.

5) 직장어린이집의 설치

대통령령으로 정하는 일정 규모 이상의 사업장의 사업주는 직장어린이집을 설치하여야 한다. 다만, 사업장의 사업주가 직장어린이집을 단독으로 설치할 수 없을 때에는 사업주 공동으로 직장어린이집을 설치 · 운영하거나, 지역의 어린이집과 위탁계약을 맺어 근로자 자녀의 보육을 지원하여야 한다.

사업장의 사업주가 위탁보육을 하는 경우에는 사업장 내 보육대상이 되는 근로자 자녀 중에서 위탁보육을 받는 근로자 자녀가 보건복지부령으로 정하는 일정 비율 이상이 되도록 하여야 한다.

6) 놀이터 설치

어린이집을 설치 · 운영하는 자는 놀이터를 설치하여야 하며 설치에 관한 기준은 보건복지부령으로 정한다. 다만, 다음의 어느 하나에 해당하는 어린이집은 그러하지 아니한다.

① 보육 정원 50명 미만인 어린이집
② 100미터 이내에 보건복지부령으로 정하는 기준을 충족하는 놀이터가 설치되어 있는 어린이집

7) 폐쇄회로 텔레비전의 설치

어린이집을 설치 · 운영하는 자는 아동학대 방지 등 영유아의 안전과 어린이집의 보안을 위하여 개인정보보호법 및 관련 법령에 따른 폐쇄회로 텔레비전을 설치 · 관리하여야 한다. 다만, 다음의 어느 하나에 해당하는 경우에는 그러하지 아니하다.

① 어린이집을 설치 · 운영하는 자가 보호자 전원의 동의를 받아 시장 · 군수 · 구청장에게 신고한 경우
② 어린이집을 설치 · 운영하는 자가 보호자 및 보육교직원 전원의 동의를 받아 개인정보보호법 및 관련 법령에 따른 네트워크 카메라를 설치한 경우

6. 보육교직원

1) 보육교직원의 배치

① 어린이집에는 보육교직원을 두어야 한다.
② 어린이집에는 보육교사의 업무 부담을 경감할 수 있도록 보조교사 등을 둔다.
③ 휴가 또는 보수교육 등으로 보육교사의 업무에 공백이 생기는 경우에는 이를 대체할 수 있는 대체교사를 배치한다.
④ 보육교직원 및 그 밖의 인력의 배치기준 등에 필요한 사항은 보건복지부령으로 정한다.

2) 보육교직원의 직무

① 어린이집의 원장은 어린이집을 총괄하고 보육교사와 그 밖의 직원을 지도 · 감독하며 영유아를 보육한다.
② 보육교사는 영유아를 보육하고 어린이집의 원장이 불가피한 사유로 직무를 수행할 수 없을 때에는 그 직무를 대행한다.

3) 보육교직원의 책무

① 보육교직원은 영유아를 보육함에 있어 영유아에게 신체적 고통이나 고성 · 폭언 등의 정신적 고통을 가하여서는 아니 된다.

② 보육교직원은 업무를 수행함에 있어 영유아의 생명 · 안전보호 및 위험방지를 위하여 주의의무를 다하여야 한다.

4) 보육교직원의 임면

① 특별자치도지사 · 시장 · 군수 · 구청장은 보육교직원의 권익 보장과 근로여건 개선을 위하여 보육교직원의 임면과 경력 등에 관한 사항을 관리하여야 한다.

② 어린이집의 원장은 보건복지부령으로 정하는 바에 따라 보육교직원의 임면에 관한 사항을 특별자치도지사 · 시장 · 군수 · 구청장에게 보고하여야 한다.

5) 결격사유

① 미성년자 · 피성년후견인 또는 피한정후견인

② 정신질환자

③ 마약류에 중독된 자

④ 파산선고를 받고 복권되지 아니한 자

⑤ 금고 이상의 실형을 선고받고 그 집행이 종료되거나 집행이 면제된 날부터 5년(아동복지법에 따른 아동학대 관련 범죄를 저지른 경우에는 20년)이 경과되지 아니한 자

⑥ 금고 이상의 형의 집행유예를 선고받고 그 유예기간 중에 있는 사람. 다만, 아동복지법에 따른 아동학대 관련 범죄로 금고 이상의 형의 집행유예를 선고받은 경우에는 그 집행유예가 확정된 날부터 20년이 지나지 아니한 사람

⑦ 어린이집의 폐쇄명령을 받고 5년이 경과되지 아니한 자

⑧ 300만 원 이상의 벌금형이 확정된 날부터 2년이 지나지 아니한 사람 또는 아동복지법에 따른 아동학대 관련 범죄로 벌금형이 확정된 날부터 10년이 지나지 아니한 사람

⑨ 자격정지 중인 자

⑩ 자격이 취소된 후 같은 조 제2항에 따른 자격 재교부 기한이 경과되지 아니한 자

6) 어린이집의 원장 또는 보육교사의 자격

어린이집의 원장은 대통령령으로 정하는 자격을 가진 자로서 보건복지부장관이 검정 · 수여하는 자격증을 받은 자이어야 한다.

(1) 보육교사 자격

① 보건복지부령으로 정하는 보육 관련 교과목과 학점을 이수하고 전문학사학위 이상을

취득한 사람, 고등교육법에 따른 학교를 졸업한 사람과 같은 수준 이상의 학력이 있다고 인정된 사람으로서 보건복지부령으로 정하는 보육 관련 교과목과 학점을 이수하고 전문학사학위 이상을 취득한 사람

② 고등학교 또는 이와 같은 수준 이상의 학교를 졸업한 자로서 시 · 도지사가 지정한 교육훈련시설에서 소정의 교육과정을 이수한 사람

③ 보육교사의 등급은 1 · 2 · 3급으로 하고, 등급별 자격기준은 대통령령으로 정한다.

7) 어린이집 원장 및 보육교사의 보수교육

보건복지부장관은 어린이집 원장의 자질 향상을 위한 보수교육을 실시하여야 한다. 보수교육은 집합교육을 원칙으로 한다.

7. 어린이집의 운영기준

국가나 지방자치단체는 설치된 국공립어린이집을 법인 · 단체 또는 개인에게 위탁하여 운영할 수 있다. 이 경우 최초 위탁은 보건복지부령으로 정하는 국공립어린이집 위탁제 선정관리 기준에 따라 심의하며, 다음 각 호의 어느 하나에 해당하는 자에게 위탁하는 경우를 제외하고는 공개경쟁의 방법에 따른다.

① 민간어린이집을 국가 또는 지방자치단체에 기부채납하여 국공립어린이집으로 전환하는 경우 기부채납 전에 그 어린이집을 설치 · 운영한 자

② 국공립어린이집 설치 시 해당 부지 또는 건물을 국가 또는 지방자치단체에 기부채납하거나 무상으로 사용하게 한 자

③ 주택법에 따라 설치된 민간어린이집을 국공립어린이집으로 전환하는 경우 전환하기 전에 그 어린이집을 설치 · 운영한 자

④ 직장어린이집을 설치한 사업주는 이를 법인 · 단체 또는 개인에게 위탁하여 운영할 수 있다.

8. 어린이집 평가인증

보건복지부장관은 보육서비스의 질적 수준을 향상시키기 위하여 어린이집 설치 · 운영자의 신청에 따라 어린이집의 보육환경, 보육과정 운영 및 보육인력의 전문성 등을 평가하여 해당 어린이집에 대한 평가인증을 실시할 수 있다.

9. 벌칙

1) 벌칙

(1) 5년 이하의 징역 또는 5천만 원 이하의 벌금

업무를 수행하면서 취득한 금융정보 등을 이 법으로 정한 목적 외의 다른 용도로 사용하거나 다른 사람 또는 기관에 제공하거나 누설한 사람

(2) 3년 이하의 징역 또는 3천만 원 이하의 벌금

① 거짓이나 그 밖의 부정한 방법으로 보조금을 교부받거나 보조금을 유용한 자
② 폐쇄회로 텔레비전의 설치 목적과 다른 목적으로 폐쇄회로 텔레비전을 임의로 조작하거나 다른 곳을 비추는 행위를 한 자
③ 녹음기능을 사용하거나 보건복지부령으로 정하는 저장장치 이외의 장치 또는 기기에 영상정보를 저장한 자

(3) 2년 이하의 징역 또는 2천만 원 이하의 벌금

안전성 확보에 필요한 조치를 하지 아니하여 영상정보를 분실 · 도난 · 유출 · 변조 또는 훼손당한 자

(4) 1년 이하의 징역 또는 1천만 원 이하의 벌금

① 설치인가를 받지 아니하고 어린이집의 명칭을 사용하거나 사실상 어린이집의 형태로 운영한 자
② 거짓이나 그 밖의 부정한 방법으로 제13조제1항에 따른 어린이집의 설치인가 또는 변경인가를 받은 자
③ 자기의 성명이나 어린이집의 명칭을 사용하여 어린이집의 원장 또는 보육교사의 업무를 수행하게 하거나 자격증을 대여한 자 및 그 상대방
④ 거짓이나 그 밖의 부정한 방법으로 비용을 지원받거나 타인으로 하여금 지원을 받게 한 자
⑤ 보육서비스 이용권을 부정사용한 자
⑥ 거짓이나 그 밖의 부정한 방법으로 보육료 등을 수납한 어린이집의 설치 · 운영자
⑦ 어린이집 운영정지명령 또는 어린이집의 폐쇄명령을 위반하여 사업을 계속한 자

2) 과태료

(1) 500만 원 이하의 과태료

신고를 하지 아니하고 어린이집을 폐지하거나 일정기간 운영을 중단하거나 운영을 재개한 자

(2) 300만 원 이하의 과태료

① 취약보육을 우선적으로 실시하지 아니한 자

② 국민기초생활보장법에 따른 수급자를 우선적으로 보육하지 아니한 자

③ 건강진단 또는 응급조치 등을 이행하지 아니한 자

④ 폐쇄회로 텔레비전을 설치하지 아니하거나 설치 · 관리의무를 위반한 자

⑤ 열람요청에 응하지 아니한 자

01 다음 중 연령의 연결이 바르게 된 것은 어느 것인가?

① 영유아보육법상 영유아 - 7세 미만의 취학 전 아동
② 청소년보호법상 청소년 - 만 20세 미만인 청소년
③ 청소년기본법상 청소년 - 9세 이상 24세 이하인 청소년
④ 소년법상 소년 - 20세 미만인 소년
⑤ 한부모가족지원법상 아동 - 19세 미만의 아동

해설 영유아보육법상 영유아 - 7세 미만의 취학 전 아동
청소년보호법상 청소년 - 만 19세 미만의 청소년
소년법상 소년 - 19세 미만인 소년
한부모가족지원법상 아동 - 18세 미만의 아동

정답 ①

02 다음과 같은 역할을 하는 사회복지시설은?

○ 아동의 안전한 보호 ○ 안전하고 균형 있는 급식 및 간식의 제공 ○ 등·하교 전후, 야간 또는 긴급상황 발생 시 돌봄서비스 제공 ○ 체험활동 등 교육·문화·예술·체육 프로그램의 연계·제공 ○ 돌봄 상담, 관련 정보의 제공 및 서비스의 연계

① 장애인 지역사회재활시설
② 다함께돌봄센터
③ 아동보호전문기관
④ 지역장애아동지원센터
⑤ 노인공동생활가정

해설 돌봄센터의 서비스
아이들에게 건강한 급식과 간식들을 제공.
아이들의 안전과 등/하교 또는 야간에 있어 갑작스러운 상황에 돌봄 서비스를 제공
다양한 체험과 교육 그리고 문화 프로그램 등을 제공.

정답 ②

03 다음 중 사회복지사업법상 사회복지사의 채용의무가 없는 시설은?

① 어린이집
② 아동양육시설
③ 장애인생활시설
④ 노인요양시설
⑤ 노인복지관

해설 사회복지법인 및 사회복지시설을 설치 · 운영하는 자는 대통령령이 정하는 바에 의하여 사회복지사를 그 종사자로 채용하여야 한다.

1. 노인복지법에 따른 노인여가복지시설(노인복지관 제외)
2. 장애인복지법에 따른 점자도서관과 점자도서 및 음성도서 출판시설
3. 영유아보육법에 따른 어린이집
4. 성매매방지 및 피해자보호 등에 관한 법률에 따른 성매매피해자 등을 위한 지원시설 및 성매매피해상담소
5. 정신보건법에 따른 정신질환자사회복귀시설 및 정신요양시설
6. 성폭력범죄의 처벌 및 피해자보호 등에 관한 법률에 따른 성폭력피해상담소

정답 ①

Chapter 07 다문화가족지원법

1. 다문화가족지원법의 개요

1) 목적

다문화가족 구성원이 안정적인 가족생활을 영위하고 사회구성원으로서의 역할과 책임을 다할 수 있도록 함으로써 이들의 삶의 질 향상과 사회통합에 이바지함을 목적으로 한다.

2) 용어정의

① 다문화가족
재한외국인 처우 기본법의 결혼이민자와 국적법의 규정에 따라 대한민국 국적을 취득한 자로 이루어진 가족 및 국적법에 따라 대한민국 국적을 취득한 자와 대한민국 국적을 취득한 자로 이루어진 가족을 말한다.

② 결혼이민자
재한외국인 처우 기본법의 결혼이민자 및 국적법에 따라 귀화허가를 받은 자를 말한다.

③ 아동 · 청소년
24세 이하인 사람을 말한다.

2. 다문화가족지원법의 정책

1) 국가와 지방자치단체의 책무

국가와 지방자치단체는 다문화가족 구성원이 안정적인 가족생활을 영위하고 경제 · 사회 · 문화 등 각 분야에서 사회구성원으로서의 역할과 책임을 다할 수 있도록 필요한 제도와 여건을 조성하고 이를 위한 시책을 수립 · 시행하여야 한다.

2) 다문화가족 지원을 위한 기본계획의 수립

① 여성가족부장관은 다문화가족 지원을 위하여 5년마다 다문화가족정책에 관한 기본계획을 수립하여야 한다.

② 기본계획에 포함되어야 할 사항은 다음과 같다.

- 다문화가족 지원 정책의 기본 방향
- 다문화가족 지원을 위한 분야별 발전시책과 평가에 관한 사항
- 다문화가족 지원을 위한 제도 개선에 관한 사항
- 다문화가족 구성원의 경제 · 사회 · 문화 등 각 분야에서 활동 증진에 관한 사항
- 다문화가족 지원을 위한 재원 확보 및 배분에 관한 사항
- 그 밖에 다문화가족 지원을 위하여 필요한 사항

③ 여성가족부장관은 기본계획을 수립할 때에는 미리 관계 중앙행정기관의 장과 협의하여야 한다.

④ 기본계획은 다문화가족정책위원회의 심의를 거쳐 확정한다. 이 경우 여성가족부장관은 확정된 기본계획을 관계 중앙행정기관의 장과 특별시장 · 광역시장 · 특별자치시장 · 도지사 · 특별자치도지사에게 알려야 한다.

⑤ 여성가족부장관은 기본계획을 수립하기 위하여 필요하다고 인정하는 경우 관계 기관의 장에게 기본계획의 수립에 필요한 자료의 제출을 요구할 수 있다.

3. 연도별 시행계획의 수립 · 시행

여성가족부장관, 관계 중앙행정기관의 장과 시 · 도지사는 매년 기본계획에 따라 다문화가족 정책에 관한 시행계획을 수립 · 시행하여야 한다.

4. 다문화가족정책위원회

다문화가족의 삶의 질 향상과 사회통합에 관한 중요 사항을 심의 · 조정하기 위하여 국무총리 소속으로 다문화가족정책위원회를 둔다.

1) 정책위원회 심의 · 조정 사항

① 다문화가족정책에 관한 기본계획의 수립 및 추진에 관한 사항
② 다문화가족정책의 시행계획의 수립, 추진실적 점검 및 평가에 관한 사항
③ 다문화가족과 관련된 각종 조사, 연구 및 정책의 분석 · 평가에 관한 사항
④ 각종 다문화가족 지원 관련 사업의 조정 및 협력에 관한 사항
⑤ 다문화가족정책과 관련된 국가 간 협력에 관한 사항

⑥ 그 밖에 다문화가족의 사회통합에 관한 중요 사항으로 위원장이 필요하다고 인정하는 사항

2) 정책위원회 구성

(1) 위원장 1명을 포함한 20명 이내의 위원으로 구성

(2) 위원장 : 국무총리

(3) 위원의 호선

① 대통령령으로 정하는 중앙행정기관의 장

② 다문화가족정책에 관하여 학식과 경험이 풍부한 사람 중에서 위원장이 위촉하는 사람

(4) 정책위원회에서 심의 · 조정할 사항을 미리 검토하고 대통령령에 따라 위임된 사항을 다루기 위하여 정책위원회에 실무위원회를 둔다.

3) 실태조사

여성가족부장관은 다문화가족의 현황 및 실태를 파악하고 다문화가족 지원을 위한 정책수립에 활용하기 위하여 3년마다 다문화가족에 대한 실태조사를 실시하고 그 결과를 공표하여야 한다.

5. 다문화가족에 대한 지원

1) 다문화가족에 대한 이해증진

국가와 지방자치단체는 다문화가족에 대한 사회적 차별 및 편견을 예방하고 사회구성원이 문화적 다양성을 인정하고 존중할 수 있도록 다문화 이해교육을 실시하고 홍보 등 필요한 조치를 하여야 한다.

2) 생활정보 제공 및 교육 지원

국가와 지방자치단체는 결혼이민자 등이 대한민국에서 생활하는 데 필요한 기본적 정보(아동 · 청소년에 대한 학습 및 생활지도 관련 정보를 포함한다)를 제공하고, 사회적응교육과 직업교육 · 훈련 및 언어소통 능력 향상을 위한 한국어교육 등을 받을 수 있도록 필요한 지원을 할 수 있다.

3) 평등한 가족관계의 유지를 위한 조치

국가와 지방자치단체는 다문화가족이 민주적이고 양성평등한 가족관계를 누릴 수 있도록 가족상담, 부부교육, 부모교육, 가족생활교육 등을 추진하여야 한다. 이 경우 문화의 차이 등을 고려한 전문적인 서비스가 제공될 수 있도록 노력하여야 한다.

4) 가정폭력 피해자에 대한 보호 · 지원

① 국가와 지방자치단체는 다문화가족 내 가정폭력을 예방하기 위하여 노력하여야 한다.
② 국가와 지방자치단체는 가정폭력으로 피해를 입은 결혼이민자 등을 보호 · 지원할 수 있다.
③ 국가와 지방자치단체는 가정폭력의 피해를 입은 결혼이민자 등에 대한 보호 및 지원을 위하여 외국어 통역 서비스를 갖춘 가정폭력 상담소 및 보호시설의 설치를 확대하도록 노력하여야 한다.
④ 국가와 지방자치단체는 결혼이민자 등이 가정폭력으로 혼인관계를 종료하는 경우 의사소통의 어려움과 법률체계 등에 관한 정보의 부족 등으로 불리한 입장에 놓이지 아니하도록 의견진술 및 사실확인 등에 있어서 언어통역, 법률상담 및 행정지원 등 필요한 서비스를 제공할 수 있다.

5) 의료 및 건강관리를 위한 지원

국가와 지방자치단체는 결혼이민자 등이 건강하게 생활할 수 있도록 영양 · 건강에 대한 교육, 산전 · 산후 도우미 파견, 건강검진 등의 의료서비스를 지원할 수 있다.

6) 아동 · 청소년 보육 · 교육

국가와 지방자치단체는 아동 · 청소년 보육 · 교육을 실시함에 있어서 다문화가족 구성원인 아동 · 청소년을 차별하여서는 아니 된다.

국가와 지방자치단체는 다문화가족 구성원인 18세 미만인 사람의 초등학교 취학 전 보육 및 교육 지원을 위하여 노력하고, 그 구성원의 언어발달을 위하여 한국어 및 결혼이민자 등인 부 또는 모의 모국어 교육을 위한 교재지원 및 학습지원 등 언어능력 제고를 위하여 필요한 지원을 할 수 있다.

7) 다국어에 의한 서비스 제공

국가와 지방자치단체는 결혼이민자 등의 의사소통의 어려움을 해소하고 서비스 접근성을 제고하기 위하여 다국어에 의한 서비스 제공이 이루어지도록 노력하여야 한다.

8) 다문화가족 종합정보 전화센터의 설치 · 운영

여성가족부장관은 다국어에 의한 상담 · 통역 서비스 등을 결혼이민자 등에게 제공하기 위하여 다문화가족 종합정보 전화센터를 설치 · 운영할 수 있다. 이 경우 가정폭력방지 및 피해자보호 등에 관한 법률에 따른 외국어 서비스를 제공하는 긴급전화센터와 통합하여 운영할 수 있다.

9) 사실혼 배우자 및 자녀의 처우

대한민국 국민과 사실혼 관계에서 출생한 자녀를 양육하고 있는 다문화가족 구성원에 대하여 준용한다.

10) 다문화가족 자녀에 대한 적용 특례

다문화가족이 이혼 등의 사유로 해체된 경우에도 그 구성원이었던 자녀에 대하여는 이 법을 적용한다.

6. 다문화가족지원센터

1) 다문화가족지원센터 설치 · 운영

① 국가 또는 지방자치단체는 지원센터의 설치 · 운영을 대통령령으로 정하는 법인이나 단체에 위탁할 수 있다.

② 국가 또는 지방자치단체 아닌 자가 지원센터를 설치 · 운영하고자 할 때에는 미리 시 · 도지사 또는 시장 · 군수 · 구청장의 지정을 받아야 한다.

2) 다문화가족지원센터의 업무

- 다문화가족을 위한 교육 · 상담 등 지원사업의 실시
- 결혼이민자 등에 대한 한국어교육
- 다문화가족 지원서비스 정보제공 및 홍보
- 다문화가족 지원 관련 기관 · 단체와의 서비스 연계
- 일자리에 관한 정보제공 및 일자리의 알선
- 다문화가족을 위한 통역 · 번역 지원사업
- 그 밖에 다문화가족 지원을 위하여 필요한 사업

7. 전문인력 양성 및 보수교육 실시

1) 다문화가족지원사업 전문인력 양성

국가 또는 지방자치단체는 다문화가족지원 및 다문화 이해교육 등의 사업 추진에 필요한 전문인력을 양성하는 데 노력하여야 한다.

2) 보수교육

여성가족부장관 또는 시·도지사는 지원센터에 두는 전문인력의 자질과 능력을 향상시키기 위하여 보수교육을 실시하여야 한다.

8. 과태료

1) 300만 원 이하의 과태료

관련 법에 따른 지원센터가 아니면 다문화가족지원센터 또는 이와 유사한 명칭을 사용하지 못한다.

01 다음 중 다문화가족지원법에 대한 내용으로 틀린 것은?

① 다문화가족에 대한 지원정책의 제도적인 틀 마련
② 평등한 가족관계의 유지
③ 가정폭력 피해자 보호 · 지원
④ 다국어에 의한 서비스 제공
⑤ 다문화가족지원센터의 신고, 설치

해설 다문화가족지원법에서 다문화가족지원센터는 신고, 설치가 아니라 지정한다. 정답 ⑤

02 다음 중 가장 우선시 적용되는 것은?

① 사회보장기본법 시행령
② 국민기초생활보장법 시행규칙
③ 다문화가족지원법
④ 노인회관설치운영조례
⑤ 노인복지사업지침

해설 법체계 : 헌법 – 법률 – 명령 – 시행규칙 – 조례 – 지침. 다문화가족지원법은 국회에서 제정한 법률이다. 정답 ③

Chapter 08 입양특례법

1. 입양특례법의 개요

1) 목적

요보호아동의 입양에 관한 요건 및 절차 등에 대한 특례와 지원에 필요한 사항을 정함으로써 양자가 되는 아동의 권익과 복지를 증진하는 것을 목적으로 한다.

2) 용어정의

① "아동"이란 18세 미만인 사람을 말한다.
② "요보호아동"이란 아동복지법에 따른 보호대상아동을 말한다.
③ "입양아동"이란 입양된 아동을 말한다.
④ "부양의무자"란 국민기초생활보장법에 따른 부양의무자를 말한다.

2. 국가의 책무

① 모든 아동은 그가 태어난 가정에서 건강하게 자라야 한다.

② 모든 국민은 입양아동이 건강하게 자랄 수 있도록 협력하여야 한다.

③ 입양아동의 권익과 복지증진을 위한 사항
- 입양정책의 수립 및 시행
- 입양에 관한 실태조사 및 연구
- 입양 및 사후관리 절차의 구축 및 운영
- 입양아동 및 입양가정에 대한 지원
- 입양 후 원만한 적응을 위한 상담 및 사회복지서비스 제공
- 입양에 대한 교육 및 홍보
- 그 밖에 보건복지부령으로 정하는 필요한 사항

3. 입양

1) 입양의 날

건전한 입양문화의 정착과 국내입양의 활성화를 위하여 5월 11일을 입양의 날로 하고, 입양의 날부터 1주일을 입양주간으로 한다.

2) 국내입양 우선 추진

① 국가 및 지방자치단체는 입양의뢰 된 아동의 양친(養親)될 사람을 국내에서 찾기 위한 시책을 최우선적으로 시행하여야 한다.

② 입양기관의 장은 보건복지부령으로 정하는 바에 따라 입양의뢰된 아동의 양친을 국내에서 찾기 위한 조치를 취하고, 그 결과를 보건복지부장관에게 보고하여야 한다.

③ 입양기관의 장은 국내입양을 위한 조치에도 불구하고 양친을 찾지 못한 경우 아동복지법에 따른 아동통합정보시스템을 활용한 관련 기관과의 정보공유를 통하여 국내입양을 추진하여야 한다.

④ 입양기관의 장은 국내에서 양친이 되려는 사람을 찾지 못하였을 경우에 한하여 국외입양을 추진할 수 있다.

4. 입양의 요건 및 효력

1) 양자가 될 자격

① 보호자로부터 이탈된 사람으로서 특별시장 · 광역시장 · 도지사 및 특별자치도지사 또는 시장 · 군수 · 구청장이 부양의무자를 확인할 수 없어 국민기초생활 보장법에 따른 보장시설에 보호의뢰한 사람

② 부모(부모가 사망이나 그 밖의 사유로 동의할 수 없는 경우에는 다른 직계존속을 말한다) 또는 후견인이 입양에 동의하여 보장시설 또는 입양기관에 보호의뢰한 사람

③ 친권상실의 선고를 받은 사람의 자녀로서 시 · 도지사 또는 시장 · 군수 · 구청장이 보장시설에 보호의뢰한 사람

④ 그 밖에 부양의무자를 알 수 없는 경우로서 시 · 도지사 또는 시장 · 군수 · 구청장이 보장시설에 보호의뢰한 사람

2) 양친이 될 자격

① 양자를 부양하기에 충분한 재산이 있을 것

② 양자에 대하여 종교의 자유를 인정하고 사회의 구성원으로서 그에 상응하는 양육과 교육을 할 수 있을 것

③ 양친이 될 사람이 아동학대 · 가정폭력 · 성폭력 · 마약 등의 범죄나 알코올 등 약물중독의 경력이 없을 것

④ 양친이 될 사람이 대한민국 국민이 아닌 경우 해당 국가의 법에 따라 양친이 될 수 있는 자격이 있을 것

⑤ 그 밖에 양자가 될 사람의 복지를 위하여 보건복지부령으로 정하는 필요한 요건을 갖출 것

3) 가정법원의 허가

아동을 입양하려는 경우에는 증빙서류를 갖추어 가정법원의 허가를 받아야 한다.

4) 입양의 동의

아동을 양자로 하려면 친생부모의 동의를 받아야 한다. 다만, 다음의 어느 하나에 해당하는 경우에는 그러하지 아니한다.

① 친생부모가 친권상실의 선고를 받은 경우

② 친생부모의 소재불명 등의 사유로 동의를 받을 수 없는 경우

③ 친생부모가 사유로 인하여 입양의 동의를 할 수 없는 경우에는 후견인의 동의를 받아야 한다.

④ 13세 이상인 아동을 입양하고자 할 때에는 동의권자의 동의 외에 입양될 아동의 동의를 받아야 한다.

5) 입양동의의 요건

① 입양의 동의는 아동의 출생일부터 1주일이 지난 후에 이루어져야 한다.

② 입양동의의 대가로 금전 또는 재산상의 이익, 그 밖의 반대급부를 주고받거나 주고받을 것을 약속하여서는 아니 된다.

6) 입양의 효과

입양된 아동은 「민법」상 친양자와 동일한 지위를 가진다.

7) 입양의 취소

입양아동의 친생의 부 또는 모는 자신에게 책임이 없는 사유로 인하여 입양의 동의를 할 수 없었던 경우에는 입양의 사실을 안 날부터 6개월 안에 가정법원에 입양의 취소를 청구할 수 있다.

가정법원은 입양의 취소 청구에 대한 판결이 확정되거나 심판의 효력이 발생한 때에는 지체 없이 그 뜻을 가정법원 소재지 지방자치단체에 통보한다.

8) 파양

① 양친이 양자를 학대 또는 유기하거나 그 밖에 양자의 복리를 현저히 해하는 경우
② 양자의 양친에 대한 패륜행위로 인하여 양자관계를 유지시킬 수 없게 된 경우
③ 가정법원은 파양이 청구된 아동이 13세 이상인 경우 입양아동의 의견을 청취하고 그 의견을 존중하여야 한다.

5. 입양기관 및 중앙입양원

1) 입양기관

① 입양기관을 운영하려는 자는 사회복지사업법에 따른 사회복지법인으로서 보건복지부장관의 허가를 받아야 한다. 다만, 국내입양만을 알선하려는 자는 시 · 도지사의 허가를 받아야 한다.
② 외국인은 입양기관의 장이 될 수 없다.
③ 입양기관의 장과 그 종사자는 입양아동의 인권을 보호하고 건전한 입양문화를 정착시키기 위하여 정기적으로 보건복지부령으로 정하는 보수교육을 받아야 한다.

2) 입양기관의 의무

① 입양의뢰된 사람의 권익을 보호하고, 부모를 알 수 없는 경우에는 부모 등 직계존속을 찾기 위하여 노력을 다하여야 한다.
② 양친이 될 사람에게 입양 전에 아동양육에 관한 교육을 하여야 하며, 입양이 성립된 후에는 보건복지부령으로 정하는 바에 따라 입양아동과 그에 관한 기록 등을 양친 또는 양친이 될 사람에게 건네주고, 그 결과를 특별자치도지사 · 시장 · 군수 · 구청장에게 보고하여야 한다.
③ 입양업무에 관한 기록은 입양아동에 대한 사후관리를 위하여 영구보존하여야 하다.

3) 사후서비스 제공

① 양친과 양자의 상호적응상태에 관한 관찰 및 이에 필요한 서비스
② 입양가정에서의 아동양육에 필요한 정보의 제공
③ 입양가정이 수시로 상담할 수 있는 창구의 개설 및 상담요원의 배치
④ 입양기관의 장은 해당 국가의 협력기관을 통하여 입양아동이 입양된 국가의 국적을 취득하였는지를 확인하고 그 결과를 아동권리 보장원을 통하여 보건복지부장관에게 보고하여야 한다.
⑤ 입양기관의 장은 국외로 입양된 아동을 위하여 모국방문사업 등 대통령령으로 정하는 사업을 실시하여야 한다.

4) 중앙입양원의 설립

(1) 중앙입양원 설립

① 보건복지부장관은 국내입양 활성화 및 입양에 대한 사후관리 등을 위하여 중앙입양원을 설립·운영하여야 한다.

② 중앙입양원은 재단법인으로 한다.

③ 중앙입양원을 설립할 때에는 정관을 작성하여 보건복지부장관의 인가를 받아야 한다. 정관을 변경하고자 하는 경우에도 또한 같다.

(2) 중앙입양원의 업무

① 입양아동·가족정보 및 친가족 찾기에 필요한 통합데이터베이스 운영

② 입양아동의 데이터베이스 구축 및 연계

③ 국내외 입양정책 및 서비스에 관한 조사·연구

④ 입양 관련 국제협력 업무

⑤ 그 밖에 보건복지부장관으로부터 위탁받은 사업

(3) 중앙입양원의 임직원

① 이사장 1명을 포함한 9명 이내의 이사와 감사 1명을 둔다.

② 이사장은 보건복지부장관이 임명한다.

③ 원장은 중앙입양원을 대표하고, 업무를 총괄한다.

④ 이사장은 원장을 겸임한다.

6. 입양아동 등에 대한 복지 지원

1) 요보호아동의 발생예방

국가와 지방자치단체는 아동이 태어난 가정에서 양육될 수 있도록 요보호아동의 발생예방에 필요한 시책을 강구하여야 한다.

2) 사회복지서비스

국가와 지방자치단체는 입양기관의 알선을 받아 아동을 입양한 가정에 대하여 입양아동을 건전하게 양육할 수 있도록 필요한 상담, 사회복지시설 이용 등의 사회복지서비스를 제공하여야 한다.

3) 양육보조금

국가와 지방자치단체는 입양기관의 알선을 받아 입양된 장애아동 등 입양아동이 건전하게 자랄 수 있도록 필요한 경우에는 대통령령으로 정하는 범위에서 양육수당, 의료비, 아동교육지원비, 그 밖의 필요한 양육보조금을 지급할 수 있다.

7. 벌칙

1) 3년 이하의 징역 또는 3천만 원 이하의 벌금

① 법원의 허가를 받지 아니하고 입양을 행한 자

② 허가를 받지 아니하고 입양알선 업무를 행한 자

③ 정당한 사유 없이 업무상 알게 된 비밀을 누설한 자

2) 1년 이하의 징역 또는 1천만 원 이하의 벌금

허가받은 사항 중 대통령령으로 정하는 중요한 사항을 신고없이 변경한 경우

01 입양특례법에 의하면 양자가 될 자의 동의를 얻어야 하는 경우가 있다. 동의를 얻을 수 있는 양자될 자의 연령은 몇 세인가?

① 19세 이상
② 15세 이상
③ 18세 이상
④ 13세 이상
⑤ 20세 이상

해설 양자가 될 자의 동의를 얻을 수 있는 연령은 13세 이상이다.

정답 ④

02 다음 중 입양특례법에 대한 내용으로 옳은 것은?

가. 건전한 입양문화의 정착과 국내입양의 활성화를 위하여 5월 10일을 입양의 날로 하고, 입양의 날부터 1주일을 입양주간으로 한다.
나. 국가는 입양아동 등에 대한 사후서비스 제공과 국내입양 활성화에 필요한 정보를 입양기관 등에 제공하기 위하여 정보시스템을 구축, 운영하여야 한다.
다. 입양기관을 운영하려는 자는 「사회복지사업법」에 따른 사회복지법인으로서 보건복지부장관의 인가를 받아야 하며, 다만 국내입양을 알선하려는 자는 시·도지사의 인가를 받아야 한다.
라. 13세 이상인 아동을 입양하고자 할 때는 동의권자의 동의 외에 입양될 아동의 동의를 받아야 한다.

① 가, 나, 다
② 가, 다
③ 나, 라
④ 라
⑤ 가, 나, 다, 라

해설 가. 건전한 입양문화의 정착과 국내입양의 활성화를 위하여 5월 11을 입양의 날로 하고, 입양의 날로부터 1주일을 입양주간으로 한다.
다. 입양기관을 운영하려는 자는 사회복지사업법에 따른 사회복지법인으로서 보건복지부장관의 허가를 받아야 하며 다만, 국내입양을 알선하려는 자는 시 · 도지사의 허가를 받아야 한다.

정답 ③

Chapter 09

정신건강복지법

1. 정신건강복지법의 개요

1) 목적

정신질환의 예방 · 치료, 정신질환자의 재활 · 복지 · 권리보장과 정신건강 친화적인 환경 조성에 필요한 사항을 규정함으로써 국민의 정신건강증진 및 정신질환자의 인간다운 삶을 영위하는 데 이바지함을 목적으로 한다.

2) 기본이념

① 모든 국민은 정신질환으로부터 보호받을 권리를 가진다.

② 모든 정신질환자는 인간으로서의 존엄과 가치를 보장받고, 최적의 치료를 받을 권리를 가진다.

③ 모든 정신질환자는 정신질환이 있다는 이유로 부당한 차별대우를 받지 아니한다.

④ 미성년자인 정신질환자는 특별히 치료, 보호 및 교육을 받을 권리를 가진다.

⑤ 정신질환자에 대해서는 입원 또는 입소가 최소화되도록 지역사회 중심의 치료가 우선적으로 고려되어야 하며, 정신건강증진시설에 자신의 의지에 따른 입원 또는 입소가 권장되어야 한다.

⑥ 정신건강증진시설에 입원 등을 하고 있는 모든 사람은 가능한 한 자유로운 환경을 누릴 권리와 다른 사람들과 자유로이 의견교환을 할 수 있는 권리를 가진다.

⑦ 정신질환자는 원칙적으로 자신의 신체와 재산에 관한 사항에 대하여 스스로 판단하고 결정할 권리를 가진다. 특히 주거지, 의료행위에 대한 동의나 거부, 타인과의 교류, 복지서비스의 이용 여부와 복지서비스 종류의 선택 등을 스스로 결정할 수 있도록 자기결정권을 존중받는다.

⑧ 정신질환자는 자신에게 법률적 · 사실적 영향을 미치는 사안에 대하여 스스로 이해하여 자신의 자유로운 의사를 표현할 수 있도록 필요한 도움을 받을 권리를 가진다.

⑨ 정신질환자는 자신과 관련된 정책의 결정과정에 참여할 권리를 가진다.

3) 용어정의

① "정신질환자"란 망상, 환각, 사고나 기분의 장애 등으로 인하여 독립적으로 일상생활을 영위하는 데 중대한 제약이 있는 사람을 말한다.

② "정신건강증진사업"이란 정신건강 관련 교육 · 상담, 정신질환의 예방 · 치료, 정신질환자의 재활, 정신건강에 영향을 미치는 사회복지 · 교육 · 주거 · 근로 환경의 개선 등을 통하여 국민의 정신건강을 증진시키는 사업을 말한다.

③ "정신건강복지센터"란 정신건강증진시설, 사회복지사업법에 따른 사회복지시설, 학교 및 사업장과 연계체계를 구축하여 지역사회에서의 정신건강증진사업 및 정신질환자 복지서비스 지원사업을 하는 기관 또는 단체를 말한다.

④ "정신건강증진시설"이란 정신의료기관, 정신요양시설 및 정신재활시설을 말한다.

⑤ "정신의료기관"이란 주로 정신질환자를 치료할 목적으로 설치된 기관을 말한다.

⑥ "정신요양시설"이란 정신질환자를 입소시켜 요양 서비스를 제공하는 시설을 말한다.

⑦ "정신재활시설"이란 정신질환자 또는 정신건강상 문제가 있는 사람 중 사회적응을 위한 각종 훈련과 생활지도를 하는 시설을 말한다.

2. 국가와 지방자치단체의 책무

1) 국가와 지방자치단체

① 국민의 정신건강을 증진시키고, 정신질환을 예방 · 치료하며, 정신질환자의 재활 및 장애극복과 사회적응 촉진을 위한 연구 · 조사와 지도 · 상담 등 필요한 조치를 하여야 한다.

② 정신질환의 예방 · 치료와 정신질환자의 재활을 위하여 정신건강복지센터와 정신건강증진시설, 사회복지시설, 학교 및 사업장 등을 연계하는 정신건강서비스 전달체계를 확립하여야 한다.

③ 정신질환자 등과 그 가족에 대한 권익향상, 인권보호 및 지원 서비스 등에 관한 종합적인 시책을 수립하고 그 추진을 위하여 노력하여야 한다.

④ 정신질환자 등과 그 가족에 대한 모든 차별 및 편견을 해소하고 차별받은 정신질환자등과 그 가족의 권리를 구제할 책임이 있으며, 정신질환자 등과 그 가족에 대한 차별 및 편견을 해소하기 위하여 적극적인 조치를 하여야 한다.

2) 국민의 의무

모든 국민은 정신건강증진을 위하여 국가와 지방자치단체가 실시하는 조사 및 정신건강증진사업 등에 협력하여야 한다.

3. 정신건강증진시설의 장

① 정신질환자 등이 입원 등을 하거나 사회적응을 위한 훈련을 받으려고 하는 때에는 지체 없이 정신질환자 등과 그 보호의무자에게 이 법 및 다른 법률에 따른 권리 및 권리행사 방법을 알리고, 그 권리행사에 필요한 각종 서류를 정신건강증진시설에 갖추어 두어야 한다.

② 정신질환자 등의 치료, 보호 및 재활과정에서 정신질환자 등의 의견을 존중하여야 한다.

③ 입원 등 또는 거주 중인 정신질환자 등이 인간으로서의 존엄과 가치를 보장받으며 자유롭게 생활할 수 있도록 노력하여야 한다.

4. 정신건강증진정책의 추진

1) 국가계획의 수립

보건복지부장관은 관계 행정기관의 장과 협의하여 5년마다 정신건강증진 및 정신질환자 복지서비스 지원에 관한 국가의 기본계획을 수립하여야 한다.

특별시장 · 광역시장 · 특별자치시장 · 도지사 · 특별자치도지사는 국가계획에 따라 각각 특별시 · 광역시 · 특별자치시 · 도 · 특별자치도 단위의 정신건강증진 및 정신질환자 복지서비스 지원에 관한 계획을 수립하여야 한다. 이 경우 해당 지역계획은 지역보건의료계획과 연계되도록 하여야 한다.

2) 실태조사

보건복지부장관은 5년마다 다음의 사항에 관한 실태조사를 하여야 한다.

① 정신질환의 인구학적 분포, 유병률 및 유병요인
② 성별, 연령 등 인구학적 특성에 따른 정신질환의 치료 이력, 정신건강증진시설 이용 현황
③ 정신질환으로 인한 사회적 · 경제적 손실
④ 정신질환자의 취업 · 직업훈련 · 소득 · 주거 · 경제상태 및 정신질환자에 대한 복지서비스
⑤ 정신질환자 가족의 사회 · 경제적 상황
⑥ 그 밖에 정신건강증진에 필요한 사항으로서 보건복지부령으로 정하는 사항

3) 정신건강의 날

정신건강의 중요성을 환기하고 정신질환에 대한 편견을 해소하기 위하여 매년 10월 10일을 정신건강의 날로 하고, 정신건강의 날이 포함된 주를 정신건강주간으로 한다.

4) 정신건강전문요원의 자격

① 보건복지부장관은 정신건강 분야에 관한 전문지식과 기술을 갖추고 보건복지부령으로 정하는 수련기관에서 수련을 받은 사람에게 정신건강전문요원의 자격을 줄 수 있다.

② 정신건강전문요원은 그 전문분야에 따라 정신건강임상심리사, 정신건강간호사 및 정신건강사회복지사로 구분하며, 보건복지부장관은 정신건강전문요원의 자질을 향상시키기 위하여 보수교육을 실시할 수 있다.

5. 복지서비스 제공

1) 복지서비스의 개발

국가와 지방자치단체는 정신질환자가 정신질환에도 불구하고 잠재적인 능력을 최대한 계발할 수 있도록 정신질환자에게 적합한 서비스를 적극적으로 개발하기 위한 연구지원체계를 구축하기 위하여 노력하여야 한다.

2) 고용 및 직업재활 지원

국가와 지방자치단체는 정신질환자가 자신의 능력을 최대한 활용하여 직업생활을 영위할 수 있도록 일자리 창출, 창업지원 등 고용촉진에 필요한 조치를 강구하여야 하며, 보건복지부장관은 정신질환자의 능력과 특성에 적합한 직업훈련, 직업지도 등을 지원하기 위하여 필요한 조치를 강구하여야 한다.

3) 평생교육 지원

국가와 지방자치단체는 정신질환자에게 평생교육의 기회가 충분히 부여될 수 있도록 특별자치시장 · 특별자치도지사 · 시장 · 군수 · 구청장별로 평생교육기관을 지정하여 정신질환자를 위한 교육과정을 적절하게 운영하도록 조치하여야 한다.

4) 문화 · 예술 · 여가 · 체육활동 등 지원

국가와 지방자치단체는 이 법에서 정한 지원 외에 문화 · 예술 · 여가 · 체육활동 등의 영역에서 정신질환자에게 필요한 서비스가 지원되도록 최대한 노력하여야 한다.

5) 지역사회 거주 · 치료 · 재활 등 통합 지원

국가와 지방자치단체는 정신질환자의 지역사회 거주 및 치료를 위하여 필요한 시책을 강구하여야 하며, 정신건강증진시설에서의 퇴원 및 퇴소가 필요한 정신질환자에 대한 지역사회 재활지원 등 지역사회 통합 지원을 위하여 노력하여야 한다.

6. 보호 및 치료

1) 자의입원

① 정신질환자나 그 밖에 정신건강상 문제가 있는 사람은 보건복지부령으로 정하는 입원 등 신청서를 정신의료기관 등의 장에게 제출함으로써 그 정신의료기관 등에 자의입원 등을 할 수 있다.

② 정신의료기관 등의 장은 자의입원 등을 한 사람이 퇴원 등을 신청한 경우에는 지체 없이 퇴원 등을 시켜야 한다.

③ 정신의료기관 등의 장은 자의입원 등을 한 사람에 대하여 입원 등을 한 날부터 2개월마다 퇴원 등을 할 의사가 있는지를 확인하여야 한다.

2) 동의입원

① 정신질환자는 보호의무자의 동의를 받아 보건복지부령으로 정하는 입원 등 신청서를 정신의료기관 등의 장에게 제출함으로써 그 정신의료기관 등에 입원 등을 할 수 있다.

② 정신의료기관 등의 장은 입원 등을 한 정신질환자가 퇴원 등을 신청한 경우에는 지체 없이 퇴원 등을 시켜야 한다. 다만, 정신질환자가 보호의무자의 동의를 받지 아니하고 퇴원 등을 신청한 경우에는 정신건강의학과전문의 진단 결과 환자의 치료와 보호 필요성이 있다고 인정되는 경우에 한정하여 정신의료기관 등의 장은 퇴원 등의 신청을 받은 때부터 72시간까지 퇴원 등을 거부할 수 있고, 퇴원 등을 거부하는 기간 동안 입원 등으로 전환할 수 있다.

7. 벌칙

1) 벌칙

(1) 5년 이하의 징역 또는 5천만 원 이하의 벌금

① 정신질환자를 유기한 자

② 정신질환자를 퇴원 등을 시키지 아니한 자

③ 퇴원 등의 명령 또는 임시 퇴원 등의 명령에 따르지 아니한 자

④ 입원적합성심사위원회에 신고하지 아니한 자

⑤ 퇴원 등의 명령 또는 임시 퇴원 등의 명령에 따르지 아니한 자

⑥ 정신건강의학과전문의의 대면 진단에 의하지 아니하고 정신질환자를 입원 등을 시키거나 입원 등의 기간을 연장한 자

⑦ 정신질환자를 보호할 수 있는 시설 외의 장소에 수용한 자

⑧ 정신건강증진시설의 장 또는 그 종사자로서 정신건강증진시설에 입원 등을 하거나 시

설을 이용하는 사람에게 폭행을 하거나 가혹행위를 한 사람
⑨ 협의체의 결정 없이 특수치료를 하거나 정신의료기관에 입원을 한 사람 또는 보호의무자의 동의 없이 특수치료를 한 자

(2) 3년 이하의 징역 또는 3천만 원 이하의 벌금
① 사업의 정지명령 또는 시설의 폐쇄명령을 위반한 자
② 사업의 정지명령 또는 정신요양시설의 장의 교체명령을 위반한 자
③ 신고를 하지 아니하고 정신재활시설을 설치·운영한 자
④ 입원 등을 하거나 정신건강증진시설을 이용하는 정신질환자에게 노동을 강요한 자
⑤ 직무수행과 관련하여 알게 된 다른 사람의 비밀을 누설하거나 공표한 사람
⑥ 입원 등을 한 사람의 통신과 면회의 자유를 제한한 자

(3) 500만 원 이하의 벌금
정신요양시설의 개방을 정당한 사유가 없이 요구에 따르지 않은 경우

2) 100만 원 이하의 과태료
① 권리 및 권리행사방법을 알리지 아니하거나 권리행사에 필요한 서류를 정신건강증진시설에 갖추어 두지 아니한 자
② 거짓으로 신고를 한 자
③ 퇴원 등 거부사유 및 퇴원 등 심사를 청구할 수 있음을 통지하지 아니한 자
④ 입원 등 또는 입원 등 기간 연장의 사실 및 사유를 통지하지 아니한 자
⑤ 입원적합성심사위원회의 조사에 협조하지 아니한 자

01 다음 중 정신보건법령상 내용으로 옳지 않은 것은?

① 정신보건전문요원은 정신보건임상심리사, 정신보건간호사 및 정신보건사회복지사로 한다.
② 사회복지법인, 기타 비영리법인은 보건복지부장관의 인가를 받아 정신요양시설을 설치, 운영할 수 있다.
③ 국가 또는 지방자치단체는 필요한 경우 사회복귀시설을 사회복지법인 또는 비영리법인에게 위탁하여 운영할 수 있다.
④ 의료법에 따른 의료기관 인증의 신청 및 사회복지사업법에 따른 사회복지시설 평가로서 정신건강증진시설 평가에 갈음할 수 있다.
⑤ 누구든지 응급입원의 경우를 제외하고는 정신건강의학과전문의의 진단에 의하지 아니하고 정신질환자를 정신의료기관 등에 입원시키거나 입원 등을 연장시킬 수 없다.

해설 사회복지법인 기타 비영리법인은 보건복지부장관(시장, 군수, 구청장의 허가로 위임)의 허가를 받아 정신요양시설을 설치 · 운영할 수 있다.

정답 ②

02 다음 보기 중 정신보건법상의 내용으로 맞는 것은 어느 것인가?

> 가. 보건복지부장관은 적절한 시행을 위하여 정신질환자의 실태조사를 5년마다 실시하여야 한다.
> 나. 국가 또는 지방자치단체 외의 자가 사회복귀시설을 설치, 운영하고자 하는 때에는 시설의 소재지를 관할하는 시장·군수·구청장에게 신고하여야 한다.
> 다. 사회복지법인 기타 비영리법인은 보건복지부장관의 허가를 받아 정신요양시설을 설치·운영할 수 있다.
> 라. 정신질환자는 정신병, 인격장애, 알코올 및 약물중독자를 말한다.

① 가, 나, 다
② 가, 다
③ 나, 라
④ 라
⑤ 가, 나, 다, 라

해설 정신질환자 – 정신병(기질적 정신병을 포함), 인격장애, 알코올 및 약물중독 기타 비정신병적 정신장애를 가진 자

정답 ①

Chapter 10 사회복지공동모금회법

1. 사회복지공동모금회의 개요

1) 목적

사회복지공동모금회의 공동모금을 통하여 국민이 사회복지를 이해하고 참여하도록 함과 아울러 국민의 자발적인 성금으로 조성된 재원을 효율적이고 공정하게 관리·운용함으로써 사회복지증진에 이바지함을 목적으로 한다.

2) 기본 원칙

① 기부하는 자의 의사에 반하여 기부금품을 모집하여서는 아니 된다.

② 조성된 재원은 지역·단체·대상자 및 사업별로 복지수요가 공정하게 충족되도록 배분하여야 하고, 제1조의 목적 및 제25조에 따른 용도에 맞도록 공정하게 관리·운용하여야 한다.

③ 공동모금재원의 배분은 객관적인 기준에 따라 효율적으로 이루어지도록 하고, 그 결과를 공개하여야 한다.

④ 공동모금재원은 지역·단체·대상자 및 사업별로 복지수요가 공정하게 충족되도록 배분하여야 하고, 목적 및 용도에 맞도록 공정하게 관리·운용하여야 한다.

3) 용어정의

① "사회복지사업"이란 사회복지사업법의 사회복지사업을 말한다.

② "사회복지공동모금"이란 사회복지사업이나 그 밖의 사회복지활동 지원에 필요한 재원을 조성하기 위하여 이 법에 따라 기부금품을 모집하는 것을 말한다.

2. 사회복지공동모금회

1) 사회복지공동모금회의 설립

① 사회복지공동모금사업을 관장하도록 하기 위하여 사회복지공동모금회를 둔다.

② 모금회는 사회복지법인으로 한다.

③ 모금회는 정관을 작성하여 보건복지부장관의 인가를 받아 등기함으로써 설립된다.

2) 사업

① 사회복지공동모금사업
② 공동모금재원의 배분
③ 공동모금재원의 운용 및 관리
④ 사회복지공동모금에 관한 조사 · 연구 · 홍보 및 교육 · 훈련
⑤ 사회복지공동모금지회의 운영
⑥ 사회복지공동모금과 관련된 국제교류 및 협력증진사업
⑦ 다른 기부금품 모집자와의 협력사업
⑧ 그 밖에 모금회의 목적 달성에 필요한 사업

3) 임원

① 회장 1명
② 부회장 3명
③ 이사(회장 · 부회장 및 사무총장을 포함한다) 15명 이상 20명 이하
④ 감사 2명
⑤ 임원의 임기는 3년으로 하며, 한 차례만 연임할 수 있다.

4) 지회

① 모금회에 지역단위의 사회복지공동모금사업을 관장하기 위하여 특별시 · 광역시 · 특별자치시 · 도 · 특별자치도 단위 사회복지공동모금지회를 둔다.
② 지회에는 지회장을 두고 모금회에 준하는 필요한 조직을 둘 수 있다.
③ 지회장은 이사회의 의결을 거쳐 회장이 임명한다.
④ 지회의 구성 및 운영 등에 필요한 사항은 모금회의 정관으로 정한다.

5) 분과실행위원회

① 모금회의 기획 · 홍보 · 모금 · 배분 업무에 관한 사항을 심의하기 위하여 해당 분야의 전문가와 시민대표 등으로 구성되는 기획분과실행위원회, 홍보분과실행위원회, 모금분과실행위원회 및 배분분과실행위원회 등 분과실행위원회를 둔다.
② 분과실행위원회의 위원장은 1명 이상의 이사로부터 추천을 받은 이사 중에서 이사회의 의결을 거쳐 회장이 위촉하며, 그 위원은 해당 위원장의 제청과 이사회의 의결로 회장이 위촉한다.
③ 분과실행위원회는 위원장 1명을 포함하여 20명 이내의 위원으로 구성한다. 다만, 모금분과실행위원회 및 배분분과실행위원회는 각각 20명 이상의 위원으로 구성한다.

④ 분과실행위원회 위원의 임기는 2년으로 하며, 연임할 수 있다. 다만, 배분분과실행위원회 위원은 한 차례만 연임할 수 있다.

⑤ 분과실행위원회가 심의한 사항을 이사회가 변경하려면 그 분과실행위원회 위원장의 의견을 청취하여야 하며, 이사회 회의록에 이를 기록하여야 한다.

3. 재원

1) 재원

모금회의 사업에 필요한 경비는 다음의 재원으로 조성한다.

① 사회복지공동모금에 의한 기부금품

② 법인이나 단체가 출연하는 현금·물품 또는 그 밖의 재산

③ 복권 및 복권기금법에 따라 배분받은 복권수익금

④ 그 밖의 수입금

2) 기부금품의 모집

① 모금회는 사회복지사업이나 그 밖의 사회복지활동을 지원하기 위하여 연중 기부금품을 모집·접수할 수 있다.

② 모금회는 기부금품을 모집·접수한 경우 기부금품 접수 사실을 장부에 기록하고, 그 기부자에게 영수증을 내주어야 한다. 다만, 기부자가 성명을 밝히지 아니한 경우 등 기부자를 알 수 없는 경우에는 모금회에 영수증을 보관하여야 한다.

③ 모금회는 영수증에 기부금품의 금액과 그 금액에 대하여 세금혜택이 있다는 문구를 적고 일련번호를 표시하여야 한다.

④ 모금회는 효율적인 모금을 위하여 기간을 정하여 집중모금을 할 수 있다.

⑤ 모금회는 집중모금을 하려면 그 모집일부터 15일 전에 그 내용을 보건복지부장관에게 보고하여야 하며, 그 모집을 종료하였을 때에는 모집종료일부터 1개월 이내에 그 결과를 보건복지부장관에게 보고하여야 한다.

3) 모금창구의 지정

모금회는 기부금품의 접수를 효율적이고 공정하게 하기 위하여 언론기관을 모금창구로 지정하고, 지정된 언론기관의 명의로 모금계좌를 개설할 수 있다.

4) 재원의 사용

① 공동모금재원은 사회복지사업이나 그 밖의 사회복지활동에 사용한다.

② 매 회계연도에 조성된 공동모금재원은 해당 회계연도에 지출하는 것을 원칙으로 한다. 다만, 재난구호 및 긴급구호 등 긴급히 지원할 필요가 있을 때를 대비하여 매 회계연도의 공동모금재원 일부를 적립하는 경우에는 그러하지 아니하다.

③ 회계연도는 1월1일부터 12월31일 까지로 한다.

5) 기부금의 지정 사용

① 기부금품의 기부자는 배분지역, 배분대상자 또는 사용 용도를 지정할 수 있다.

② 모금회는 지정 취지가 이 법의 목적 · 취지나 공직선거법을 위반하는 경우 그 사실을 기부자에게 설명하고 이 법의 목적 · 취지와 공직선거법을 위반하지 아니하도록 지정할 것을 요구하거나 그 지정을 철회할 것을 요구하여야 한다. 기부자가 이에 따르지 아니하는 경우에는 기부금품을 접수하지 아니하여야 한다.

③ 모금회는 이사회의 의결을 거쳐 지정 및 그 사용방법에 필요한 사항을 정할 수 있다.

6) 보조금

국가나 지방자치단체는 모금회에 기부금품 모집에 필요한 비용과 모금회의 관리 · 운영에 필요한 비용을 보조할 수 있다.

보조금은 그 목적 외의 용도에 사용할 수 없다.

4. 배분

1) 배분기준

모금회는 매년 8월 31일까지 다음 사항이 포함된 다음 회계연도의 공동모금재원 배분기준을 정하여 공고하여야 한다.

- 공동모금재원의 배분대상
- 배분한도액
- 배분신청기간 및 배분신청서 제출 장소
- 배분심사기준
- 배분재원의 과부족 시 조정방법
- 배분신청 시 제출할 서류
- 그 밖에 공동모금재원의 배분에 필요한 사항

모금회는 재난구호 및 긴급구호 등 긴급히 지원하여야 할 필요가 있는 경우에는 제1항에 준하여 별도의 배분기준에 따라 지원할 수 있다.

2) 배분신청

① 모금회에 배분신청을 하려는 자는 배분신청서를 제출하여야 한다.
② 국제보건의료지원사업을 하는 자는 배분신청서를 제출할 때 정관으로 정하는 바에 따라 사업계획서를 작성하여 함께 제출하여야 한다.
③ 제출된 배분신청서는 해당 회계연도에만 효력이 있다.

3) 배분신청의 심사

① 모금회는 접수한 배분신청서를 배분분과실행위원회에 회부하여 배분금액, 배분순위 및 배분시기 등을 심의하도록 하여야 한다.
② 모금회는 심의결과에 기초하여 배분계획을 수립하여야 한다.
③ 배분계획은 공동모금재원이 분기별로 균형 있게 배분되도록 하여야 한다. 다만, 사업의 성격상 한꺼번에 지원할 필요가 있는 경우에는 그러하지 아니하다.

4) 배분사업의 평가

모금회는 매년 공동모금재원의 배분결과를 평가하고 그 평가결과를 이사회에 보고하여야 한다.

5) 배분결과의 공고

모금회는 각 회계연도의 공동모금재원 배분을 종료한 날부터 3개월 이내에 전국적으로 배포되는 1개 이상의 일간신문에 그 배분결과를 공고하여야 한다.

5. 벌칙

1) 3년 이하의 징역 또는 3천만 원 이하의 벌금

① 기부하는 자의 의사에 반하여 강제 모집한 자
② 보건복지부장관의 허가를 받지 아니하고 기본재산을 취득한 자

2) 2년 이하의 징역 또는 2천만 원 이하의 벌금

① 이사회가 의결한 비율을 초과하여 기부금품 모집과 모금회의 관리·운영에 필요한 비용을 사용한 자
② 매 회계연도 시작 전 사업계획이나 예산안을 제출하지 아니한 자
③ 세입·세출 결산서나 회계법인의 감사보고서를 제출하지 아니한 자
④ 사회복지공동모금회 또는 이와 유사한 명칭을 사용한 자

3) 1년 이하의 징역 또는 1천만 원 이하의 벌금

① 배분결과를 공개하지 아니하거나 거짓으로 공개한 자
② 장부에 기부금품 접수 사실을 기록하지 아니하거나 거짓으로 기록한 자
③ 기부자에게 영수증을 내주지 아니한 자
④ 모금회가 배분하는 것임을 표시하지 아니하고 공동모금재원을 배분한 자

4) 500만 원 이하의 과태료

서류의 제출명령을 따르지 아니하거나 관계 공무원의 조사·검사를 거부, 기피 또는 방해한 자

01 사회복지공동모금회에 대한 설명으로 틀린 것은?

① 공동모금재원의 배분은 객관적인 기준에 따라 효율적으로 이루어지도록 하고, 그 결과를 공개하여야 한다.

② 모금회는 사회복지사업법에 의한 사회복지법인으로 한다.

③ 모금회는 일정 기간 동안 집중모금을 실시할 수 있으나 연중 기부금품을 모집, 접수할 수 없다.

④ 모금회는 재원의 조성을 위하여 복권을 발행할 수 있다.

⑤ 서류의 제출명령을 따르지 아니하거나 관계 공무원의 조사·검사를 거부, 기피 또는 방해한 자에게는 과태료를 부과한다.

해설 모금회는 일정기간, 연중 기부금품을 모집하거나 접수할 수 있다.

정답 ③

02 다음 중 사회복지공동모금회법에 대한 개정 내용으로 틀린 것은?

① 사회복지공동모금회 회장은 지회의 운영이 현저히 부당한 경우에 지회에 대하여 시정명령을 할 수 있다.

② 모금회가 기본재산을 취득하고자 하는 경우에 시·도지사의 허가를 받아야 한다.

③ 기부금품의 접수사실을 장부에 기재하고, 기부금품 기부자에게 영수증을 교부한다.

④ 사용용도가 지정되지 아니한 기부금품의 일정 금액을 개발도상국 및 북한 지역의 보건의료지원사업에 사용되도록 배분할 수 있다.

⑤ 기부금품의 지정취지가 사회복지공동모금회법 또는 공직선거법에 저촉되는 경우 재지정 및 지정철회를 요구할 수 있도록 하며 기부자가 이에 응하지 아니하는 경우에는 기부금품을 접수하지 아니한다.

해설 모금회가 기본재산을 취득하고자 하는 경우에 보건복지부장관의 허가를 받도록 하였다.

정답 ②

장애인 · 노인 · 임산부 등의 편의증진 보장에 관한 법

1. 개요

1) 목적

장애인 · 노인 · 임산부 등이 일상생활에서 안전하고 편리하게 시설과 설비를 이용하고 정보에 접근할 수 있도록 보장함으로써 이들의 사회활동 참여와 복지증진에 이바지함을 목적으로 한다.

2) 용어정의

① "장애인 등"이란 장애인 · 노인 · 임산부 등 일상생활에서 이동, 시설 이용 및 정보 접근 등에 불편을 느끼는 사람을 말한다.

② "편의시설"이란 장애인 등이 일상생활에서 이동하거나 시설을 이용할 때 편리하게 하고, 정보에 쉽게 접근할 수 있도록 하기 위한 시설과 설비를 말한다.

③ "시설주"란 시설의 소유자 또는 관리자를 말한다.

④ "시설주관기관"이란 편의시설의 설치와 운영에 관하여 지도하고 감독하는 중앙행정기관의 장과 특별시장 · 광역시장 · 특별자치시장 · 도지사 · 특별자치도지사, 시장 · 군수 · 구청장 및 교육감을 말한다.

⑤ "공원"이란 자연공원법 및 도시공원 및 녹지 등에 관한 법에 의한 자연공원, 공원시설, 도시공원을 말한다.

⑥ "공공건물 및 공중이용시설"이란 불특정다수가 이용하는 건축물, 시설 및 그 부대시설로서 대통령령으로 정하는 건물과 시설을 말한다.

⑦ "공동주택"이란 주택법의 공동주택을 말한다.

⑧ "통신시설"이란 전기통신기본법의 전기통신설비와 우편법의 우편물 등 통신을 이용하는 데에 필요한 시설을 말한다.

3) 편의시설 설치의 기본 원칙

시설주 등은 장애인 등이 공공건물 및 공중이용시설을 이용할 때 가능하면 최대한 편리한 방법으로 최단거리로 이동할 수 있도록 편의시설을 설치하여야 한다.

2. 국가와 지방자치단체

1) 국가와 지방자치단의 의무

국가와 지방자치단체는 장애인 등이 일상생활에서 안전하고 편리하게 시설과 설비를 이용하고, 정보에 접근할 수 있도록 각종 시책을 마련하여야 한다.

2) 대상시설

편의시설을 설치하여야 하는 대상시설은 다음의 어느 하나에 해당하는 것으로서 대통령령으로 정하는 것을 말한다.

① 공원
② 공공건물 및 공중이용시설
③ 공동주택
④ 통신시설
⑤ 그 밖에 장애인 등의 편의를 위하여 편의시설을 설치할 필요가 있는 건물·시설 및 그 부대시설

3) 장애물 없는 생활환경 인증

보건복지부장관과 국토교통부장관은 장애인 등이 대상시설을 안전하고 편리하게 이용할 수 있도록 편의시설의 설치·운영을 유도하기 위하여 대상시설에 대하여 장애물 없는 생활환경 인증을 할 수 있다.

4) 인증의 유효기간

인증의 유효기간은 인증을 받은 날부터 5년으로 한다.

5) 실태조사

시설주관기관은 편의시설 활성화 정책의 기초자료 확보 등을 위하여 편의시설 설치에 관한 실태조사를 실시하고, 그 결과를 공표하여야 한다.

실태조사는 매년 전수조사 또는 표본조사의 방법으로 실시하되, 5년마다 1회는 전수조사의 방법으로 실시하여야 한다.

3. 벌금

1) 벌금

(1) 500만 원 이하의 벌금

장애인 등이 대상시설을 항상 편리하게 이용할 수 있도록 편의시설을 설치기준에 적합하게 설치하고, 유지 · 관리하지 않은 경우

2) 과태료

(1) 200만 원 이하의 과태료

① 거짓이나 부정한 방법으로 인증을 받거나 위반하여 인증 표시 또는 이와 유사한 표시를 한 자

② 자료제출 요구에 따르지 아니하거나 거짓 자료를 제출한 자 또는 검사를 거부 · 기피 · 방해한 자

③ 휠체어, 점자 안내책자, 보청기기 등을 갖추어 두지 아니한 자로서 시정명령을 받고 기간 내에 그 명령을 이행하지 아니한 자

(2) 100만 원 이하의 과태료

주차 방해 행위를 한 자

(3) 20만 원 이하의 과태료

다음의 어느 하나에 해당하는 자동차를 장애인전용주차구역에 주차한 사람

① 장애인전용주차구역 주차표지를 붙이지 아니한 자동차

② 장애인전용주차구역 주차표지가 붙어 있는 자동차로서 보행에 장애가 있는 사람이 타지 아니한 자동차

01 장애인 · 노인 · 임산부 등의 편의증진 보장에 관한 법률에 의해 편의시설을 설치하여야 하는 대상이 아닌 것은?

① 공원
② 모든 주택
③ 공공건물
④ 통신시설
⑤ 공중이용시설

해설 ① 공원
② 공공건물 및 공중이용시설
③ 공동주택
④ 통신시설
⑤ 그 밖에 장애인 등의 편의를 위하여 편의시설을 설치할 필요가 있는 건물 · 시설 및 그 부대시설

정답 ②

02 국가나 지방자치단체의 편의시설 설치의무 소홀로 인해 장애인의 권리가 침해되었을 경우 그 손해에 대한 배상을 청구할 수 있는 방법은?

① 행정상의 손해배상
② 이의신청
③ 행정심판
④ 행정소송
⑤ 헌법소원

해설 권리 침해에 관한 배상 청구는 행정상의 손해배상책임을 통해 청구할 수 있다.

정답 ①

Chapter 12 성매매방지 및 피해자보호 등에 관한 법률

1. 개요

1) 목적

성매매를 방지하고, 성매매 피해자 및 성을 파는 행위를 한 사람의 보호, 피해회복 및 자립·자활을 지원하는 것을 목적으로 한다.

2) 용어정의

① 성매매

불특정인을 상대로 금품이나 그 밖의 재산상의 이익을 수수하거나 수수하기로 약속하고 다음의 어느 하나에 해당하는 행위를 하거나 그 상대방이 되는 것

㉠ 성교행위

㉡ 구강, 항문 등 신체의 일부 또는 도구를 이용한 유사 성교행위

② 성매매알선 등 행위

㉠ 성매매를 알선, 권유, 유인 또는 강요하는 행위

㉡ 성매매의 장소를 제공하는 행위

㉢ 성매매에 제공되는 사실을 알면서 자금, 토지 또는 건물을 제공하는 행위

③ 성매매 목적의 인신매매

㉠ 성을 파는 행위 또는 음란행위를 하게 하거나, 성교행위 등 음란한 내용을 표현하는 사진·영상물 등의 촬영 대상으로 삼을 목적으로 위계, 위력, 그 밖에 이에 준하는 방법으로 대상자를 지배·관리하면서 제3자에게 인계하는 행위

㉡ 선불금 등 금품이나 그 밖의 재산상의 이익을 제공하거나 제공하기로 약속하고 대상자를 지배·관리하면서 제3자에게 인계하는 행위

④ 성매매 피해자

㉠ 위계, 위력, 그 밖에 이에 준하는 방법으로 성매매를 강요당한 사람

㉡ 업무관계, 고용관계, 그 밖의 관계로 인하여 보호 또는 감독하는 사람에 의하여 마약·향정신성의약품 또는 대마에 중독되어 성매매를 한 사람

㉢ 청소년, 사물을 변별하거나 의사를 결정할 능력이 없거나 미약한 사람 또는 대통령령으로 정하는 중대한 장애가 있는 사람으로서 성매매를 하도록 알선 · 유인된 사람
㉣ 성매매 목적의 인신매매를 당한 사람

2. 국가 등의 책임

1) 국가와 지방자치단체

성매매를 방지하고, 성매매 피해자 및 성을 파는 행위를 한 사람의 보호, 피해회복 및 자립 · 자활을 지원하기 위하여 법적 · 제도적 장치를 마련하고 필요한 행정적 · 재정적 조치를 하여야 한다.

2) 성매매 실태조사

여성가족부장관은 3년마다 국내외 성매매 실태조사를 실시하여 성매매 실태에 관한 종합보고서를 발간하고, 이를 성매매의 예방을 위한 정책수립에 기초자료로 활용하여야 한다.

3) 성매매 예방교육(연 1회 이상)

국가기관, 지방자치단체, 초 · 중 · 고등학교, 그 밖에 대통령령으로 정하는 공공단체의 장은 성에 대한 건전한 가치관 함양과 성매매 방지 및 인권보호를 위하여 성매매 예방교육을 실시하고, 그 결과를 여성가족부장관에게 제출하여야 한다.

3. 지원시설

1) 지원시설의 설치

국가 또는 지방자치단체는 지원시설을 설치 · 운영할 수 있다.

국가나 지방자치단체 외의 자가 지원시설을 설치 · 운영하려면 특별자치시장 · 특별자치도지사, 시장 · 군수 · 구청장에게 신고하여야 한다.

2) 지원시설의 종류

성매매 피해자 등을 위한 지원시설의 종류

① 일반 지원시설
㉠ 성매매 피해자 등을 대상으로 1년의 범위에서 숙식을 제공하고 자립을 지원하는 시설
㉡ 1년 6개월의 범위에서 여성가족부령으로 정하는 바에 따라 지원기간을 연장할 수 있다.

② 청소년 지원시설

㉠ 19세 미만의 성매매 피해자 등을 대상으로 19세가 될 때까지 숙식을 제공하고, 취학 · 교육 등을 통하여 자립을 지원하는 시설

㉡ 2년의 범위에서 여성가족부령으로 정하는 바에 따라 지원기간을 연장할 수 있다.

③ 외국인 지원시설

외국인 성매매 피해자 등을 대상으로 3개월의 범위에서 숙식을 제공하고, 귀국을 지원하는 시설

④ 자립지원 공동생활시설

㉠ 성매매 피해자 등을 대상으로 2년의 범위에서 숙박 등의 편의를 제공하고, 자립을 지원하는 시설

㉡ 2년의 범위에서 여성가족부령으로 정하는 바에 따라 지원기간을 연장할 수 있다.

3) 지원시설 입소

① 지원시설에 들어가려는 사람은 해당 지원시설의 입소규정을 지켜야 한다.

② 지원시설에서 제공하는 프로그램을 이용하려는 사람은 해당 지원시설의 이용규정을 지켜야 한다.

③ 지원시설의 장은 입소규정이나 이용규정을 지키지 아니하거나 그 밖에 단체생활을 현저히 해치는 행위를 하는 입소자나 이용자에 대하여는 퇴소 또는 이용 중단 등 필요한 조치를 할 수 있다.

④ 지원시설의 입소절차, 이용절차, 입소규정 및 이용규정 등에 필요한 사항은 여성가족부령으로 정한다.

4) 자활지원센터의 설치 및 운영

① 국가 또는 지방자치단체는 성매매 피해자 등의 회복과 자립에 필요한 지원을 제공하기 위하여 자활지원센터를 설치 · 운영할 수 있다.

② 국가 또는 지방자치단체 외의 자가 자활지원센터를 설치 · 운영하려면 특별자치시장 · 특별자치도지사, 시장 · 군수 · 구청장에게 신고하여야 한다. 신고한 사항 중 여성가족부령으로 정하는 중요 사항을 변경하려는 경우에도 또한 같다.

③ 특별자치시장 · 특별자치도지사, 시장 · 군수 · 구청장은 신고를 받은 날부터 10일 이내(변경신고의 경우 5일 이내)에 신고수리 여부 또는 민원 처리 관련 법령에 따른 처리기간의 연장을 신고인에게 통지하여야 한다.

④ 자활지원센터는 이 법에 따른 성매매 피해자 등이라면 누구라도 이용할 수 있다.

⑤ 자활지원센터의 설치기준 · 신고절차, 이용규정 및 종사자의 자격기준 · 수 등에 필요한 사항은 여성가족부령으로 정한다.

5) 상담소의 설치

① 국가 또는 지방자치단체는 성매매피해상담소를 설치 · 운영할 수 있다.

② 국가 또는 지방자치단체 외의 자가 상담소를 설치 · 운영하려면 특별자치시장 · 특별자치도지사, 시장 · 군수 · 구청장에게 신고하여야 한다. 신고한 사항 중 여성가족부령으로 정하는 중요 사항을 변경하려는 경우에도 또한 같다.

③ 특별자치시장 · 특별자치도지사, 시장 · 군수 · 구청장은 제2항에 따른 신고를 받은 날부터 10일 이내(변경신고의 경우 5일 이내)에 신고수리 여부 또는 민원 처리 관련 법령에 따른 처리기간의 연장을 신고인에게 통지하여야 한다.

④ 상담소에는 상담실을 두어야 하며, 이용자를 임시로 보호하기 위한 보호실을 운영할 수 있다.

⑤ 상담소의 설치기준 · 신고절차 · 운영기준, 상담원 등 종사자의 자격기준 및 수 등에 필요한 사항은 여성가족부령으로 정한다.

6) 성매매방지중앙지원센터의 설치

① 국가는 성매매방지활동 및 성매매 피해자 등에 대한 지원서비스 전달체계의 효율적인 연계 · 조정 등을 위하여 성매매방지중앙지원센터를 설치 · 운영할 수 있다.

② 중앙지원센터의 업무는 다음과 같다.

- 지원시설 · 자활지원센터 · 상담소간 종합 연계망 구축
- 성매매 피해자 등 구조체계 구축 · 운영 및 성매매 피해자 등 구조활동의 지원
- 법률 · 의료 지원단 운영 및 법률 · 의료 지원체계 확립
- 성매매 피해자 등의 자립 · 자활 프로그램 개발 · 보급
- 성매매 피해자 등에 대한 지원대책 연구 및 홍보활동
- 성매매 실태조사 및 성매매 방지대책 연구
- 성매매 예방 교육프로그램의 개발
- 상담소 등 종사자의 교육 및 상담원 양성, 상담기법의 개발 및 보급
- 그 밖에 여성가족부령으로 정하는 사항

4. 벌칙

1) 1년 이하의 징역 또는 1천만 원 이하의 벌금

① 신고를 하지 아니하고 지원시설을 설치 · 운영한 자
② 신고를 하지 아니하고 자활지원센터를 설치 · 운영한 자
③ 신고를 하지 아니하고 상담소를 설치 · 운영한 자
④ 영리목적과 비밀엄수를 위반한 자
⑤ 상담소 등의 폐쇄 명령을 위반한 자

2) 과태료

(1) 500만 원 이하의 과태료

① 공무원의 출입 · 검사를 거부 · 방해 또는 기피한 자
② 상담소 연락처, 정보통신망 게시를 위반하여 게시물을 게시하지 아니한 자

(2) 300만 원 이하의 과태료

폐지, 휴지 등의 신고를 하지 아니한 자

01 성매매방지 및 피해자보호 등에 관한 법률에 따른 일반지원시설의 업무가 아닌 것은?

① 자립 · 자활교육 실시 및 취업정보 제공
② 성매매방지운동 및 성매매알선행위의 처벌
③ 법률구조기관 등에 필요 시 협조 및 지원 요청
④ 심리적 안정 및 사회적응을 위한 상담치료
⑤ 질병치료 및 건강관리를 위한 의료기관에의 인도 및 치료

해설 성매매알선행위의 처벌은 사법기관에서 담당한다.

정답 ②

02 성매매방지 및 피해자보호 등에 관한 법률에 따른 성폭력상담소에서 하는 일로 틀린 것은?

① 성폭력피해를 신고 받거나 이에 관한 상담에 응한다.
② 성폭력피해로 인해 정상적인 가정생활이 어려운 경우 피해자 보호시설로 인계한다.
③ 성폭력범죄의 예방 및 방지를 위해 홍보한다.
④ 긴급한 보호가 필요한 경우 2년간 임시로 보호한다.
⑤ 성폭력범죄 및 성폭력피해에 관하여 조사 · 연구를 진행한다.

해설 6개월 이내로 성폭력 피해자를 일시 보호하는 곳은 성폭력 피해자 보호시설이다.

정답 ④

Chapter 13 성폭력범죄의 처벌 등에 관한 특례법

1. 개요

1) 목적

성폭력범죄의 처벌 및 그 절차에 관한 특례를 규정함으로써 성폭력범죄 피해자의 생명과 신체의 안전을 보장하고 건강한 사회질서의 확립에 이바지함을 목적으로 한다.

2) 용어정의

(1) 성폭력범죄

① 음행매개, 음화반포 등, 음화제조 등 및 공연음란의 죄

② 약취, 유인 및 인신매매의 죄 중 추행, 간음 또는 성매매와 성적 착취를 목적으로 범한 죄

③ 강간과 추행의 죄 중 강간, 유사강간, 강제추행, 준강간, 준강제추행, 미수범, 강간 등 상해 · 치상, 강간 등 살인 · 치사, 미성년자 등에 대한 간음, 업무상위력 등에 의한 간음 및 미성년자에 대한 간음, 추행의 죄

④ 강도강간의 죄

⑤ 특수강도강간

2. 성폭력범죄의 처벌 및 절차에 관한 특례

1) 특수강간 등

흉기나 그 밖의 위험한 물건을 지닌 채 또는 2명 이상이 합동하여 강간의 죄를 범한 사람은 무기징역 또는 5년 이상의 징역에 처한다.

2) 친족관계에 의한 강간 등

① 친족관계인 사람이 폭행 또는 협박으로 사람을 강간한 경우에는 7년 이상의 유기징역에 처한다.

② 친족관계인 사람이 폭행 또는 협박으로 사람을 강제추행한 경우에는 5년 이상의 유기징역에 처한다.

3) 장애인에 대한 강간 · 강제추행 등

① 신체적인 또는 정신적인 장애가 있는 사람에 대하여 강간의 죄를 범한 사람은 무기징역 또는 7년 이상의 징역에 처한다.

② 신체적인 또는 정신적인 장애가 있는 사람에 대하여 폭행이나 협박한 사람은 5년 이상의 유기징역에 처한다.

③ 신체적인 또는 정신적인 장애가 있는 사람에 대하여 강제추행의 죄를 범한 사람은 3년 이상의 유기징역 또는 2천만 원 이상 5천만 원 이하의 벌금에 처한다.

⑤ 위계 또는 위력으로써 신체적인 또는 정신적인 장애가 있는 사람을 간음한 사람은 5년 이상의 유기징역에 처한다.

⑥ 위계 또는 위력으로써 신체적인 또는 정신적인 장애가 있는 사람을 추행한 사람은 1년 이상의 유기징역 또는 1천만 원 이상 3천만 원 이하의 벌금에 처한다.

4) 통신매체를 이용한 음란행위

자기 또는 다른 사람의 성적 욕망을 유발하거나 만족시킬 목적으로 전화, 우편, 컴퓨터, 그 밖의 통신매체를 통하여 성적 수치심이나 혐오감을 일으키는 말, 음향, 글, 그림, 영상 또는 물건을 상대방에게 도달하게 한 사람은 2년 이하의 징역 또는 500만 원 이하의 벌금에 처한다.

5) 카메라 등을 이용한 촬영

카메라나 그 밖에 이와 유사한 기능을 갖춘 기계장치를 이용하여 성적 욕망 또는 수치심을 유발할 수 있는 다른 사람의 신체를 그 의사에 반하여 촬영하거나 그 촬영물을 반포 · 판매 · 임대 · 제공 또는 공공연하게 전시 · 상영한 자는 5년 이하의 징역 또는 1천만 원 이하의 벌금에 처한다.

6) 피의자의 얼굴 등 공개

검사와 사법경찰관은 성폭력범죄의 피의자가 죄를 범하였다고 믿을 만한 충분한 증거가 있고, 국민의 알권리 보장, 피의자의 재범 방지 및 범죄예방 등 오로지 공공의 이익을 위하여 필요할 때에는 얼굴, 성명 및 나이 등 피의자의 신상에 관한 정보를 공개할 수 있다. 다만, 피의자가 청소년보호법의 청소년에 해당하는 경우에는 공개하지 아니한다.

3. 신상정보 등록 등

1) 신상정보 등록대상자

① 등록대상 성범죄로 유죄판결이나 약식명령이 확정된 자 또는 공개명령이 확정된 자는

신상정보 등록대상자가 된다. 다만, 아동 · 청소년의 성보호에 관한 법률의 범죄로 벌금형을 선고받은 자는 제외한다.

② 법원은 등록대상 성범죄로 유죄판결을 선고하거나 약식명령을 고지하는 경우에는 등록대상자라는 사실과 신상정보 제출 의무가 있음을 등록대상자에게 알려 주어야 한다.

2) 신상정보의 제출 의무

등록대상자는 판결이 확정된 날부터 30일 이내에 기본신상정보를 자신의 주소지를 관할하는 경찰관서의 장에게 제출하여야 한다. 다만, 등록대상자가 교정시설 또는 치료감호시설에 수용된 경우에는 그 교정시설의 장 또는 치료감호시설의 장에게 기본신상정보를 제출함으로써 이를 갈음할 수 있다.

3) 등록정보의 공개

등록정보의 공개는 여성가족부장관이 집행한다.

4. 벌칙

1) 벌칙

(1) 5년 이하의 징역 또는 5천만 원 이하의 벌금

① 직무상 알게 된 등록정보를 누설한 자

② 정당한 권한 없이 등록정보를 변경하거나 말소한 자

(2) 2년 이하의 징역 또는 500만 원 이하의 벌금

① 피해자의 신원과 사생활 비밀 누설 금지 의무를 위반한 자

② 피해자의 인적사항과 사진 등을 공개한 자

(3) 1년 이하의 징역 또는 500만 원 이하의 벌금

① 정당한 사유 없이 기본신상정보를 제출하지 아니하거나 거짓으로 제출한 자 및 관할경찰관서 또는 교정시설의 장의 사진촬영에 정당한 사유 없이 응하지 아니한 자

② 정당한 사유 없이 변경정보를 제출하지 아니하거나 거짓으로 제출한 자

③ 정당한 사유 없이 관할 경찰관서에 출석하지 아니하거나 촬영에 응하지 아니한 자

01 성폭력범죄의 처벌 등에 관한 특례법에 대한 내용으로 옳지 않은 것은?

① 성폭력범죄의 처벌 등에 관한 특례법의 주무부서는 법무부이다.
② 법무부장관은 유죄판결이 확정된 성범죄자의 등록정보를 최초 등록일로부터 20년간 보존 및 관리하여야 한다.
③ 성범죄자 등록정보의 공개는 법무부장관이 집행한다.
④ 피의자가 청소년에 해당하는 경우에는 얼굴을 공개하지 않는다.
⑤ 성폭력범죄에 대해서는 자기 또는 배우자의 직계존속을 고소할 수 있다.

해설 등록정보 공개는 여성가족부장관이 한다.

정답 ③

02 다음 1년 이하의 징역 또는 500만원 이하의 벌금에 해당하지 않는 것은?

① 정당한 사유 없이 기본신상정보를 제출하지 아니한 자
② 거짓으로 제출한 자 및 관할 경찰관서 또는 교정시설의 장의 사진촬영에 정당한 사유 없이 응하지 아니한 자
③ 정당한 사유 없이 변경정보를 제출하지 아니하거나 거짓으로 제출한 자
④ 정당한 사유 없이 관할 경찰관서에 출석하지 아니하거나 촬영에 응하지 아니한 자
⑤ 피해자의 신원과 사생활 비밀 누설 금지 의무를 위반한 자

해설 ⑤는 2년 이하의 징역 또는 500만 원 이하의 벌금에 해당한다.

정답 ⑤

가정폭력방지 및 피해자보호 등에 관한 법률

1. 개요

1) 목적

가정폭력을 예방하고 가정폭력의 피해자를 보호·지원함을 목적으로 한다.

2) 기본이념

가정폭력 피해자는 피해 상황에서 신속하게 벗어나 인간으로서의 존엄성과 안전을 보장받을 권리가 있다.

3) 용어정의

① "가정폭력"이란 가정구성원 사이의 신체적·정신적 또는 재산상 피해를 수반하는 행위를 말한다.
② "가정폭력행위"자란 가정폭력범죄를 범한 사람 및 가정구성원인 공범을 말한다.
③ "피해자"란 가정폭력으로 인하여 직접적으로 피해를 입은 자를 말한다.
④ "아동"이란 18세 미만인 자를 말한다.

2. 국가 등의 책무

1) 국가 등의 책무

국가와 지방자치단체는 가정폭력의 예방·방지와 피해자의 보호·지원을 위하여 조치를 취하여야 한다.

2) 가정폭력 실태조사

여성가족부장관은 3년마다 가정폭력에 대한 실태조사를 실시하여 그 결과를 발표하고, 가정폭력을 예방하기 위한 정책수립의 기초자료로 활용하여야 한다.

3) 가정폭력 예방교육의 실시

국가기관, 지방자치단체 및 초·중등교육법에 따른 각급 학교의 장, 그 밖에 대통령령으로 정하는 공공단체의 장은 가정폭력의 예방과 방지를 위하여 필요한 교육을 실시하고, 그 결과를 여성가족부장관에게 제출하여야 한다.

4) 아동의 취학 지원

국가나 지방자치단체는 피해자나 피해자가 동반한 가정구성원이 아동인 경우 주소지 외의 지역에서 취학(입학·재입학·전학 및 편입학을 포함)할 필요가 있을 때에는 그 취학이 원활히 이루어지도록 지원하여야 한다.

5) 가정폭력 추방 주간

가정폭력에 대한 사회적 경각심을 높이고 가정폭력을 예방하기 위하여 1년 중 11월 25일부터 12월 1일까지 1주간를 가정폭력 추방 주간으로 한다.

3. 상담소의 설치·운영

1) 상담소 설치

① 국가나 지방자치단체는 가정폭력 관련 상담소를 설치·운영할 수 있다.

② 국가나 지방자치단체 외의 자가 상담소를 설치·운영하려면 특별자치시장·특별자치도지사·시장·군수·구청장에게 신고하여야 한다. 신고한 사항 중 여성가족부령으로 정하는 중요 사항을 변경하려는 경우에도 또한 같다.

③ 시장·군수·구청장은 제2항에 따른 신고를 받은 날부터 10일 이내(변경신고의 경우 5일 이내)에 신고수리 여부 또는 민원 처리 관련 법령에 따른 처리기간의 연장을 신고인에게 통지하여야 한다.

④ 상담소는 외국인, 장애인 등 대상별로 특화하여 운영할 수 있다.

2) 상담소 운영

누구든지 영리를 목적으로 상담소·보호시설 또는 교육훈련시설을 설치·운영하여서는 아니 된다. 다만, 교육훈련시설의 장은 상담원교육훈련과정을 수강하는 자에게 여성가족부장관이 정하는 바에 따라 수강료를 받을 수 있다.

4. 보호시설의 설치

① 국가나 지방자치단체는 가정폭력 피해자 보호시설을 설치 · 운영할 수 있다.

② 사회복지사업법에 따른 사회복지법인과 그 밖의 비영리법인은 시장 · 군수 · 구청장의 인가를 받아 보호시설을 설치 · 운영할 수 있다.

③ 보호시설에는 상담원을 두어야 하고, 보호시설의 규모에 따라 생활지도원, 취사원, 관리원 등의 종사자를 둘 수 있다.

5. 보호시설의 종류

1) 단기보호시설

피해자 등을 6개월의 범위에서 보호하는 시설

2) 장기보호시설

피해자 등에 대하여 2년의 범위에서 자립을 위한 주거편의(住居便宜) 등을 제공하는 시설

3) 외국인보호시설

배우자가 대한민국 국민인 외국인 피해자 등을 2년의 범위에서 보호하는 시설

4) 장애인보호시설

장애인복지법의 적용을 받는 장애인인 피해자 등을 2년의 범위에서 보호하는 시설

5) 단기보호시설의 장은 그 단기보호시설에 입소한 피해자 등에 대한 보호기간을 여성가족부령으로 정하는 바에 따라 각 3개월의 범위에서 두 차례 연장할 수 있다.

6. 보수교육의 실시

여성가족부장관 또는 시 · 도지사는 긴급전화센터 · 상담소 및 보호시설 종사자의 자질을 향상시키기 위하여 보수교육을 실시하여야 한다.

7. 벌칙

1) 벌금

(1) 3년 이하의 징역 또는 3천만 원 이하의 벌금

피해자를 고용하고 있는 자 등이 가정폭력범죄와 관련하여 피해자를 해고하거나 그 밖의 불이익을 주는 경우

(2) 1년 이하의 징역 또는 1천만 원 이하의 벌금

① 신고를 하지 아니하거나 인가를 받지 아니하고 상담소 · 보호시설 또는 교육훈련시설을 설치 · 운영한 자

② 업무의 정지 · 폐지 또는 시설의 폐쇄 명령을 받고도 상담소 · 보호시설 또는 교육훈련시설을 계속 운영한 자

③ 비밀 엄수의 의무를 위반한 자

2) 과태료

(1) 500만 원 이하의 과태료

정당한 사유 없이 현장조사를 거부 · 기피하는 등 업무 수행을 방해한 가정폭력행위자

(2) 300만 원 이하의 과태료

① 정당한 사유 없이 보고를 하지 아니하거나 거짓으로 보고한 자 또는 조사 · 검사를 거부하거나 기피한 자

② 유사 명칭 사용 금지를 위반한 자

01 다음 중 가정폭력방지 및 피해자보호 등에 관한 법률로 옳지 않은 것은?

① 국가와 지방자치단체는 가정폭력의 예방 · 방지와 피해자의 보호 · 지원을 위하여 노력해야 한다.
② 여성가족부 장관은 5년마다 가정폭력에 대한 실태조사를 실시하여야 한다.
③ 보호시설의 종류로는 단기보호시설, 장기보호시설, 외국인보호시설, 장애인보호시설이 있다.
④ 국가나 지방자치단체는 가정폭력 관련 상담소를 설치 · 운영할 수 있다.
⑤ 다문화가정 결혼이민자의 경우 가정폭력피해자보호시설의 입소가 가능하다.

해설 여성가족부장관은 3년마다 가정폭력 실태조사를 실시한다. 정답 ②

02 다음 중 가정폭력범죄의 처벌 등에 관한 특례법에 규정된 내용으로 옳지 않은 것은?

① 누구든지 가정폭력 범죄를 알게 된 때에는 이를 수사기관에 신고할 수 있다.
② 판사는 피해자 또는 가정구성원의 주거, 직장 등에서 300미터 이내의 접근금지와 같은 임시조치를 할 수 있다.
③ 검사는 가정폭력사건을 수사한 결과 행위자의 성행교정을 위하여 필요하다고 인정하는 때에는 상담조건부 기소유예를 할 수 있다.
④ 진행 중인 가정폭력범죄에 대하여 신고를 받은 사법경찰관리는 즉시 현장에 임하여 폭력행위의 제지, 행위자, 피해자의 분리 및 범죄수사, 피해자의 가정폭력 관련 상담소 또는 보호시설 인도(피해자의 동의가 있는 경우에 한함) 등의 조치를 취해야 한다.
⑤ 가정폭력이란 가정구성원 사이의 신체적 · 정신적 또는 재산상 피해를 수반하는 행위를 말한다.

해설 가정폭력범죄의 처벌 등에 관한 특례법 제29조(임시조치)
판사는 가정보호사건의 원활한 조사 · 심리 또는 피해자의 보호를 위하여 필요하다고 인정한 때에는 그 결정으로 행위자에게 다음의 하나에 해당하는 임시조치를 할 수 있다.
- 피해자 또는 가정구성원의 주거 또는 점유하는 방실로부터의 퇴실 격리
- 피해자 또는 가정구성원의 주거, 직장 등에서 100미터 이내의 접근금지
- 피해자 또는 가정구성원에 대한 전기통신기본법 제2조 제1호의 전기통신을 이용한 접근금지
- 의료기관 기타 요양소에의 위탁
- 국가경찰관서의 유치장 또는 구치소에의 유치

정답 ②

Chapter 15 일제하 일본군위안부 피해자에 대한 보호·지원 및 기념사업 등에 관한 법률

1. 개용

1) 목적

일제에 의하여 강제로 동원되어 위안부로서의 생활을 강요당한 피해자를 보호·지원하고, 일본군위안부 피해자의 명예 회복과 진상 규명을 위한 기념사업을 수행함으로써 이들의 생활 안정과 복지증진을 꾀하고 국민의 올바른 역사관 정립과 인권증진에 이바지함을 목적으로 한다.

2) 용어정의

① "일본군위안부 피해자"란 일제에 의하여 강제로 동원되어 성적 학대를 받으며 위안부로서의 생활을 강요당한 피해자를 말한다.
② "생활안정지원대상자"란 일본군위안부 중 생존자로서 등록된 사람을 말한다.

2. 국가의 의무

① 국가는 일제하 일본군위안부 피해자의 명예 회복과 인권증진 및 이와 관련한 진상 규명, 올바른 역사교육 등을 위하여 국내외적으로 적극 노력하여야 하며, 이에 필요한 조직과 예산을 확보하여야 한다.
② 국가는 국내외적으로 일본군위안부 피해자를 적극적으로 찾아내고 일본군위안부 피해자가 안정적인 생활을 유지할 수 있도록 필요한 조치를 마련하여야 한다.
③ 국가는 일본군위안부 피해자의 권리·의무와 관련된 정책을 수립할 경우 일본군위안부 피해자(그 대리인을 포함한다)의 의견을 청취하여야 하며, 정책의 주요내용을 국민에게 적극 공개하여야 한다.

3. 생활안정지원대상자

① 생활안정지원대상자가 되려는 사람은 여성가족부장관에게 등록신청을 하여야 한다. 다만, 본인이 신청할 수 없는 경우 그 보호자가 대신하여 등록신청을 할 수 있다.

② 생활안정지원대상자에 대한 지원은 다음과 같다.

- 국민기초생활보장법에 따른 생계급여
- 의료급여법에 따른 의료급여
- 생활안정지원금의 지급
- 간병인 지원
- 장제비 지원

4. 일본군위안부 피해자 보호시설

국가나 지방자치단체, 사회복지사업법에 따른 사회복지법인과 그 밖의 비영리법인은 일본군위안부 피해자 보호시설을 설치 · 운영할 수 있다.

5. 심의위원회

1) 구성

① 위원장 1명과 부위원장 1명을 포함하여 15명 이내의 위원으로 구성

② 위원장 : 여성가족부차관
부위원장 : 여성가족부 권익증진국장

③ 위원

- 기획재정부, 외교부, 법무부, 보건복지부, 국가보훈처 소속의 고위공무원단에 속하는 공무원 중에서 소속 기관의 장이 지정하는 직위에 있는 사람 각 1명
- 일본군위안부 피해와 관련된 학식과 경험이 풍부한 사람 중 여성가족부장관이 위촉하는 사람

④ 위원의 임기 : 위촉위원의 임기는 2년으로 하고, 한 차례만 연임할 수 있다.

2) 일본군위안부 피해자 지원 및 기념사업 심의위원회 심의 사항

① 생활안정지원대상자 등록신청 사항의 사실 여부

② 생활안정지원대상자의 지원에 관한 사항

③ 기념사업 등에 관한 사항

④ 그 밖에 여성가족부장관이 심의위원회의 심의에 부치는 사항

6. 실태조사

여성가족부장관은 또는 특별자치도지사는 매년 생활안정지원대상자의 생활실태를 파악하여 여성가족부장관에게 보고하여야 한다.

7. 일본군위안부 피해자 기림의 날

일본군위안부 문제를 국내외에 알리고 일본군위안부 피해자를 기리기 위하여 매년 8월 14일을 일본군위안부 피해자 기림의 날로 한다.

01 다음 위안부피해자법에 따른 생활안정지원대상에 해당하는 것은?

> 가. 국민기초생활보장법에 따른 생계급여
> 나. 의료급여법에 따른 의료급여
> 다. 생활안정지원금
> 라. 임대주택의 우선 임대

① 가, 나, 다
② 가, 다
③ 나, 라
④ 라
⑤ 가, 나, 다, 라

해설 이외에도 간병인의 지원, 기념사업 등이 있다.

정답 ⑤

02 일제하 일본군위안부 피해자에 대한 보호 · 지원 및 기념사업 등에 관한 법률에 따라 생활안정지원대상자의 생활실태는 몇 년마다 조사하여야 하는가?

① 1년
② 2년
③ 3년
④ 4년
⑤ 5년

해설 특별시장 · 광역시장 · 도지사 또는 특별자치도지사는 매년 생활안정지원대상자의 생활실태를 조사하여 여성가족부장관에게 보고하여야 한다.

정답 ①

Chapter 16 농어촌주민의 보건복지 증진을 위한 특별법

1. 개요

1) 목적

농어촌주민의 보건복지 증진을 위한 시책을 강화하고 이에 관한 국가와 지방자치단체의 책임을 명확히 하며 농어촌에 보건의료 및 사회복지시설을 확충함으로써 농어촌주민의 인간다운 삶을 보장함을 목적으로 한다.

2) 적용 범위

이 법은 농어촌, 농어촌주민 및 농어업인에 대하여 적용한다.

3) 용어정의

① "농어촌"이란 농업 · 농촌 및 식품산업 기본법에 따른 농촌과 수산업 · 어촌 발전 기본법에 따른 어촌을 말한다.

② "농어촌주민"이란 농어촌에 거주하는 사람을 말한다.

③ "농어업인"이란 농업 · 농촌 및 식품산업 기본법에 따른 농업인과 수산업 · 어촌 발전 기본법에 따른 어업인을 말한다.

2. 농어촌보건복지 기본계획의 수립 등

1) 농어촌보건복지 기본계획의 수립

보건복지부장관은 실태조사를 토대로 관계 중앙행정기관의 장과 협의하여 농어촌보건복지 기본계획을 5년마다 수립하여야 한다.

2) 기본계획에 포함되어야 할 사항

① 농어촌보건복지정책의 기본목표 및 추진방향

② 주요 추진과제 및 추진방법

③ 필요한 재원의 규모와 조달 방안

④ 농어촌보건복지의 전달체계
⑤ 그 밖에 농어촌보건복지 증진을 위하여 특별히 필요하다고 보건복지부장관이 인정하는 사항

3) 실태조사의 실시

보건복지부장관은 농어촌의 보건복지 수준에 관한 실태조사를 5년마다 실시하여 공표하여야 한다.

3. 농어촌 보건의료의 기반 조성

1) 공공보건의료기관의 우선 지원

국가와 지방자치단체는 공공보건의료기관 중 농어촌에 있는 공공보건의료기관에 인력·시설 및 장비를 우선적으로 지원할 수 있다.

2) 응급의료체계의 구축

국가와 지방자치단체는 응급의료기본계획 및 지역응급의료시행계획에 다음의 사항을 반영하여야 한다.

① 응급의료 이용실태의 조사·분석
② 응급의료 취약지의 해소를 위한 응급의료기관의 설치·지정
③ 응급의료기관의 인력·장비 및 시설 개선
④ 응급환자 이송수단의 확보

3) 암검진사업의 우선 실시

국가는 암검진사업을 농어촌에 우선적으로 무상 실시하기 위한 시책을 마련하여야 한다.

4) 정신보건사업의 우선 실시

국가와 지방자치단체는 정신재활시설 중 농어촌에 있는 시설의 설치·운영 및 시설개선에 필요한 비용의 전부 또는 일부를 우선적으로 지원할 수 있다.

5) 구강보건사업의 우선 실시

국가와 지방자치단체는 구강보건사업을 할 때 저소득층 농어촌주민에 대하여 노인의치사업 등의 구강보건사업을 우선적으로 하기 위한 시책을 마련하여야 한다.

6) 한방산업의 육성 지원

국가와 지방자치단체는 농어업인 또는 대통령령으로 정하는 자가 한약재를 재배 · 가공 또는 유통하려는 경우에는 비용의 일부를 예산의 범위에서 지원할 수 있다.

4. 농어촌 사회복지의 증진

1) 국민기초생활보장법상 수급권자 선정기준의 특례

① 국가는 수급권자를 선정하기 위하여 농어업인 가구의 소득평가액을 산정하는 경우 농어업인 가구의 특성을 반영한 지출 요인을 추가하여 인정할 수 있다.

② 국가는 농어업인 가구의 재산의 소득환산액을 산정하는 경우 경작농지 등 농어업과 직접 관련되는 재산에 대하여 소득환산기준의 일부를 완화하여 적용할 수 있다.

2) 자활지원시책의 시행

국가와 지방자치단체는 수급권자 및 그와 생활수준이 비슷한 농어촌주민의 자활을 지원하고 삶의 질을 향상시키기 위한 시책을 마련하여야 한다.

3) 사회복지시설의 우선 지원

국가와 지방자치단체는 사회복지시설의 개선사업을 할 때 농어촌의 사회복지시설에 우선적으로 재정지원을 할 수 있다.

4) 영유아의 보육지원 등

① 국가와 지방자치단체는 농어촌의 보육 여건 개선을 위하여 국공립 어린이집을 우선 설치하거나 그 밖에 어린이집이 설치될 수 있도록 필요한 조치를 하여야 한다.

② 국가와 지방자치단체는 어린이집의 설치 · 운영 및 영유아의 보육에서 농어촌의 특성으로 인하여 추가로 드는 비용을 지원할 수 있다.

5) 아동가정 보호사업의 지원 확대

국가와 지방자치단체는 보호가 필요한 농어촌 아동의 보호를 활성화하기 위하여 다음의 가정에 대한 지원시책을 우선적으로 마련하여야 한다.

① 소년소녀가 가장인 가정

② 아동의 보호를 위탁받은 가정

③ 요보호아동을 입양한 가정

6) 저소득층 노인의 요양 지원

① 국가와 지방자치단체는 대통령령으로 정하는 농어촌의 저소득층 노인에게 간병 · 수발, 일상생활 지원, 재활 등의 필요한 서비스를 제공하여야 한다.

② 서비스의 내용 및 방법 등에 관하여 필요한 사항은 보건복지부령으로 정한다.

③ 국가와 지방자치단체는 간병이 필요한 노인을 부양하고 있는 대통령령으로 정하는 저소득층 농어업인 가구에 대해서는 간병비용 또는 물품 등을 예산의 범위에서 보건복지부령으로 정하는 바에 따라 지원할 수 있다.

7) 보험료 지원

① 국가는 농어업인이 국민건강보험법에 따라 부담하여야 하는 보험료를 보험료부과점수에 따라 예산의 범위에서 차등하여 지원할 수 있다. 이 경우 그 지원금액과 국민건강보험법에 따라 경감되는 금액을 합친 금액은 보험료의 100분의 50 이내여야 한다.

01 보건복지부장관은 실태조사를 토대로 농어촌보건복지 기본계획을 5년마다 수립하는데 기본계획에 포함되어야 할 사항은?

가. 농어촌보건복지정책의 기본목표 및 추진방향 나. 주요 추진과제 및 추진방향 다. 재원조달 방법 라. 농어촌보건복지의 전달체계

① 가, 나, 다
② 가, 다
③ 나, 라
④ 라
⑤ 가, 나, 다, 라

해설 그 밖에 농어촌보건복지증진을 위하여 필요하다고 보건복지부장관이 인정하는 사항들이 있다.

정답 ⑤

02 농어촌보건복지 기본계획에 포함되어야 할 사항 중 옳지 않은 것은?

① 농어촌보건복지정책의 기본목표 및 추진방향
② 주요 추진과제 및 추진방법
③ 필요한 재원의 민간활용 조달
④ 농어촌보건복지의 전달체계
⑤ 그 밖에 농어촌보건복지 증진을 위하여 특별히 필요하다고 보건복지부장관이 인정하는 사항

해설 필요한 재원의 규모와 조달 방안은 정부차원에서 운영한다.

정답 ③

Chapter 17 식품 등 기부 활성화에 관한 법률

1. 개요

1) 목적

식품 및 생활용품의 기부를 활성화하고 기부된 식품 등을 생활이 어려운 자에게 지원함으로써 사회복지의 증진 및 사회공동체문화의 확산에 이바지함을 목적으로 한다.

2) 용어정의

① "식품"이란 식품위생법에 따른 식품을 말한다.
② "생활용품"이란 세제 · 세면용품 등 개인 위생관리에 필요한 물품으로서 대통령령으로 정하는 물품을 말한다.
③ "기부식품 등"이란 생활이 어려운 자에게 지원할 목적으로 제공된 식품 등을 말한다.
④ "이용자"란 기부식품 등을 이용하는 자를 말한다.
⑤ "제공자"란 기부식품 등을 이용자에게 직접 또는 간접으로 제공하는 자를 말한다.
⑥ "사업자"란 제공자 중 기부식품 등 제공사업을 계속적으로 영위하는 자를 말한다.

3) 사업 신고

① 사업자는 사업장 소재지를 관할하는 특별자치시장 · 특별자치도지사 · 시장 · 군수 · 구청장에게 신고할 수 있다.
② 사업의 규모 및 범위 등을 고려하여 대통령령으로 정하는 사업자의 경우에는 사업장 소재지를 관할하는 특별자치시장 · 특별자치도지사 · 시장 · 군수 · 구청장에게 신고하여야 한다.

2. 식품기부

1) 기부식품 등 지원센터의 지정

① 보건복지부장관 또는 특별시장 · 광역시장 · 특별자치시장 · 도지사 · 특별자치도지사는 사업자에 대한 기부식품 등의 조정 · 배분과 교육 실시 등을 위하여 신고한 사업자가 운

영하는 사업장 중에서 전국기부식품 등 지원센터 또는 광역기부식품 등 지원센터를 각각 지정할 수 있다.

② 전국기부식품 등 지원센터 또는 광역기부식품 등 지원센터로 지정받으려는 자는 대통령령으로 정하는 바에 따라 시설 등에 관한 요건을 갖추어 전국기부식품 등 지원센터는 보건복지부장관에게, 광역기부식품 등 지원센터는 해당 소재지를 관할하는 시 · 도지사에게 신청하여야 한다.

③ 보건복지부장관 또는 시 · 도지사는 전국기부식품 등 지원센터 및 광역기부식품 등 지원센터에 대하여 정기적으로 사업실적 및 운영실태를 평가할 수 있다.

2) 지정취소

보건복지부장관 또는 시 · 도지사가 전국기부식품 등 지원센터 및 광역기부식품 등 지원센터의 지정을 취소할 수 있는 경우는 다음과 같다.

① 평가 결과가 대통령령으로 정하는 평가 기준에 미달하는 경우

② 시정명령을 기간 이내에 이행하지 아니한 경우

3. 사업장 평가

보건복지부장관은 식품 등의 기부를 활성화하고 기부식품 등의 안전성을 제고하기 위하여 신고한 사업자가 운영하는 사업장의 시설 · 장비 · 인력 등의 안전관리 수준과 기부식품 등의 모집 및 제공의 투명성 확보 수준 등에 대한 평가를 실시하여야 한다.

4. 벌칙

1) 3년 이하의 징역 또는 3천만 원 이하의 벌금

제공자 및 사업자가 이용자에게 기부식품 등을 무상으로 제공하는 것을 위반한 자

2) 300만 원 이하의 과태료

① 사업의 규모 및 범위 등을 고려하여 사업장 소재지를 관할하는 특별자치시장 · 특별자치도지사 · 시장 · 군수 · 구청장에게 신고하지 않고 사업을 한 자

② 기부식품 등의 모집 및 제공에 관한 장부를 비치하지 아니하거나 증빙서류를 작성 또는 보관하지 아니한 자

01 국가와 지방자치단체는 식품기부 제공사업의 지원, 장려 및 이용자보호를 위하여 활성화시책을 수립하여 시행한다. 다음 중 그 내용에 해당하는 것은?

가. 식품기부 종합정보시스템 구축, 운영
나. 기부식품제공사업 종사자 위생교육
다. 기부식품의 지역 내 적재적소 제공을 위한 활동
라. 기부식품의 직접전달

① 가, 나, 다
② 가, 다
③ 나, 라
④ 라
⑤ 가, 나, 다, 라

해설 식품기부 활성화시책의 사항
- 식품기부 종합정보시스템 구축, 운영
- 기부식품제공사업 종사자 위생교육
- 그 외 식품기부 활성화를 위하여 필요한 사항

정답 ①

02 다음 중 3년 이하의 징역 또는 3천만 원 이하의 벌금에 해당하는 것은?

① 제공자 및 사업자가 이용자에게 기부식품 등을 무상으로 제공하는 것을 위반한 경우
② 사업의 규모 등을 고려하여 사업장 소재지를 관할하는 특별자치시장 · 특별자치도지사 · 시장 · 군수 · 구청장에게 신고하지 않고 사업을 한 경우
③ 기부식품 등의 모집 및 제공에 관한 장부를 비치하지 아니한 자
④ 증빙서류를 작성 또는 보관하지 아니한 자
⑤ 사업의 범위를 시장 · 군수 · 구청장에게 신고하지 않고 사업을 한 경우

해설 ②③④⑤는 300만 원 이하의 과태료에 해당한다.

정답 ①

Chapter 18 장애활동 지원에 관한 법률

1. 개요

1) 목적

신체적 · 정신적 장애 등의 사유로 혼자서 일상생활과 사회생활을 하기 어려운 장애인에게 제공하는 활동지원급여 등에 관한 사항을 규정하여 장애인의 자립생활을 지원하고 그 가족의 부담을 줄임으로써 장애인의 삶의 질을 높이는 것을 목적으로 한다.

2) 용어정의

① 장애인 : 신체적 · 정신적 장애로 오랫동안 일상생활이나 사회생활에서 상당한 제약을 받는 자를 말한다.

② 활동지원급여 : 수급자에게 제공되는 활동보조, 방문목욕, 방문간호 등의 서비스를 말한다.

③ 수급자 : 수급자로 인정되어 활동지원급여를 받을 예정이거나 받고 있는 사람을 말한다.

④ 활동지원사업 : 국가와 지방자치단체가 이 법에 따라 수행하는 활동지원급여에 관한 사업을 말한다.

⑤ 부양의무자 : 수급자를 부양할 책임이 있는 사람으로서 수급자의 1촌 이내 직계 혈족 또는 수급자의 배우자 및 그 밖에 수급자의 생계를 책임지는 대통령령으로 정하는 사람을 말한다.

⑥ 활동지원기관 : 지정을 받은 기관으로서 수급자에게 활동지원급여를 제공하는 기관을 말한다.

⑦ 활동지원인력 : 활동지원기관에 소속되어 수급자에 대한 활동지원급여를 수행하는 사람을 말한다.

2. 책임의 주체

1) 국가와 지방자치단체의 책무

국가와 지방자치단체는 적절한 활동지원급여를 제공하여 장애인이 일상생활과 사회생활을 원활히 할 수 있도록 시책을 마련하여야 하며, 활동지원사업이 장애인의 자립생활을 지원하고 그 가족의 부담을 줄일 수 있도록 매년 필요한 재원을 조달하여야 한다.

2) 장애인정책조정위원회의 심의 사항

- 활동지원사업의 기본방향에 관한 사항
- 활동지원사업의 추진과 관련한 재원 조달에 관한 사항
- 활동지원사업에 대한 관련 부처의 협조 사항
- 그 밖에 이 법 시행과 관련하여 대통령령으로 정하는 주요 사항

3) 활동지원기관 정보의 안내

특별자치시장 · 특별자치도지사 · 시장 · 군수 · 구청장은 수급자가 활동지원기관을 쉽게 선택하도록 하고 활동지원기관이 제공하는 활동지원급여의 질을 보장하기 위하여 활동지원기관별 활동지원급여의 내용, 시설 · 인력 현황 자료 등을 활동지원기관의 장으로부터 제출받아 수급자에게 안내하여야 한다.

4) 장애인활동지원정보시스템의 구축 및 운영

보건복지부장관은 이 법에 따른 활동지원사업의 수행에 필요한 각종 자료 및 정보의 효율적인 처리와 기록 및 관리 업무의 전산화를 위하여 대통령령으로 정하는 바에 따라 장애인활동지원정보시스템을 구축 · 운영할 수 있다.

5) 전자문서의 사용

활동지원사업에 관련된 각종 서류의 기록, 관리 및 보관은 전자문서로 한다.

3. 활동지원급여 서비스

1) 활동지원급여 신청자격

① 혼자서 일상생활과 사회생활을 하기 어려운 장애인

② 노인장기요양보험법에 따른 노인등이 아닌 사람으로서 대통령령으로 정하는 연령 이상인 사람. 다만, 다음의 어느 하나에 해당하는 사람으로서 보건복지부장관이 정하는 기준에 해당하는 사람은 신청자격을 갖는다.

㉠ 이 법에 따른 수급자였다가 65세 이후에 혼자서 사회생활을 하기 어려운 사람

㉡ 노인성 질병으로 장기요양급여를 수급하는 65세 미만인 사람

③ 활동지원급여와 비슷한 다른 급여를 받고 있거나 국민기초생활보장법에 따른 보장시설에 입소한 경우 등 대통령령으로 정하는 경우에 해당하지 아니하는 사람

2) 활동지원급여의 신청

활동지원급여를 신청하는 사람은 관할 특별자치시장 · 특별자치도지사 · 시장 · 군수 · 구청장에게 활동지원급여 신청서를 제출하여야 한다.

3) 활동지원급여의 종류

① 활동보조 : 활동지원인력인 활동지원사가 수급자의 가정 등을 방문하여 신체활동, 가사활동 및 이동보조 등을 지원하는 활동지원급여

② 방문목욕 : 활동지원인력이 목욕설비를 갖춘 장비를 이용하여 수급자의 가정 등을 방문하여 목욕을 제공하는 활동지원급여

③ 방문간호 : 활동지원인력인 간호사 등이 의사, 한의사 또는 치과의사의 지시서에 따라 수급자의 가정 등을 방문하여 간호, 진료의 보조, 요양에 관한 상담 또는 구강위생 등을 제공하는 활동지원급여

④ 그 밖의 활동지원급여 : 야간보호 등 대통령령으로 정하는 활동지원급여

4) 장애인활동지원 수급자격심의위원회

① 활동지원급여의 수급자격 인정 및 활동지원등급 등을 심의하기 위하여 특별자치시 · 특별자치도 · 시 · 군 · 구에 장애인활동지원 수급자격심의위원회를 둘 수 있다.

② 수급자격심의위원회는 특별자치시 · 특별자치도 · 시 · 군 · 구 단위로 설치하되, 등록 장애인 수 등을 고려하여 하나의 특별자치시 · 특별자치도 · 시 · 군 · 구에 둘 이상의 수급자격심의위원회를 설치하거나 둘 이상의 특별자치시 · 특별자치도 · 시 · 군 · 구를 통합하여 하나의 수급자격심의위원회를 설치할 수 있다.

③ 수급자격심의위원회는 위원장 1명을 포함하여 9명 이내의 위원으로 구성하며, 위원장은 위원 중 호선하여 정한다.

④ 수급자격심의위원회의 위원은 다음의 사람 중에서 특별자치시장 · 특별자치도지사 · 시장 · 군수 · 구청장이 임명하거나 위촉한다. 다만, 둘 이상의 특별자치시 · 특별자치도 · 시 · 군 · 구를 통합하여 하나의 수급자격심의위원회를 설치할 경우 위원 구성 방법 등은 대통령령으로 정한다.

- 해당 지역 장애인단체 대표
- 「의료법」에 따른 의료인
- 「사회복지사업법」에 따른 사회복지사
- 특별자치시 · 특별자치도 · 시 · 군 · 구 소속 장애인 복지 담당 공무원
- 그 밖에 장애인 복지 또는 활동지원사업에 관한 학식과 경험이 풍부한 사람

⑤ 위원 중 위촉위원의 임기는 3년으로 하고, 한 차례만 연임할 수 있다.

⑥ 수급자격심의위원회의 회의는 구성원 과반수의 출석으로 개의하고, 출석위원 과반수의 찬성으로 의결한다.

⑦ 이 법에서 규정한 사항 외에 수급자격심의위원회의 구성 · 운영과 그 밖에 필요한 사항은 대통령령으로 정한다.

5) 수급자격

① 수급자격의 유효기간

수급자격 결정의 유효기간은 최소 1년 이상으로서 대통령령으로 정한다. 다만, 수급자가 65세가 되는 경우에는 그 해당 월의 다음 월까지 수급자격을 인정한다.

② 수급자격의 상실

- 사망한 때
- 국적을 상실한 때
- 해외이주법에 따라 해외로 이주한 때
- 활동지원급여 신청자격에 해당하지 아니하게 된 때

6) 수급자격 갱신

① 수급자는 수급자격의 유효기간이 끝난 후 계속하여 활동지원급여를 받으려면 관할 특별자치시장 · 특별자치도지사 · 시장 · 군수 · 구청장에게 수급자격 갱신을 신청하여야 한다.

② 수급자격 갱신 신청은 유효기간이 끝나기 90일 전부터 30일 전까지 하여야 한다.

7) 활동지원기관의 지정 등

활동지원기관을 설치 · 운영하려는 자는 보건복지부령으로 정하는 시설 및 인력 기준을 갖추고 소재지를 관할하는 특별자치시장 · 특별자치도지사 · 시장 · 군수 · 구청장으로부터 지정을 받아야 한다.

8) 활동지원급여의 관리 · 평가

특별자치시장 · 특별자치도지사 · 시장 · 군수 · 구청장은 활동지원기관이 활동지원급여의 제공기준 · 절차 · 방법 등에 따라 적정하게 활동지원급여를 제공하였는지를 평가한 후 그 결과를 공개하는 등 필요한 조치를 할 수 있다.

4. 활동지원인력

1) 활동지원사

활동보조급여를 제공하는 활동지원인력인 활동지원사가 되려는 사람은 활동지원사교육기관에서 교육과정을 수료하거나, 대통령령으로 정하는 일정 자격을 갖추어야 한다.

2) 활동지원사교육기관의 지정 등

① 특별시장 · 광역시장 · 특별자치시장 · 도지사 또는 특별자치도지사는 활동지원사의 양성을 위하여 보건복지부령으로 정하는 지정기준에 맞는 시설을 활동지원사교육기관으로 지정하여야 한다.

② 시 · 도지사는 교육기관이 다음 각 호의 어느 하나에 해당하는 경우에 1개월의 범위에서 업무의 정지를 명하거나 그 지정을 취소할 수 있다. 다만, 제1호에 해당하는 경우에는 지정을 취소하여야 한다.

1. 거짓이나 그 밖의 부정한 방법으로 교육기관으로 지정을 받은 경우
2. 지정기준에 맞지 아니하게 된 경우
3. 교육과정을 1년 이상 운영하지 아니하는 경우
4. 자료의 제출 및 질문 · 검사 요구를 거부 · 방해 · 기피하거나 거짓 자료를 제출한 경우

③ 교육기관이 폐업하거나 휴업하려는 경우에는 시 · 도지사에게 신고하여야 한다.

3) 활동지원인력의 결격 사유

1. 정신질환자. 다만, 전문의가 활동지원인력으로서 적합하다고 인정하는 사람은 제외한다.
2. 마약 · 대마 또는 향정신성의약품 중독자
3. 피성년후견인 · 피한정후견인
4. 금고 이상의 형을 선고받고 그 형의 집행이 끝나지 아니하였거나 그 집행을 받지 아니하기로 확정되지 아니한 사람
5. 성폭력범죄의 처벌 등에 관한 특례법에 규정된 죄로 금고 이상의 형을 선고받은 사람
6. 거짓이나 그 밖의 부정한 방법으로 활동지원인력이 된 경우로 활동지원인력의 자격이 취소된 날부터 1년이 지나지 아니한 사람
7. 활동지원인력이 업무수행 중 고의 또는 중대한 과실로 수급자 또는 그 보호자에게 신체상 또는 재산상 손해를 입혀 금고 이상의 형을 선고받은 판결이 확정된 경우, 자격정지처분을 3회 이상 받은 경우, 자격정지 기간 중 활동지원급여를 제공한 경우 활동지원인력의 자격이 취소된 날부터 2년이 지나지 아니한 사람

5. 활동지원급여비용 등

1) 활동지원급여비용의 청구 및 지급

활동지원기관은 활동지원급여를 수급자에게 제공한 경우 특별자치시장 · 특별자치도지사 · 시장 · 군수 · 구청장에게 활동지원급여비용을 청구하고, 청구를 받은 특별자치시장 · 특별자치도지사 · 시장 · 군수 · 구청장은 이를 지급하여야 한다.

① 특별자치시장 · 특별자치도지사 · 시장 · 군수 · 구청장은 활동지원급여 평가 결과에 따라 급여비용을 가산 또는 감액 조정하여 지급할 수 있다.
② 특별자치시장 · 특별자치도지사 · 시장 · 군수 · 구청장은 급여비용의 지급과 정산 등에 관한 업무를 대통령령으로 정하는 관련 전문기관이나 단체에 위탁할 수 있다.

2) 본인부담금

① 수급자는 해당 급여비용의 100분의 15 한도에서 대통령령으로 정하는 수급자와 그 부양의무자의 소득 및 재산 등 생활수준에 따라 그 비용의 일부를 차등 부담한다.

② 다음 각 호의 활동지원급여에 대한 비용은 수급자 본인이 전부 부담한다.
- 급여의 범위 및 대상에 포함되지 아니하는 활동지원급여
- 활동지원급여의 월 한도액을 초과하는 활동지원급여

③ 다음 어느 하나에 해당하는 사람에게는 정액의 본인부담금을 부담하도록 할 수 있다.

1. 의료급여법의 규정에 따른 수급자
2. 국민기초생활보장법에 따른 차상위계층
3. 소득 및 재산 등 생활수준이 보건복지부장관이 정하는 금액 이하인 사람. 다만, 섬 · 외딴곳 · 농어촌 등의 지역에 거주하는 사람에 대하여는 따로 금액을 정할 수 있다.
4. 천재지변 등 보건복지부령으로 정하는 사유로 생계가 곤란한 사람

④ 국민기초생활보장법에 따른 생계급여 수급자 또는 의료급여 수급자는 본인부담금을 부담하지 아니한다.

3) 방문간호지시서 발급비용의 부담 등

수급자는 방문간호지시서의 발급비용을 보건복지부령으로 정하는 한도 안에서 부담한다. 다만, 국민기초생활보장법에 따른 생계급여 수급자 또는 의료급여 수급자는 부담하지 아니한다.

6. 이의신청

1) 이의신청

① 수급자격 인정, 활동지원등급, 활동지원급여, 부당지급급여의 징수 등에 관한 특별자치시장 · 특별자치도지사 · 시장 · 군수 · 구청장의 처분에 이의가 있는 자는 그 결정 결과 등을 통지받은 날부터 90일 이내에 특별자치시장 · 특별자치도지사 · 시장 · 군수 · 구청장에게 이의를 제기할 수 있다. 다만, 타당한 사유로 그 기간 내에 이의신청을 할 수 없었음을 소명하였을 때에는 그러하지 아니하다.

② 특별자치시장 · 특별자치도지사 · 시장 · 군수 · 구청장은 이의신청을 받은 날부터 60일 내에 이를 검토하고 처분이 위법 · 부당하다고 인정될 때에는 시정이나 그 밖에 필요한 조치를 하여야 한다. 다만, 기간 내에 조치를 할 수 없는 부득이한 사유가 있는 경우에는 30일의 범위에서 이를 연장할 수 있다.

③ 이의를 신청한 자는 그 이의신청과 관계없이 행정심판법에 따른 행정심판을 청구할 수 있다. 이 경우 이의를 신청하여 그 결과를 통보받은 자는 통보받은 날부터 90일 이내에 행정심판법에 따른 행정심판을 청구할 수 있다.

2) 행정소송

수급자격 인정, 활동지원등급, 활동지원급여에 따른 부당지급급여의 징수 등에 관한 특별자치시장 · 특별자치도지사 · 시장 · 군수 · 구청장의 처분에 이의가 있는 자와 이의신청에 대한 결정에 불복하는 자는 행정소송법에서 정하는 바에 따라 행정소송을 제기할 수 있다.

7. 벌칙

1) 벌칙

(1) 3년 이하의 징역 또는 3천만 원 이하의 벌금

① 거짓이나 그 밖의 부정한 방법으로 급여비용을 청구한 자

② 업무 수행 중 알게 된 정보 또는 자료, 비밀 등을 사용 · 제공 또는 누설한 자

(2) 2년 이하의 징역 또는 2천만 원 이하의 벌금

① 타당한 사유 없이 활동지원급여 제공을 거부한 자

② 수급자를 소개 · 알선 · 유인하거나 이를 조장하는 행위를 한 자

(3) 1년 이하의 징역 또는 1천만 원 이하의 벌금

① 거짓이나 그 밖의 부정한 방법으로 활동지원급여를 받거나 다른 사람으로 하여금 활동

지원급여를 받게 한 자

② 거짓이나 그 밖의 부정한 방법으로 활동지원기관 지정을 받은 자

③ 거짓이나 그 밖의 부정한 방법으로 교육기관 지정을 받은 자

2) 과태료

(1) 500만 원 이하의 과태료

① 변경지정을 받지 아니하거나 신고하지 아니한 자 또는 거짓으로 신고한 자

② 활동지원급여 제공 자료를 기록·관리하지 아니한 자

③ 폐업·휴업 시 신고하지 아니한 자 또는 거짓으로 신고한 자

④ 자료의 제출 및 질문·검사 요구를 거부·방해·기피하거나 거짓 자료를 제출한 자

01 다음 중 장애활동 지원에 관한 법률상 옳은 것은?

① 활동지원급여를 신청하는 사람은 관할 시, 도지사에게 활동지원급여 신청서를 제출하여야 한다.
② 수급자격심의위원회는 신청인이 신청서를 제출한 날부터 20일 이내에 수급자격 심의를 마쳐야 한다.
③ 장애인활동지원이 가능한 장애인 급수는 혼자서 일상생활과 사회생활을 하기 어려운 중증장애인으로 장애등급이 1급 또는 2급인 사람이다.
④ 활동지원사의 양성을 위한 활동보조교육기관을 운영하려는 자는 시 · 도지사에게 신고하고 운영하여야 한다.
⑤ 수급자는 해당 급여비용의 100분의 15 한도에서 본인부담금을 균등 부담한다.

해설 ① 활동지원급여를 신청하는 사람은 관할 특별자치도지사 시장, 군수, 구청장에게 활동지원급여 신청서를 제출하여야 한다.
② 수급자격심의위원회는 신청인이 신청서를 제출한 날부터 30일 이내에 수급자격 심의를 마쳐야 한다.
④ 시 · 도지사는 활동지원사의 양성을 위하여 보건복지부령으로 정하는 지정기준에 맞는 시설을 활동지원사교육기관으로 지정하여야 한다.
⑤ 수급자는 해당 급여비용의 100분의 15 한도에서 대통령령으로 정하는 수급자와 그 부양의무자의 소득 및 재산 등 생활수준에 따라 본인부담금을 차등 부담한다.

정답 ③

02 장애활동 지원에 관한 법률에 대한 설명으로 옳지 않은 것은?

① 2011년 장애활동 지원에 관한 법률이 제정되었다.
② 활동지원급여에 대한 사항을 규정하여 장애인의 자립생활을 지원하고 그 가족의 부담을 줄임으로써 장애인의 삶의 질을 높이고자 하였다.
③ 활동지원사업의 주요 사항은 장애인정책조정위원회의 심의를 거친다.
④ 보건복지부장관은 장애인활동지원정보시스템을 구축. 운영할 수 있다.
⑤ 신청인은 관할 시 · 도지사에게 활동지원급여 신청서를 제출하여야 한다.

해설 관할 특별자치도지사 · 시장 · 군수 · 구청장에게 신청서를 제출하여야 한다.

정답 ⑤

Chapter 19 발달장애인 권리보장 및 지원에 관한 법률

1. 개요

1) 목적

발달장애인의 의사를 최대한 존중하여 그들의 생애주기에 따른 특성 및 복지 욕구에 적합한 지원과 권리옹호 등이 체계적이고 효과적으로 제공될 수 있도록 필요한 사항을 규정함으로써 발달장애인의 사회참여를 촉진하고, 권리를 보호하며, 인간다운 삶을 영위하는 데 이바지함을 목적으로 한다.

2) 용어정의

① 발달장애인이란 다음 각 목의 장애인을 말한다.

㉠ 지적장애인 : 정신 발육이 항구적으로 지체되어 지적 능력의 발달이 불충분하거나 불완전하여 자신의 일을 처리하는 것과 사회생활에 적응하는 것이 상당히 곤란한 사람

㉡ 자폐성장애인 : 소아기 자폐증, 비전형적 자폐증에 따른 언어 · 신체표현 · 자기조절 · 사회적응 기능 및 능력의 장애로 인하여 일상생활이나 사회생활에 상당한 제약을 받아 다른 사람의 도움이 필요한 사람

㉢ 그 밖에 통상적인 발달이 나타나지 아니하거나 크게 지연되어 일상생활이나 사회생활에 상당한 제약을 받는 사람으로서 대통령령으로 정하는 사람

② 보호자란 다음 어느 하나에 해당하는 사람을 말한다.

㉠ 아동복지법의 보호자(발달장애인이 미성년자인 경우에 한정한다)

㉡ 성년인 발달장애인의 후견인

㉢ 성년인 발달장애인의 후견인이 아닌 사람 중 민법에 따른 가족 또는 같은 법에 따른 부양의무자로서 사실상 해당 발달장애인을 보호하는 사람

㉣ 성년인 발달장애인 중 보호자가 없는 경우 지방자치단체의 장이 발달장애인의 보호자로 지명하는 사람

2. 국가와 지방자치단체의 책무

① 국가와 지방자치단체는 발달장애인의 적절한 발달과 원활한 사회통합을 촉진하기 위하여 장애를 최대한 조기에 발견하여 지원할 수 있도록 필요한 조치를 강구하여야 한다.
② 국가와 지방자치단체는 발달장애인의 장애를 완화하고 기능을 향상시키는 방안을 마련하기 위한 연구와 조사를 지원하여야 하며, 발달장애인의 복지수준 향상과 그 가족의 일상적인 양육부담을 경감하기 위하여 필요한 조치를 강구하여야 한다.
③ 국가와 지방자치단체는 발달장애인이 장애로 인하여 차별을 받는 등 권리가 침해받지 아니하도록 권익옹호에 필요한 지원을 실시하여야 한다.
④ 국가와 지방자치단체는 발달장애인과 그 가족이 이용할 수 있는 복지시책을 적극적으로 홍보하여야 하며, 국민이 발달장애인을 올바르게 이해하도록 하는 데에 필요한 정책을 강구하여야 한다.
⑤ 국가와 지방자치단체는 책무를 효율적으로 수행하기 위하여 필요한 인력 및 예산을 확보할 수 있다.

3. 홍보영상의 제작 · 배포 · 송출

① 보건복지부장관은 발달장애인에 대한 차별 · 편견 및 학대의 예방과 방지 등에 관한 홍보영상을 제작하여 방송법에 따른 방송편성책임자에게 배포하여야 한다.
② 보건복지부장관은 방송법에 따른 방송사업자에게 같은에 따라 대통령령으로 정하는 비상업적 공익광고 편성비율의 범위에서 제1항에 따른 홍보영상을 채널별로 송출하도록 요청할 수 있다.
③ 보건복지부장관은 방송법에 따른 전광판방송사업자에게 같은 법에 따라 대통령령으로 정하는 비상업적 공익광고 편성비율의 범위에서 홍보영상을 전광판으로 송출하도록 요청할 수 있다.
④ 방송사업자와 전광판방송사업자는 홍보영상 외에 독자적인 홍보영상을 제작하여 송출할 수 있다. 이 경우 보건복지부장관에게 필요한 협조 및 지원을 요청할 수 있다.

4. 실태조사

보건복지부장관은 발달장애인의 실태파악과 복지정책 수립을 위한 기초자료로 활용하기 위하여 3년마다 발달장애인과 그 가족에 대한 실태조사를 실시하여야 한다.

5. 신고의무

① 누구든지 발달장애인에 대한 유기등의 발생 사실을 알게 된 경우에는 발달장애인지원센터 또는 수사기관에 신고할 수 있다.

② 다음의 어느 하나에 해당하는 사람은 그 직무상 발달장애인에 대한 유기등의 발생 사실을 알게 된 경우에는 즉시 발달장애인지원센터 또는 수사기관에 신고하여야 한다.

㉠ 사회복지사업법에 따른 사회복지시설의 장과 그 종사자
㉡ 장애인활동 지원에 관한 법률에 따른 활동지원인력, 같은 법에 따른 활동지원기관의 장과 그 종사자
㉢ 의료법의 의료인과 같은 법의 의료기관의 장
㉣ 의료기사 등에 관한 법률의 의료기사
㉤ 응급의료에 관한 법률에 따른 응급구조사
㉥ 소방기본법에 따른 구조대 및 구급대의 대원
㉦ 정신건강증진 및 정신질환자 복지서비스 지원에 관한 법률에 따른 정신건강복지센터의 장과 그 종사자
㉧ 영유아보육법의 어린이집의 원장 등 보육교직원
㉨ 유아교육법에 따른 유치원의 교직원 및 같은 법 제23조에 따른 유치원의 강사, 기간제 교사 또는 명예교사 등
㉩ 초 · 중등교육법에 따른 교직원, 같은 법에 따른 전문상담교사 및 같은 법에 따른 산학겸임교사 · 명예교사 또는 강사 등
㉪ 학원의 설립 · 운영 및 과외교습에 관한 법률에 따른 학원의 운영자와 그 종사자 및 같은 법에 따른 교습소의 교습자 등 종사자
㉫ 성폭력방지 및 피해자보호 등에 관한 법률에 따른 성폭력피해상담소의 장과 그 종사자 및 같은 법에 따른 성폭력피해자보호시설의 장과 그 종사자
㉬ 성매매방지 및 피해자보호 등에 관한 법률에 따른 지원시설의 장과 그 종사자 및 같은 법에 따른 성매매피해상담소의 장과 그 종사자
㉭ 가정폭력방지 및 피해자보호 등에 관한 법률에 따른 가정폭력 관련 상담소의 장과 그 종사자 및 같은 법에 따른 가정폭력피해자 보호시설의 장과 그 종사자
㉮ 건강가정기본법에 따른 건강가정지원센터의 장과 건강가정사 등 그 종사자
㉯ 노인장기요양보험법의 장기요양요원

③ 관계 중앙행정기관의 장은 보건복지부령으로 정하는 바에 따라 제2항 각 호에 해당하는 사람의 자격 취득 과정이나 보수교육 과정 등에 발달장애인에 대한 유기등에 대한 신고의무와 관련된 교육 내용을 포함하도록 하여야 한다.

④ 발달장애인지원센터 또는 수사기관의 장이나 직원은 신고인의 인적 사항 또는 신고인임을 미루어 알 수 있는 사실을 다른 사람에게 알려주거나 공개하여서는 아니 된다.

6. 복지서비스의 신청

① 발달장애인은 사회보장기본법에 따른 사회보험, 공공부조 및 사회서비스를 스스로 신청하여야 한다.
   ㉠ 장애인복지법 및 장애인활동 지원에 관한 법률에 따른 활동지원급여
   ㉡ 장애아동 복지지원법에 따른 발달재활서비스지원, 가족지원, 돌봄 및 일시적 휴식지원 서비스지원, 지역사회 전환 서비스지원 및 문화 · 예술 등 복지지원
   ㉢ 재활 및 발달 지원, 문화 · 예술 · 여가 · 체육 활동 등 지원, 주간활동 · 방과 후 활동 지원, 최중증 발달장애인 통합돌봄 지원, 보호자에 대한 상담지원 및 휴식지원 등재
   ㉣ 그 밖에 보건복지부장관이 정하는 서비스

② 발달장애인이 의사를 결정할 능력이 충분하지 아니하다고 판단할 만한 상당한 이유가 있는 경우에는 보호자가 신청을 할 수 있다. 이 경우 보호자의 신청은 발달장애인의 신청으로 본다.

③ 사회복지전담공무원은 발달장애인에 대한 복지지원이 누락되지 아니하도록 하기 위하여 발달장애인의 동의를 받아 관할 지역에 거주하는 발달장애인에 대한 복지서비스를 직권으로 신청할 수 있다. 다만, 발달장애인이 심신미약 또는 심신상실인 경우 등 대통령령으로 정하는 경우에는 발달장애인의 동의를 생략할 수 있다.

④ 사회복지전담공무원은 발달장애인의 동의 없이 복지서비스를 직권으로 신청한 경우 그 사실을 특별자치시장 · 특별자치도지사 · 시장 · 군수 · 구청장에게 지체 없이 보고하여야 한다.

⑤ 사회복지전담공무원의 신청은 발달장애인의 신청으로 본다.

7. 최중증 발달장애인 통합돌봄 지원

① 국가와 지방자치단체는 장애의 정도가 극히 심한 발달장애인(이하 "최중증 발달장애인"이라 한다)에게 일상생활 훈련, 취미활동, 긴급돌봄, 자립생활 등을 전문적 · 통합적으로 지원하는 서비스(이하 "통합돌봄서비스"라 한다)를 제공할 수 있다.

② 통합돌봄서비스의 지원 대상, 지원 기준 및 방법 등에 필요한 사항은 보건복지부령으로 정한다.

8. 발달장애인지원센터

① 보건복지부장관은 책무를 효과적으로 수행하고 발달장애인에 대한 통합적 지원체계를 마련하기 위하여 중앙발달장애인지원센터를 설치하여야 한다.

② 시 · 도지사는 발달장애인의 권리보호 활동, 당사자와 그 가족에 대한 상담 등을 담당하는 지역발달장애인지원센터를 특별시 · 광역시 · 특별자치시 · 도 · 특별자치도에 설치하여야 한다. 이 경우 시 · 도지사는 필요성을 고려하여 지역발달장애인지원센터를 시 · 군 · 구에 설치할 수 있다.

③ 시 · 도지사는 지역발달장애인지원센터를 시 · 군 · 구에 설치하는 경우 둘 이상의 시 · 군 · 구를 통합하여 하나의 지역발달장애인지원센터를 설치 · 운영할 수 있다. 이 경우 시 · 도지사는 지역발달장애인지원센터의 설치 · 운영에 필요한 비용을 관할 구역의 발달장애인 수 등을 고려하여 시장 · 군수 · 구청장에게 공동으로 부담하게 할 수 있다.

④ 발달장애인지원센터의 설치기준과 운영, 직원의 자격과 배치기준 및 절차 등에 필요한 사항은 보건복지부령으로 정한다.

⑤ 발달장애인지원센터는 발달장애인(보호자를 포함한다)이 참여하는 운영위원회를 구성 · 운영할 수 있다.

⑥ 운영위원회 설치 · 운영에 필요한 사항은 보건복지부령으로 정한다.

⑦ 국가와 지방자치단체는 예산의 범위에서 발달장애인지원센터의 설치 및 운영에 필요한 경비의 전부 또는 일부를 지원할 수 있다.

9. 발달장애인지원센터의 임무

① 중앙발달장애인지원센터는 다음 각 호의 업무를 수행한다.

㉠ 발달장애인에 대한 연구수행 지원

㉡ 발달장애인이 이용 가능한 복지정보 데이터베이스 구축 및 정보 제공

㉢ 발달장애인 가족 및 관련 서비스 종사자에 대한 지침 · 편람 마련 및 교육지원

㉣ 발달장애인에 대한 인식개선 홍보

㉤ 발달장애인 지원 프로그램 개발

㉥ 지역발달장애인지원센터의 지원

㉦ 후견인 후보자의 추천

㉧ 발달장애인 권리침해의 모니터링 및 권리구제의 지원

㉨ 최중증 발달장애인에 대한 통합돌봄 지원

㉩ 그 밖에 보건복지부장관이 필요하다고 인정하는 사항

② 지역발달장애인지원센터는 수행 업무
   ㉠ 발달장애인에 대한 개인별지원계획의 수립
   ㉡ 발달장애인을 위한 복지지원 정보의 제공 및 연계
   ㉢ 발달장애인 가족 및 관련 서비스 종사자에 대한 교육지원
   ㉣ 발달장애인에게 서비스를 제공하는 기관에 대한 정보의 축적 및 관리
   ㉤ 발달장애 조기 발견과 발달장애인에 대한 인식개선을 위한 지역사회 홍보
   ㉥ 발달장애인 및 그 가족에 대한 상담지원
   ㉦ 발달장애인 주간활동 서비스 및 청소년 발달장애학생 방과 후 활동서비스 사업 지원
   ㉧ 보호자에 대한 감독
   ㉨ 선임된 후견인에 대한 감독지원 및 후견업무의 지원
   ㉩ 현장조사 및 보호조치 등 발달장애인의 권리구제 지원
   ㉪ 최중증 발달장애인에 대한 통합돌봄 지원
   ㉫ 그 밖에 보건복지부장관이 필요하다고 인정하는 사항

③ 발달장애인지원센터에는 대통령령으로 정하는 자격을 가진 특수교사, 사회복지사, 변호사 등 필요한 인력을 적절히 배치하여 발달장애인이 복지 및 법률 서비스를 받을 수 있도록 노력하여야 한다.

④ 발달장애인지원센터는 발달장애인 동료에 대한 상담 및 교육 등의 역할을 수행할 수 있는 발달장애인을 채용할 수 있다.

⑤ 인력 배치 및 채용 등에 필요한 사항은 보건복지부령으로 정한다.

10. 벌칙 및 과태료

1) 벌칙

① 다음 각 호의 어느 하나에 해당하는 자는 1년 이하의 징역 또는 1천만원 이하의 벌금에 처한다.
   ㉠ 거짓이나 그 밖의 부정한 방법으로 규정된 서비스 또는 지원을 받거나 다른 사람으로 하여금 이를 받게 한 자
   ㉡ 신고인의 인적사항 또는 신고인임을 미루어 알 수 있는 사실을 다른 사람에게 알려주거나 공개 또는 보도한 발달장애인지원센터의 장 또는 직원

2) 과태료

① 다음의 어느 하나에 해당하는 자에게는 300만원 이하의 과태료를 부과한다.

㉠ 발달장애인에 대한 유기등을 신고하지 아니한 사람
㉡ 정당한 사유 없이 현장조사를 거부 · 기피하는 등 업무 수행을 방해한 사람
㉢ 지방자치단체의 장에 대하여 계좌 관리 상황과 관련한 자료열람 또는 제출을 거부하거나 거짓으로 한 발달장애인의 보호자 및 계좌관리인
㉣ 폐업 · 휴업 시 신고하지 아니한 자 또는 거짓으로 신고한 자
㉤ 정당한 사유 없이 자료제출 · 보고를 거부하거나 거짓으로 한 자 또는 조사 · 검사를 거부 · 방해하거나 기피한 자

② 과태료는 대통령령으로 정하는 바에 따라 보건복지부장관, 시 · 도지사 또는 시장 · 군수 · 구청장이 부과 · 징수한다.

VI. 사회복지관련법

Chapter 01 건강가정기본법
Chapter 02 자원봉사활동 기본법
Chapter 03 저출산 · 고령사회 기본법
Chapter 04 재해구호법
Chapter 05 의사상자 등 예우 및 지원에 관한 법률
Chapter 06 장애인고용촉진 및 직업재활법

Chapter 01 건강가정기본법

1. 개요

1) 목적

건강한 가정생활의 영위와 가족의 유지 및 발전을 위한 국민의 권리·의무와 국가 및 지방자치단체 등의 책임을 명백히 하고, 가정문제의 적절한 해결방안을 강구하며 가족구성원의 복지증진에 이바지할 수 있는 지원정책을 강화함으로써 건강가정 구현에 기여하는 것을 목적으로 한다.

2) 기본이념

가정은 개인의 기본적인 욕구를 충족시키고 사회통합을 위하여 기능할 수 있도록 유지·발전되어야 한다.

3) 용어정의

① 가족

혼인·혈연·입양으로 이루어진 사회의 기본단위를 말한다.

② 가정

가족구성원이 생계 또는 주거를 함께 하는 생활공동체로서 구성원의 일상적인 부양·양육·보호·교육 등이 이루어지는 생활단위를 말한다.

③ 1인가구

1명이 단독으로 생계를 유지하고 있는 생활단위를 말한다.

④ 건강가정

가족구성원의 욕구가 충족되고 인간다운 삶이 보장되는 가정을 말한다.

⑤ 건강가정사업

건강가정을 저해하는 문제의 발생을 예방하고 해결하기 위한 여러 가지 조치와 가족의 부양·양육·보호·교육 등의 가정기능을 강화하기 위한 사업을 말한다.

4) 가정의 날

가정의 중요성을 고취하고 건강가정을 위한 개인 · 가정 · 사회의 적극적인 참여분위기를 조성하기 위하여 매년 5월을 가정의 달로 하고, 5월 15일을 가정의 날로 한다.

2. 국가의 의무와 책임

1) 국민의 권리와 의무

① 모든 국민은 가정의 구성원으로서 안정되고 인간다운 삶을 유지할 수 있는 가정생활을 영위할 권리를 가진다.

② 모든 국민은 가정의 중요성을 인식하고 그 복지의 향상을 위하여 노력하여야 한다.

2) 국가 및 지방자치단체의 책임

① 국가 및 지방자치단체는 건강가정을 위하여 필요한 제도와 여건을 조성하고 이를 위한 시책을 강구하여 추진하여야 한다.

② 국가 및 지방자치단체는 제1항의 시책을 강구함에 있어 가족구성원의 특성과 가정유형을 고려하여야 한다.

③ 국가 및 지방자치단체는 민주적인 가정형성, 가정친화적 환경조성, 양성평등한 가족가치 실현 및 가사노동의 정당한 가치평가를 위하여 노력하여야 한다.

3. 건강가정정책

1) 혼인과 출산

① 모든 국민은 혼인과 출산의 사회적 중요성을 인식하여야 한다.

② 국가 및 지방자치단체는 출산과 육아에 대한 사회적 책임을 인식하고 모 · 부성권 보호 및 태아의 건강보장 등 적절한 출산 · 육아환경을 조성하기 위하여 적극적으로 지원하여야 한다.

2) 건강가정기본계획의 수립 시 포함되어야 할 사항

여성가족부장관은 관계 중앙행정기관의 장과 협의하여 건강가정기본계획을 5년마다 수립하여야 하며, 기본계획은 국무회의의 심의를 거쳐 확정한다.

1. 가족기능의 강화 및 가정의 잠재력개발을 통한 가정의 자립 증진 대책
2. 사회통합과 문화계승을 위한 가족공동체문화의 조성

3. 다양한 가족의 욕구충족을 통한 건강가정 구현
4. 민주적인 가족관계와 양성평등적인 역할분담
5. 가정친화적인 사회환경의 조성
6. 가족의 양육·부양 등의 부담완화와 가족해체예방을 통한 사회비용 절감
7. 위기가족에 대한 긴급 지원책
8. 가족의 건강증진을 통한 건강사회 구현
9. 가족지원정책의 추진과 관련한 재정조달 방안
10. 1인가구의 복지증진을 위한 대책

3) 가족실태조사

국가 및 지방자치단체는 개인과 가족의 생활실태를 파악하고, 건강가정 구현 및 가정문제 예방 등을 위한 서비스의 욕구와 수요를 파악하기 위하여 3년마다 가족실태조사를 실시하고 그 결과를 발표하여야 한다.

4. 건강가정사업

1) 가정에 대한 지원

① 국가 및 지방자치단체는 가정이 원활한 기능을 수행하도록 지원하여야 한다.
② 국가 및 지방자치단체는 임신·출산·수유 및 육아와 관련된 모·부성권 보장을 위한 육아휴직 및 유급휴가시책이 확산되도록 노력하여야 한다.
③ 국가 및 지방자치단체는 한부모가족, 노인단독가정, 장애인가정, 미혼모가정, 공동생활가정, 자활공동체 등 사회적 보호를 필요로 하는 가정에 대하여 적극적으로 지원하여야 한다.

2) 건강가정을 위해 지원하여야 할 사항

1. 가족구성원의 정신적·신체적 건강지원
2. 소득보장 등 경제생활의 안정
3. 안정된 주거생활
4. 태아검진 및 출산·양육의 지원
5. 직장과 가정의 양립
6. 음란물·유흥가·폭력 등 위해환경으로부터의 보호
7. 가정폭력으로부터의 보호

> 8. 가정친화적 사회분위기의 조성
> 9. 그 밖에 건강한 가정의 기능을 강화 · 지원할 수 있는 관련 사항

3) 자녀양육지원의 강화

① 국가 및 지방자치단체는 자녀를 양육하는 가정에 대하여 자녀양육으로 인한 부담을 완화하고 아동의 행복추구권을 보장하기 위하여 보육, 방과후 서비스, 양성이 평등한 육아휴직제 등의 정책을 적극적으로 확대 시행하여야 한다.

② 국가 및 지방자치단체는 다양한 가족형태를 고려하여 아동양육지원사업 시책(아이돌보미 서비스를 포함한다. 이하 같다)을 수립 · 시행하여야 한다.

③ 국가 및 지방자치단체는 아동양육지원사업을 예산의 범위에서 지원할 수 있다.

④ 국가 및 지방자치단체는 가사노동의 가치에 대한 사회적 인식을 제고하고 이를 관련법 · 제도 및 가족정책에 반영하도록 노력하여야 한다.

4) 가족단위 복지증진

① 국가 및 지방자치단체는 사회보험 · 공공부조 등 사회보장제도의 운용과 관련하여 보험료의 산정 · 부과, 급여 등을 운용함에 있어서 가족을 지지하는 시책을 개발 · 추진하여야 한다.

② 국가 및 지방자치단체는 경제 · 사회, 교육 · 문화, 체육, 지역사회개발 등 각 분야의 제도 · 정책 및 사업을 수립 · 추진함에 있어 가족을 우대하는 방안을 강구하여야 한다.

5) 가족의 건강증진

국가 및 지방자치단체는 영 · 유아, 아동, 청소년, 중 · 장년, 노인 등 생애주기에 따르는 가족구성원의 종합적인 건강증진대책을 마련하여야 한다.

6) 가족부양의 지원

① 국가 및 지방자치단체는 영 · 유아 혹은 노인 등 부양지원을 요하는 가족구성원이 있는 가정에 대하여 부양부담을 완화하기 위한 시책을 적극적으로 강구하여야 한다.

② 국가 및 지방자치단체는 질환이나 장애로 가족내 수발을 요하는 가족구성원이 있는 가정을 적극 지원하며, 보호시설을 이용할 수 있도록 전문보호시설을 확대하여야 한다.

③ 국가 및 지방자치단체는 가족구성원중 장기요양을 필요로 하는 질병이나 사고로 간병을 요할 경우 가족간호를 위한 휴가 등의 시책을 마련하여야 한다.

7) 민주적이고 양성평등한 가족관계의 증진

① 국가 및 지방자치단체는 부부 및 세대간에 가족갈등이 있는 경우 이를 예방 · 상담하고, 민주적이고 양성평등한 가족관계를 증진시킬 수 있도록 가족지원서비스를 확대하고, 다양한 가족생활교육 · 부모교육 · 가족상담 · 평등가족홍보 등을 추진하여야 한다.

② 국가 및 지방자치단체는 가정폭력이 있는 가정의 경우 가정폭력 피해자와 피해자 가족에 대한 개입에 있어 전문가의 체계적인 개입과 서비스가 이루어지도록 노력하여야 한다.

8) 가족단위의 시민적 역할증진

① 국가 및 지방자치단체는 가족의 결속력과 가족구성원의 발전을 위하여 가족이 시민으로서의 역할을 증진할 수 있는 기회와 서비스를 제공하여야 한다.

② 국가 및 지방자치단체는 가족단위의 자원봉사참여가 확대되도록 노력하여야 한다.

9) 가정생활문화의 발전

① 국가 및 지방자치단체는 건강가정의 생활문화를 고취하고 그에 대한 지원정책을 수립하여야 한다.

② 국가 및 지방자치단체가 지원하여야 하는 건강가정의 생활문화는 다음 각 호의 사항을 포함한다.

1. 가족여가문화
2. 양성평등한 가족문화
3. 가족단위 자원봉사활동
4. 건강한 의식주 생활문화
5. 합리적인 소비문화
6. 지역사회 공동체문화
7. 그 밖에 건강가정의 생활문화와 관련된 사항

10) 가정봉사원

국가 및 지방자치단체는 건강한 가정을 유지하기 위하여 필요한 경우에는 가정을 방문하여 가사 · 육아 · 산후조리 · 간병 등을 돕는 가정봉사원을 지원할 수 있다.

11) 이혼예방 및 이혼가정지원

국가 및 지방자치단체는 이혼하고자 하는 부부가 이혼전 상담을 받을 수 있게 하는 등 이혼조정을 내실화 할 수 있도록 필요한 조치를 강구하여야 한다.

12) 건강가정교육

① 국가 및 지방자치단체는 건강가정교육을 실시하여야 한다.

② 건강가정 교육내용에 포함되어야 할 사항은 다음과 같다.

- 결혼준비교육
- 부모교육
- 가족윤리교육
- 가족가치실현 및 가정생활관련 교육 등

5. 건강가정전담조직 등

1) 한국건강가정진흥원의 설립 등

① 다양한 가족의 삶의 질 제고 및 가족역량 강화를 위한 가족정책을 효율적이고 체계적으로 지원하기 위하여 한국건강가정진흥원을 설립한다.

② 진흥원은 법인으로 한다.

③ 진흥원은 그 주된 사무소의 소재지에서 설립등기를 함으로써 성립한다.

④ 진흥원에는 정관으로 정하는 바에 따라 임원과 필요한 직원을 둔다.

⑥ 정부는 예산의 범위에서 진흥원의 사업과 운영에 필요한 경비를 출연할 수 있다.

⑦ 진흥원은 기부금품의 모집 및 사용에 관한 법률에도 불구하고 자발적으로 기탁되는 금품을 사업목적에 부합하는 범위에서 접수할 수 있으며 접수 절차 등에 관한 사항은 진흥원의 장이 별도로 정한다.

2) 건강가정지원센터의 설치

① 국가 및 지방자치단체는 가정문제의 예방 · 상담 및 치료, 건강가정의 유지를 위한 프로그램의 개발, 가족문화운동의 전개, 가정관련 정보 및 자료제공 등을 위하여 건강가정지원센터를 설치 · 운영하여야 한다.

② 센터에는 건강가정사업을 수행하기 위하여 관련분야에 대한 학식과 경험을 가진전문가를 두어야 한다.

③ 건강가정사 요건

- 대학 또는 이와 동등 이상의 학교를 졸업할 것(법령에 따라 이와 같은 수준 이상의 학력이 있다고 인정되는 경우를 포함한다)

- 학력 취득과정이나 그 밖에 여성가족부장관이 인정하는 방법으로 사회복지학 · 가정학 · 여성학 등 여성가족부령으로 정하는 관련 교과목을 이수할 것

6. 300만 원 이하의 과태료

관련 법에 따른 센터가 아닌 자가 건강가정지원센터 또는 이와 유사한 명칭을 사용한 경우

01 건강가정지원센터에 대한 설명으로 옳지 않은 것은?

① 국가 및 지방자치단체는 중앙 · 시 · 도 및 시 · 군 · 구에 건강가정지원센터를 둔다.
② 센터에는 건강가정사업을 수행하기 위하여 건강가정사를 두어야 한다.
③ 건강가정사는 대학 또는 이와 동등 이상의 학교에서 사회복지학, 가정학, 여성학 등 여성가족부령이 정하는 관련 과목을 이수하고 졸업한 자이어야 한다.
④ 센터의 운영은 민간에 위탁할 수 없다.
⑤ 건강가정지원센터는 가정문제의 예방 · 상담 및 치료, 건강가정의 유지를 위한 프로그램의 개발 등을 위하여 설치한다.

해설 센터의 운영은 민간에 위탁할 수 있다.

정답 ④

02 건강가정기본법에 관한 설명으로 옳지 않은 것은?

① "가족"이라 함은 혼인 · 혈연 · 입양으로 이루어진 사회의 기본단위를 말한다.
② 모든 국민은 혼인과 출산의 사회적 중요성을 인식하여야 한다.
③ "1인가구"라 함은 성인 1명 또는 그와 생계를 같이하는 미성년자녀로 구성된 생활단위를 말한다.
④ 국가는 양성이 평등한 육아휴직제 등의 정책을 적극적으로 확대 시행하여야 한다.
⑤ 국가는 생애주기에 따르는 가족구성원의 종합적인 건강증진대책을 마련하여야 한다.

해설
1. "가족"이라 함은 혼인 · 혈연 · 입양으로 이루어진 사회의 기본단위를 말한다.
2. "가정"이라 함은 가족구성원이 생계 또는 주거를 함께 하는 생활공동체로서 구성원의 일상적인 부양 · 양육 · 보호 · 교육 등이 이루어지는 생활단위를 말한다.
3. "1인가구"라 함은 1명이 단독으로 생계를 유지하고 있는 생활단위를 말한다.
4. "건강가정"이라 함은 가족구성원의 욕구가 충족되고 인간다운 삶이 보장되는 가정을 말한다.
5. "건강가정사업"이라 함은 건강가정을 저해하는 문제(이하 "가정문제"라 한다)의 발생을 예방하고 해결하기 위한 여러 가지 조치와 가족의 부양 · 양육 · 보호 · 교육 등의 가정기능을 강화하기 위한 사업을 말한다.

정답 ③

03 건강가정기본법상 건강가정사의 직무로 옳은 것은?

> 가. 가정문제의 예방·상담 및 개선
> 나. 가정생활문화운동의 전개
> 다. 가정 관련 정보 및 자료제공
> 라. 아동보호기관 등 지역사회 자원에의 연계

① 가, 나, 다
② 가, 다
③ 나, 라
④ 라
⑤ 가, 나, 다, 라

해설 그 밖에 건강가정을 위한 프로그램 개발, 건강가정 교육 등이 있다.

정답 ⑤

Chapter 02 자원봉사활동 기본법

1. 개요

1) 목적

자원봉사활동에 관한 기본적인 사항을 규정함으로써 자원봉사활동을 진흥하고 행복한 공동체 건설에 이바지함을 목적으로 한다.

2) 기본 방향

① 자원봉사활동은 국민의 협동적인 참여 능력을 높일 수 있는 방향으로 추진하여야 한다.

② 자원봉사활동은 무보수성, 자발성, 공익성, 비영리성, 비정파성, 비종파성의 원칙 아래 수행될 수 있도록 하여야 한다.

③ 모든 국민은 나이, 성별, 장애, 지역, 학력 등 사회적 배경에 관계없이 누구든지 자원봉사활동에 참여할 수 있도록 하여야 한다.

④ 자원봉사활동의 진흥을 위한 정책은 민·관 협력의 기본 정신을 바탕으로 하여 추진하여야 한다.

3) 용어정의

① 자원봉사활동

개인 또는 단체가 지역사회·국가 및 인류사회를 위하여 대가 없이 자발적으로 시간과 노력을 제공하는 행위를 말한다.

② 자원봉사자

자원봉사활동을 하는 사람을 말한다.

③ 자원봉사단체

자원봉사활동을 주된 사업으로 하거나 이를 지원하기 위하여 설립된 비영리 법인 또는 단체를 말한다.

④ 자원봉사센터

자원봉사활동의 개발·장려·연계·협력 등의 사업을 수행하기 위하여 법령과 조례 등에 따라 설치된 기관·법인·단체 등을 말한다.

4) 자원봉사자의 날 및 자원봉사주간

국가는 국민의 자원봉사활동에 대한 참여를 촉진하고 자원봉사자의 사기를 높이기 위하여 매년 12월 5일을 자원봉사자의 날로 하고 자원봉사자의 날부터 1주일간을 자원봉사주간으로 설정한다.

2. 국가와 지방자치단체

1) 국가와 지방자치단체의 책무

국가와 지방자치단체는 자원봉사활동의 진흥에 관한 시책을 마련하여 국민의 자원봉사활동을 권장하고 지원하여야 한다.

2) 정치활동 등의 금지 의무

지원을 받는 자원봉사단체 및 자원봉사센터는 그 명의 또는 그 대표의 명의로 특정 정당이나 특정인의 선거운동을 하여서는 아니 된다.

3) 학교 · 직장 등의 자원봉사활동 장려

① 학교는 학생의 자원봉사활동을 권장하고 지도 · 관리하기 위하여 노력한다.
② 직장은 직장인의 자원봉사활동을 촉진하기 위하여 노력한다.
③ 학교 · 직장 등의 장은 학생 및 직장인 등의 자원봉사활동에 대하여 그 공헌을 인정하여 줄 수 있다.

4) 자원봉사활동의 진흥에 관한 국가기본계획의 수립

행정안전부장관은 관계 중앙행정기관의 장과 협의하여 자원봉사활동의 진흥을 위한 국가기본계획을 5년마다 수립하여야 한다.

5) 자원봉사단체에 대한 지원

국가 및 지방자치단체는 자원봉사단체의 활동에 필요한 행정적 지원을 할 수 있으며 「비영리민간단체지원법」에 따라 사업비를 지원할 수 있다.

6) 국유 · 공유 재산의 사용

국가와 지방자치단체는 「국유재산법」 또는 「공유재산 및 물품 관리법」에도 불구하고 자원봉사활동의 진흥을 위하여 자원봉사단체 및 자원봉사센터가 대통령령으로 정하는 특정한 사업을 수행하기 위하여 국유 · 공유 재산이 필요하다고 인정하면 이를 무상으로 대여하거나 사용하게 할 수 있다.

3. 자원봉사진흥위원회

1) 자원봉사진흥위원회

① 자원봉사활동에 관한 주요 정책을 심의하기 위하여 국무총리 소속으로 관계 중앙행정기관 및 민간 전문가로 구성된 자원봉사진흥위원회를 둔다.

② 자원봉사진흥위원회는 다음 각 호의 사항을 심의한다.

> 1. 자원봉사활동의 진흥을 위한 정책 방향의 설정 및 협력 · 조정
> 2. 자원봉사활동의 진흥을 위한 국가기본계획과 연도별 시행계획에 관한 사항
> 3. 자원봉사활동의 진흥을 위한 제도 개선에 관한 사항
> 4. 그 밖에 자원봉사활동의 진흥에 필요한 사항

③ 심의 사항을 미리 검토하고 관계 기관 간의 협의 사항을 정리하기 위하여 자원봉사진흥위원회에 실무위원회를 둘 수 있다.

2) 한국자원봉사협의회

① 자원봉사단체는 전국 단위의 자원봉사활동을 진흥 · 촉진하기 위한 다음 각 호의 활동을 하기 위하여 한국자원봉사협의회를 설립할 수 있다.

> 1. 회원단체 간의 협력 및 사업 지원
> 2. 자원봉사활동의 진흥을 위한 대국민 홍보 및 국제교류
> 3. 자원봉사활동과 관련된 정책의 개발 및 조사 · 연구
> 4. 자원봉사활동과 관련된 정책의 건의
> 5. 자원봉사활동과 관련된 정보의 연계 및 지원
> 6. 그 밖에 자원봉사활동의 진흥과 관련하여 국가 및 지방자치단체로부터 위탁받은 사업

② 한국자원봉사협의회는 법인으로 한다.

③ 한국자원봉사협의회는 정관을 작성하여 행정안전부장관의 인가를 받아 등기함으로써 설립된다.

3) 자원봉사센터

(1) 자원봉사센터의 설치 및 운영

① 국가기관 및 지방자치단체는 자원봉사센터를 설치할 수 있다. 이 경우 자원봉사센터를 법인으로 하여 운영하거나 비영리 법인에 위탁하여 운영하여야 한다.

② 자원봉사활동을 효율적으로 추진하기 위하여 필요하다고 인정할 경우에는 국가기관 및 지방자치단체가 운영할 수 있다.

③ 국가는 자원봉사센터의 설치 · 운영이 활성화될 수 있도록 적극 노력하여야 하며, 지방자치단체는 자원봉사센터의 운영에 필요한 경비를 지원할 수 있다.

(2) 자원봉사센터 장의 자격요건 등

자원봉사센터 장은 공개경쟁의 방법에 의하여 선임하며, 지방자치단체는 자원봉사센터 장의 선임방법 및 절차 등에 관하여는 조례로 정한다.

1. 대학교의 자원봉사 관련 학과에서 조교수 이상의 직에 3년 이상 재직한 자
2. 자원봉사단체 · 자원봉사센터 또는 사회복지기관 · 시설 · 학교 · 기업에서 자원봉사 관리업무에 5년 이상 종사한 자
3. 5급 이상 퇴직공무원으로서 자원봉사업무 또는 사회복지업무에 3년 이상 종사한 자
4. 국가 및 지방자치단체에 등록된 자원봉사 관련 시민사회단체에서 임원으로 10년 이상 활동한 자

(3) 자원봉사센터의 조직 및 운영 등

① 자원봉사센터의 사무를 처리하게 하기 위하여 자원봉사센터에 사무국을 둔다.

② 자원봉사센터의 원활한 운영을 위한 정책결정기구로서 운영위원회를 둔다. 다만, 자원봉사센터를 법인으로 하여 운영하는 경우에는 이사회를 둔다.

③ 운영위원회는 20인 이하로 하되 자원봉사단체 대표를 과반수 이상으로 구성하고 대표는 민간인으로 한다.

④ 자원봉사센터의 사업내용

특별시 · 광역시 · 도 자원봉사센터	시 · 군 · 자치구 자원봉사센터
1. 특별시 · 광역시 · 도 지역의 기관 · 단체들과의 상시협력체계 구축 2. 자원봉사 관리자 및 지도자의 교육훈련 3. 자원봉사 프로그램의 개발 및 보급 4. 자원봉사 조사 및 연구 5. 자원봉사 정보자료실 운영 6. 시 · 군 · 자치구 자원봉사센터간의 정보 및 사업의 협력 · 조정 · 지원 7. 그 밖에 특별시 · 광역시 · 도 지역의 자원봉사 진흥에 기여할 수 있는 사업	1. 시 · 군 · 자치구 지역의 기관 · 단체들과의 상시협력체계 구축 2. 자원봉사자의 모집 및 교육 · 홍보 3. 자원봉사 수요기관 및 단체에 자원봉사자 배치 4. 자원봉사 프로그램의 개발 · 보급 및 시범운영 5. 자원봉사 관련 정보의 수집 및 제공 6. 그 밖에 시 · 군 · 자치구 지역의 자원봉사 진흥에 기여할 수 있는 사업

01 자원봉사활동 기본법의 육성정책에 대한 설명으로 틀린 것은?

① 민관협력을 바탕으로 추진해야 한다.
② 무보수, 자발성을 원칙으로 한다.
③ 기업 중심으로 이루어진다.
④ 모든 국민은 자원봉사활동에 참여할 수 있다.
⑤ 공익성의 원칙 아래 수행되도록 한다.

해설 자원봉사활도은 비영리성, 무보수성, 비정파성의 원칙 아래 수행될 수 있도록 해야 한다.

정답 ③

02 자원봉사활동 기본법령상의 자원봉사단체에 관한 설명으로 옳지 않은 것은?

① 비영리법인 또는 단체로 설립된다.
② 정치활동 금지의무가 있다.
③ 국·공유재산을 무상으로 대여 받거나 사용할 수 없다.
④ 한국자원봉사협의회를 법인으로 설립할 수 있다.
⑤ 비영리민간단체 지원법에 의한 사업비를 지원받을 수 있다.

해설 대통령령으로 정하는 특정과업을 수행하기 위하여 국·공유재산을 무상으로 대여하거나 사용할 수 있다.

정답 ③

Chapter 03 저출산 · 고령사회 기본법

1. 개요

1) 목적

저출산 및 인구의 고령화에 따른 변화에 대응하는 저출산 · 고령사회정책의 기본방향과 그 수립 및 추진체계에 관한 사항을 규정함으로써 국가의 경쟁력을 높이고 국민의 삶의 질 향상과 국가의 지속적인 발전에 이바지함을 목적으로 한다.

2) 기본이념

국가의 지속적인 발전을 위한 인구 구성의 균형과 질적 향상을 실현하고, 국민이 건강하고 안정된 노후생활을 할 수 있도록 하는 것을 기본이념으로 한다.

3) 용어정의

① 인구의 고령화
전체인구에서 노인의 인구비율이 증가하는 현상을 말한다.

② 저출산 · 고령사회정책
저출산 및 인구의 고령화에 따른 변화에 대응하기 위하여 수립 · 시행하는 정책을 말한다.

2. 국가 및 지방자치단체

1) 국가 및 지방자치단체의 책무

국가는 종합적인 저출산 · 고령사회정책을 수립 · 시행하고, 지방자치단체는 국가의 저출산 · 고령사회정책에 맞추어 지역의 사회 · 경제적 실정에 부합하는 저출산 · 고령사회정책을 수립 · 시행하여야 한다.

2) 국민의 책무

① 국민은 출산 및 육아의 사회적 중요성과 인구의 고령화에 따른 변화를 인식하고 국가 및 지방자치단체가 시행하는 저출산 · 고령사회정책에 적극 참여하고 협력하여야 한다.

② 국민은 가정 및 지역사회의 일원으로 상호연대를 강화하고 각자의 노후생활을 건강하고 충실하게 영위할 수 있도록 노력하여야 한다.

3) 저출산 · 고령사회정책의 기본방향

(1) 인구정책

국가 및 지방자치단체는 적정인구의 구조와 규모를 분석하고 인구변동을 예측하여 국가 및 지방자치단체의 지속적인 성장과 발전을 위한 인구정책을 수립 · 시행하여야 한다.

(2) 자녀의 출산과 보육 등

① 국가 및 지방자치단체는 모든 자녀가 차별받지 아니하고 안전하고 행복한 생활을 영위하며 교육과 인성함양에 도움을 주는 사회환경을 조성하기 위한 시책을 강구하여야 한다.

② 국가 및 지방자치단체는 자녀를 임신 · 출산 · 양육 및 교육하고자 하는 자가 직장생활과 가정생활을 병행할 수 있도록 사회환경을 조성 · 지원하여야 한다.

③ 국가 및 지방자치단체는 자녀를 양육하려는 자에게 양질의 보육서비스를 제공하기 위한 시책을 강구하여야 한다.

(3) 경제적 부담의 경감

① 국가 및 지방자치단체는 자녀의 임신 · 출산 · 양육 및 교육에 소요되는 경제적 부담을 경감하기 위하여 필요한 시책을 강구하여야 한다.

② 국가 및 지방자치단체는 제1항에 따른 시책의 강구 및 지원을 위하여 자녀의 임신 · 출산 · 양육 및 교육에 소요되는 비용의 통계조사를 실시할 수 있다.

4) 고령사회정책

(1) 고용과 소득보장

① 국가 및 지방자치단체는 일할 의욕과 능력이 있는 고령자가 최대한 일할 수 있는 환경을 조성하여야 한다.

② 국가 및 지방자치단체는 연금제도 등 노후소득보장체계를 구축하고 노인에게 적합한 일자리를 창출하는 등 국민이 경제적으로 안정된 노후생활을 할 수 있도록 필요한 조치를 강구하여야 한다.

(2) 건강증진과 의료제공

① 국가 및 지방자치단체는 성별 · 연령별 건강상의 특성과 주요 건강위험요인을 고려하여 국민의 건강증진을 위한 시책을 강구하여야 한다.

② 국가 및 지방자치단체는 노인을 위한 의료 · 요양제도 등을 확립 · 발전시키고 필요한 시설과 인력을 확충하기 위하여 노력하여야 한다.

(3) 생활환경과 안전보장

국가 및 지방자치단체는 노후생활에 필요한 기능과 설비를 갖춘 주거와 이용시설을 마련하고 노인이 안전하고 편리하게 이동할 수 있는 환경을 조성하는 등 쾌적한 노후생활환경을 조성하고 재해와 범죄 등 각종 위험으로부터 노인을 보호하기 위하여 필요한 시책을 강구하여야 한다.

(4) 여가 · 문화 및 사회활동의 장려

① 국가 및 지방자치단체는 노후의 여가와 문화활동을 장려하고 이를 위한 기반을 조성하여야 한다.

② 국가 및 지방자치단체는 자원봉사 등 노인의 사회활동 참여를 촉진하는 사회적 기반을 조성하여야 한다.

(5) 노후설계

국가 및 지방자치단체는 국민이 행복하고 활기찬 노후생활을 설계하기 위하여 재무, 건강, 여가, 사회참여 등 각 분야에서 적절한 상담과 교육을 받을 수 있도록 필요한 시책을 강구하여야 한다.

(6) 고령친화적 산업의 육성

① 국가 및 지방자치단체는 인구의 고령화에 따른 상품 및 서비스 수요의 변화에 대비한 새로운 산업을 육성하기 위한 기반을 구축하여야 한다.

② 국가 및 지방자치단체는 노인에게 필요한 용구와 용품 등의 연구개발 · 생산 및 보급의 활성화를 위하여 필요한 시책을 강구하여야 한다.

3. 저출산 · 고령사회정책의 수립 및 추진체계

1) 저출산 · 고령사회기본계획

① 정부는 저출산 · 고령사회 중 · 장기 정책목표 및 방향을 설정하고, 이에 따른 저출산 · 고령사회기본계획을 수립 · 추진하여야 한다.

② 보건복지부장관은 관계 중앙행정기관의 장과 협의하여 5년마다 기본계획안을 작성하고 저출산 · 고령사회위원회 및 국무회의의 심의를 거친 후 대통령의 승인을 얻어 이를 확정한다.

2) 연도별 시행계획

중앙행정기관의 장은 기본계획에 따라 소관별로 연도별 시행계획을 수립 · 시행하고, 지방자치단체의 장은 기본계획 및 중앙행정기관의 시행계획에 따라 당해 지방자치단체의 시행계획을 수립 · 시행하여야 한다.

3) 업무의 협조

국가 및 지방자치단체는 기본계획 및 시행계획의 수립 · 시행을 위하여 관계 공무원 또는 관계 전문가의 의견을 듣거나 관계 기관 및 단체 등에 필요한 자료제출 등 협조를 요청할 수 있다.

4) 저출산 · 고령사회위원회

(1) **저출산 · 고령사회정책에 관한 중요사항을 심의하기 위하여 대통령 소속하에 저출산 · 고령사회위원회를 둔다.**

(2) 임원구성

① 위원장 : 대통령

② 구성원 : 위원장 1인을 포함한 25인 이내의 위원(간사위원 2인)

③ 위원회 심의 사항

1. 저출산 및 인구의 고령화에 대비한 중 · 장기 인구구조의 분석과 사회경제적 변화전망에 관한 사항
2. 저출산 · 고령사회정책의 중 · 장기 정책목표와 추진방향에 관한 사항
3. 기본계획에 관한 사항
4. 시행계획에 관한 사항
5. 저출산 · 고령사회정책의 조정 및 평가에 관한 사항
6. 그 밖에 저출산 · 고령사회정책에 관한 중요사항으로서 제5항의 간사위원이 부의하는 사항

01 다음 중 저출산 대책에 해당하는 것으로 옳은 것은?

가. 인구정책	나. 경제적 부담의 경감
다. 자녀의 출산과 보육	라. 평생교육과 정보화

① 가, 나, 다
② 가, 다
③ 나, 라
④ 라
⑤ 가, 나, 다, 라

해설 평생교육과 정보화는 고령사회의 대책에 해당한다.

정답 ①

02 다음 중 저출산 · 고령사회 기본법에 명시된 고령사회 대책에 대한 설명으로 옳지 않는 것은?

① 일할 의욕과 능력이 있는 고령자가 최대한 일할 수 있는 환경을 조성하여야 한다.
② 성별 · 연령별 건강상의 특성과 위험요인을 고려하여 건강증진을 위한 시책을 강구한다.
③ 모든 세대가 평생에 걸쳐 교육을 받을 수 있도록 기회를 제공한다.
④ 자원봉사 등 사회활동 참여를 촉진하는 사회적 기반을 조성하여야 한다.
⑤ 적정인구의 규모를 분석하고 인구변동을 예측함으로써 지속적인 성장과 발전을 도모한다.

해설 ⑤는 저출산 대책 중 인구정책에 해당한다.

정답 ⑤

Chapter 04 재해구호법

1. 개요

1) 목적

이재민의 구호와 의연금품의 모집절차 및 사용방법 등에 관하여 필요한 사항을 규정함으로써 이재민 보호와 그 생활안정에 이바지함을 목적으로 한다.

2) 용어정의

(1) 이재민

「재난 및 안전관리 기본법」에 따른 재난으로 인한 재해를 입은 사람으로서 주거시설의 손실 정도 등 대통령령으로 정하는 기준에 해당되는 재해를 입은 사람을 말한다.

(2) 일시대피자

재해가 예상되어 일시대피한 사람을 말한다.

(3) 구호기관

이재민 등의 거주지 또는 재해 발생지를 관할하는 특별시장 · 광역시장 · 특별자치시장 · 도지사 · 특별자치도지사 및 시장 · 군수 · 구청장을 말한다.

(4) 구호지원기관

① 「대한적십자사 조직법」에 따른 대한적십자사
② 전국재해구호협회
③ 그 밖에 구호기관의 업무를 지원하기 위하여 필요한 인력 · 시설 및 장비를 갖춘 기관 또는 단체로서 대통령령으로 정하는 기관 또는 단체

(5) 의연금품

「기부금품의 모집 및 사용에 관한 법률」에 따른 기부금품 중 「재난 및 안전관리 기본법」에 따른 자연재난으로 인한 피해의 구호를 위하여 반대급부 없이 취득하는 금전 또는 물품을 말한다.

(6) 모집

서신 · 광고 · 인터넷 또는 그 밖의 방법으로 의연금품을 내도록 타인에게 의뢰하거나 권유하는 행위를 말한다.

(7) 모집자

의연금품의 모집허가를 받은 자를 말한다.

(8) 모집종사자

모집자로부터 지시 · 의뢰를 받아 의연금품의 모집에 종사하는 자를 말한다.

2. 재해구호계획의 수립 및 구호기관

1) 구호기관의 활동

(1) 구호의 대상

① 이재민

② 일시대피자

③ 재해로 인한 심리적 안정과 사회적응 지원이 필요한 사람으로서 대통령령으로 정하는 사람

(2) 구호의 종류

1. 임시주거시설의 제공
2. 급식이나 식품 · 의류 · 침구 또는 그 밖의 생활필수품 제공
3. 의료서비스의 제공
4. 감염병 예방 및 방역활동
5. 위생지도
6. 장사(葬事)의 지원
7. 심리회복의 지원
8. 그 밖에 대통령령으로 정하는 사항

구호기관은 필요하다고 인정하면 이재민에게 현금을 지급하여 구호할 수 있다.

(3) 임시주거시설의 사용

구호기관은 재해로 주거시설을 상실하거나 주거가 사실상 불가능한 상황에 처한 이재민 등의 구호를 위하여 임시주거시설을 사용할 수 있다.

2) 재해구호계획

(1) 재해구호계획의 수립

① 행정안전부장관은 매년 시 · 도지사, 시장 · 군수 · 구청장 및 구호지원기관의 재해구호 업무에 관한 계획의 수립지침을 작성하여 시 · 도지사 등 및 구호지원기관의 장에게 통보하여야 한다.

② 시장 · 군수 · 구청장은 통보받은 수립지침에 따라 지역실정을 고려하여 매년 시 · 군 · 구 재해구호계획을 수립하여 시 · 도지사에게 제출하여야 한다.

③ 시 · 도지사는 통보받은 수립지침 및 제출받은 시 · 군 · 구 재해구호계획에 따라 지역실정을 고려하여 매년 특별시 · 광역시 · 특별자치시 · 도 · 특별자치도 재해구호계획을 수립하여 시장 · 군수 · 구청장에게 통보하고 그 결과를 행정안전부장관에게 제출하여야 한다.

④ 구호지원기관의 장은 통보받은 수립지침에 따라 해당 구호지원기관의 재해구호계획을 수립하여 행정안전부장관에게 통보하여야 한다.

(2) 재해구호물자 등의 확보 및 보관

시 · 도지사 등은 지역별 재해발생 현황 및 지역실정 등을 고려하여 물품 · 장비 등 구호에 필요한 물자를 확보하여야 하며, 구호에 필요한 조직 · 인력을 확보하여 응급 구호할 수 있는 체제를 갖추도록 노력하여야 한다.

(3) 응급구호 및 재해구호 상황의 보고

구호기관은 재해로 인하여 이재민이 발생하면 전체 재해발생 상황을 파악하기 전이거나 재해가 진행 중일 때라도 행정안전부령으로 정하는 기준에 따라 지체 없이 응급구호를 하고, 그 재해의 상황과 재해구호 내용을 행정안전부장관에게 보고하여야 한다.

(4) 재해구호 정보체계의 구축

행정안전부장관, 시 · 도지사 등 및 구호지원기관의 장은 재해구호물자 등의 관리와 응급구호 및 재해구호 상황의 보고 등에 필요한 재해구호 정보체계를 구축 · 운영하여야 하며, 재해구호 정보체계가 상호 연계될 수 있도록 하여야 한다.

3. 의연금품의 모집

1) 의연금품의 모집허가

의연금품을 모집하려는 자는 다음 각 호의 사항을 적은 모집계획서를 작성하여 행정안전부장관의 허가를 받아야 한다.

> 1. 모집허가신청자의 성명 · 주소 · 주민등록번호 및 연락처(모집허가신청자가 법인이나 단체인 경우에는 그 명칭, 주된 사무소의 소재지, 대표자의 성명 · 주소 · 주민등록번호 및 연락처)
> 2. 모집목적, 모집금품의 종류 및 모집목표액, 모집지역, 모집방법, 모집기간, 모집금품의 보관방법 등을 구체적으로 밝힌 모집계획. 이 경우 모집기간은 1년 이내로 하여야 한다.
> 3. 모집비용의 예정액 명세(明細)와 조달방법
> 4. 모집비용을 제외한 모집금의 납입방법과 모집물품의 전달방법 등을 구체적으로 밝힌 전달계획
> 5. 모집사무소를 두는 경우에는 그 소재지
> 6. 그 밖에 의연금품 모집에 필요한 사항

2) 국가 등에 의한 의연금품의 모집 및 접수의 제한

국가 또는 지방자치단체 및 그 소속 기관과 공무원은 의연금품의 모집 및 접수를 할 수 없다.

4. 배분위원회의 구성 · 운영 및 의연금품의 사용 등

1) 배분위원회의 구성 · 운영

① 의연금의 배분에 관한 사항을 심의 · 의결하기 위하여 전국재해구호협회의 이사회를 배분위원회로 한다.

② 배분위원회의 심의 · 의결 사항
- 사업에 관한 사항
- 배분위원회의 비용 등 운영에 관한 사항
- 그 밖에 의연금의 사용에 관한 것으로서 배분위원장이 회의에 부치는 사항

2) 의연금품의 배분 및 사용 등

① 모집자는 의연금품의 모집을 마친 후 7일 이내에 모집된 의연금품의 목록을 행정안전부장관에게 제출하여야 한다.

② 모집자는 모집비용을 제외한 의연금을 배분위원회가 의연금 배분을 위하여 개설한 계좌에 즉시 납입하여야 한다.

③ 의연금은 배분위원회의 심의 · 의결을 거쳐 배분하여야 하며, 의연물품은 모집자가 모집목적에 따라 해당 지역구호센터에 전달하여 배분하여야 한다.

④ 의연금 사용처

1. 구호금의 지급 2. 생계 및 생활안정에 필요한 장비 · 용품의 지원 3. 임시 주거시설의 지원 4. 그 밖에 행정안전부장관이 필요하다고 인정하는 사업

3) 모집비용 충당

의연금품의 모집에 필요한 경비는 제출된 모집비용의 예정액 명세로 하되, 모집된 의연금의 100분의 2를 초과하지 아니하는 범위에서 대통령령으로 정하는 바에 따라 충당할 수 있다.

4) 공개의무 및 회계감사

① 모집자와 모집종사자는 모집기간 동안 대통령령으로 정하는 바에 따라 의연금품의 모집 상황 및 목록을 나타내는 장부 · 서류 등을 작성하고 갖추어 두어야 한다.

② 모집자가 의연금품의 모집을 중단 또는 완료하거나 배분위원회가 의연금의 배분을 끝내면 대통령령으로 정하는 바에 따라 그 결과를 공개하여야 한다.

③ 모집자나 배분위원회는 의연금품의 모집 또는 배분을 끝내면 대통령령으로 정하는 바에 따라 의연금품의 모집상황 및 목록, 구체적인 배분 내용에 대한 보고서에 공인회계사법에 따라 등록한 공인회계사 또는 주식회사 등의 외부감사에 관한 법률에 따른 감사인이 작성한 감사보고서를 첨부하여 행정안전부장관에게 제출하여야 한다. 다만, 모집된 의연금품이 대통령령으로 정하는 규모 이하인 경우에는 감사보고서 첨부를 생략할 수 있다.

5. 전국재해구호협회의 설립 및 운영

1) 전국재해구호협회의 설립

① 의연금품의 모집·관리 및 구호활동 등을 위하여 전국재해구호협회를 설립한다.
② 협회는 법인으로 한다.
③ 협회는 그 주된 사무소의 소재지에 설립등기를 함으로써 성립한다.
④ 협회는 의연금품의 모집·배분 및 관리를 효율적으로 하기 위하여 이사회를 두며, 이 법에 규정된 것을 제외하고는 「민법」 중 사단법인에 관한 규정을 준용한다.

2) 협회의 회원의 자격

- 협회의 목적과 사업에 찬성하는 사람으로서 사회 각계각층의 대표
- 재해구호 전문가

3) 협회의 사업

1. 의연금품의 모집·배분 및 관리
2. 구호세트의 제작, 재해구호물자의 관리·공급 및 보관창고의 설치·운영
3. 재해구호에 관한 홍보 및 조사연구 등 재해구호 관련 사업
4. 제25조에 따른 배분위원회의 설치·운영
5. 재해구호 활동지원, 자원봉사자 및 자원봉사단체 관리·운영지원
6. 그 밖에 대통령령으로 정하는 사업

4) 재해구호업무의 위탁

구호기관은 재해구호업무를 효율적으로 수행하기 위하여 대통령령으로 정하는 바에 따라 다음 각 호의 업무를 구호지원기관에 위탁할 수 있다.

1. 이재민 등에 대한 급식 제공
2. 구호세트의 제작 및 재해구호물자의 관리·공급
3. 구호물자 보관창고의 설치·운영 및 관리
4. 그 밖에 행정안전부장관이 필요하다고 인정하는 재해구호업무

6. 벌칙

1) 벌칙

(1) 3년 이하의 징역 또는 3천만 원 이하의 벌금

1. 허가를 받지 아니하거나 속임수나 그 밖의 부정한 방법으로 허가를 받고 의연금품을 모집한 자
2. 의연금품을 내도록 강요한 자
3. 반환명령에 따르지 아니한 자
4. 의연금을 계좌에 납입하지 아니하거나 의연물품을 해당 지역구호센터에 전달하지 아니한 자
5. 의연금품의 목록을 제출하지 아니하거나 거짓으로 제출한 자
6. 의연금의 100분의 2를 초과하여 모집비용에 충당한 자
7. 감사보고서 또는 의연금품의 모집상황 및 목록, 구체적인 배분 내용 등에 대한 보고서를 제출하지 아니한 자
8. 속임수나 그 밖의 부정한 방법으로 이 법에 따른 구호를 받거나 다른 사람으로 하여금 구호를 받게 한 자

(2) 1년 이하의 징역 또는 1천만 원 이하의 벌금

1. 국가 또는 지방자치단체 및 그 소속 기관과 공무원이 위반하여 의연금품을 모집하거나 접수한 자
2. 장부에 의연금품 접수 사실을 기록하지 아니하거나 거짓으로 기록한 자
3. 장부·서류 등을 작성하지 아니하거나 갖추어 두지 아니한 자

2) 과태료

500만 원 이하의 과태료

1. 토지나 건물 등의 사용에 정당한 사유 없이 협조하지 아니한 자
2. 공무원의 조사를 정당한 사유 없이 거부·방해 또는 기피한 자
3. 시설·물자의 우선사용 등 협력 요청에 정당한 사유 없이 협력하지 아니한 자
4. 공개된 장소가 아닌 곳에서 의연금품을 접수한 자
5. 모집행위가 모집자를 위한 것임을 표시하지 아니한 모집종사자
6. 관계 서류 등의 제출명령에 따르지 아니하거나 관계 공무원의 출입·검사를 거부·기피 또는 방해한 자

01 다음 중 재해에서 구호의 종류에 해당하는 것은?

가. 위생지도	나. 장의 지원
다. 임시주거시설의 제공	라. 의료서비스의 제공

① 가, 나, 다
② 가, 다
③ 나, 라
④ 라
⑤ 가, 나, 다, 라

해설 그 외 전염병 예방, 방역활동, 급식, 식품, 생활필수품 제공 등이 있다.

정답 ⑤

02 다음 중 재해구호법에 명시된 구호에 대한 설명으로 옳지 않은 것은?

① 공공기관이 운영하는 숙박시설 또는 교육훈련시설을 임시주거시설로 사용할 수 있다.
② 구호기간은 이재민의 피해정도 및 생활정도를 고려하여 6개월 이내로 정한다.
③ 구호는 이재민과 일시 대피자를 대상으로 한다.
④ 구호에는 감염병 예방 및 방역활동도 포함된다.
⑤ 구호의 형태에는 현물과 증서가 있으며, 현금 지급은 해당되지 않는다

해설 구호기관은 필요하다고 인정 시 현금을 지급하여 구호할 수 있다.

정답 ⑤

Chapter 05 의사상자 등 예우 및 지원에 관한 법률

1. 개요

1) 목적

직무 외의 행위로 위해에 처한 다른 사람의 생명·신체 또는 재산을 구하다가 사망하거나 부상을 입은 사람과 그 유족 또는 가족에 대하여 그 희생과 피해의 정도 등에 알맞은 예우와 지원을 함으로써 의사상자의 숭고한 뜻을 기리고 사회정의를 실현하는 데에 이바지하는 것을 목적으로 한다.

2) 적용범위

1. 강도·절도·폭행·납치 등의 범죄행위를 제지하거나 그 범인을 체포하다가 사망하거나 부상을 입는 구조행위를 한 때
2. 자동차·열차, 그 밖의 운송수단의 사고로 위해에 처한 다른 사람의 생명·신체 또는 재산을 구하다가 사망하거나 부상을 입는 구조행위를 한 때
3. 천재지변, 수난(水難), 화재, 건물·축대·제방의 붕괴 등으로 위해에 처한 다른 사람의 생명·신체 또는 재산을 구하다가 사망하거나 부상을 입는 구조행위를 한 때
4. 천재지변, 수난, 화재, 건물·축대·제방의 붕괴 등으로 일어날 수 있는 불특정 다수인의 위해를 방지하기 위하여 긴급한 조치를 하다가 사망하거나 부상을 입는 구조행위를 한 때
5. 야생동물 또는 광견 등의 공격으로 위해에 처한 다른 사람의 생명·신체 또는 재산을 구하다가 사망하거나 부상을 입는 구조행위를 한 때
6. 해수욕장·하천·계곡, 그 밖의 장소에서 물놀이 등을 하다가 위해에 처한 다른 사람의 생명 또는 신체를 구하다가 사망하거나 부상을 입는 구조행위를 한 때
7. 국가 또는 지방자치단체의 요청에 따라 구조행위를 위하여 대통령령으로 정하는 통상적인 경로와 방법으로 이동하던 중에 사망하거나 부상을 입은 때
8. 그 밖에 제1호부터 제6호까지와 유사한 형태의 위해에 처한 다른 사람의 생명·신체 또는 재산을 구하다가 사망하거나 부상을 입는 구조행위를 한 때

3) 용어정의

(1) 구조행위

자신의 생명 또는 신체상의 위험을 무릅쓰고 급박한 위해에 처한 다른 사람의 생명 · 신체 또는 재산을 구하기 위한 직접적 · 적극적 행위를 말한다.

(2) 의사자(義死者)

직무 외의 행위로서 구조행위를 하다가 사망(의상자가 그 부상으로 인하여 사망한 경우를 포함한다)하여 보건복지부장관이 이 법에 따라 의사자로 인정한 사람을 말한다.

(3) 의상자(義傷者)

직무 외의 행위로서 구조행위를 하다가 대통령령으로 정하는 신체상의 부상을 입어 보건복지부장관이 이 법에 따라 의상자로 인정한 사람을 말한다.

(4) 의사상자

의사자 및 의상자를 말한다.

(5) 의사자유족

의사자의 배우자(사실상의 혼인관계에 있는 자를 포함한다), 자녀, 부모, 조부모 또는 형제자매를 말한다.

(6) 의상자가족

의상자의 배우자, 자녀, 부모, 조부모 또는 형제자매를 말한다.

2. 의사상자심사위원회

1) 의사상자심사위원회 심사 · 의결 사항(보건복지부 관할)

1. 의사상자의 인정 및 의상자의 부상등급의 결정에 관한 사항
2. 의상자의 부상등급 변경에 관한 사항
3. 이의신청에 관한 사항
4. 의사상자 · 의사자유족 및 의상자가족의 예우에 관한 사항
5. 의상자 및 의사자유족에 대한 보상금 지급에 관한 사항
6. 그 밖에 의사상자 등의 예우 및 지원을 위하여 필요하다고 인정되어 위원장이 회의에 부치는 사항

2) 위원회 구성

① 위원장과 부위원장 각 1인을 포함한 15인 이내의 위원으로 구성

② 위원장·부위원장과 그 밖의 위원의 자격
이 법에 따른 예우 및 지원 등에 관하여 학식과 경험이 풍부한 사람 중에서 보건복지부장관이 임명하거나 위촉한다.

③ 임기
임기는 2년으로 하며, 연임할 수 있다.

3) 의사상자 인정신청

이 법의 적용을 받으려는 사람은 대통령령으로 정하는 바에 따라 그 주소지 또는 구조행위지를 관할하는 시장에게 의사상자 인정신청을 하여야 한다.

4) 이의신청

이의가 있는 사람은 결정을 통보받은 날부터 30일 이내에 보건복지부령으로 정하는 바에 따라 보건복지부장관에게 이의를 신청할 수 있다.

보건복지부장관은 이의신청에 대하여 위원회의 심사·의결을 거쳐 60일 이내에 결정하고, 그 결과를 이의신청을 한 사람에게 통보하여야 한다. 다만, 그 기간 내에 결정할 수 없는 부득이한 사유가 있는 때에는 30일의 범위에서 기간을 연장할 수 있다.

3. 급여 지급

1) 의료급여

의상자 및 의사자유족에 대하여 그 신청에 따라 의료급여법이 정하는 의료급여를 실시한다.

2) 교육보호

의사자의 자녀 및 의상자와 그 자녀에 대하여 그 신청에 따라 국민기초생활보장법으로 정하는 교육급여를 실시한다.

3) 취업보호

의상자·의사자유족 및 의상자가족의 생활안정을 도모하기 위하여 대통령령으로 정하는 바에 따라 취업보호를 실시한다.

4) 장제보호

의사자에 대하여는 국민기초생활보장법으로 정하는 장제급여를 실시한다.

5) 고궁 등의 이용 지원

의상자 · 의사자유족 및 의상자가족 중 대통령령으로 정하는 사람에게는 대통령령으로 정하는 바에 따라 국가나 지방자치단체가 관리하는 고궁과 공원 등의 시설을 무료로 이용하게 하거나 그 요금을 할인할 수 있다.

4. 벌칙

거짓이나 그 밖의 부정한 방법으로 이 법에 따른 보상금, 보호 또는 지원을 받은 사람이나 보상금, 보호 또는 지원을 받게 한 사람은 5년 이하의 징역 또는 5천만 원 이하의 벌금에 처한다.

01 의사상자 등 예우 및 지원에 관한 법률의 지원으로 옳은 것은?

가. 의료급여	나. 교육급여
다. 장제급여	라. 취업보호

① 가, 나, 다
② 가, 다
③ 나, 라
④ 라
⑤ 가, 나, 다, 라

해설 의료급여법, 국민기초생활보장법, 대통령령으로 정하는 급여 등이 모두 포함된다. 정답 ⑤

02 보상금지급 · 의료급여 · 교육보호 · 취업보호 및 장제보호는 그 지급 또는 보호사유가 발생한 날로부터 몇 년 뒤가 지나면 소멸되는가?

① 1년
② 2년
③ 3년
④ 4년
⑤ 5년

해설 신청기간의 제한을 3년으로 두고 있다. 정답 ③

Chapter 06 장애인고용촉진 및 직업재활법

1. 개요

1) 목적

장애인이 그 능력에 맞는 직업생활을 통하여 인간다운 생활을 할 수 있도록 장애인의 고용촉진 및 직업재활을 꾀하는 것을 목적으로 한다.

2) 용어정의

(1) 장애인

신체 또는 정신상의 장애로 장기간에 걸쳐 직업생활에 상당한 제약을 받는 자로서 대통령령으로 정하는 기준에 해당하는 자를 말한다.

(2) 중증장애인

장애인 중 근로 능력이 현저하게 상실된 자로서 대통령령으로 정하는 기준에 해당하는 자를 말한다.

(3) 고용촉진 및 직업재활

장애인의 직업지도, 직업적응훈련, 직업능력개발훈련, 취업알선, 취업, 취업 후 적응지도 등에 대하여 이 법에서 정하는 조치를 강구하여 장애인이 직업생활을 통하여 자립할 수 있도록 하는 것을 말한다.

(4) 사업주

근로자를 사용하여 사업을 행하거나 하려는 자를 말한다.

(5) 근로자

근로기준법에 따른 근로자를 말한다. 다만, 소정근로시간이 대통령령으로 정하는 시간 미만인 자(중증장애인은 제외한다)는 제외한다.

(6) 직업능력개발훈련

근로자직업능력 개발법에 따른 훈련을 말한다.

(7) 직업능력개발훈련시설

근로자직업능력 개발법에 따른 직업능력개발훈련시설을 말한다.

(8) 장애인 표준사업장

장애인 고용 인원 · 고용비율 및 시설 · 임금에 관하여 고용노동부령으로 정하는 기준에 해당하는 사업장(장애인복지법에 따른 장애인 직업재활시설은 제외)을 말한다.

2. 국가와 지방자치단체

1) 국가와 지방자치단체의 책임

(1) 장애인 고용촉진 및 직업재활

① 국가와 지방자치단체는 장애인의 고용촉진 및 직업재활에 관하여 사업주 및 국민 일반의 이해를 높이기 위하여 교육 · 홍보 및 장애인 고용촉진 운동을 지속적으로 추진하여야 한다.

② 국가와 지방자치단체는 사업주 · 장애인, 그 밖의 관계자에 대한 지원과 장애인의 특성을 고려한 직업재활 조치를 강구하여야 하고, 장애인의 고용촉진을 꾀하기 위하여 필요한 시책을 종합적이고 효과적으로 추진하여야 한다. 이 경우 중증장애인과 여성장애인에 대한 고용촉진 및 직업재활을 중요시하여야 한다.

(2) 국고의 부담

① 국가는 매년 장애인 고용촉진 및 직업재활 사업에 드는 비용의 일부를 일반회계에서 부담할 수 있다.

② 국가는 매년 예산의 범위에서 장애인 고용촉진 및 직업재활 사업의 사무 집행에 드는 비용을 적극 지원한다.

(3) 사업주

① 사업주는 장애인의 고용에 관한 정부의 시책에 협조하여야 하고, 장애인이 가진 능력을 정당하게 평가하여 고용의 기회를 제공함과 동시에 적정한 고용관리를 할 의무를 가진다.

② 사업주는 근로자가 장애인이라는 이유로 채용 · 승진 · 전보 및 교육훈련 등 인사관리상의 차별대우를 하여서는 아니 된다.

2) 장애인 고용촉진 및 직업재활 기본계획

① 고용노동부장관은 관계 중앙행정기관의 장과 협의하여 장애인의 고용촉진 및 직업재활을 위한 기본계획을 5년마다 수립하여야 한다.

② 기본계획에는 포함되어야 할 사항

> 1. 직전 기본계획에 대한 평가
> 2. 장애인의 고용촉진 및 직업재활에 관한 사항
> 3. 장애인 고용촉진 및 직업재활 기금에 관한 사항
> 4. 장애인을 위한 시설의 설치·운영 및 지원에 관한 사항
> 5. 그 밖에 장애인의 고용촉진 및 직업재활을 위하여 고용노동부장관이 필요하다고 인정하는 사항

3. 장애인 고용촉진 및 직업재활

1) 장애인 직업재활 실시 기관

① 장애인 직업재활 실시 기관은 장애인에 대한 직업재활 사업을 다양하게 개발하여 장애인에게 직접 제공하여야 하고, 특히 중증장애인의 자립능력을 높이기 위한 직업재활 실시에 적극 노력하여야 한다.

② 재활실시기관

> 1. 장애인 등에 대한 특수교육법에 따른 특수교육기관
> 2. 장애인복지법에 따른 장애인 지역사회재활시설
> 3. 장애인복지법에 따른 장애인 직업재활시설
> 4. 장애인복지법에 따른 장애인복지단체
> 5. 근로자직업능력 개발법에 따른 직업능력개발훈련시설
> 6. 그 밖에 고용노동부령으로 정하는 기관으로서 고용노동부장관이 장애인에 대한 직업재활 사업을 수행할 능력이 있다고 인정하는 기관

2) 직업지도

고용노동부장관과 보건복지부장관은 장애인이 그 능력에 맞는 직업에 취업할 수 있도록 하기 위하여 장애인에 대한 직업상담, 직업적성 검사 및 직업능력 평가 등을 실시하고, 고용정보를 제공하는 등 직업지도를 하여야 한다.

3) 직업적응훈련

고용노동부장관과 보건복지부장관은 장애인이 그 희망 · 적성 · 능력 등에 맞는 직업생활을 할 수 있도록 하기 위하여 필요하다고 인정하면 직업 환경에 적응시키기 위한 직업적응훈련을 실시할 수 있다.

4) 직업능력개발훈련

① 고용노동부장관은 장애인이 그 희망 · 적성 · 능력 등에 맞는 직업생활을 할 수 있도록 하기 위하여 장애인에게 직업능력개발훈련을 실시하여야 한다.

② 고용노동부장관은 장애인의 직업능력 개발 · 향상을 위하여 직업능력개발훈련시설 또는 훈련 과정을 설치 · 운영하거나 하려는 자에게 필요한 비용(훈련비를 포함한다)을 융자 · 지원할 수 있다.

③ 고용노동부장관은 직업능력개발훈련시설에서 직업능력개발훈련을 받는 장애인에게 훈련수당을 지원할 수 있다.

5) 지원고용

고용노동부장관과 보건복지부장관은 중증장애인 중 사업주가 운영하는 사업장에서는 직무 수행이 어려운 장애인이 직무를 수행할 수 있도록 지원고용을 실시하고 필요한 지원을 하여야 한다.

6) 보호고용

국가와 지방자치단체는 장애인 중 정상적인 작업 조건에서 일하기 어려운 장애인을 위하여 특정한 근로 환경을 제공하고 그 근로 환경에서 일할 수 있도록 보호고용을 실시하여야 한다.

7) 취업알선

고용노동부장관은 고용정보를 바탕으로 장애인의 희망 · 적성 · 능력과 직종 등을 고려하여 장애인에게 적합한 직업을 알선하여야 한다.

8) 취업 후 적응지도

고용노동부장관과 보건복지부장관은 장애인의 직업안정을 위하여 필요하다고 인정하면 사업장에 고용되어 있는 장애인에게 작업환경 적응에 필요한 지도를 실시하여야 한다.

9) 장애인 고용 사업주에 대한 지원

고용노동부장관은 장애인을 고용하거나 고용하려는 사업주에게 장애인 고용에 드는 다음 각 호의 비용 또는 기기 등을 융자하거나 지원할 수 있다. 이 경우 중증장애인 및 여성장애인을 고용하거나 고용하려는 사업주를 우대하여야 한다.

1. 장애인을 고용하는 데에 필요한 시설과 장비의 구입·설치·수리 등에 드는 비용
2. 장애인의 직업생활에 필요한 작업 보조 공학기기 또는 장비 등
3. 장애인의 적정한 고용관리를 위하여 장애인 직업생활 상담원, 작업 지도원, 한국수어 통역사 또는 낭독자 등을 배치하는 데에 필요한 비용
4. 그 밖에 제1호부터 제3호까지의 규정에 준하는 것으로서 장애인의 고용에 필요한 비용 또는 기기

10) 장애인 표준사업장에 대한 지원

고용노동부장관은 장애인 표준사업장을 설립·운영하거나 설립하려는 사업주에게 그 설립·운영에 필요한 비용을 융자하거나 지원할 수 있다.

11) 장애인 표준사업장 생산품의 우선구매

중소기업제품 구매촉진 및 판로지원에 관한 법률에 따른 공공기관의 장은 물품·용역에 관한 계약을 체결하는 경우에는 장애인 표준사업장에서 생산한 물품과 제공하는 용역을 우선구매하여야 한다.

12) 장애인 실태조사

고용노동부장관은 장애인의 고용촉진 및 직업재활을 위하여 매년 1회 이상 장애인의 취업직종·근로형태·근속기간·임금수준 등 고용현황 및 장애인근로자의 산업재해 현황에 대하여 전국적인 실태조사를 실시하여야 한다.

4. 장애인 고용 의무 및 부담금

1) 국가와 지방자치단체의 장애인 고용 의무

국가와 지방자치단체의 장은 장애인을 소속 공무원 정원에 대하여 다음 각 호의 구분에 해당하는 비율 이상 고용하여야 한다.

- 2017년 1월 1일부터 2018년 12월 31일까지 : 1천분의 32
- 2019년 이후 : 1천분의 34

2) 사업주의 장애인 고용 의무

① 상시 50명 이상의 근로자를 고용하는 사업주는 그 근로자의 총수의 100분의 5의 범위에서 대통령령으로 정하는 비율이상에 해당하는 장애인을 고용하여야 한다.

② 특정한 장애인의 능력에 적합하다고 인정되는 직종에 대하여는 장애인을 고용하여야 할 비율을 대통령령으로 따로 정할 수 있다. 이 경우 그 비율은 의무고용률로 보지 아니한다.

③ 의무고용률은 전체 인구 중 장애인의 비율, 전체 근로자 총수에 대한 장애인 근로자의 비율, 장애인 실업자 수 등을 고려하여 5년마다 정한다.

3) 공공기관 장애인 의무고용률의 특례

공공기관, 지방공사 · 지방공단과 지방자치단체 출자 · 출연 기관의 운영에 관한 법률에 따른 출자기관 · 출연기관은 상시 고용하고 있는 근로자 수에 대하여 장애인을 다음 각 호의 구분에 해당하는 비율 이상 고용하여야 한다.

- 2017년 1월 1일부터 2018년 12월 31일까지 : 1천분의 32
- 2018년 이후 : 1천분의 34

4) 장애인 고용인원 산정의 특례

장애인 고용인원을 산정하는 경우 중증장애인의 고용은 그 인원의 2배에 해당하는 장애인의 고용으로 본다. 다만, 1개월 동안의 소정근로시간이 60시간 미만인 중증장애인은 제외한다.

5) 장애인 고용장려금의 지급

고용노동부장관은 장애인의 고용촉진과 직업 안정을 위하여 장애인을 고용한 사업주에게 고용장려금을 지급할 수 있다.

6) 국가와 지방자치단체 등의 장애인 고용부담금의 납부

의무고용률에 못 미치는 장애인 공무원을 고용한 기관의 장은 매년 고용노동부장관에게 장애인 고용부담금을 납부하여야 한다.

7) 사업주의 부담금 납부

의무고용률에 못 미치는 장애인을 고용하는 사업주(상시 50명 이상 100명 미만의 근로자를 고용하는 사업주는 제외한다)는 대통령령으로 정하는 바에 따라 매년 고용노동부장관에게 부담금을 납부하여야 한다.

5. 한국장애인고용공단

1) 한국장애인고용공단의 설립

장애인이 직업생활을 통하여 자립할 수 있도록 지원하고, 사업주의 장애인 고용을 전문적으로 지원하기 위하여 한국장애인고용공단을 설립한다.

2) 법인격

공단은 법인으로 한다.

3) 임원의 임면

① 공단에 이사장 1명을 포함한 10명 이상 15명 이하의 이사 및 감사 1명을 둔다.
② 이사장을 포함한 이사 3명은 상임으로 한다.
③ 임원의 임면에 관하여는 공공기관의 운영에 관한 법률에 따르되, 상임이사와 비상임이사 중 각각 3분의 1 이상은 장애인 중에서 임명하여야 한다.

4) 이사회

공단에 공공기관의 운영에 관한 법률 사항을 심의 · 의결하기 위하여 이사회를 둔다.

- 이사회는 이사장을 포함한 이사로 구성한다.
- 이사장은 이사회의 의장이 된다.
- 이사회의 회의는 의장이나 재적이사 3분의 1 이상의 요구로 소집하고, 재적이사 과반수의 찬성으로 의결한다.
- 감사는 이사회에 출석하여 의견을 진술할 수 있다.

6. 장애인 고용촉진 및 직업재활 기금

1) 장애인 고용촉진 및 직업재활 기금의 설치

고용노동부장관은 공단의 운영, 고용장려금의 지급 등 장애인의 고용촉진 및 직업재활을 위한 사업을 수행하기 위하여 장애인 고용촉진 및 직업재활 기금을 설치한다.

2) 기금의 용도

1. 공단에의 출연
2. 고용장려금
3. 장애인 고용촉진 및 직업재활 정책에 관한 조사·연구에 필요한 경비
4. 직업지도, 직업적응훈련, 직업능력개발훈련, 취업알선 또는 장애인 고용을 위한 시설과 장비의 설치·수리에 필요한 비용의 융자·지원
5. 장애인을 고용하거나 고용하려는 사업주에 대한 비용·기기 등의 융자·지원
6. 장애인 표준사업장을 설립하여 운영하거나 설립·운영하려는 사업주에 대한 비용의 융자·지원
7. 직업지도, 취업알선, 취업 후 적응지도를 행하는 자에 대한 필요한 경비의 융자·지원
8. 장애인에 대한 직업적응훈련, 직업능력개발훈련을 행하는 자 및 그 장애인에 대한 훈련비·훈련수당
9. 자영업 장애인에 대한 창업자금 융자 및 영업장소 임대, 장애인 근로자에 대한 직업생활 안정 자금 등의 융자
10. 사업주의 장애인 고용관리를 위한 장애인 직업생활 상담원 등의 배치에 필요한 경비
11. 차입금의 상환금과 이자
12. 이 법에 따라 장애인과 사업주 등이 금융기관으로부터 대여받은 자금의 이차보전
13. 포상금
14. 그 밖에 장애인 고용촉진 및 직업재활을 위하여 대통령령으로 정하는 사업에 필요한 비용과 제1호부터 제10호까지의 사업 수행에 따르는 경비

7. 벌칙 및 과태료

1) 벌칙

(1) 5년 이하의 징역 또는 1천만 원 이하의 벌금

거짓이나 그 밖의 부정한 방법으로 고용장려금을 받은 자

(2) 2년 이하의 징역 또는 1천만 원 이하의 벌금

공단의 임원 또는 직원이나 그 직에 있었던 자가 직무상 알게 된 비밀을 누설하거나 도용한 경우

2) 과태료

(1) 1천만 원 이하의 과태료

- 장애인 표준사업장 또는 이와 유사한 명칭을 사용한 자
- 다른 사람에게 자기의 성명 또는 상호를 사용하여 장애인 표준사업장을 운영하게 하거나 인증서를 대여한 자

(2) 300만 원 이하의 과태료

- 장애인 인식개선 교육을 실시하지 아니한 자
- 장애인 인식개선 교육 실시 관련 자료를 3년간 보관하지 아니한 자

(3) 200만 원 이하의 과태료

- 신고를 하지 아니하였거나 거짓된 신고를 한 때
- 검사를 거부 · 방해 · 기피한 때 또는 보고를 하지 아니하였거나 거짓된 보고를 하였을 때

(4) 100만 원 이하의 과태료

- 공단이 아닌 자가 한국장애인고용공단 또는 이와 비슷한 명칭을 사용한 경우
- 일정 수 이상의 장애인 근로자를 고용하는 사업주가 장애인 직업생활 상담원을 두지 않은 경우

01 다음의 내용이 규정되어 있는 법률로 맞는 것은?

> 장애인 등은 인간으로서의 존엄과 가치 및 행복을 추구할 권리를 보장받기 위하여 장애인 등이 아닌 사람들이 이용하는 시설과 설비를 동등하게 이용하고 정보에 자유롭게 접근할 수 있는 권리를 가진다.

① 장애인 / 노인 / 임산부 등의 편의증진보장에 관한 법률
② 사회복지사업법
③ 장애인고용촉진 및 직업재활법
④ 장애인복지법
⑤ 장애아동복지법

해설 장애인고용촉진 및 직업재활법에 관한 내용이다. 정답 ①

02 장애인 고용촉진 등에 관한 법률은 언제 제정되었는가?

① 1961년
② 1963년
③ 1989년
④ 1981년
⑤ 1988년

해설 1989년 장애인의 직업적 접근과 권리를 위하여 제정되었다. 정답 ③

VII. 판례

Chapter 01 판례법
Chapter 02 사회복지 판례 사례

Chapter 01 판례법

1. 판례법이란?

판례를 법원으로 인정하는 경우에 판례의 형태로 존재하는 법을 판례법(judge-made-law)이라 한다. 영국이나 미국에서는 이 판례가 가장 중요한 법원이며 「판례법의 나라」라고까지 불리워지고 있지만, 성문법을 중심으로 하는 우리나라에 있어서는 판례가 법원이 될 수 있는가라는 것부터 논쟁의 대상이 되고 있다.

우리나라에서는 판례가 제도상으로는 구속력이 보장되어 있지 않지만 실제로는 구속력이 강하게 작용하고 있다고 할 수 있으며, 또 판례가 거듭 쌓이면 관습법으로서 법원의 지위를 차지하게 되는 것이다.

2. 사회복지 관련 판례

1) 판례법의 의의

판례는 법원이 특정한 소송사건에 대하여 법을 해석 · 적용하여 내린 판결을 법으로 보는 것이다.

즉 판례법이란 선판례가 존재하는 경우 그와 같은 동종의 사건에 대해서는 선판례에 의하여 구속한다는 것을 의미한다. 보통은 대법원 판례의 형태로 존재하는 불문법으로 이는 내용상 위헌심판, 헌법소원, 권한쟁의심판의 결과로 형성된다.

이제 사회복지 관련 판례는 과거 초보적인 수준의 제도개선 운동을 벗어나 사회권 내지 복지권의 구체적 권리성을 확보하기 위한 다양한 방면으로 확산되고 있다.

특히 사회권의 관점에서 볼 때 사회복지 수급권의 실정법상 구체적 권리 실현을 위해서 사회복지 분야에서 공익소송 운동 내지 공익법 운동의 전개 과정은 사회권을 제도적으로 실천하는 수단으로 작용하여야 한다.

2) 판례의 법원성

당사자의 제소에 의하여 법원이 그 구체적인 소송에서 내린 법원의 판단은 그 사건에 관하여서만 효력이 있다. 다른 사건에는 구속력이 없는 것이지만, 그 뒤에 같은 종류의 사건이 제소된 경우 법원이 재판을 할 때는 먼저의 재판을 참고하게 된다.

따라서 판례법이 법원으로 되기 위해서는 선례구속의 원칙과 법원의 법규창조력을 인정할 때 가능하다. 선례구속의 원칙에 의하여 판례가 재판을 구속할 때 판례는 법원이 된다. 판례는 특정사건에 관해서만 구속력을 가지는 것이지만 동종의 사건이 발생하여 재판하게 될 때 사실상 동종의 사건에도 구속력을 가지게 된다. 이는 공익소송적 의미를 지니며, 성문법의 보충적 기능을 한다.

우리나라 사회복지에 관한 판례로는 국민연금법, 국민건강보험법, 산업재해보상보험법, 고용보험법, 국민기초생활보장법, 사회복지사업법, 노인복지법 등이 존재한다.

3) 사회복지법의 판례

사회복지법과 관련한 판례는 공공의 이익을 위해 제기되는 공익적인 특징을 갖는다.

사회복지법 관련 소송들은 소송 당사자의 이익뿐만이 아니라 다수 국민의 이익에 직접적인 영향을 미치기 때문이다.

Chapter 02 사회복지 판례 사례

1. 사회보장법 판례

1) 국민연금

업무상횡령 · 국민연금법 위반
[대법원 2011. 2. 10., 선고, 2010도13284, 판결]

【판시사항】

[1] 사용자가 근로자의 임금에서 국민연금 보험료 중 근로자가 부담하는 기여금을 원천공제한 뒤 국민연금관리공단에 납부하지 않고 개인적 용도로 사용한 경우, 업무상횡령죄의 성립 여부(적극)

[2] 회사의 대표이사인 피고인이 근로자들의 급여에서 국민연금 보험료 중 근로자 기여금을 공제한 후 이를 업무상 보관하던 중 회사 운영 자금으로 임의로 사용하였다는 업무상횡령의 공소사실에 대하여 이를 유죄로 인정한 원심판단을 수긍한 사례

【판결요지】

[1] 구 국민연금법(2009. 5. 21. 법률 제9691호로 개정되기 전의 것) 제90조 제1항, 제95조 제1항 구 국민연금법 시행령(2010. 8. 17. 대통령령 제22347호로 개정되기 전의 것) 제64조 등의 규정에 의하여 사용자는 매월 임금에서 국민연금 보험료 중 근로자가 부담할 기여금을 원천공제하여 근로자를 위하여 보관하고, 국민연금관리공단에 위 보험료를 납부하여야 할 업무상 임무를 부담하게 되며, 사용자가 이에 위배하여 근로자의 임금에서 원천공제한 기여금을 위 공단에 납부하지 아니하고, 나아가 이를 개인적 용도로 소비하였다면 업무상횡령죄의 책임을 면할 수 없다.

[2] 회사의 대표이사인 피고인이 5명의 근로자들의 급여에서 국민연금 보험료 중 근로자 기여금을 공제한 후 이를 업무상 보관하던 중 회사 운영 자금으로 임의로 사용하였다는 업무상횡령의 공소사실에 대하여, 원천공제의 취지상 사용자가 근로자에게 위 기여금을 공제한 임금을 지급하면 그 즉시 사용자는 공제된 기여금을 근로자를 위하여 보관하는 것으로 보아야 한다는 이유로, 이를 유죄로 인정한 원심판단을 수긍한 사례

【이유】

상고이유를 본다.

구 국민연금법(2009. 5. 21. 법률 제9691호로 개정되기 전의 것) 제90조 제1항, 제95조 제1항, 구 국민연금법 시행령(2010. 8. 17. 대통령령 제22347호로 개정되기 전의 것) 제64조 등의 규정에 의하면, 사용자는 국민연금 보험료(이하 '연금보험료'라 한다) 중 근로자가 부담할 기여금을 그에게 지급할 매달의 임금에서 공제하여 국민연금관리공단(이하 '공단'이라 한다)에 내야 할 의무가 있으며, 공단은 사용자가 이를 납부하지 아니한 경우 사용자는 물론 근로자에게도 기한을 정하여 연금보험료를 납부할 것을 독촉하고, 독촉에도 불구하고 내지 아니하면 국세 체납처분의 예에 따라 징수할 수 있다.

위와 같은 법률의 규정에 의하여 사용자는 매월 임금에서 기여금을 원천공제하여 근로자를 위하여 보관하고, 공단에 연금보험료를 납부하여야 할 업무상 임무를 부담하게 되며, 사용자가 이에 위배하여 근로자의 임금에서 원천공제한 기여금을 공단에 납부하지 아니하고, 나아가 이를 개인적 용도로 소비하였다면 업무상횡령죄의 책임을 면할 수 없다.

원심판결 이유에 의하면, 원심은 원천공제의 취지상 사용자가 근로자에게 연금보험료 중 근로자 기여금을 공제한 임금을 지급하면 그 즉시 사용자는 공제된 기여금을 근로자를 위하여 보관하는 것으로 보아야 한다고 전제한 다음, 그 채용 증거들을 종합하여 공소 외 1 주식회사의 대표이사인 피고인이 2008년 1월경부터 2008년 12월경까지 공소 외 2 외 4명의 근로자들의 급여에서 연금보험료 중 근로자 기여금을 공제한 후 이를 위 근로자들을 위하여 업무상 보관하던 중, 그 무렵 회사 운영 자금으로 임의로 사용하여 횡령하였다는 이 사건 공소사실을 유죄로 판단한 제1심판결을 유지하였다.

위 법리와 기록에 비추어 살펴보면, 원심의 위와 같은 증거의 취사선택과 사실인정 및 판단은 충분히 수긍할 수 있다.

원심판결에는 상고이유에서 주장하는 바와 같이 횡령죄의 주체 및 범의에 관한 법리를 오해하거나 사실을 오인하여 판결에 영향을 미치는 등의 위법이 없다. 그러므로 상고를 기각하기로 하여, 관여 대법관의 일치된 의견으로 주문과 같이 판결한다.

2) 국민연금수급권 포기 및 수급금 반환

[서울중앙지법 2009. 8. 11., 선고, 2009가합20609, 판결 : 확정]

【판시사항】

[1] 국민연금수급권자인 배우자와 이혼한 상대방이 이혼시에 분할연금수급권을 포기하기로 약정을 한 경우, 그 약정의 효력(=무효)

[2] 甲이 배우자 乙(국민연금수급권자)과의 협의이혼 당시 국민연금(노령연금)에 관한 지분을 포기하기로 약정한 사안에서, 사전포기약정이 국민연금법 제58조에 반하여 무효라고 한 사례

【판결요지】

[1] 국민연금법 제64조에서 규정된 분할연금제도는 국민연금가입자인 배우자와 이혼한 자가 60세가 된 이후에 그 배우자이었던 자가 받는 노령연금액 중 혼인기간에 해당하는 연금액을 균분하도록 하는 제도로서, 혼인기간 동안의 정신적 또는 물질적 기여부분에 대하여 일정액을 보장해 준다는 점에서는 혼인기간 동안의 재산형성에 대한 기여도에 따라 재산을 분할하는 민법상 재산분할청구권과 유사하다. 그러나 국민연금법의 제정목적은 국민의 노령 · 폐질 또는 사망에 대하여 연금급여를 실시함으로써 국민의 생활안정과 복지증진에 기여함에 있는 점(국민연금법 제1조), 급여를 받을 권리는 이를 양도 · 압류하거나 담보에 제공할 수 없도록 하여 국민연금수급권을 보호하고 있는 점(국민연금법 제58조) 등에 비추어 보면, 분할연금은 이혼시 혼인기간 중의 기여 자체를 청산하여 그 혼인기간에 해당하는 노령연금액을 향후 균분하여 갖도록 하는 것이 아니라 배우자와 이혼한 자의 노후안정을 위해 일정액의 소득을 보장해주는 제도로서 민법상 재산분할청구권과는 그 제도의 취지 및 권리의 성격이 다르다. 따라서 국민연금수급권자인 배우자와 이혼한 상대방이 이혼시에 분할연금수급권을 사전에 포기하였다고 하더라도 이는 국민연금법의 목적에 반하여 실질적으로 배우자에게 자신의 분할연금수급권을 양도하는 것으로서 국민연금법 제58조에 반하여 무효이다.

[2] 甲이 배우자 乙(국민연금수급권자)과의 협의이혼 당시 국민연금(노령연금)에 관한 지분을 포기하기로 약정한 사안에서, 이는 국민연금법의 목적에 반하여 실질적으로 배우자에게 자신의 분할연금수급권을 양도하는 것으로서 국민연금법 제58조에 반하여 무효라고 한 사례

【청구취지】

피고는 원고와 협의이혼 당시 원고의 노령연금을 분할해 가지지 않기로 각서하였으므로 현재의 분할연금수급을 취소해야 한다.

【이유】

1. 인정사실

다음 각 사실은 갑 제 1, 2, 3호증의 각 기재, 증인 소외인의 증언에 변론 전체의 취지를 종합하여 인정할 수 있다.

가. 원고는 1970. 8. 6. 피고와 혼인하여 2003. 1. 2. 협의이혼하였고, 현재 국민연금법에 의해 국민연금(노령연금)을 지급받고 있다.

나. 한편, 피고는 위 협의이혼 직전인 2002. 12. 31. 원고에게 "피고는 2003. 1. 2. 원고와의 협의이혼을 계기로 원고가 수혜하고 있는 국민연금의 지분을 포기하며 차후 어떠한 경우에도 지분권 주장을 하지 않기로 한다"는 내용의 각서(이하 '이 사건 포기 약정'이라 한다)를 작성해 주었다.

다. 그런데 피고는 60세가 된 후인 2008. 12. 8. 국민연금공단에 국민연금법 제64조 제1항에 의하여 원고의 국민연금(노령연금)에 대한 분할연금지급을 청구하였고, 이에 국민연금공단은 2008. 1. 15. 피고의 분할연금지급 청구에 따라 원고의 국민연금(노령연금)을 종전 월 연금액인 566,410원에서 283,200원으로 감액하는 결정을 하여 2009. 1. 23. 원고에게 통지하였다.

2. 청구원인에 관한 판단

가. 원고의 주장

원고는 피고가 2008. 12. 8. 국민연금공단에 원고의 국민연금(노령연금)에 대한 분할연금 지급을 청구하였으나, 원고와의 협의이혼 당시 원고의 국민연금(노령연금)에 관한 피고의 지분을 포기하기로 약정하였으므로, 피고는 이 사건 포기약정에 따라 분할연금지급 청구를 취소해야 한다고 주장한다.

나. 판단

원고의 이 사건 청구는 피고가 이 사건 포기약정에 따라 국민연금공단에게 분할연금지급 청구를 취소하는 의사표시를 하라는 것으로서, 민법 제389조 제2항의 '채무자의 의사표시에 갈음한 재판'이라고 할 것이고, '채무자의 의사표시에 갈음하는 재판'을 포함한 이른바 이행의 소는 실체법상의 청구권이 존재하여야 한다.

이 사건에서 보건대, 국민연금법 제64조에서 규정된 분할연금제도는 국민연금가입자인 배우자와 이혼한 자가 60세가 된 이후에 그 배우자이었던 자가 받는 노령연금액 중 혼인기간에 해당하는 연금액을 균분하도록 하는 제도로서, 혼인기간 동안의 정신적 또는 물질적 기여부분에 대하여 일정액을 보장해 준다는 점에서는 혼인기간 동안의 재산형성에 대한 기여도에 따라 재산을 분할하는 민법상 재산분할청구권과 유사하나, 한편 국민연금법의 제정목적은 국민의 노령 · 폐질 또는 사망에 대하여 연금급여를 실시함으로써 국민의 생활안정과 복지증진에 기여함에 있는 점(국민연금법 제1조), 급여를 받을 권리는 이를 양도 · 압류하거나 담보에 제공할 수 없도록 하여 국민연금수급권을 보호하고 있는 점(국민연금법 제58조) 등에 비추어 보면, 분할연금은 이혼시 혼인기간 중의 기여 자체를 청산하여 그 혼인기간에 해당하는 노령연금액을 향후 균분하여 갖도록 하는 것이 아니라 배우자와 이혼한 자의 노후안정을 위해 일정액의 소득을 보장해주는 제도로서 민법상 재산분할청구권과는 그 제도의 취지 및 권리의 성격이 달라 국민연금수급권자인 배우자와 이혼한 상대방이 이혼시에 분할연금 수급권을 사전에 포기하였다고 하더라도 이는 국민연금법의 목적에 반하여 실질적으로 배우자에게 자신의 분할연금수급권을 양도하는 것으로서 국민연금법 제58조에 반하여 무효라고 할 것이다.

따라서 원고와 피고 사이의 이 사건 포기약정은 무효이므로, 원고는 피고에게 "피고가 국민연금공단에 한 분할연금지급 청구를 취소하는 의사표시를 할 것"을 요구할 수 있는 실체법상의 권리가 없다고 할 것이다.

다. 결론

그렇다면 원고의 이 사건 청구는 이유 없어 이를 기각하기로 하여 주문과 같이 판결한다.

3) 의료법

의료법위반(피고인2에 대하여 인정된 죄명 : 의료법위반방조) · 국민건강보험법위반(피고인2에 대하여 인정된 죄명 : 국민건강보험법위반방조) · 특정경제범죄 가중처벌 등에 관한 법률위반(사기)[피고인2에 대하여 인정된 죄명 : 특정경제범죄 가중처벌 등에 관한 법률위반(사기)방조]

[대법원 2018. 6. 15., 선고, 2018도2615, 판결]

【판시사항】

[1] 법률에 사용된 문언의 의미를 해석하는 방법

[2] 구 국민건강보험법 제115조 제2항 제5호에서 정한 '보험급여'를 의료기관 등이 보험급여를 실시한 대가에 대하여 국민건강보험공단이 지급하는 비용, 즉 '보험급여비용'까지 포괄하는 의미로 해석할 수 있는지 여부(소극)

【판결요지】

[1] 법률에 사용된 문언의 의미는 해당 법률에 정의규정이 있다면 그에 따를 것이나, 그렇지 않은 경우라도 문언의 통상적인 의미를 살피는 외에 그것이 해당 법률에서 어떠한 의미로 어떻게 사용되고 있는지 체계적, 논리적으로 파악하여야 한다.

[2] 구 국민건강보험법(2016. 3. 22. 법률 제14084호로 개정되기 전의 것, 이하 같다) 제1조, 제41조 제1항, 제47조 제1항, 제3항, 제57조 제1항, 제87조 제1항에 의하면, 국민건강보험법은 '건강보험 가입자 등 환자의 질병과 부상, 출산 등에 대하여 예방, 진단, 치료, 재활 등 각종 형태로 제공되는 의료서비스'에 관하여는 '보험급여'(이 중 요양기관이 제공하는 것을 '요양급여'라고 한다)라는 용어를 사용하고, '국민건강보험공단이 의료기관 등이 제공한 보험급여의 대가로 지급하는 비용'에 관하여는 '보험급여비용'(이 중 요양기관이 제공한 요양급여의 대가로 지급되는 비용을 '요양급여비용'이라고 한다)이라는 용어를 사용하여 양자를 명확히 구별하고 있다.

한편 구 국민건강보험법(2013. 5. 22. 법률 제11787호로 개정되기 전의 것)은 제119조 제1항에서 "가입자 · 피부양자 또는 가입자 · 피부양자이었던 사람이 자격을 잃은 후 자격을 증명하던 서류를 사용하여 보험급여를 받은 경우에는 그가 받은 보험급여에 상당하는 금액 이하의 과태료를 부과한다."라고 규정하고, 같은 조 제2항에서 '건강보험증 또는 신분증명서의 양도 · 대여나 그 밖의 부정한 사용을 통하여 보험급여를 받은 자에게는 그 보험급여에 상당하는 금액 이하의 과태료를 부과한다'라고 규정하였다. 그런데 2013. 5. 22. 법률 제11787호로 개정된 국민건강보험법은 건강보험증 부정사용 등을 통한 부정수급 행위에 대한 처벌을 강화하기 위하여 과태료 처벌규정인 위 제119조 제1항, 제2항을 삭제하는 대신 구 국민건강보험법 제115조 제2항 제5호(이하 '처벌규정'이라고 한다)를 신설하여 "거짓이나 그 밖의 부정한 방법으로 보험급여를 받거나 타인으로 하여금 보험급여를 받게 한 자"에 대하여 1년 이하의 징역 또는 1천만 원 이하의 벌금에 처할 수 있도록 하였다.

위와 같이 구 국민건강보험법은 '보험급여'와 '보험급여비용'을 명확히 구분하여 사용하고 있고, 처벌규정이 건강보험증 등을 부정 사용하여 보험급여를 수급하는 행위에 대한 처벌을 강화하기 위해 신설된 규정인 점 등을 종합하여 보면, 처벌규정에서 정한 '보험급여'는 건강보험 가입자 등 환자의 질병, 부상, 출산 등에 대하여 제공되는 치료행위 등 각종 의료서비스를 의미하는 것일 뿐, 의료기관 등이 보험급여를 실시한 대가에 대하여 국민건강보험공단이 지급하는 비용, 즉 '보험급여비용'까지 포괄하는 의미로 해석할 수는 없다.

【이유】

상고이유를 판단하기에 앞서 직권으로 본다.

1. 피고인 1에 대한 이 사건 공소사실 중 국민건강보험법 위반의 점의 요지는, 피고인 1은 의사가 아니면서 제1심 공동피고인들과 공모하여 속칭 '사무장 병원'인 ○○○ 병원(이하 '이 사건 병원'이라고 한다)을 개설 · 운영하면서 마치 이 사건 병원이 의료법에 따라 적법하게 개설된 것처럼 국민건강보험공단에 요양급여를 청구하여 부정한 방법으로 보험급여를 받았다는 것이고, 피고인 2에 대한 예비적 공소사실 중 국민건강보험법 위반방조의 점의 요지는, 피고인 2는 이 사건 병원이 비의료인이 개설 · 운영하는 병원이라는 것을 알면서도 피고인 1 등의 국민건강보험법 위반 범행을 용이하게 하여 이를 방조하였다는 것이다.

   원심은 위 각 공소사실에 대하여 구 국민건강보험법(2016. 3. 22. 법률 제14084호로 개정되기 전의 것, 이하 같다) 제115조 제2항 제5호(거짓이나 그 밖의 부정한 방법으로 보험급여를 받거나 타인으로 하여금 보험급여를 받게 한 자, 이하 '이 사건 처벌규정'이라고 한다)를 적용하여 유죄를 인정하였다.

2. 그러나 원심이 위 각 공소사실에 대하여 이 사건 처벌규정을 적용하여 처벌한 것은 다음과 같은 이유로 받아들이기 어렵다.
   가. 법률에 사용된 문언의 의미는 해당 법률에 정의규정이 있다면 그에 따를 것이나, 그렇지 않은 경우라도 문언의 통상적인 의미를 살피는 외에 그것이 해당 법률에서 어떠한 의미로 어떻게 사용되고 있는지 체계적, 논리적으로 파악하여야 한다(대법원 2016. 8. 24. 선고 2013도841 판결 참조).
   나. 구 국민건강보험법은 제1조에서 "이 법은 국민의 질병 · 부상에 대한 예방 · 진단 · 치료 · 재활과 출산 · 사망 및 건강증진에 대하여 보험급여를 실시함으로써 국민보건 향

상과 사회보장 증진에 이바지함을 목적으로 한다."라고 규정하고, 제41조 제1항에서 "가입자와 피부양자의 질병, 부상, 출산 등에 대하여 다음 각호의 요양급여를 실시한다."라고 규정하면서 그 각호에서 요양급여의 내용으로 "1. 진찰 · 검사, 2. 약제 · 치료재료의 지급, 3. 처치 · 수술 및 그 밖의 치료, 4. 예방 · 재활, 5. 입원, 6. 간호, 7. 이송"을 열거하고 있다. 그리고 구 국민건강보험법 제47조 제1항은 "요양기관은 공단에 요양급여비용의 지급을 청구할 수 있다."라고 규정하고, 같은 조 제3항에서 "제2항에 따라 심사 내용을 통보받은 공단은 지체 없이 그 내용에 따라 요양급여비용을 요양기관에 지급한다."라고 규정하고 있다. 또한 구 국민건강보험법은 제57조 제1항에서 "공단은 속임수나 그 밖의 부당한 방법으로 보험급여를 받은 사람이나 보험급여 비용을 받은 요양기관에 대하여 그 보험급여나 보험급여 비용에 상당하는 금액의 전부 또는 일부를 징수한다."라고 규정하고, 제87조 제1항에서 "가입자 및 피부양자의 자격, 보험료 등, 보험급여, 보험급여 비용에 관한 공단의 처분에 이의가 있는 자는 공단에 이의신청을 할 수 있다."라고 규정하고 있다.

위와 같은 구 국민건강보험법 관련 규정들에 의하면, 국민건강보험법은 '건강보험 가입자 등 환자의 질병과 부상, 출산 등에 대하여 예방, 진단, 치료, 재활 등 각종 형태로 제공되는 의료서비스'에 관하여는 '보험급여'(이 중 요양기관이 제공하는 것을 '요양급여'라고 한다)라는 용어를 사용하고, '국민건강보험공단이 의료기관 등이 제공한 보험급여의 대가로 지급하는 비용'에 관하여는 '보험급여비용'(이 중 요양기관이 제공한 요양급여의 대가로 지급되는 비용을 '요양급여비용'이라고 한다)이라는 용어를 사용하여 양자를 명확히 구별하고 있다.

한편 구 국민건강보험법(2013. 5. 22. 법률 제11787호로 개정되기 전의 것)은 제119조 제1항에서 "가입자 · 피부양자 또는 가입자 · 피부양자이었던 사람이 자격을 잃은 후 자격을 증명하던 서류를 사용하여 보험급여를 받은 경우에는 그가 받은 보험급여에 상당하는 금액 이하의 과태료를 부과한다."라고 규정하고, 같은 조 제2항에서 '건강보험증 또는 신분증명서의 양도 · 대여나 그 밖의 부정한 사용을 통하여 보험급여를 받은 자에게는 그 보험급여에 상당하는 금액 이하의 과태료를 부과한다.'라고 규정하였다. 그런데 2013. 5. 22. 법률 제11787호로 개정된 국민건강보험법은 건강보험증 부정사용 등을 통한 부정수급 행위에 대한 처벌을 강화하기 위하여 과태료 처벌규정인 위 제119조 제1항, 제2항을 삭제하는 대신 이 사건 처벌규정을 신설하여 "거짓이나 그 밖의 부정한 방법으로 보험급여를 받거나 타인으로 하여금 보험급여를 받게 한 자"에 대하여 1년 이하의 징역 또는 1천만 원 이하의 벌금에 처할 수 있도록 하였다.

다. 위와 같이 구 국민건강보험법은 '보험급여'와 '보험급여비용'을 명확히 구분하여 사용하고 있고, 이 사건 처벌규정이 건강보험증 등을 부정 사용하여 보험급여를 수급하는 행위에 대한 처벌을 강화하기 위해 신설된 규정인 점 등을 종합하여 보면, 이 사건 처벌

규정에서 정한 '보험급여'는 건강보험 가입자 등 환자의 질병, 부상, 출산 등에 대하여 제공되는 치료행위 등 각종 의료서비스를 의미하는 것일 뿐, 의료기관 등이 보험급여를 실시한 대가에 대하여 국민건강보험공단이 지급하는 비용, 즉 '보험급여비용'까지 포괄하는 의미로 해석할 수는 없다.

따라서 이 부분 각 공소사실과 같이 의료법을 위반하여 이 사건 병원을 개설·운영하면서 마치 이 사건 병원이 적법하게 개설된 병원인 것처럼 국민건강보험공단으로부터 보험급여비용을 받은 행위는 이 사건 처벌규정에서 처벌대상으로 삼고 있는 '보험급여'를 받은 행위에 해당하지 않으므로 이 부분 각 공소사실에 이 사건 처벌규정을 적용할 수 없다.

그럼에도 원심은 이 사건 처벌규정에서 정한 '보험급여'에 보험급여비용이 포함됨을 전제로 이 부분 각 공소사실을 유죄로 판단하였으니, 이러한 원심판단에는 구 국민건강보험법 제115조 제2항 제5호에서 정한 '보험급여'의 해석에 관한 법리를 오해하여 판결에 영향을 미친 잘못이 있다.

3. 원심판결 중 피고인 1에 대한 국민건강보험법위반 부분과 피고인 2에 대한 국민건강보험법위반방조 부분에는 위와 같은 파기사유가 있다. 원심은 피고인 1에 대한 위 부분과 나머지 공소사실 부분이 형법 제40조의 상상적 경합 및 형법 제37조 전단의 경합범 관계에 있다는 이유로 피고인 1에 대하여 하나의 형을 선고하였으므로 원심판결 중 피고인 1 부분은 전부 파기되어야 한다. 또한 원심은 피고인 2에 대한 위 부분과 나머지 예비적 공소사실 부분이 형법 제40조의 상상적 경합 및 형법 제37조 전단의 경합범 관계에 있다는 이유로 예비적 공소사실에 대하여 하나의 형을 선고하였으므로 예비적 공소사실 부분은 파기되어야 하고, 그에 따라 이와 동일체 관계에 있는 주위적 공소사실에 관한 부분 역시 파기될 수밖에 없으므로, 원심판결 중 피고인 2 부분 역시 전부 파기되어야 한다.

4. 그러므로 상고이유에 대한 판단을 생략한 채 원심판결 중 피고인들에 대한 부분을 파기하고 사건을 다시 심리·판단하도록 원심법원에 환송하기로 하여, 관여 대법관의 일치된 의견으로 주문과 같이 판결한다.

4) 고용보험

【판시사항】

구 고용보험법 제21조 제1항 및 같은 법 시행령 제19조에 근거를 두고 있는 '고용유지지원금'을 거짓이나 그 밖의 부정한 방법으로 받은 사람에 대해서도 구 고용보험법 제116조 제2항을 적용하여 처벌할 수 있는지 여부(소극)

【판결요지】

구 고용보험법(2015. 1. 20. 법률 제13041호로 개정되기 전의 것, 이하 같다)의 규정 체계, 같은 법 제116조 제2항의 문언, 구 고용보험법 제75조는 출산전후휴가 또는 유산·사산휴가를 받고 일정한 요건을 갖춘 피보험자에게 지급하는 급여를 이후의 규정에서 "출산전후휴가 급여 등"으로 부르기로 정의하고 있는 점 등에 비추어 보면, 구 고용보험법 제116조 제2항은 거짓이나 그 밖의 부정한 방법으로 같은 법 제37조의 '실업급여', 같은 법 제70조의 '육아휴직 급여', 같은 법 제75조의 '출산전후휴가 급여 등'에 해당하는 급여를 받은 사람에 대해서만 적용할 수 있다고 해석하여야 한다.

따라서 구 고용보험법 제21조 제1항 및 같은 법 시행령 제19조에 근거를 두고 있는 '고용유지지원금'을 거짓이나 그 밖의 부정한 방법으로 받은 사람에 대해서는, 형법 제347조의 사기죄 또는 구 보조금 관리에 관한 법률(2017. 1. 4. 법률 제14524호로 개정되기 전의 것) 제40조의 위반죄가 성립할 여지가 있음은 별론으로 하더라도, 구 고용보험법 제116조 제2항을 적용하여 처벌할 수는 없다.

【이유】

상고이유를 판단한다.

구 고용보험법(2015. 1. 20. 법률 제13041호로 개정되기 전의 것, 이하 같다) 제116조 제2항은 "거짓이나 그 밖의 부정한 방법으로 실업급여·육아휴직 급여 및 출산전후휴가 급여 등을 받은 자는 1년 이하의 징역 또는 300만 원 이하의 벌금에 처한다."라고 규정하고 있다.

구 고용보험법의 규정 체계, 위 처벌규정의 문언, 구 고용보험법 제75조는 출산전후휴가 또는 유산·사산휴가를 받고 일정한 요건을 갖춘 피보험자에게 지급하는 급여를 이후의 규정에서 "출산전후휴가 급여 등"으로 부르기로 정의하고 있는 점 등에 비추어 보면, 구 고용보험법 제116조 제2항은 거짓이나 그 밖의 부정한 방법으로 같은 법 제37조의 '실업급여', 같은 법 제70조의 '육아휴직 급여', 같은 법 제75조의 '출산전후휴가 급여 등'에 해당하는 급여를 받은 사람에 대해서만 적용할 수 있다고 해석하여야 한다.

따라서 구 고용보험법 제21조 제1항 및 같은 법 시행령 제19조에 근거를 두고 있는 이 사건 '고용유지지원금'을 거짓이나 그 밖의 부정한 방법으로 받은 사람에 대해서는, 형법 제347조의 사기죄 또는 구 보조금 관리에 관한 법률(2017. 1. 4. 법률 제14524호로 개정되기 전의 것) 제40조의 위반죄가 성립할 여지가 있음은 별론으로 하더라도, 구 고용보험법 제116조 제2항을 적용하여 처벌할 수는 없다.

이와 같은 취지에서, 이 사건 공소사실이 범죄로 되지 아니하는 경우에 해당한다고 보아, 제1심판결의 유죄 부분을 파기하여 이를 무죄로 판단하고, 제1심판결의 무죄 부분에 대한 검사의 항소를 기각한 원심의 결론은 정당하다. 거기에 상고이유 주장과 같이 구 고용보험법 제116조 제2항의 해석에 관한 법리를 오해하거나 채증법칙을 위반한 위법이 없다.

그러므로 상고를 기각하기로 하여, 관여 대법관의 일치된 의견으로 주문과 같이 판결한다.

5) 산재보험

산재보험료 부과처분취소(스마트폰 애플리케이션 배달대행업체의 배달원이 산업재해보상보험법 시행령상 '택배원'에 해당되어 특수형태근로종사자로 인정될 수 있는지가 문제된 사건)
[대법원 2018. 4. 26., 선고, 2016두49372, 판결]

【판시사항】

[1] 산업재해보상보험법에서 말하는 근로자의 의미(=근로기준법상 근로자) / 근로기준법상 근로자에 해당하는지 판단하는 방법 및 이때 종속적인 관계가 있는지 판단하는 방법

[2] 배달대행업체 소속 배달원으로 자신의 스마트폰에 배달대행프로그램(애플리케이션)을 설치하고 오토바이를 운전하여 배달 업무를 수행하다가 보행자와 충돌하는 사고를 당하여 폐쇄성 흉추 골절 등을 입은 甲이 구 산업재해보상보험법 시행령 제125조 제6호에 정한 특수형태근로종사자에 해당하는지가 문제 된 사안에서, 甲은 위 규정에서 정한 '한국표준직업분류표의 세분류에 따른 택배원'으로 보는 것이 타당하다는 이유로, 甲이 특수형태근로종사자로서의 구체적 요건을 충족하였는지에 관하여 더 나아가 심리·판단하여야 함에도 이와 달리 본 원심판단에 법리를 오해한 잘못이 있다고 한 사례

【판결요지】

[1] 산업재해보상보험법에서 말하는 근로자란 근로기준법상 근로자를 의미한다(제5조 제2호 본문). 근로기준법상 근로자에 해당하는지는 계약의 형식이 고용계약, 도급계약 또는 위임계약인지 여부보다 근로제공 관계의 실질이 근로제공자가 사업 또는 사업장에 임금을 목적으로 종속적인 관계에서 사용자에게 근로를 제공하였는지 여부에 따라 판단하여야 한다. 여기에서 종속적인 관계가 있는지는, ① 업무 내용을 사용자가 정하고 취업규칙 또는 복무규정 등의 적용을 받으며 업무수행과정에서 사용자가 상당한 지휘·감독을 하는지, ② 사용자가 근무시간과 근무 장소를 지정하고 근로제공자가 이에 구속을 받는지, ③ 근로제공자가 스스로 비품·원자재나 작업도구 등을 소유하거나 제3자를 고용하여 업무를 대행하게 하는 등 독립하여 자신의 계산으로 사업을 영위할 수 있는지, ④ 근로제공을 통한 이윤의 창출과 손실의 초래 등 위험을 스스로 안고 있는지, ⑤ 보수의 성격이 근로 자체의 대상적 성격인지, ⑥ 기본급이나 고정급이 정하여졌고 근로소득세를 원천징수하였는지, 그리고 ⑦ 근로제공 관계의 계속성과 사용자에 대한 전속성의 유무와 정도, ⑧ 사회보장제도에 관한 법령에서 근로자로서 지위를 인정받는지 등의 경제적·사회적 여러 조건을 종합하여 판단하여야 한다. 다만 기본급이나 고정급이 정하여졌는지, 근로소득세를 원천징수하였는지, 사회보장제도에 관하여 근로자로 인정받는지 등과 같은 사정은 사용자가 경제적으로 우월한 지위를 이용하여 임의로 정할 여지가 크다는 점에서 그러한 점들이 인정되지 않는

다는 것만으로 근로자성을 쉽게 부정하여서는 안 된다.

[2] 배달대행업체 소속 배달원으로 자신의 스마트폰에 배달대행프로그램(애플리케이션)을 설치하고 오토바이를 운전하여 배달 업무를 수행하다가 보행자와 충돌하는 사고를 당하여 폐쇄성 흉추 골절 등을 입은 甲이 구 산업재해보상보험법 시행령(2016. 3. 22. 대통령령 제27050호로 개정되기 전의 것, 이하 같다) 제125조 제6호에 정한 특수형태근로종사자에 해당하는지가 문제 된 사안에서, 甲이 소속된 사업장은 음식점이 아닌 배달대행업체이고, 甲이 수행한 업무는 가맹점이 배달대행프로그램을 통하여 요청한 배달요청 내역을 확인하고 요청한 가맹점으로 가서 음식물 등을 받아다가 가맹점이 지정한 수령자에게 배달하는 것이며, 이는 한국표준직업분류표의 세분류에서 '9223 음식배달원'의 업무보다는 '9222 택배원'의 업무에 더 잘 부합하므로, 甲은 구 산업재해보상보험법 시행령 제125조 제6호에서 정한 '한국표준직업분류표의 세분류에 따른 택배원'으로 보는 것이 타당하다는 이유로, 甲이 특수형태근로종사자로서의 구체적 요건을 충족하였는지에 관하여 더 나아가 심리·판단하여야 함에도 甲이 수행한 업무를 위 '9223 음식배달원'의 업무라고 단정한 나머지 甲이 특수형태근로종사자에 해당하지 않는다고 본 원심판단에 법리를 오해한 잘못이 있다고 한 사례

【이유】

상고이유를 판단한다.

1. 피고 보조참가인이 근로자에 해당하는지에 관하여

가. 산업재해보상보험법에서 말하는 근로자란 근로기준법상 근로자를 의미한다(제5조 제2호 본문). 근로기준법상 근로자에 해당하는지는 계약의 형식이 고용계약, 도급계약 또는 위임계약인지 여부보다 근로제공 관계의 실질이 근로제공자가 사업 또는 사업장에 임금을 목적으로 종속적인 관계에서 사용자에게 근로를 제공하였는지 여부에 따라 판단하여야 한다. 여기에서 종속적인 관계가 있는지 여부는, ① 업무 내용을 사용자가 정하고 취업규칙 또는 복무규정 등의 적용을 받으며 업무수행과정에서 사용자가 상당한 지휘·감독을 하는지, ② 사용자가 근무시간과 근무장소를 지정하고 근로제공자가 이에 구속을 받는지, ③ 근로제공자가 스스로 비품·원자재나 작업도구 등을 소유하거나 제3자를 고용하여 업무를 대행하게 하는 등 독립하여 자신의 계산으로 사업을 영위할 수 있는지, ④ 근로제공을 통한 이윤의 창출과 손실의 초래 등 위험을 스스로 안고 있는지, ⑤ 보수의 성격이 근로 자체의 대상적 성격인지, ⑥ 기본급이나 고정급이 정하여졌고 근로소득세를 원천징수하였는지, 그리고 ⑦ 근로제공 관계의 계속성과 사용자에 대한 전속성의 유무와 그 정도, ⑧ 사회보장제도에 관한 법령에서 근로자로서 지위를 인정받는지 등의 경제적·사회적 여러 조건을 종합하여 판단하여야 한다. 다만 기본급이나 고정급이 정하여졌는지, 근로소득세를 원천징수하였는지, 사회보장제도에 관하여

근로자로 인정받는지 등과 같은 사정은 사용자가 경제적으로 우월한 지위를 이용하여 임의로 정할 여지가 크다는 점에서 그러한 점들이 인정되지 않는다는 것만으로 근로자성을 쉽게 부정하여서는 안 된다(대법원 2006. 12. 7. 선고 2004다29736 판결 등 참조).

나. 원심판결 이유 및 원심이 일부 인용한 제1심판결의 이유에 의하면, 다음과 같은 사정들을 알 수 있다.

(1) 원고는 서울 광진구(주소 생략)에서 '○○○○○'(이하 '이 사건 사업장'이라 한다)이라는 배달대행업체를 운영하면서, 음식점 등(이하 '가맹점'이라 한다)에 배달대행프로그램(애플리케이션)인 '△△△△'(이하 '이 사건 프로그램'이라 한다)을 설치해 주고, 가맹점으로부터 그 프로그램 사용료로 월 10만 원을 지급받았다.

(2) 피고 보조참가인(이하 '참가인'이라 한다)은 2013. 10. 3.부터 자신의 스마트폰에 이 사건 프로그램을 설치하고 배달 업무를 수행하였다.

(3) 참가인을 포함한 이 사건 사업장 소속 배달원들은 가맹점에서 이 사건 프로그램을 통해 배달요청을 할 경우 그 요청을 선택할 것인지 거절할 것인지 여부를 결정할 수 있었다. 그 요청을 거절하더라도 원고로부터 특별한 제재가 없었고, 이 사건 프로그램에는 위성항법장치(Global Positioning System, GPS) 기능이 없어 원고가 배달원들의 현재 위치와 배송상황 등을 관제할 수 없었으며, 배송지연으로 인한 책임을 원고가 전적으로 부담하는 것도 아니었다.

(4) 원고는 배달원들의 업무시간이나 근무장소를 별도로 정하지 않았다. 나아가 배달원들은 이 사건 사업장 소속으로 수행하는 배달 업무에 지장이 없는 한 다른 시간대에 다른 회사의 배달 업무를 수행하는 것도 가능하였고, 다른 사람에게 배달 업무를 대행하도록 할 수도 있었다.

(5) 배달원들은 가맹점으로부터 배달 건당 2,500원에서 4,500원 정도의 배달수수료를 지급받음으로써 그 수익을 얻었고, 별도로 원고로부터 고정급이나 상여금 등을 지급받지는 않았다.

(6) 원고는 배달원들과 근로계약서를 작성하지 않았고, 배달원들이 지급받는 수수료에서 근로소득세를 원천징수하지 않았으며, 배달원들을 근로자명단에 포함시켜 4대 보험(국민연금, 건강보험, 고용보험, 산재보험)의 보험관계 성립신고를 하지도 않았다.

(7) 참가인은 2013. 11. 26. 20:30경 서울 광진구 중곡동 소재 군자역 근처에서 원고의 친형 소유의 오토바이를 운전하여 배달을 하다가 무단횡단을 하던 보행자와 충돌하는 사고를 당하여 폐쇄성 흉추 골절과 흉수 손상 등을 입었다.

다. 이러한 사정을 앞서 본 법리에 비추어 보면, 참가인이 원고의 지휘·감독 아래 임금을 목적으로 근로를 제공한 근로기준법상 근로자에 해당한다고 보기는 어렵다. 같은 취지에서, 원심이 참가인을 근로기준법상 근로자에 해당하지 않는다고 판단한 것은 앞서 본 법리에 기초한 것으로서 정당하고, 거기에 상고이유 주장과 같이 근로자성의 인정에 관한 법리를 오해한 잘못이 없다.

2. 참가인이 특수형태근로종사자에 해당하는지에 관하여

가. 산업재해보상보험법 제125조 제1항은 계약의 형식에 관계없이 근로자와 유사하게 노무를 제공함에도 근로기준법 등이 적용되지 아니하여 업무상의 재해로부터 보호할 필요가 있는 자로서 '주로 하나의 사업에 그 운영에 필요한 노무를 상시적으로 제공하고 보수를 받아 생활하고, 노무를 제공함에 있어서 타인을 사용하지 않는 자'(제1, 2호) 중 대통령령으로 정하는 직종에 종사하는 자(이하 '특수형태근로종사자'라 한다)의 노무를 제공받는 사업은 산업재해보상보험법의 적용을 받는 사업으로 본다고 규정하고 있다. 그 위임에 따른 구 산업재해보상보험법 시행령(2016. 3. 22. 대통령령 제27050호로 개정되기 전의 것) 제125조 제6호는 특수형태근로종사자의 하나로 '한국표준직업분류표의 세분류에 따른 택배원인 사람으로서 고용노동부장관이 정하는 기준에 따라 주로 하나의 퀵서비스업자로부터 업무를 의뢰받아 배송 업무를 하는 사람'을 규정하고 있다.

이에 따라 '퀵서비스기사의 전속성 기준'(2012. 4. 11. 고용노동부 고시 제2012-40호)은 '주로 하나의 퀵서비스업자로부터 업무를 의뢰받아 배송업무를 하는 사람'이란 '하나의 퀵서비스업체에 소속(등록)되어 그 업체의 배송 업무만 수행하는 사람'(제1항) 또는 '하나의 퀵서비스업체에 소속(등록)되어 그 업체의 배송 업무를 수행하면서 부분적으로 다른 업체의 배송 업무를 수행하는 사람으로서 다음 각 호의 어느 하나에 해당하는 사람'(제2항)을 말한다고 규정하면서, 제2항 각 호에서 '소속(등록)업체의 배송 업무를 우선적으로 수행하기로 약정한 경우'(가.호), '순번제 등 소속(등록)업체가 정하는 방식으로 업무를 배정받아 수행하는 경우'(나.호), '업무를 수행함에 있어 퀵서비스 휴대용정보단말기(PDA 등)를 사용하지 않거나, 수익을 정산함에 있어 월비 등을 정액으로 납부하는 등 사실상 소속(등록) 업체 배송 업무를 주로 수행하는 경우'(다.호) 등을 규정하고 있다.

한편 한국표준직업분류표(2007. 7. 2. 통계청 고시 제2007-3호)는 세분류에서 '9222 택배원'은 '고객이 주문 및 구매한 상품 등 각종 물품 및 수하물을 고객이 원하는 곳까지 운반하여 준다'라고 규정하면서, '9223 음식배달원'을 '각종 음식점 등에서 고객의 요구에 따라 해당 요리를 특정 장소까지 배달하는 자'라고 규정하고 있다.

나. 앞서 본 사정을 이러한 규정들의 내용과 규정 취지에 비추어 살펴보면, 다음과 같이 판단할 수 있다.

(1) 이 사건 사업장은 음식점이 아닌 배달대행업체이다. 이 사건 사업장에서 참가인이 수행한 업무는, 가맹점이 이 사건 프로그램을 통하여 요청한 배달요청 내역을 확인하고, 요청한 가맹점으로 가서 음식물 등을 받아다가 가맹점이 지정한 수령자에게 배달하는 것이고, 이는 한국표준직업분류표의 세분류에서 '9223 음식배달원'의 업

무보다는 '9222 택배원'의 업무에 더 잘 부합한다.

(2) 따라서 이 사건 사업장에서 배송 업무를 수행한 참가인은 산업재해보상보험법 시행령 제125조 제6호에서 정한 '한국표준직업분류표의 세분류에 따른 택배원'으로 봄이 타당하다. [2017. 7. 3. 개정된 한국표준직업분류(통계청 고시 제2017-191호)는 택배원의 세세분류인 '그 외 택배원'의 내용에 '배달대행업체 배달원'을 규정하고, 2017. 3. 31. 개정된 '퀵서비스기사의 전속성 기준'(고용노동부 고시 제2017-21호)도 '퀵서비스업체'에 '음식물 늘찬배달업체'를 포함하여 규정한 것도 마찬가지 취지로 볼 수 있다.]

(3) 이처럼 보는 이상, 참가인이 특수형태근로종사자로서의 구체적 요건을 충족하였는지에 관하여 더 나아가 심리 · 판단하여야 한다.

다. 그런데도 원심은 이 사건 사업장에서 참가인이 수행한 업무를 한국표준직업분류표의 세분류 중 "9223 음식배달원"의 업무라고 단정한 나머지 참가인이 특수형태근로종사자에 해당하지 않는다고 판단하였다. 이러한 원심판단에는 산업재해보상보험법상 특수형태근로종사자에 관한 법리를 오해하여 특수형태근로종사자의 요건인 전속성 등에 관하여 필요한 심리를 다하지 아니함으로써 판결에 영향을 미친 잘못이 있다. 이 점을 지적하는 상고이유 주장은 이유 있다.

3. 결론

그러므로 원심판결을 파기하고, 사건을 다시 심리 · 판단하게 하기 위하여 원심법원에 환송하기로 하여, 관여 대법관의 일치된 의견으로 주문과 같이 판결한다.

6) 장기요양급여 비용환수처분 취소

[서울고법 2016. 1. 15., 선고, 2015누37756, 판결 : 상고]

【판시사항】

방문요양 등을 제공하는 요양센터를 운영하는 甲이 요양보호사들과 함께 장애인 공동생활가정을 방문하여 그곳에 입소하여 생활하고 있는 乙 등에게 방문요양 서비스를 제공하고 국민건강보험공단에서 장기요양급여비용을 지급받았는데, 국민건강보험공단이 甲이 구 장기요양급여비용 등에 관한 고시에서 정한 '타 법령에 의한 사회복지시설에 입소 중인 수급자에게 제공한 장기요양급여비용은 산정하지 아니한다'는 규정 등을 위반하였다는 이유로 장기요양급여비용 환수 결정을 통보한 사안에서, 위 고시의 '타 법령에 의한 사회복지시설' 중 국가나 지방자치단체로부터 보조금을 지급받지 않는 사회복지시설' 부분은 평등권을 침해하여 위헌 · 무효라고 한 사례

【판결요지】

방문요양 등을 제공하는 요양센터를 운영하는 甲이 요양보호사들과 함께 장애인 공동생활가정을 방문하여 그곳에 입소하여 생활하고 있는 乙 등에게 방문요양 서비스를 제공하고 국민건강보험공단에서 장기요양급여비용을 지급받았는데, 국민건강보험공단이 甲이 구 장기요양급여비용 등에 관한 고시(2013. 10. 16. 보건복지부고시 제2013-160호로 개정되기 전의 것, 이하 '고시'라 한다)에서 정한 '타 법령에 의한 사회복지시설에 입소 중인 수급자에게 제공한 장기요양급여비용은 산정하지 아니한다'는 규정 등을 위반하였다는 이유로 장기요양급여비용 환수 결정을 통보한 사안에서, 노인장기요양보험법에서 방문요양에 따른 재가급여를 장기요양급여에 포함시킨 이유는 고령이나 노인성 질병 등의 사유로 일상생활을 혼자서 수행하기 어려운 노인 등에게 신체활동 또는 가사활동을 지원하기 위한 것인 점, 수급자의 가정을 방문한 때에 한하여 방문요양이 가능하다고 보면 실질적으로 돌볼 사람이 없어 국가나 지방자치단체로부터 보조금을 지급받지 않는 사회복지시설에 입소하고 있는 수급자(이하 '시설수급자'라 한다)의 경우 신체활동 또는 가사활동 지원이 필요함에도 방문요양을 받지 못하는 불합리한 결과가 발생하는 점 등을 종합하면, 고시의 '타 법령에 의한 사회복지시설' 중 국가나 지방자치단체로부터 보조금을 지급받지 않는 사회복지시설' 부분은 합리적 근거 없이 시설수급자를 장기요양급여 수급 대상에서 제외함으로써 자가에서 생활하고 있는 수급자와 차별하고 있으므로 헌법 제11조에 의한 평등권을 침해하여 위헌 · 무효라고 한 사례.

【이 법원의 위헌 · 위법 고시 심사 결과】

구 장기요양급여비용 등에 관한 고시(2013. 10. 16. 보건복지부고시 제2013-160호로 개정되기 전의 것) 제1장 Ⅰ. 3.항의 '타 법령에 의한 사회복지시설' 중 '국가나 지방자치단체로부터 보조금을 지급받지 않는 사회복지시설' 부분 및 제2장 Ⅱ. 5.항 중 '몸 씻기의 과정은 반드시 2인 이상의 요양보호사에 의해 제공되어야 한다' 부분은 헌법에 위반되고 노인장기요양보험법과 같은 법 시행규칙의 위임범위를 벗어나서 위법하다.

2. 공공부조

1) 생계비 등 지급청구

[서울행법 2014. 2. 20., 선고, 2013구합51800, 판결 : 항소]

【판시사항】

甲은 아들 乙과 함께 거주하고 있는데, 관할 구청장이 乙을 국민기초생활 보장법상의 '근로능력 있는 수급자'에 해당한다고 보아 자활에 필요한 사업에 참가할 것을 조건으로 생계급여를 지급받는 사람으로 결정하여 통지하였으나, 乙이 자활사업참여 조건을 이행하지 않자 乙에게 추정소득 부과처분을 하고 그에 따라 甲에게 개별가구의 생계 · 주거급여를 감액하는 급여변경통지를 한 사안에서, 추정소득 부과처분은 법령상 근거 없이 한 것으로 위법하고 당연무

효에 해당하므로 급여변경통지도 당연무효라고 한 사례

【판결요지】

甲은 아들 乙과 함께 거주하고 있는데, 관할 구청장이 乙을 국민기초생활 보장법상의 '근로능력 있는 수급자'에 해당한다고 보아 자활에 필요한 사업에 참가할 것을 조건으로 생계급여를 지급받는 사람으로 결정하여 통지하였으나, 乙이 자활사업참여 조건을 이행하지 않자 乙에게 추정소득 부과처분을 하고 그에 따라 甲에게 개별가구의 생계 · 주거급여를 감액하는 급여변경통지를 한 사안에서, 개별가구의 급여액을 산출하기 위해 개별가구의 최저생계비에서 소득인정액을 공제함에 있어서, 소득인정액에 포함되는 '개별가구 소득평가액'에서의 소득은 개별가구 구성원이 실제로 벌어들이는 근로소득, 사업소득, 재산소득, 기타소득을 의미할 뿐이고, 근로능력이 있는 수급자가 자활사업에 참여하지 않는다는 이유로 그에게 일정한 소득이 있는 것으로 추정하여 추정소득 부과처분을 할 수 있는 법령상의 근거가 없어 추정소득 부과처분은 위법하고 하자가 중대 · 명백하여 당연무효에 해당하므로, 생계 · 주거급여를 감액하는 급여변경통지도 당연무효라고 한 사례

3. 사회복지 관련법

1) 장애인복지법

(1) 장애등급 외 판정처분 취소

[대전고법 2014. 6. 19., 선고, 2014누10231, 판결 : 확정]

【판시사항】

얼굴 등에 하얀 반점이 생기기 시작한 후 전신으로 번져 백반증 진단을 받아 장애등급을 받은 甲이 장애등급 재심사를 요청하였는데 관할 행정청이 장애등급판정 기준에 백반증이 포함되지 않는다는 이유로 '장애등급 외'로 결정하여 통보한 사안에서, 甲은 안면부에 나타난 광범위한 백반증으로 인한 안면장애인에 해당되므로, 위 처분은 위법하다고 한 사례

【판결요지】

얼굴 등에 하얀 반점이 생기기 시작한 후 전신으로 번져 백반증 진단을 받아 장애등급을 받은 甲이 장애등급 재심사를 요청하였는데 관할 행정청이 장애등급판정기준에 백반증이 포함되지 않는다는 이유로 '장애등급 외'로 결정한 사안에서, 보건복지부장관이 정하여 고시한 '장애등급판정기준'은 장애인복지법 시행규칙 제2조 및 [별표 1]의 장애인의 장애등급표에 의한 장애등급 사정기준을 구체적으로 해석하고 표준진단 방법을 제시하여 정확하게 장애등급을 판정하도록 하기 위한 것(장애등급판정기준 제1장 제1항 목적)이므로 백반증이 장애인복지법의 안면장애에 해당하는지 여부는 장애인복지법, 장애인복지법 시행령, 장애인복지법 시행규칙의 해석에 의하여 판정하여야 할 것으로 보이는 점, 장애인복지법 시행령 [별표 1]의 장

애인의 종류 및 기준에 의하면 안면장애인은 안면부위의 변형이나 기형으로 사회생활에 상당한 제약을 받는 사람으로 정의되어 있는데 백반증의 경우에도 안면부위의 변형으로 볼 수 있는 점 등에 비추어 보면, 甲은 안면부에 나타난 광범위한 백반증으로 오랫동안 일상생활이나 사회생활에서 상당한 제약을 받는 안면장애인에 해당되므로, 위 처분은 위법하여 취소되어야 한다고 한 사례.

2) 성매매알선 등 행위의 처벌에 관한 법률 위반(성매매알선 등) · 외국환거래법 위반 · 의료법 위반

[대법원 2018. 2. 8., 선고, 2014도10051, 판결]

【판시사항】

[1] 피고인이 외국에서 안마시술업소를 운영하면서 안마사 자격이 없는 종업원들을 고용한 다음 그곳을 찾아오는 손님들로부터 서비스대금을 받고 마사지와 유사성교행위를 하도록 하였다는 취지의 의료법 위반 및 성매매알선 등 행위의 처벌에 관한 법률 위반 공소사실이 각 유죄로 인정된 사안에서 의료법 위반죄와 성매매알선 등 행위의 처벌에 관한 법률 위반죄가 실체적 경합관계에 있다고 보면서도 유사성교행위가 포함된 서비스대금 전액의 추징을 명한 원심판단의 결론을 수긍한 사례

[2] 대한민국 영역 외에서 안마업을 하려는 사람에게 의료법 제82조 제1항에 따라 시 · 도지사의 자격인정을 받아야 할 의무가 있는지 여부(소극), 내국인이 대한민국 영역 외에서 안마업을 하는 경우, 위와 같은 의무위반을 처벌하는 의료법 제88조 제3호의 구성요건에 해당하는지 여부(소극)

【판결요지】

[1] 피고인이 일본에서 안마시술업소를 운영하면서 안마사 자격이 없는 종업원들을 고용한 다음 그곳을 찾아오는 손님들로부터 서비스대금을 받고 마사지와 유사성교행위를 하도록 하였다는 취지의 의료법 위반 및 성매매알선 등 행위의 처벌에 관한 법률 위반 공소사실이 각 유죄로 인정된 사안에서, 피고인이 마사지를 제외한 유사성교행위의 요금을 따로 정하지 아니하고 마사지가 포함된 전체 요금만을 정해 두고 영업을 한 점 등에 비추어, 피고인 운영의 안마시술업소에서 행한 마사지와 유사성교행위가 의료법 위반죄와 성매매알선 등 행위의 처벌에 관한 법률 위반죄의 실체적 경합관계에 있더라도 손님으로부터 지급받는 서비스대금은 그 전부가 마사지 대가이면서 동시에 유사성교행위의 대가라고 보아 유사성교행위가 포함된 서비스대금 전액의 추징을 명한 원심판단의 결론을 수긍한 사례

[2] 의료법 제82조 제1항은 "안마사는 장애인복지법에 따른 시각장애인 중 다음 각 호의 어느 하나에 해당하는 자로서 시 · 도지사에게 자격인정을 받아야 한다."라고 규정하고, 의료법 제88조 제3호는 위 제82조 제1항에 따른 안마사 자격인정을 받지 아니하고 영리를 목적으

로 안마를 한 사람을 처벌하도록 규정하고 있다.

그런데 의료법 제82조 제1항에 따른 안마사의 자격은 우리나라 시·도지사의 자격인정에 의하여 부여되는 것으로서 안마사를 시·도지사의 자격인정을 받은 시각장애인으로 제한하는 위 규정의 목적이 시각장애인에게 안마업을 독점시킴으로써 그들의 생계를 지원하고 직업활동에 참여할 수 있는 기회를 제공하려는 데 있음을 고려하면, 대한민국 영역 외에서 안마업을 하려는 사람에게까지 시·도지사의 자격인정을 받아야 할 의무가 있다고 보기는 어렵다. 따라서 내국인이 대한민국 영역 외에서 안마업을 하는 경우에는 위와 같은 의무위반을 처벌하는 의료법 제88조 제3호의 구성요건 해당성이 없다.

3) 아동·청소년의 성보호에 관한 법률 위반(알선영업행위 등)·성매매약취·상해·공갈·재물손괴·폭력행위 등 처벌에 관한 법률 위반(공동폭행)

[대법원 2016. 2. 18., 선고, 2015도15664, 판결]

【판시사항】

아동·청소년의 성을 사는 행위를 알선하는 행위를 업으로 하여 아동·청소년의 성보호에 관한 법률 제15조 제1항 제2호의 위반죄가 성립하기 위하여, 알선행위로 아동·청소년의 성을 사는 행위를 한 사람이 행위의 상대방이 아동·청소년임을 인식하여야 하는지 여부(소극)

【판결요지】

아동·청소년의 성보호에 관한 법률(이하 '청소년성보호법'이라고 한다)은 성매매의 대상이 된 아동·청소년을 보호·구제하려는 데 입법 취지가 있고, 청소년성보호법에서 '아동·청소년의 성매매 행위'가 아닌 '아동·청소년의 성을 사는 행위'라는 용어를 사용한 것은 아동·청소년은 보호대상에 해당하고 성매매의 주체가 될 수 없어 아동·청소년의 성을 사는 사람을 주체로 표현한 것이다. 그리고 아동·청소년의 성을 사는 행위를 알선하는 행위를 업으로 하는 사람이 알선의 대상이 아동·청소년임을 인식하면서 알선행위를 하였다면, 알선행위로 아동·청소년의 성을 사는 행위를 한 사람이 행위의 상대방이 아동·청소년임을 인식하고 있었는지는 알선행위를 한 사람의 책임에 영향을 미칠 이유가 없다.

따라서 아동·청소년의 성을 사는 행위를 알선하는 행위를 업으로 하여 청소년성보호법 제15조 제1항 제2호의 위반죄가 성립하기 위해서는 알선행위를 업으로 하는 사람이 아동·청소년을 알선의 대상으로 삼아 그 성을 사는 행위를 알선한다는 것을 인식하여야 하지만 이에 더하여 알선행위로 아동·청소년의 성을 사는 행위를 한 사람이 행위의 상대방이 아동·청소년임을 인식하여야 한다고 볼 수는 없다.

01 한국 사회복지 판례에 대해 옳지 않은 것은?

① 불문 법원이다.
② 공익 소송의 의미를 지닌다.
③ 법적 분쟁과 무관하게 형성된다.
④ 성문 법원의 보충적 기능을 한다.
⑤ 내용상 위헌심판, 헌법소원, 권한쟁의 심판의 결과로 형성된다.

해설 법적분쟁에 대한 법원 또는 헌법재판소의 판단에 의해 형성된다.

정답 ③

02 의족 파손에 따른 요양급여 청구사건 대법원 판례(2012두20991)의 내용으로 옳지 않은 것은?

(개요) 의족을 착용하고 아파트 경비원으로 근무하던 갑이 제설작업 중 넘어져 의족이 파손되는 등의 재해를 입고 요양급여를 신청하였으나, 근로복지공단이 '의족 파손'은 요양급여 기준에 해당하지 않는다는 이유로 요양불승인처분을 한 사안에 대하여 요양불승인처분 취소

① 업무상 재해로 인한 부상의 대상인 신체를 반드시 생래적 신체에 한정할 필요는 없다.
② 의족 파손을 업무상 재해로 보지 않을 경우 장애인 근로자에 대한 보상과 재활에 상당한 공백을 초래한다.
③ 신체 탈부착 여부를 기준으로 요양급여 대상을 가르는 것이 합리적이라 할 수 없다.
④ 의족 파손을 업무상 재해에서 제외한다면, 사업자들로 하여금 의족 착용 장애인들의 고용을 소극적으로 만들 우려가 있다.
⑤ 업무상의 사유로 근로자가 장착한 의족이 파손된 경우는 「산업재해보상보험법」상 요양급에 해당한다.

해설 대법원판례) 의족은 단순히 신체를 보조하는 기구가 아니라 신체의 일부인 다리를 기능적·물리적·실질적으로 대체하는 장치로서, 업무상의 사유로 근로자가 장착한 의족이 파손된 경우는 산업재해보상보험법상 요양급여의 대상인 근로자의 부상에 포함된다고 보아야 한다. 정답 ⑤

03 사회복지법원에 관한 설명으로 맞는 것은?

① 우리나라에서는 관습법을 인정하지 않는다.
② 판례는 법원으로 인정되지 않는다.
③ 우리나라는 별도의 사회복지법전이 존재한다.
④ 헌법에서 노인에 대한 국가의 의무를 규정하고 있다.
⑤ 사회복지사업법은 사회보장기본법에 대해서 일반법의 성격을 가진다.

해설 ①② 우리나라에서는 관습법, 판례법을 인정하고 있다.
③ 별도의 사회복지법전이 존재하지 않는다
⑤ 사회복지사업법은 특별법에 해당한다.

정답 ④

2026 사회복지사1급 기본 핵심이론서
3교시 사회복지정책과제도
사회복지법제와 실천

편 저 자 이상혁
제작유통 메인에듀(주)
초판발행 2025년 04월 01일
초판인쇄 2025년 04월 01일
마 케 팅 메인에듀(주)
주 소 서울시 강동구 성안로 115, 3층
전 화 1544-8513
정 가 27,000원

I S B N 979-11-89357-85-6